Gestión de incidentes de seguridad informática

Certificados de profesionalidad

RE/SEGINF/DG/6-51

 Anagrama «*LUCHA CONTRA LA PIRATERÍA*», propiedad de Unión Internacional de Escritores.

CONSEJO DE REDACCIÓN

Mariano Jorge García
Cristina Monge Pascual

MAQUETACIÓN

José Gago Mora
Beatriz Mateos Caballero

ILUSTRACIÓN DE CUBIERTA

Ignacio Velasco Marugán

© Centro de Estudios ADAMS. Ediciones Valbuena
C/ Narciso Serra, 14
28007 Madrid
adamsediciones@adams.es
www.adams.es

I.S.B.N.: 978-84-1077-488-9
Depósito legal: M-14890-2025
Editado en junio de 2025
Imprime: Centro de Estudios Adams. Ediciones Valbuena, S.A.
Impreso en España. Printed in Spain

Presentación

Comprometidos por ofrecer una propuesta formativa ajustada a las necesidades de la sociedad y del mercado de trabajo, Grupo ADAMS presenta este curso de **Gestión de incidentes de seguridad informática** desarrollado conforme a los **Certificados de Profesionalidad** y, por tanto, vinculado al **Catálogo Nacional de Cualificaciones**. De esta manera, es posible obtener la acreditación oficial, con validez en todo el territorio nacional, de estar en posesión de las aptitudes y conocimientos que permiten un óptimo desempeño profesional, una vez superadas las pruebas establecidas al efecto.

Esta **Unidad Formativa**, con una duración asociada de 90 horas, forma parte del **Certificado de Profesionalidad de Seguridad informática** (aprobado por el Real Decreto 686/2011, de 13 de mayo), perteneciente a la familia de Informática y Comunicaciones.

En la elaboración de los contenidos hemos pretendido garantizar la **adquisición, mejora y actualización de las competencias profesionales** requeridas en el mercado laboral, así como fomentar el **aprendizaje**.

Para conseguir tal objetivo, cada unidad didáctica presenta la siguiente estructura:

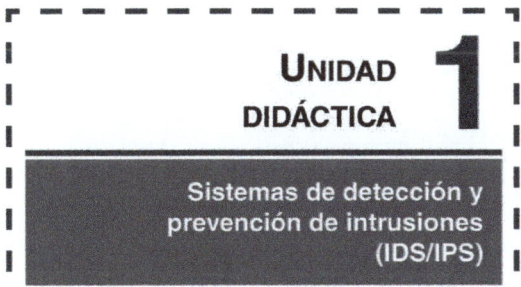

UNIDAD DIDÁCTICA 1

Sistemas de detección y prevención de intrusiones (IDS/IPS)

Título

Según el programa oficial publicado en el BOE.

Objetivos

Al comienzo de la unidad didáctica, identifican las capacidades que podrás adquirir.

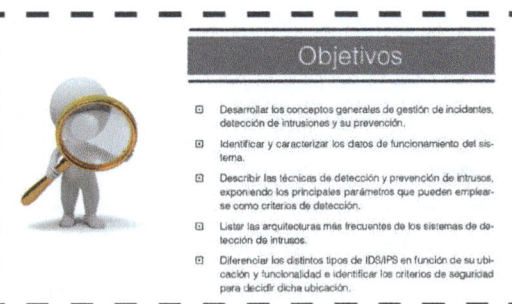

Objetivos

☑ Desarrollar los conceptos generales de gestión de incidentes, detección de intrusiones y su prevención.

☑ Identificar y caracterizar los datos de funcionamiento del sistema.

☑ Describir las técnicas de detección y prevención de intrusos, exponiendo los principales parámetros que pueden emplearse como criterios de detección.

☑ Listar las arquitecturas más frecuentes de los sistemas de detección de intrusos.

☑ Diferenciar los distintos tipos de IDS/IPS en función de su ubicación y funcionalidad e identificar los criterios de seguridad para decidir dicha ubicación.

Contenido

Índice de contenidos

Proporciona una visión general del contenido, enumerando todos los aspectos que se desarrollan en la unidad didáctica.

ADAMS   Gestión de incidentes de seguridad informática

siones (en inglés Intrusion Detection Systems, IDS). Ambos constituyen una línea de defensa adicional a los equipos y redes de una organización ante las posibles amenazas.

A pesar de contar con cortafuegos, las organizaciones necesitan utilizar algún tipo de sistema de detección y prevención de intrusiones, puesto que es imposible conocer si los cortafuegos están mal configurados o si algún atacante ha conseguido acceder a una red o incluso si el atacante forma parte de la organización. Si no se dispone de alguno de estos sistemas no puede conocerse en qué momento los atacantes intentarán atacar la red.

 Una intrusión puede ser definida como un conjunto de acciones que intentan comprometer o poner en peligro la integridad, la confidencialidad o la disponibilidad de un sistema informático.

 Con el desarrollo de este epígrafe hemos conseguido conocer los conceptos generales de gestión de incidentes, detección de intrusiones y su prevención.

2. Identificación y caracterización de los datos de funcionamiento del sistema

Para comprobar el correcto funcionamiento de un sistema e identificar los distintos eventos sucedidos en un periodo de tiempo, por ejemplo, cuando se produjo un incidente de seguridad, se recomienda observar los ficheros de registro (logs) de dicho sistema. El log es el registro oficial de los eventos del sistema. Se registran datos de eventos referidos a:

- ❑ Tipología del evento.
- ❑ Identificación del origen del evento.
- ❑ Momento en el que se produjo el evento.
- ❑ Lugar dónde se produjo el evento.
- ❑ Causa del evento.

Un seguimiento periódico y riguroso de los logs de un sistema puede detectar fallos y eventos como, por ejemplo:

- ❑ Incidentes de seguridad.
- ❑ Funcionamiento anómalo del sistema.

Exposición y desarrollo

Del contenido del programa oficial, con notas destacadas al margen, como "Definición", "Recuerda", "Información"…

ADAMS   Gestión de incidentes de seguridad informática

Ej.

3. INFORMACIÓN DEL INCIDENTE	
3.11 Categoría del incidente de seguridad (elegir entre):	
Intento de acceso no itemizado al Sistema.	Interrupción de funcionamiento no previsto o denegación de servicio.
Interceptación, modificación, introducción, corrupción, destrucción o divulgación de información no autorizada.	Abuso de privilegios de acceso.
Cambios en las características y configuración del software no autorizados, conocidos o consentidos por el usuario.	Cambios en las características y configuración del hardware no autorizados, conocidos o consentidos por el usuario.
Prueba, sondeo, broma o suplantación de identidad.	Utilización no autorizada de un equipo/máquina/sistema.
Ataque procedente de la red.	Suplantación de dirección IP.
Vulnerabilidad del producto.	Errores de configuración.
Mal uso de los recursos de la máquina.	Virus (software malicioso).
Irregularidades en el correo electrónico.	Emanaciones Electromagnéticas.
Divulgación de datos sensibles del sistema por ingeniería social.	Errores de mantenimiento.
Otros	
3.12 Origen/Fuente/Causa del incidente:	
3.13 Valoración personal sobre la intencionalidad del incidente:	
3.14 Medidas tomadas después del incidente:	
3.15 Estado de resolución del incidente:	

Es muy conveniente que quede constancia de toda la información de interés sobre el incidente, así como documentar los errores cometidos y las propuestas de mejora necesarias para evitar incidentes futuros en los sistemas de la organización. Además, se debe identificar qué fases de la respuesta a incidentes podrían mejorarse de cara al futuro.

Asimismo, es de especial importancia contar con una base de datos de conocimiento dentro de la organización que contenga la información relativa a los incidentes, con el objetivo de agilizar la gestión en caso de que se vuelva a producir.

Tanto el informe como todas las evidencias recogidas deberán archivarse y mantenerse bajo control para que únicamente puedan ser accedidas por personal autorizado. La legislación puede exigir que algunas evidencias deban ser destruidas si legalmente su periodo de retención máxima así lo requiere.

Una buena capacidad de respuesta debería acompañarse de una herramienta de gestión de incidentes. Existen muchas soluciones pero, habitualmente, constan de una aplicación

Ejemplos y Actividades

Interrelacionados con los contenidos estudiados y que aportan una visión práctica de la materia.

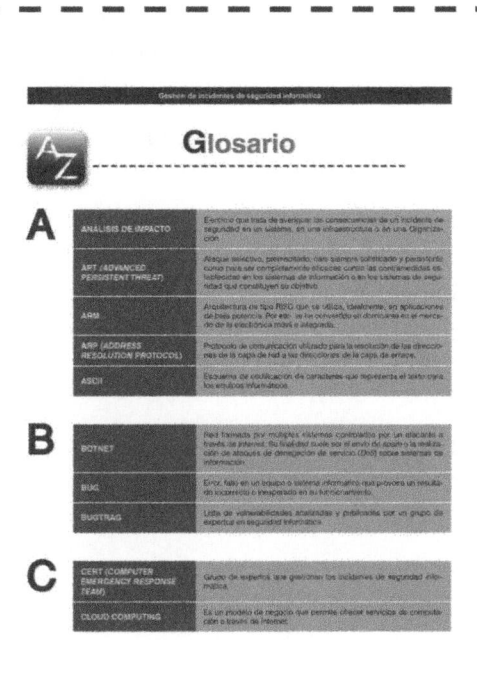

Autoevaluaciones

Incorporadas en los Contenidos extra, te ayudarán a comprobar el grado de asimilación de la materia estudiada, en base a las competencias a adquirir y sus criterios de realización.

Glosario

Te ayudará a comprender mejor el significado de algunas palabras. Se incluye en los Contenidos extra.

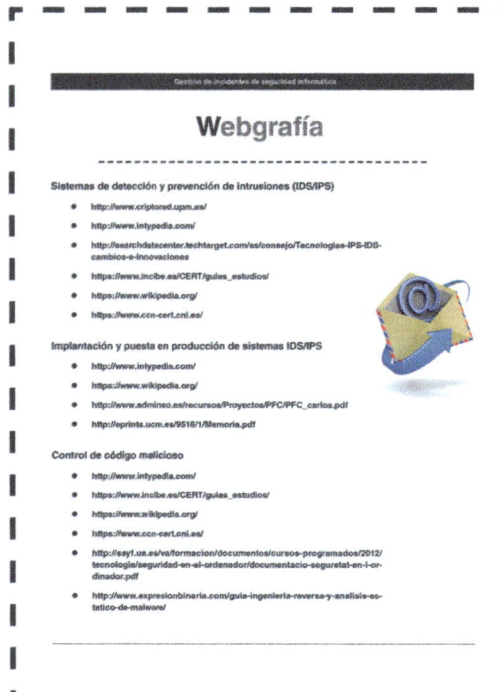

Webgrafía

Para ampliar tus conocimientos en caso de considerarlo necesario.
Se incluye en los Contenidos extra.

En nuestra página web **www.adams.es** estarás al día de todo en cuanto a información sobre cursos, productos y servicios se refiere, además tendrás la opción de dirigirnos cualquier consulta o sugerencia a través de **adams@adams.es**

Esperando haber cumplido el objetivo propuesto, te expresamos nuestros mejores deseos de éxito.

ADAMS

Índice

Familia profesional: **INFORMÁTICA Y COMUNICACIONES**

Área profesional: **Sistema y telemática**

FICHA DE CERTIFICADO DE PROFESIONALIDAD: SEGURIDAD INFORMÁTICA (IFCT0109)

H. Q	Módulos certificado	H. CP	Correspondencia con el Catálogo Modular de Formación Profesional	
			Unidades formativas	Horas
90	MF0486_3: Seguridad en equipos informáticos	90		90
90	MF0487_3: Auditoría de seguridad informática	90		90
90	MF0488_3: Gestión de incidentes de seguridad informática	90		90
60	MF0489_3: Sistemas seguros de acceso y transmisión de datos	60		60
90	MF0490_3: Gestión de servicios en el sistema informático	90		90
	MP0175: Módulo de prácticas profesionales no laborales	80		
420	Duración horas totales certificado de profesionalidad	500	Duración horas módulos formativos	420

Iconos

Actividad

Contenido extra

Definición

Ejemplo

Enlace web

Importante

Información

Lectura recomendada

Legislación

Listening

Nota

Objetivos logrados

Recuerda

Reflexiona

Vocabulario

Los Contenidos extra que complementan esta edición están disponibles en la página web:
https://www.recursoscertificados.com/9788410774889

UNIDAD DIDÁCTICA 1

Sistemas de detección y prevención de intrusiones (IDS/IPS)

Objetivos

- ☒ Desarrollar los conceptos generales de gestión de incidentes, detección de intrusiones y su prevención.

- ☒ Identificar y caracterizar los datos de funcionamiento del sistema.

- ☒ Describir las técnicas de detección y prevención de intrusos, exponiendo los principales parámetros que pueden emplearse como criterios de detección.

- ☒ Listar las arquitecturas más frecuentes de los sistemas de detección de intrusos.

- ☒ Diferenciar los distintos tipos de IDS/IPS en función de su ubicación y funcionalidad e identificar los criterios de seguridad para decidir dicha ubicación.

Contenido

1. **Conceptos generales de gestión de incidentes, detección de intrusiones y su prevención**

   1.1. Conceptos generales de gestión de incidentes de seguridad

   1.2. Conceptos generales de detección de intrusiones y su prevención

2. **Identificación y caracterización de los datos de funcionamiento del sistema**

3. **Arquitecturas más frecuentes de los sistemas de detección de intrusos**

   3.1. Arquitectura de los IDS

4. **Relación de los distintos tipos de IDS/IPS por ubicación y funcionalidad**

   4.1. Tipos de IDS

   4.2. Tipos de IPS

5. **Criterios de seguridad para el establecimiento de la ubicación de los IDS/IPS**

 *Acude a los Contenidos Extra para ver el mapa conceptual general de esta Unidad Formativa.*

 *Acude a los Contenidos Extra para ver el mapa conceptual de esta Unidad Didáctica, objeto de estudio fundamental para situarte según avances en los contenidos.*

1. Conceptos generales de gestión de incidentes, detección de intrusiones y su prevención

Atendiendo a la norma ISO 27001:2013, un incidente de seguridad es un evento no deseado o no esperado que puede amenazar la seguridad de la información comprometiendo significativamente las operaciones de negocio.

La gestión de incidentes referida a la seguridad de las tecnologías de la información y comunicaciones permitirán fundamentalmente dos aspectos:

❏ Establecer un procedimiento que permita una reacción efectiva de la organización disminuyendo el impacto que el incidente provoque.

❏ Disponer de un mejor conocimiento de las vulnerabilidades del sistema que permita fortalecer la protección de los sistemas en el presente y prevenir incidentes similares en el futuro.

 **ISO.** *Es la Organización Internacional de Normalización (en inglés, International Organization for Standardization). Su misión es la elaboración de normas, de carácter internacional, que formulan recomendaciones de buenas prácticas en numerosos ámbitos, entre ellos la seguridad de la información.*

Cada sistema de información puede atender a un negocio concreto y únicamente el responsable de dicho negocio sabe qué le interesa proteger y de qué o de quién. Por supuesto que existen medidas generales que, prácticamente, interesan a todos, pero lo más habitual es adecuarlas a cada caso. En esta tarea puede ayudar un análisis de impacto de los incidentes.

 **Análisis de impacto.** *Ejercicio que trata de averiguar las consecuencias de un incidente de seguridad en un sistema, en una infraestructura o en una organización.*

El análisis tratará de responder a las preguntas: ¿qué pasaría si se revelara un dato confidencial?, ¿qué ocurriría si se manipula información de la Empresa? o también, ¿qué sucedería si nos quedásemos sin servidor web durante X horas en nuestra tienda virtual, cuánto dinero podríamos perder? No menos importante resulta el aspecto de la reputación. Según de quién se trate el incidente puede llegar a tener repercusión mediática que puede influir negativamente en la imagen corporativa.

Las respuestas no siempre son fáciles de cuantificar. Es necesario un gran conocimiento del negocio para poder valorarlas. A efectos del análisis de riesgos, la estimación del impacto es un dato de entrada.

En algunas ocasiones, estos datos se conocen por la existencia de una legislación o por obligaciones contractuales que marcan las cifras. Se conocen como **Acuerdos de Nivel de Servicio** (en inglés, *Service Level Agreement,* SLA). En otras ocasiones, es simplemente la estrategia empresarial que ha marcado la Dirección.

No suele tratarse de un aspecto sino de gobierno de la Organización. Habitualmente es más importante conocer el daño que podría derivarse de un fallo de seguridad que cuantificar el coste del sistema de información en sí mismo.

Es fundamental la existencia de un buen inventario de activos, tanto de equipamiento como de personas. Al principio puede resultar curioso incluir a las personas como un activo, pero la experiencia muestra que son numerosos los incidentes provocados por fallos humanos y no siempre de manera fortuita.

Tras inventariar activos y amenazas hay que calificar cada escenario posible para conocer su impacto y su riesgo. El impacto informa de las consecuencias para el negocio. El riesgo va un paso más allá y ordena los incidentes según la probabilidad de que ocurran.

Estas estimaciones facilitarán que se prioricen los riesgos y que se focalice en aquellos eventos más probables de provocar las peores consecuencias. Impacto y riesgo son indicadores del estado de seguridad y ayudan a tomar decisiones.

 *El impacto mide lo que puede pasar. El riesgo mide lo que probablemente pase.*

Típicamente pueden darse cuatro formas de afrontar los riesgos:

❑ **Evitar la situación.** Se hace obligatorio preguntarse si necesitamos todo lo que tenemos. ¿Es sensato ubicar un servidor web en el mismo equipo en el que se encuentra nuestro servidor de bases de datos de producción para ganar algo de velocidad? Estamos poniendo algo más fácil que alguien consiga hacerse con información crítica para el negocio. Podríamos separar el servidor de producción del de acceso público y así el escenario de riesgo se transforma.

❑ **Mitigar el peligro, mitigar el riesgo o ambos.** El riesgo se mitiga con medidas preventivas. Un cifrado del disco de un equipo portátil no evitará un posible olvido del mismo en un transporte, pero sí que los datos lleguen a manos no autorizadas. El impacto se reduce con medidas reactivas o de recuperación. Contar con un sistema de copias de seguridad no evitará que el servidor de bases de datos sea comprometido o que los datos se encuentren corrompidos, pero sí nos permitirá recuperar la información y continuar con el negocio.

❑ **Derivarlo, pasárselo a otro.** Pese a que pueda resultar extraño, se trata de una situación cotidiana. Contamos con seguros de hogar, de vehículo, antirrobo, etc. Estamos pasando los riesgos a la compañía aseguradora. Además, estamos viviendo una verdadera explosión de servicios que se comparten: desde gastos empresariales al ubicar nuestros negocios en "viveros" de empresas, hasta en aspectos más de índole particular, como el "car sharing", por ejemplo. En nuestro caso se están compartiendo los riesgos. Existen muchas variantes en los acuerdos entre partes.

❑ **Aceptarlo.** También parece extraño que se acepten los riesgos sin más, pero nuevamente, forma parte de nuestra vida cotidiana. Utilizamos transportes pese al riesgo de accidentes y abrimos negocios web pese a los riesgos de ataques o de fraude porque, después de evaluarlos, decidimos que los presuntos beneficios de nuestra actividad compensarán los posibles riesgos.

En cualquiera de los casos, son decisiones que pertenecen al ámbito de la Dirección. No puede tomarlas un técnico. Muchas actividades consisten en asumir riesgos para alcanzar beneficios. El análisis de riesgos proporciona información para conocer qué está en juego y así tomar decisiones informadas.

Conviene, además, no olvidar que también se trata de una cuestión de recursos: técnicos, humanos y económicos. La decisión se toma en función de las consecuencias y del coste de la solución. El análisis de riesgos califica y cuantifica las consecuencias y el responsable del negocio decidirá cuántos recursos puede justificar para la solución. Es una cuestión de equilibrio.

 *Una máxima a recordar es la de que el coste de las medidas de protección no debe superar el bien protegido.*

Cabe reseñar que el análisis de riesgos ha de ser tan cambiante como el entorno al que aplica. El riesgo no es particular del negocio, sino que también analiza qué puede ocurrirle a un sistema enfrentado a cierto entorno. En necesario seguir con extremo cuidado los cambios del entorno: no únicamente por la existencia de atacantes sino por los cambios de legislación o de prácticas del sector que pueden obligar a un nuevo diseño o enfoque. Conviene ser ágiles y rápidos. Suele ser más útil un análisis de trazo grueso pero dinámico que otro detalladísimo pero rígido. La gestión de riesgos se utiliza para adoptar medidas estructurales mientras que los detalles tratan de combatir incidentes concretos.

1.1. Conceptos generales de gestión de incidentes de seguridad

Es imprescindible conocer tres propiedades básicas referentes a la información:

❑ **Confidencialidad de la información.** Es la propiedad mediante la cual se garantiza el acceso a la misma exclusivamente por los usuarios autorizados a ello.

❑ **Integridad de la información.** Es la propiedad que garantiza que no ha sido alterada y que se ha mantenido intacto el documento original que contenía dicha información. Esta únicamente podrá ser modificada por los usuarios autorizados.

❑ **Disponibilidad de la información.** Es la propiedad que garantiza que se encuentre disponible para los usuarios cuando sea requerida.

Para que la información cumpla unos estándares de seguridad adecuados deberá contener las tres propiedades: confidencialidad, integridad y disponibilidad.

Un incidente de seguridad en un sistema lo constituye cualquier situación en la que pueda verse amenazada una información o una infraestructura y pueda dar lugar a una pérdida de confidencialidad, integridad y disponibilidad.

La gestión de incidentes de seguridad comprende el ciclo entero del incidente: inicio, identificación, comunicación, registro, evaluación, investigación y resolución.

La capacidad de respuesta ante un incidente de seguridad la constituirá la suma de los recursos humanos, técnicos, materiales y procedimentales encargados de identificar y gestionar los incidentes de seguridad. Habitualmente, suelen agruparse en equipos de resolución de incidentes.

La gestión de incidentes de seguridad ha de formar parte de la política de seguridad de tecnologías de la información y comunicaciones.

Los incidentes pueden tener su origen dentro o fuera de una organización y ser provocados directamente por un atacante, indirectamente a través de un agente o, incluso, fortuitamente.

El alcance de la gestión de incidentes no ha de limitarse al establecimiento de la capacidad de reacción, sino que debe proporcionar la base para la prevención de incidentes futuros. Es necesario, para ello, el fomentar la consciencia de los usuarios en relación a los incidentes de seguridad y los riesgos asociados a los sistemas.

El siguiente cuadro muestra cómo la gestión centralizada de incidentes pretende resolver la problemática al afrontar un incidente de seguridad.

Problemas actuales	Gestión centralizada de incidentes
El usuario no conoce qué es un incidente de seguridad	Definir lo que constituye un incidente de seguridad
El usuario no dispone de un modelo de informe	Normalizar un formato de informe
El usuario no conoce a quién recurrir ante un incidente	Establecer un procedimiento de aviso
No hay responsables ni cometidos asociados	Designación de responsabilidades
No existe registro centralizado	Automatización del registro mediante una base de datos y aplicación asociada
La información sobre incidentes se encuentra dispersa en los departamentos	Centralización de la información
La catalogación del incidente se complica por falta de criterio	Definir un criterio
El incidente se resuelve por personas que pueden no ser adecuadas para resolverlo y cuya selección no se ajuste a un criterio claro	Constitución de un equipo preparado, con conocimientos y recursos suficientes
Olvido general tras la resolución del incidente	Difundir información a los usuarios con las conclusiones que permitan evitar incidentes similares

En todo caso, una gestión adecuada de incidentes de seguridad debería permitir:

❑ Establecer una vía de comunicación rápida de los hechos que permita reaccionar a tiempo.

❑ Llevar a cabo la contabilidad y el registro de los incidentes de seguridad.

❑ Aislar cada incidente, evitando así la propagación de elementos que produzcan una situación de riesgo.

❑ Adoptar decisiones a largo plazo si el impacto del incidente provoca un compromiso de la información o de la infraestructura que pudiera originar consecuencias graves.

❑ Asegurar la integridad y disponibilidad de los sistemas críticos si el incidente afecta a los mismos.

❑ Mantener y recuperar la información.

❑ Mantener y recuperar los servicios.

❑ Determinar el modo, los medios, los motivos y el origen del incidente.

❑ Señalar e identificar el origen siempre que sea posible.

❑ Analizar y proponer las correspondientes medidas que posibiliten la prevención de incidentes de naturaleza similar en el futuro.

La prioridad de las acciones a realizar dependerá de cada caso concreto y será establecida en función de la criticidad de los elementos afectados (no es lo mismo una estación de trabajo que un servidor web, por ejemplo) y del potencial efecto que produciría el incidente (desde destrucción de datos hasta poner en compromiso la contraseña del administrador, por ejemplo).

En el caso concreto de sistemas que gestionen información clasificada, suele prevalecer la información contenida en dichos sistemas por encima de los equipos o servicios instalados en los mismos.

 *Para que la información cumpla unos estándares de seguridad adecuados deberá contener las tres propiedades: confidencialidad, integridad y disponibilidad.*

1.1.1. Tipos de incidentes de seguridad

Existen diversas clasificaciones de la tipología de los incidentes de seguridad que pueden ocurrir en un sistema. La siguiente es una de ellas:

❑ **Accesos no autorizados.** Son ingresos y operaciones no autorizadas a los sistemas, con o sin éxito. En esta categoría podríamos encontrar:

   ◆ Robo de información.

   ◆ Borrado de información.

   ◆ Accesos no autorizados con éxito.

   ◆ Alteración de la información.

   ◆ Intentos de acceso no autorizado, tanto recurrentes como no recurrentes.

   ◆ Mal uso o abuso de los servicios informáticos que requieren autenticación, tanto internos como externos.

❑ **Infección por código malicioso (en inglés *Malware*)**. Son incidentes que consisten en la infiltración de variantes de software sin autorización del propietario del sistema. Algunos ejmplos de código malicioso son:

   ◆ Virus informáticos.

   ◆ Troyanos. Código malicioso que entra en un sistema como un programa inofensivo en apariencia pero que, al ser ejecutado, puede habilitar el acceso remoto al sistema a usuarios no autorizados.

❑ **Gusanos.** Se trata de código malicioso que, una vez logrado el acceso al sistema, se replica a sí mismo. No suele alterar los archivos existentes, pero sí afecta al rendimiento del sistema, pues consume sus recursos.

❑ **Denegación del servicio (en inglés *Denial of Service, DoS*).** Se trata de eventos que producen la pérdida de un servicio concreto o de varios, impidiendo su ejecución normal. Tiempos de respuesta muy bajos y servicios inaccesibles sin motivo aparente suelen ser los indicadores más habituales de este tipo de incidentes.

❑ **Obtención de información o escaneos.** Son operaciones que tratan de conocer las acciones que se producen en un sistema y la información de reconocimiento para programar ataques posteriores. Algunas de ellas son:

♦ *Sniffers.* Aplicaciones cuya función es la de obtener la información que envían los distintos equipos de un sistema.

♦ Detección de vulnerabilidades. Son aplicaciones que explorar las vulnerabilidades de un sistema para aprovecharse de ellas con posterioridad.

❑ **Mal uso de los recursos tecnológicos.** Son acciones que atacan los sistemas de información mediante su uso indebido. Algunas de ellas son:

♦ Violación de normativas de uso como, por ejemplo, las de navegación por Internet.

♦ Mal uso o abuso de servicios informáticos, tanto internos como externos.

♦ Mal uso o abuso del correo electrónico.

♦ Violación de las políticas, procedimientos y normas de seguridad informática de una organización.

Malware. *Software malintencionado que tiene como objetivo dañar un sistema o infiltrarse sin contar autorización. Su nombre procede de la fusión de la expresión **Mal**icious Sof**ware**.*

Los ataques de denegación de servicio se realizan sobre equipos o redes e impiden al usuario el acceso a un servicio o recurso determinado para el que cuenta con autorización.

1.1.2. Detección de un incidente

Cualquier miembro de una organización (usuario, administrador, personal de mantenimiento, etcétera) que detectase una circunstancia anómala y que, de acuerdo a su criterio, pudiese afectar a la seguridad de un sistema, debería ser responsable de informar de la incidencia.

Adicionalmente a esta labor de concienciación de todos los estamentos de la organización, la tecnología debe jugar un papel primordial: el uso de aplicaciones de seguridad, como los sistemas cortafuegos, los detectores de intrusos, las herramientas de correlación de eventos, el software antivirus, o los sistemas que actúan como señuelo (en inglés *honeypots*), se hacen esenciales para la detección prematura de incidentes.

 **Honeypot.** *Sistemas diseñados para ser atacados y orientados a ser el objetivo de ataques informáticos, de modo que la actividad desarrollada por un atacante sea monitorizada en un entorno preparado para ello con la finalidad de recoger información de los patrones de ataque y de los atacantes y que resulte de utilidad para la protección de la organización*

1.1.3. Notificación de los incidentes

La complejidad de los sistemas dificulta la distinción entre fallos imprevistos (físicos o lógicos) y ataques a los mismos. Por tanto, ante un indicio de incidente, una de las primeras acciones a realizar por parte de cualquier componente de la organización es comunicarlo.

Ha de evitarse que el desconocimiento sobre la naturaleza de los incidentes de seguridad pueda hacer dudar a los usuarios en su forma de actuar. Esto es, los procedimientos han de ser sencillos y muy claros, permitiendo así su ejecución ante la menor sospecha de que pudieran estar produciéndose.

La exactitud con la que el usuario debe informar de lo sucedido es crucial. Cualquier dato puede beneficiar a la investigación. Por el contrario, una información incompleta podría entorpecer e incluso empeorar la situación.

Una comunicación típica podría efectuarse de alguna de las siguientes maneras:

❑ Contactando con el centro de atención al usuario de la organización en la forma que esta lo haya establecido (teléfono, correo electrónico, aplicación que actúa como portal de incidencias, etcétera). Se proporcionará una breve descripción de lo sucedido para alertar a la organización y comenzar a preparar una línea de actuación.

❑ Redacción de una notificación de acuerdo al modelo normalizado (por ejemplo, un Formulario de Incidentes) definido por la organización y que contenga toda la información relativa al incidente que pudiera ser de utilidad.

El usuario ha de contar en todo momento con el soporte de los responsables de seguridad del sistema que haya sufrido el incidente para cumplimentar correctamente los apartados del formulario que desconozca.

El formulario ha de estar disponible en un lugar conocido por todos los usuarios y ser fácilmente accesible.

Es muy recomendable definir y establecer los mecanismos necesarios para que las organizaciones puedan contactar entre sí ante la aparición de incidentes.

1.1.4. Fases de ejecución

La gestión de los incidentes de seguridad es un proceso que se debe articular en fases. Estas se iniciarán tan pronto como se tenga constancia o se sospeche de la existencia de un incidente. Serán desarrolladas por el centro de atención a usuarios –si existe y dispone de los medios y conocimientos necesarios–, o por el equipo de resolución de incidentes creado para hacerse cargo de estos aspectos.

Las distintas fases que se desarrollan una vez notificado un incidente son:

❑ **Contención.** Su propósito es el de limitar la extensión del incidente. El centro de atención a usuarios realizará una valoración inicial sobre la naturaleza y alcance de dicho incidente. En su caso, lo comunicará a los responsables del sistema afectado.

Por tanto, es necesario que el centro de atención a usuarios disponga de un inventario completo y actualizado de todos los sistemas de la organización y de sus responsables para cumplir con el precepto de una rápida comunicación.

La organización debería de contar con procedimientos de contención detallados para incidentes tipo (código malicioso, denegación de servicio, accesos no autorizados, escalada de privilegios de un usuario, etcétera). Para el resto de casos, los responsables del sistema evaluarán la conveniencia de desconectar, deshabilitar o impedir determinados recursos o servicios del mismo.

El centro de atención a usuarios proporcionará las alarmas precisas por el medio establecido a los usuarios (desconexión, cierre de sesión, bloqueo de fichero o recurso afectado, etcétera).

Resulta bastante clara la criticidad de esta fase en casos, por ejemplo, de amenaza de virus.

❑ **Análisis.** El centro de atención a usuarios –de forma paralela a la fase de contención–, iniciará el análisis del incidente obteniendo la máxima información disponible. Para ello debería contar con recursos necesarios para el adecuado registro y seguimiento de toda la información relacionada.

Los hechos han de analizarse determinando con total rigor si se trata realmente de un incidente de seguridad para, una vez realizado su registro, llevar a cabo su resolución.

Si el centro de atención a usuarios no dispusiera de recursos o conocimientos necesarios para la resolución, deberá recurrir a los equipos especializados en resolución de incidentes. En todo momento, los responsables del sistema afectado han de conocer esta circunstancia.

Los equipos de resolución de incidentes analizarán toda la información disponible. Resultará muy conveniente la participación del administrador de seguridad del sistema afectado.

Los usuarios y responsables del sistema deben conocer qué pasos tomar para preservar las pruebas del incidente. El conocimiento de los parámetros de configuración del sistema afectado puede ser importantísimo, así como las medidas de seguridad que se implantaron en el sistema. Asimismo, la disponibilidad de los ficheros de registro (logs) es fundamental.

Por ello, es muy importante establecer el nivel mínimo de información de registro de actividad que cada dispositivo generará. Conviene un nivel alto para los dispositivos críticos.

Una gestión centralizada de ficheros de registro agiliza su análisis y permite que durante esta fase los registros de actividad no sean modificados. Es muy recomendable que todos los dispositivos se encuentren sincronizados para facilitar la correlación y el análisis.

Deberá evitarse la manipulación directa de los soportes de información y del sistema afectado. Siempre que sea posible, se trabajará con una imagen del sistema con dos finalidades:

◆ Para trabajar con los datos tal y como se encontraban antes del incidente.

◆ Para evitar una posible pérdida irreversible de los datos.

Resulta muy deseable realizar una captura de la información de naturaleza volátil (estado de las conexiones de red, configuraciones de todo tipo de interfaces, procesos, sesiones y ficheros abiertos y el contenido de la memoria RAM).

La recogida de la siguiente información puede resultar de gran utilidad:

◆ Datos de identificación (localización, número de serie del equipo, nombre, modelo, dirección IP, dirección MAC, etcétera).

◆ Identificación de la persona o personas que han recogido evidencias.

◆ Fecha y hora de la aparición de la evidencia.

◆ Lugar de almacenamiento de la evidencia.

Tanto el centro de atención a usuarios como el equipo de respuesta a incidentes tienen la obligación de documentar todas las acciones que realicen sobre los sistemas afectados con los medios que cuenten (fotografías, pruebas impresas, grabación con vídeo, etcétera).

Todas las pruebas recogidas en la fase de análisis serán almacenadas de forma segura, restringiendo su acceso a personal autorizado.

En el caso de que durante el análisis se extrajera la conclusión de la existencia de una negligencia muy grave o comportamiento intencionado de un usuario, se pondrá en conocimiento de los responsables de seguridad del sistema.

En el caso de que el incidente pudiese implicar procedimientos legales, tanto civiles como penales, las pruebas recogidas han de ser tratadas conforme a la legislación vigente. Habitualmente, habrá que considerar los siguientes factores:

◆ Admisibilidad. La prueba podrá o no ser utilizada ante los Tribunales.

◆ Entidad. Se refiere a la calidad, integridad y profusión de la evidencia.

◆ Pertinencia. Es necesario asegurar que los controles para el almacenamiento de la prueba son los adecuados.

◆ El período de retención de la evidencia.

❑ **Restablecimiento.** El objetivo de esta fase es el restablecimiento del servicio, de la información y de los recursos afectados. Se realizarán las acciones necesarias para recobrar las capacidades del sistema y que vuelva a prestar con normalidad el servicio. Esta fase es competencia de los responsables de seguridad del sistema, que podrían recibir el apoyo del equipo de respuesta a incidentes.

Los responsables del sistema han de estar plenamente informados, tanto de las actividades que se estén desarrollando en dicho sistema como del momento en que se encuentre operativo de nuevo.

El centro de atención a usuarios se encargará de comunicar a los usuarios en qué momento los recursos o servicios afectados vuelvan a estar disponibles.

❑ **Resolución.** Una vez finalizadas las fases anteriores, se deben dar los pasos oportunos para que el incidente quede resuelto o cerrado. Puede considerarse que un incidente queda cerrado cuando:

◆ Se ha restablecido toda la información, recursos y servicios afectados y el sistema vuelve a estar plenamente operativo.

♦ Se dispone de un conocimiento razonable de:

◊ ¿Qué ha ocurrido?

◊ ¿Por qué ha ocurrido?

◊ Las pérdidas ocasionadas en términos de servicio o recursos afectados.

◊ La información que ha sido comprometida.

◊ Se tiene conocimiento de quién o qué ha sido el causante del incidente.

◊ Se inicia la búsqueda de las medidas a implantar para que se cuente con una certeza de que no volverá a ocurrir en las mismas condiciones.

Un incidente cerrado es aquel en el que no se ha conseguido conocer alguno de los puntos anteriores y en el que, a decir de los expertos en resolución de incidentes, se han agotado todas las posibilidades de análisis e investigación para su resolución.

❑ **Conclusión.** Esta fase consiste en la elaboración y presentación de conclusiones de todas las fases del proceso de gestión de un incidente. Puede coincidir cronológicamente con la fase anterior.

Según la naturaleza y el alcance del incidente, la presentación de conclusiones podría limitarse a cumplimentar ciertos campos en un formulario de gestión de incidentes de seguridad o a la redacción de un informe que se remitiría a la autoridad de seguridad correspondiente.

No obstante, debe quedar constancia de toda la información relevante del incidente. Asimismo, el informe podrá contener cuantas propuestas se consideren necesarias para evitar incidencias futuras en los sistemas de información.

Resulta de especial relevancia la difusión, dentro de la organización, del incidente con objeto bien de evitar su repetición, bien de agilizar su resolución en el caso de volver a ocurrir.

 *Es muy recomendable la creación de un grupo de expertos en procedimientos y técnicas de seguridad informática para atender los incidentes de esta naturaleza. Suele denominarse Equipo de Respuesta a Incidentes (ERI) o a ciberincidentes (ERC).*

1.1.5. Aplicación de gestión de incidentes de seguridad

Un desarrollo correcto del proceso de gestión requerirá la existencia de una aplicación informática que permita registrar todos los datos relativos a incidentes de seguridad.

La aplicación permitirá establecer los estados por lo que atraviesa un incidente de seguridad. Podrían resumirse en el siguiente gráfico:

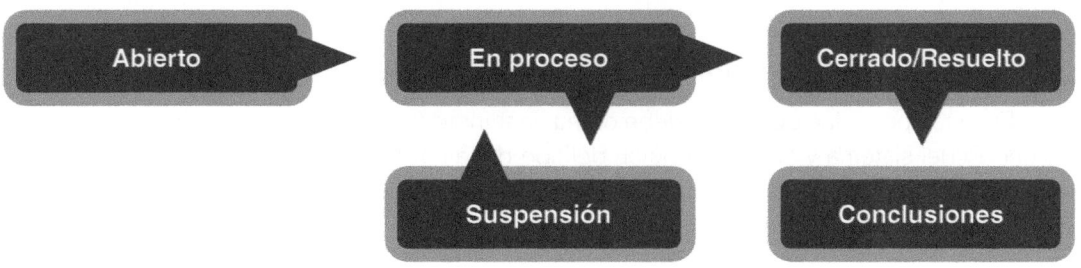

□ **Abierto.** El incidente ha sido dado notificado y registrado en la aplicación.

□ **Abierto y en proceso.** El incidente está siendo tratado por el centro de atención al usuario o ha sido asociado a un equipo de respuesta a incidentes y se encuentra en fase de resolución.

□ **Suspendido.** El incidente se encuentra en una fase de espera debido a la falta de recursos o de información imprescindible para continuar con el incidente en un espacio de tiempo razonable. Tanto el centro de atención al usuario como el equipo de respuesta a incidentes se encuentran a la expectativa.

□ **Cerrado.** El incidente ha sido resuelto o cerrado.

□ **Conclusiones.** Las conclusiones ya han sido elaboradas.

Además del estado del incidente, los datos registrados deberían almacenar por cada incidente, al menos, los siguientes datos:

□ Identificador único del incidente.

□ Descripción del incidente (tipo, importancia, fecha y hora de aparición)

□ Acciones llevadas a cabo para su resolución.

□ Datos de contacto (responsables del sistema, personal que ha detectado el incidente, equipo de resolución).

□ Datos del sistema afectado.

□ Tipo de información afectada en el incidente.

□ Listado de las evidencias recogidas.

□ Próximas medidas a adoptar.

□ Fecha de resolución.

□ Observaciones.

Habrá que decidir si la aplicación es accesible por toda la organización o por parte de ella. En este último caso, se definiría un control de acceso con distintos privilegios de entrada, consulta, modificación y borrado de datos.

1.1.6. Incidentes que gestionan información clasificada

En este tipo de incidentes se debe comunicar inmediatamente la aparición del mismo a la autoridad del sistema y esta, en función del tipo de la información comprometida, reportará a la autoridad responsable de la acreditación. El equipo involucrado en la gestión del incidente ha de contar con la habilitación de seguridad adecuada.

Es preciso determinar si ha sido o no comprometida la seguridad de la información clasificada y, en su caso, de qué información se trata: su clasificación, número, fecha, originador, objeto y alcance. Asimismo, es necesario indicar el período en el que la información ha sido expuesta o comprometida, así como una estimación del número de personas que han accedido a ella. El incidente ha de ser notificado, igualmente, al originador de la información.

Durante el tiempo que dure la resolución del incidente, la autoridad responsable del sistema ha de ser informada periódicamente. Una vez resuelto, es conveniente elaborar y entregar un informe a dicha autoridad.

Toda la información relativa al incidente deberá ser mantenida y almacenada de acuerdo con la clasificación de la información comprometida.

1.1.7. Consideraciones finales. Beneficios y efectos adversos

Ante la posibilidad de la existencia de un incidente de seguridad en la organización, se hace preciso adoptar una serie de medidas, que pueden ser:

❑ **Preventivas**. Se aplican para evitar la ocurrencia de incidentes de seguridad. Como ejemplo estarían la utilización de contraseñas fuertes, el cifrado de la información, utilización de cortafuegos, etcétera.

❑ **De detección**. Sirven para detectar y controlar los incidentes de seguridad. Un ejemplo lo constituiría la realización de una auditoría de seguridad, revisiones de seguridad, etc.

❑ **Correctivas.** Se implementan una vez ha ocurrido el incidente de seguridad con el fin de que no vuelva a suceder, así como para restaurar la situación antes del incidente. Se trata de procedimientos de restauración, eliminación de código malicioso y auditoría forense.

La gestión de incidentes tiene como objetivo calcular y utilizar adecuadamente los recursos necesarios para aplicar correctamente las medidas de prevención, detección y corrección. Es preciso establecer unas pautas generales para lograr una correcta ejecución:

❑ **Prevención de los incidentes.** Se aplicarán las medidas preventivas que eviten la aparición de incidentes.

❑ **Detección y reporte de los incidentes.** Si el incidente se produce es preciso detectarlo y reportarlo a los responsables de su gestión.

❑ **Clasificación del incidente**. Categorización del tipo de incidente ocurrido: acceso no autorizado, robo de información, borrado de la misma, etcétera).

❑ **Análisis del incidente.** Cómo se ha producido dicho incidente y qué daños ha provocado.

❑ **Respuesta al incidente.** Es preciso la aplicación de las medidas correctivas para restaurar el sistema a la situación previa al incidente.

❑ **Registro de incidentes.** El registro, tanto del incidente como de las medidas adoptadas para solucionarlo, constituirá un histórico y un control de todos los incidentes ocurridos en el tiempo.

❑ **Aprendizaje.** El análisis de los posibles errores que causaron el incidente permitirá asentar las bases para que no vuelva a suceder.

El seguimiento de estas pautas permitirá a las organizaciones numerosos beneficios:

❑ Respuesta rápida, sistemática y eficiente a la aparición de un incidente.

❑ Rápida recuperación del sistema afectado, garantizando la mínima pérdida posible de información o de servicio.

❑ Generación de un histórico de incidentes y de las medidas adoptadas que dotará a la organización de una mejora continuada en la gestión y tratamiento de nuevos incidentes, así como la eliminación de la aparición de incidentes repetitivos.

❑ Mayor control de los procesos del sistema de información, así como del proceso de monitorización del mismo.

❑ Todo lo anterior repercutirá en una optimización de los recursos disponibles que, directamente, repercutirá en una mayor productividad de los usuarios.

Por contra, una gestión deficiente de los incidentes puede provocar efectos adversos:

❑ Bajo rendimiento por mala utilización de los recursos.

❑ Pérdida de información o de servicio en la organización.

❑ Lo anterior repercutirá en una pérdida de productividad, tanto en la infraestructura como en los empleados que, sin duda, provocará una pérdida competitiva en el negocio.

1.2. Conceptos generales de detección de intrusiones y su prevención

1.2.1. ¿Qué es una intrusión?

Una intrusión puede ser definida como un conjunto de acciones que intentan comprometer o poner en peligro la integridad, la confidencialidad o la disponibilidad de un sistema informático.

Las intrusiones se pueden producir de varias formas:

❑ Atacantes que acceden a los sistemas desde Internet.

❑ Usuarios autorizados del sistema que intentan ganar privilegios adicionales para los cuales no están autorizados.

❑ Usuarios autorizados que hacen un mal uso de los privilegios o recursos que se les ha asignado.

Adicionalmente, pueden darse varias posibilidades en un ataque dependiendo de quién lo lleva a cabo:

❑ **Penetración externa.** Se define como la intrusión que se lleva a cabo a partir de un usuario o sistema no autorizado desde otra red.

❑ **Penetraciones internas.** Aquellas que se realizan por usuarios internos que no están autorizados al acceso.

❑ **Abuso de recursos.** Se define como el abuso que un usuario realiza sobre unos datos o recursos de un sistema al que está autorizado a acceder.

Es importante distinguir entre actividad intrusiva y actividad anómala.

Las intrusivas se consideran un subconjunto de las anómalas. Podemos diferenciar:

❑ **Intrusivas, pero no anómalas.** También denominadas Falsos Negativos. En este caso la actividad es intrusiva, pero al no ser anómala, no consigue detectarse.

❑ **No intrusivas,** pero anómalas. Son los denominados Falsos Positivos. Aquí, la actividad es no intrusiva, pero como es anómala, se decide que es intrusiva.

❑ **Ni intrusiva ni anómala.** Son los denominados Negativos Verdaderos. La actividad es no intrusiva y se detecta como tal.

❑ **Intrusiva verdadera.** También denominados Positivos Verdaderos. Se trata de una actividad intrusiva y como tal es detectada.

 **Intento de intrusión.** *Cualquier intento de comprometer la confidencialidad, integridad o disponibilidad de un sistema informático o de eludir sus mecanismos de seguridad.*

1.2.2. Detección de intrusiones y su prevención

La detección de intrusiones aborda la forma de protegerse contra ellas utilizando una combinación de técnicas de monitorización (patrones y firmas, anomalías y heurística), análisis, valoración de vulnerabilidades, acciones de defensa, auditoría y generación de informes.

 **Firmas.** *Método de detección basado en marcas o características distintivas presentes en los ataques que explotan vulnerabilidades.*
Heurística. *Técnica de indagación y descubrimiento basada en la experiencia.*

La detección de intrusiones es una lucha contra el tiempo. Desde que se descubre una vulnerabilidad en un sistema o software hasta que las empresas desarrolladoras de ese producto o las de seguridad consiguen subsanarlo transcurre un período de tiempo en el que los sistemas son vulnerables. Es muy probable que durante ese lapso de tiempo alguien haya desarrollado una herramienta que será capacidad de explotar la vulnerabilidad. Esa herramienta se conoce comúnmente como exploit.

Los técnicos analistas desarrollarán un patrón del nuevo ataque detectado para implantarlo en los sistemas de detección de intrusiones.

El objetivo último es la reducción del tiempo que pasa desde que se detecta un nuevo ataque hasta que es detectado por algún sistema de detección de intrusiones.

 **Exploit .** *Estructura de software o secuencia de acciones y comandos cuyo objetivo es aprovechar una vulnerabilidad de seguridad de un sistema para conseguir un comportamiento no deseado del mismo.*

La incorporación de dispositivos cortafuegos y de redes privadas virtuales (en inglés *Virtual Private Networks*, VPNs) hace disminuir el riesgo y los potenciales problemas, pero el hecho cierto es que se ha producido un enorme incremento de los intentos de ataques tanto a redes como a sistemas informáticos. El mayor volumen de información que hoy se puede encontrar en Internet provoca que la cantidad de mensajes publicados en las listas de vulnerabilidades, como BUGTRAQ o CVE, no pare de crecer.

Estas vulnerabilidades están llegando a afectar a sistemas tradicionalmente seguros, como los cortafuegos, puesto que el aumento de las herramientas para producir ataques sofisticados también se ha incrementado y son de acceso prácticamente universal.

La tradicional visión en la que se contaba con un cortafuegos con unas políticas correctamente configuradas como línea de defensa ya no es válida, pues los ataques han evolucionado. Han aparecido nuevas técnicas de escaneo silencioso, gusanos y troyanos que atraviesan los cortafuegos mediante protocolos habitualmente permitidos por ellos: HTTP (Hyper Text Transfer Protocol) e ICMP (Internet Control Message Protocol) o incluso a través de los sistemas DNS *(Domain Name System)*.

Los atacantes buscan vulnerabilidades en los servicios que el cortafuegos permite y enmascaran sus ataques dentro de estos protocolos quedando la red expuesta.

Este nuevo escenario ha originado un aumento en la preocupación de las organizaciones por la seguridad. Se ha elevado el número de auditorías de las empresas que fabrican software sobre sus productos para reducir sus vulnerabilidades, así como las que evalúan el estado de la seguridad en una organización. Igualmente, los profesionales de la informática han tenido de actualizar sus conocimientos a esta nueva realidad.

 **Red Privada Virtual (VPN).** *Tecnología de red que permite una extensión segura de la red de área local sobre una red pública como, por ejemplo, Internet. Un sistema en la red podrá enviar y recibir datos sobre redes públicas como si fuera una red privada con toda la seguridad, funcionalidades y políticas de gestión de esta última.*

 **BUGTRAQ .** *Lista de vulnerabilidades analizadas y publicadas por un grupo de expertos en seguridad informática.*

Common Vulnerabilities and Exposures (CVE). *Lista de información registrada sobre vulnerabilidades de seguridad conocidas. Ofrece una nomenclatura estándar que permite identificar cada vulnerabilidad de forma inequívoca, así como qué versiones de software están afectadas y una posible solución. Está mantenida por la MITRE Corporation y es utilizada por la mayoría de repositorios de vulnerabilidades.*

Los motivos que invitan a la utilización de sistemas de detección de intrusiones en una organización pueden ser los siguientes:

❑ Posibilitan el descubrimiento de atacantes al sistema. Esto resulta siempre un elemento disuasorio ante la posibilidad de que un atacante pudiera ser descubierto y penalizado.

❑ Detectan ataques y otras vulnerabilidades de la seguridad que otros sistemas no consiguen. En numerosas ocasiones los atacantes acceden sin autorización a equipos que cuentan con numerosas vulnerabilidades que se lo han hecho más fácil. Los sistemas de detección de intrusiones pueden detectar los intentos de acceso y reportarlos de manera inmediata al responsable del sistema, para así tomar medidas y minimizar lo máximo posible el daño provocado por la intrusión.

❑ Detectan probaturas y ensayos de ataques. Es habitual que antes de un ataque a un sistema, los atacantes traten de examinarlo, buscando información sobre el mismo y las presuntas vulnerabilidades. Los sistemas de detección de intrusiones pueden detectar estas pruebas y escaneos, lo que permite estar sobre aviso y reforzar la seguridad de los sistemas objetivo de los atacantes.

❑ Justifican y documentan el riesgo de una organización. Cuando se elaboran las políticas de seguridad de una organización es obligatorio realizar una evaluación de los riesgos. Los sistemas de detección de intrusiones permiten conocer estos riesgos, así como documentarlos. De este modo, la política de seguridad establecida y las decisiones que se adopten en torno a ella estarán justificadas.

❑ Aportan información útil sobre las intrusiones y ataques que se producen en el sistema. Los sistemas de detección de intrusiones, aparte de bloquear intentos de ataque, recogen información de los ataques que se podrán utilizar como prueba del delito si se deseara emprender acciones legales contra los responsables de dicho ataque.

El modelo de gestión de seguridad para entornos de sistemas de información en red se fundamenta en dos sectores:

❑ Sector de prevención. Está formado por el componente de Prevención.

❑ Sector de detección y respuesta. Formado por los componentes de Detección, de Investigación y de Post-incidente.

El desarrollo de sistemas seguros por medio del componente de Prevención es una de las partes importantes del sistema de seguridad.

El componente de Detección identifica las brechas de seguridad, el de Investigación determinará qué ha sucedido exactamente con los datos obtenidos por el componente de detección. Este componente, además, puede incluir la recogida de datos adicionales que permitan la identificación del atacante, así como la capacidad de reacción ante un ataque.

Por último, el componente de post-incidente analizará la forma de evitar incidentes o intrusiones de carácter similar en el futuro.

Para prevenir este tipo de intrusiones contamos con los sistemas de prevención de intrusiones (en inglés Intrusion Prevention Systems, IPS) y con los sistemas de detección de intrusiones (en inglés Intrusion Detection Systems, IDS). Ambos constituyen una línea de defensa adicional a los equipos y redes de una organización ante las posibles amenazas.

A pesar de contar con cortafuegos, las organizaciones necesitan utilizar algún tipo de sistema de detección y prevención de intrusiones, puesto que es imposible conocer si los cortafuegos están mal configurados o si algún atacante ha conseguido acceder a una red o incluso si el atacante forma parte de la organización. Si no se dispone de alguno de estos sistemas no puede conocerse en qué momento los atacantes intentarán atacar la red.

Una intrusión puede ser definida como un conjunto de acciones que intentan comprometer o poner en peligro la integridad, la confidencialidad o la disponibilidad de un sistema informático.

Con el desarrollo de este epígrafe hemos conseguido conocer los conceptos generales de gestión de incidentes, detección de intrusiones y su prevención.

2. Identificación y caracterización de los datos de funcionamiento del sistema

Para comprobar el correcto funcionamiento de un sistema e identificar los distintos eventos sucedidos en un período de tiempo, por ejemplo, cuándo se produjo un incidente de seguridad, se recomienda observar los ficheros de registro (logs) de dicho sistema. El log es el registro oficial de los eventos del sistema. Se registran datos de eventos referidos a:

- ❏ Tipología del evento.
- ❏ Identificación del origen del evento.
- ❏ Momento en el que se produjo el evento.
- ❏ Lugar dónde se produjo el evento.
- ❏ Causa del evento.

Un seguimiento periódico y riguroso de los logs de un sistema puede detectar fallos y eventos como, por ejemplo:

- ❏ Incidentes de seguridad.
- ❏ Funcionamiento anómalo del sistema.

❑ Cambios de configuración no programados, tanto de aplicaciones como de dispositivos.

❑ Utilización errónea de los recursos que pudiera afectar al rendimiento.

❑ Intentos fallidos o exitosos de accesos de usuarios no autorizados.

Los principales sistemas operativos que pueden encontrarse en cualquier organización ofrecen la posibilidad de visualizar los ficheros de registro, permitiendo así detectar los eventos producidos en cada uno de los equipos o sistemas de la infraestructura.

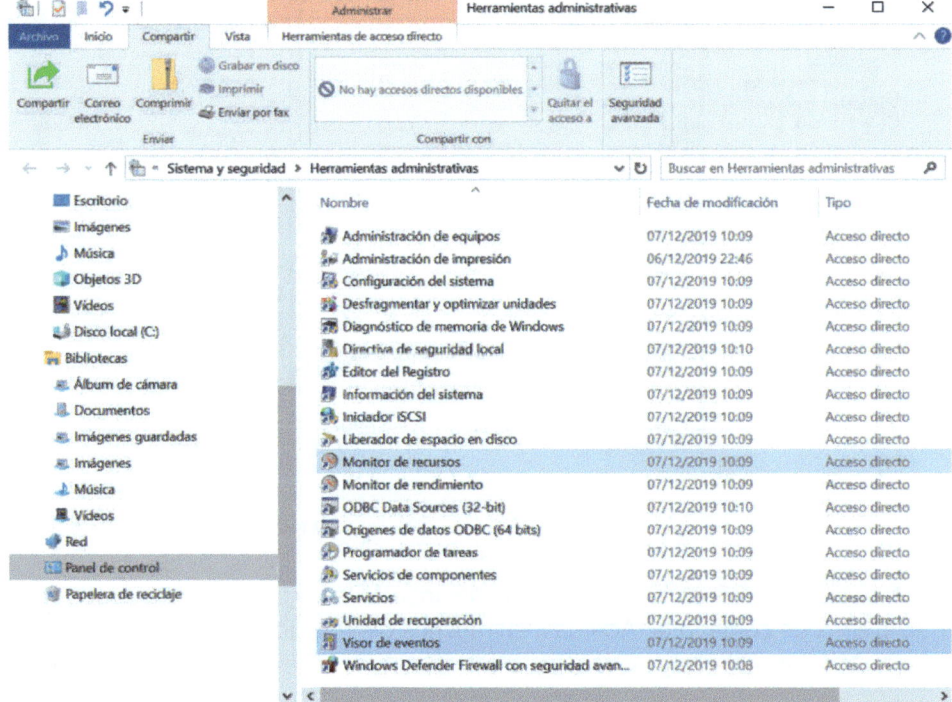

Ubicación del visor de eventos en las Herramientas administrativas de Microsoft Windows

Microsoft pone a disposición de los usuarios de sus sistemas la herramienta "Visor de eventos". Permite visualizar una amplia tipología de eventos sucedidos, junto con la fecha y hora, origen, identificador, usuario que lo generó, así como otras opciones de interés:

❑ **Registros de aplicación.** Son eventos registrados por aplicaciones o programas presentes en el sistema.

❑ **Registros de seguridad.** Son eventos ocurridos en los intentos de acceso al sistema. Están incluidos los inicios de sesión –tanto exitosos como fallidos–, la introducción errónea de contraseñas, la utilización de los recursos, etc.

❑ **Registros de instalación.** Son eventos referidos a la instalación de aplicaciones en el sistema. Suelen utilizarse para comprobar la presencia de código malicioso.

❑ **Registros de eventos reenviados.** Presenta los eventos que han sido reenviados al registro desde otro sistema.

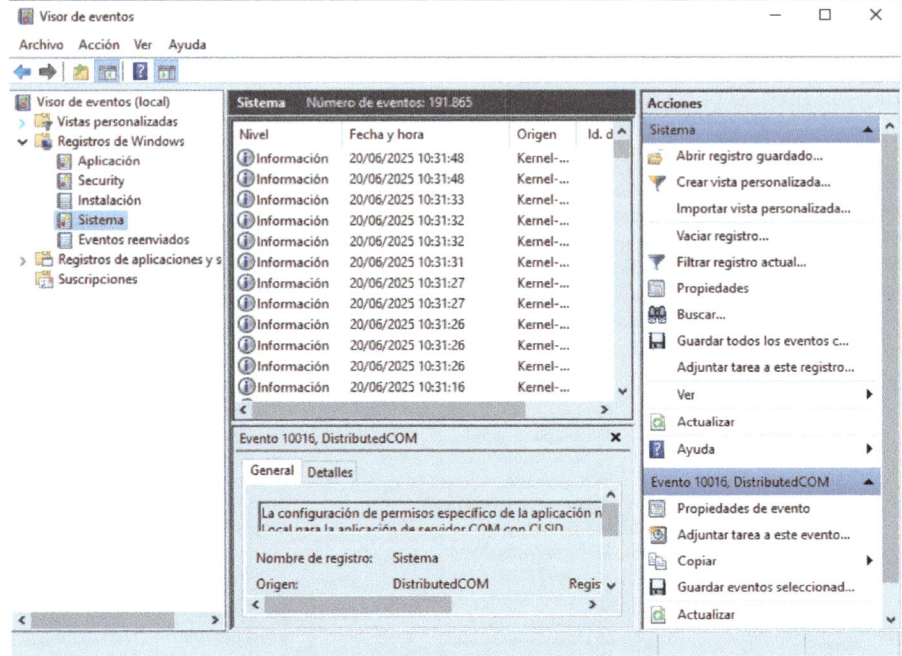

Vista de los eventos de "Sistema" de un sistema Microsoft Windows

En los sistemas Linux es mucho más común acceder a los ficheros de registro de eventos utilizando la línea de comandos. Además, en muchas distribuciones es la única opción disponible al no existir herramienta gráfica para ello.

Es necesario acceder a la documentación específica de cada distribución para conocer la ubicación exacta de los distintos ficheros de registro. Una aproximación estándar la encontramos en la siguiente tabla:

ARCHIVOS DE REGISTRO EN LINUX: UBICACIÓN Y FUNCIONALIDAD	
Nombre del archivo	**Funcionalidad**
/var/log/auth.log	Eventos de autenticación de usuarios y permisos.
/var/log/boot.log	Eventos y servicios empezados cuando se inicia el sistema.
/var/log/daemon.log	Mensaje sobre permisos o servicios corriendo en el sistema.

| ARCHIVOS DE REGISTRO EN LINUX: UBICACIÓN Y FUNCIONALIDAD ||
Nombre del archivo	Funcionalidad
/log/dmesg.log	Mensajes del kernel de Linux.
/var/log/errors.log	Errores del sistema.
/var/log/everything.log	Mensajes no cubiertos por otros ficheros de registro.
/var/log/httpd.log	Mensajes y errores del servidor web Apache.
/var/log/mail.log	Mensajes del servidor de correo.
/var/log/messages.log	Alertas generales del sistema.
/var/log/secure	Mensajes del registro de seguridad.
/var/log/syslog.log	Mensajes del registro del sistema de registro.
/var/log/user.log	Muestra información sobre los procesos utilizados por el usuario.

Asimismo, se hace necesario conocer los comandos que permitirán la consulta y explotación de estos ficheros de registro. Existen numerosas opciones. Un ejemplo lo constituye el comando "tail", de cuya ejecución vemos una muestra en la siguiente imagen:

Imagen que muestra la salida de la ejecución del comando "tail" sobre el fichero de registro "messages".

Mediante las herramientas de comprobación de ficheros de registro pueden evaluarse los distintos parámetros de funcionamiento de un sistema. De este modo, es posible detectar las distintas deficiencias de la configuración o de la gestión de recursos de dicho sistema y permitir una gestión de incidentes más idónea analizando de dónde provienen, cuándo se produjeron y quién los provocó, permitiendo, así, el establecimiento de medidas correctivas en el sistema.

Por último, mediante la observación y análisis del histórico de registros se puede comprobar qué eventos han sido perjudiciales para el sistema, de modo que puedan adoptarse medidas preventivas oportunas para evitar su repetición. Así, lograremos aumentar tanto el rendimiento del sistema como su seguridad.

El sitio web de Microsoft (www.microsoft.es) y su base de datos de conocimiento para conocer en profundidad todos los detalles del funcionamiento del Visor de Eventos.

En el caso de Linux, es fundamental un amplio conocimiento de los comandos necesarios para sacar el máximo provecho a los ficheros de registro. Existen numerosos tutoriales como, por ejemplo, los facilitados por el sitio web www.linux.org

Con el desarrollo de este epígrafe hemos conseguido la identificación y caracterización de los datos de funcionamiento del sistema.

3. Arquitecturas más frecuentes de los sistemas de detección de intrusos

La tecnología de los sistemas de detección de intrusos (IDS) surge como respuesta a una necesidad clave para la identificación y respuesta en tiempo real ante todo tipo de abusos y delitos en el área de las redes de sistemas de información. Estos sistemas pueden proporcionar evidencias incriminatorias allá donde no llegan otros sistemas, como los cortafuegos o los registros de auditoría.

Estos sistemas, por su naturaleza automática, permiten a las organizaciones reducir los recursos humanos y materiales dedicados a la monitorización y al seguimiento de la política de seguridad. Sería muy difícil de soportar el enorme coste en recursos humanos y técnicos de colocar cortafuegos en todos y cada uno de los puntos críticos de una red, así como realizar auditorías continuamente. No es muy común que las empresas inviertan en la contratación de personal para visualizar ficheros de registro de actividad o tráfico de red, y menos cuando, además, la instalación de estos dispositivos no garantizaría la detección de los ataques.

Habitualmente, el simple anuncio de la existencia de herramientas de detección de intrusiones es lo suficientemente disuasoria para que disminuyan los intentos de ataque.

Los IDS monitorizan los eventos de un equipo buscando intentos de intrusión. Ejecutan un proceso de auditoría. Son aplicaciones que, mediante la explotación de una base de datos y un proceso exhaustivo de configuración, consiguen detectar los posibles ataques realizados a un sistema.

Los dispositivos de detección de intrusiones son productos cuya funcionalidad principal es la monitorizar a una o más redes con objeto de detectar el tráfico potencialmente dañino y reaccionar ante estos ataques. Pueden implementarla de manera independiente o en conjunción con otros componentes de red que formen parte de soluciones empresariales de mayor envergadura.

El sistema IDS capturará todos los datos de dos redes separadas (técnica conocida como modo promiscuo), las analizará y enviará actualizaciones de filtros de tráfico a los dispositivos de protección del perímetro como, por ejemplo, a un encaminador (router) o a un cortafuegos para que bloqueen el tráfico no deseado en tiempo real.

Este tipo de soluciones puede presentarse tanto en formato de equipo dedicado o *Appliance* (hardware provisto de firmware dedicado y software), como en formato software, que se instala en un sistema de ficheros proporcionado por un sistema operativo. En ocasiones pueden ir acompañados de software instalable en un equipo informático estándar que sirva para realizar funciones de control y administración del dispositivo.

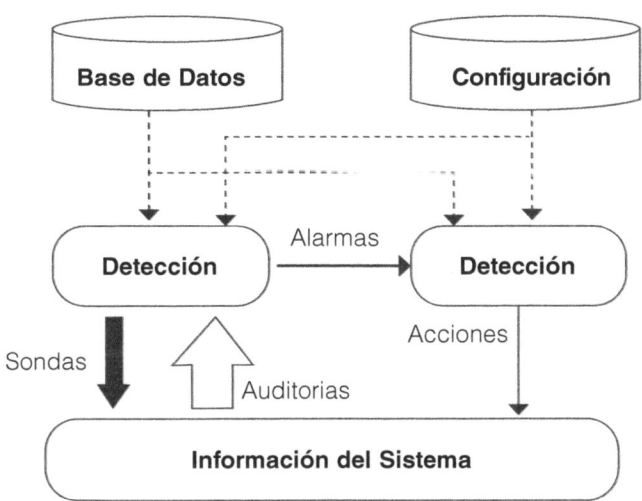

Imagen que muestra un esquema típico del funcionamiento de un IDS

3.1. Arquitectura de los IDS

Los principales componentes que integran toda herramienta IDS, sea de naturaleza hardware o software son:

❑ **Sensor de eventos.** Tiene como propósito el de proporcionar la información relativa a los incidentes al resto del sistema. Este componente puede verse atacado si se impide que obtenga paquetes o que pueda descifrarlos.

❑ **Módulo analizador.** Su objetivo es el de analizar las firmas de ataques o la comparación de los patrones intentado así identificar los intentos de intrusión, los ataques y la explotación de las vulnerabilidades en un sistema. Este módulo suele contar con una interfaz de usuario que le permita comunicarse con el operador o responsable del sistema. Este componente puede verse atacado si se consigue que el análisis sea incorrecto o se le dificulta su tarea para que no la realice de forma precisa.

❑ **Módulo de almacenamiento.** Su misión es almacenar los eventos producidos para su posterior explotación.

❑ **Módulo de respuesta o contramedidas.** Una vez que se ha producido un ataque, el IDS reacciona. Existen dos posibilidades de reacción:

◆ Pasiva. En este caso, se notificará al responsable de seguridad, al usuario del sistema atacado o al contacto de algún equipo de respuesta a incidentes de seguridad o CERT la situación de ataque. También suele avisarse al responsable del sistema o sitio web desde el que se originó el ataque.

◆ Activa. Las respuestas activas son acciones automáticas que se adoptan cuando se detecta el ataque.

Este módulo trata de prevenir de futuros ataques del mismo tipo.

 **CERT.** *Acrónimo que corresponde a Computer Emergency Response Team, Equipo de respuesta a emergencias informáticas. Este equipo es un centro de respuesta a incidentes de seguridad en tecnologías de la información. Están compuestos por un grupo de expertos en seguridad y responsables del desarrollo de medidas preventivas y reactivas ante dichos incidentes.*

No existe una arquitectura que se utilice de manera estándar. Esto provoca que las organizaciones que trabajan con distinta arquitectura de IDS experimenten ciertas dificultades de interoperabilidad.

No obstante lo anterior, pueden enumerarse los siguientes aspectos comunes en las distintas arquitecturas:

❑ La fuente de recogida de datos. Pueden ser los logs, dispositivos de red o el propio sistema de información.

❑ Las reglas que definen los patrones y directrices para detectar las anomalías de seguridad de un sistema.

❑ Los filtros que comparan los datos o los logs que se han obtenido con los patrones definidos en las reglas.

❑ Los detectores de eventos anormales que ocurren en el tráfico de la red.

❑ El sistema que genera los informes y las alarmas en el caso de encontrar alguna intrusión o ataque.

Las arquitecturas de IDS más importantes en el mercado actualmente son:

❑ **Arquitectura CIDF** *(Common Intrusion Detection Framework)*. El marco de detección de intrusión común fue promovido por la agencia estadounidense DARPA y determina un modelo y un vocabulario general para tratar las intrusiones. No llegó a establecerse como un estándar.

> **D.** *DARPA. Acrónimo de Defense Advanced Research Projects Agency. Es una agencia del gobierno estadounidense responsable del desarrollo de tecnología para uso militar. De ella nacieron los fundamentos de ARPAnet, red que dio origen a Internet.*

Esta arquitectura contempla cuatro tipos básicos de equipos:

❑ **Equipos generadores de eventos.** Su función principal es la detección de eventos y la emisión de informes. También conocidos como equipos E.

❑ **Analizadores de eventos.** Equipos que reciben los informes emitidos y realizan los análisis oportunos. Son conocidos como equipos A.

❑ **Base de datos de eventos.** Se trata de componentes de bases de datos que permiten ver el historial de los eventos sucedidos en el sistema. También conocidos como equipos D.

❑ **Equipos de respuesta.** Obtienen datos de los demás tipos de equipos y responden a los eventos sucedidos en el sistema. Son conocidos como equipos R.

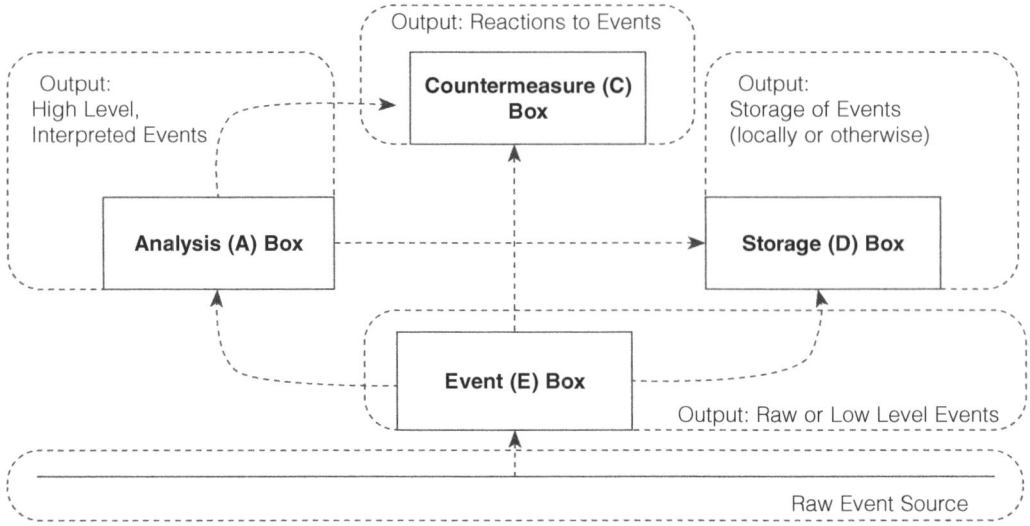

Componentes de la arquitectura CIDF y su relación

❑ **Arquitectura CISL *(Common Intrusion Specification Language)*.** El lenguaje de especificación de intrusión común surgió por la necesidad de unir los cuatro tipos de equipos definidos en la arquitectura CIDF. En esta arquitectura es preciso transmitir los siguientes tipos de información:

◆ Información de eventos agrupados. Proporciona información sobre el tráfico de red del sistema y sobre la auditoría de registros. Para ello, une los equipos E y A definidos en la arquitectura CIDF.

◆ Resultados de los análisis. Facilita información, como las características de las anomalías sucedidas en el sistema y de los ataques que se han detectado. Para ello, une los equipos A y D de la arquitectura CIDF.

◆ Prescripciones de las respuestas. Se encarga de detener ciertas actividades y de modificar parámetros de seguridad de ciertos componentes para así responder a posibles ataques. Para ello, une los equipos A y R de la arquitectura CIDF.

❑ **Arquitectura AusCERT (el CERT australiano).** Se trata de una arquitectura mucho más simple que las anteriores. En unas pocas líneas facilita un informe de un incidente sucedido en el sistema.

 *Un ejemplo de informe proporcionado por AusCERT tendría la siguiente estructura:*

> Source: 147.83.152.1
> Ports: TCP 111
> Incident Type: Network scan
> re-distribute: Yes
> timezone: GMT +1300
> Replay: no
> Time: Friday 10 Apr 2020 at 19:01

Resulta evidente que la sencillez de esta estructura facilita tanto su construcción como su análisis. Sin embargo, si se deseara una información más detallada de eventos e incidencias sucedidas en un sistema, la arquitectura AusCERT muestra sus limitaciones debido a su mínimo nivel de detalle.

❑ **Arquitectura IDWG** *(Intrusion Detection Working Group).* El IETF creó el grupo de trabajo de detección de intrusiones, cuya principal función es la definición de formatos y procedimientos de intercambio de información entre los distintos subsistemas del IDS. Su diseño facilita el intercambio de información sobre los incidentes de seguridad. Propone un nuevo formato: el formato IDEF IDMEF (Intrusion Detection Message Exchange Format), que permite la interacción con otros sistemas de seguridad como, por ejemplo, los sistemas de correlación de eventos. Se distinguen tres módulos diferentes en esta arquitectura.

1. Sensor. Recoge los datos de la fuente de datos. El IDS utilizará dichos datos para detectar actividades no autorizadas. Ficheros de registro, paquetes de red, logs de aplicaciones y logs del sistema operativo constituyen ejemplos de este tipo de datos.

2. Analizador. Analiza los datos recopilados por el sensor con el objetivo de detectar los accesos y las actividades no autorizados.

3. Manager. Es el componente que gestiona y administra el resto de los elementos del IDS. Configura sensores y analizadores, consolida los datos obtenidos y genera los informes mediante los datos facilitados por el analizador.

Estos módulos permiten obtener los siguientes resultados:

♦   Se consigue un lenguaje común que describe el formato de los datos.

♦   Se logran documentos que recogen los distintos requerimientos de carácter funcional de alto nivel que permiten la comunicación entre los IDS y entre los IDS y sus sistemas de gestión de incidentes.

◆   Identificación y definición de los protocolos más apropiados para la comunicación entre IDS y para el establecimiento del formato de los datos.

 ***IETF.*** *Acrónimo de Internet Engineering Task Force. Grupo de trabajo que desarrolla y promueve estándares, fundamentalmente en el ámbito de Internet.*

 *Con el desarrollo de este epígrafe hemos conseguido conocer las arquitecturas más frecuentes de los sistemas de detección de intrusos.*

4. Relación de los distintos tipos de IDS/ IPS por ubicación y funcionalidad

Conviene realizar una diferenciación entre sistemas IDS y sistemas IPS pues, pese a ser tecnologías complementarias, presentan diferentes características.

4.1. Tipos de IDS

4.1.1. Según su ubicación

Atendiendo a su ubicación podemos diferenciar los IDS en función del origen de los datos y de su estructura.

A) En función del tipo de sistema protegido

❑   **IDS basados en host (en inglés *Host-based* IDS, HIDS)**

Constituyeron el primer tipo de IDS desarrollado e instalado. Detectan las intrusiones a nivel de equipo informático. Analizan su tráfico para comprobar si se ha producido alguna alteración como, por ejemplo, la de los archivos del sistema operativo, así como para localizar actividades sospechosas.

Esta particularidad de trabajar directamente sobre un equipo permite una gran precisión en el análisis de las actividades. Podrán detectarse tanto procesos como usuarios que han estado involucrados en un ataque en un sistema concreto.

Un HIDS informa del resultado de un ataque, tanto si es exitoso como si no. También permiten la monitorización de los ficheros y de los procesos del sistema atacado para conseguir una mejor detección y elaborar una mejor respuesta ante los ataques.

Sus funcionalidades más importantes son las siguientes:

♦   Permiten el análisis del tráfico sobre un equipo concreto.

♦   Detección de los intentos de acceso, exitosos o fallidos.

♦   Detección de las modificaciones realizadas en archivos críticos del sistema.

Además, los HIDS presentan las siguientes ventajas:

♦   Permiten la detección de ataques muy específicos que se están produciendo a nivel de máquina.

♦   Pueden detectar ataques ante datos cifrados pues, al operar en el host de origen, pueden analizar los datos antes de ser cifrados. También podrían actuar sobre el host destino, una vez que los datos hubiesen sido descifrados.

En cuanto a las desventajas, los HIDS presentan las siguientes:

♦   Suponen un gran esfuerzo de recursos, pues es preciso configurarlos y gestionarlos en cada host que se desee monitorizar.

♦   No resultan de utilidad si se desea ampliar el ámbito de detección como, por ejemplo, sobre toda una red. Los HIDS únicamente analizan los paquetes de red que entran en el host en el que se encuentran instalados.

♦   Su utilización supone un consumo de los recursos del host que monitorizan. Lógicamente, esto implica una penalización sobre el rendimiento de dicho host.

♦   Los HIDS pueden ser desactivados por la acción de algunos ataques de denegación de servicio (DoS).

Como ejemplos de HIDS pueden citarse Tripwire, Dragon Squire o Samhain.

❑   **IDS basados en red (en inglés *Network-based* IDS, NIDS)**

Los datos del tráfico de red pueden utilizarse para detectar intrusiones. Esta detección se realiza en tiempo real, lo que permite adoptar acciones inmediatas frente a intentos de ataque. Además, producen una seguridad a nivel global pues permiten monitorizar los datos en todos los niveles del modelo OSI.

Los NIDS detectan los ataques mediante la captura y el análisis de los paquetes de datos presentes en una red. La gran mayoría de dispositivos IDS están basados en red. Después de realizar la captura y el análisis de los paquetes de la red, un NIDS buscará patrones que supongan algún tipo de ataque.

Los NIDS analizan el tráfico examinando los paquetes en busca de opciones no permitidas y diseñadas para no ser detectadas por los cortafuegos. Además, emiten alertar cuando detectan intentos de intrusión a análisis externos de alguna vulnerabilidad del sistema.

Su funcionamiento consiste en los siguientes dispositivos:

♦ Sensores o agentes. Se sitúan en distintos puntos de la red y monitorizan el tráfico buscando paquetes con contenido sospechoso. Lo más común es que estos sensores analicen los paquetes en modo oculto para no ser descubiertos.

♦ Una consola. En ella se reciben las alarmas emitidas por los sensores. Atendiendo a cada tipo de alarma se producirá un tipo de respuesta.

Este tipo de IDS presenta las siguientes ventajas:

♦ Cuentan con la capacidad de monitorizar grandes redes.

♦ No requieren la utilización de un software adicional en los servidores.

♦ Son sistemas de fácil implantación y actualización.

♦ El impacto que producen en la red es reducido, pues no intervienen en sus operaciones habituales y suelen ser dispositivos externos.

♦ Pueden ser muy seguros y hacerse casi invisibles frente a muchos ataques.

No obstante, también presentan una serie de desventajas:

♦ Pese a contar con la capacidad de monitorizar grandes redes, pueden presentar ciertas dificultades en redes muy cargadas de tráfico, llegando a fallar en el reconocimiento de ataques en momentos de altos picos de tráfico.

♦ Muchas de las ventajas no se aplican a redes conmutadas basadas en VLANs.

♦ A diferencia de los HIDS, no pueden analizar información cifrada. Esta particularidad puede acarrear dificultades si la Organización utiliza cifrado en el nivel de red entre equipos (con IPSec, por ejemplo).

♦ Presentan problemas al identificar ataques en redes donde se transmiten datos en paquetes fragmentados. Estos paquetes consiguen que el IDS no detecte dicho ataque, que manifieste un comportamiento inestable o, incluso, que pueda perder su funcionalidad.

♦ Se limitan a detectar los ataques lanzados, sean o no exitosos. Este aspecto también constituye una diferencia con los HIDS. Esta circunstancia obliga al personal encargado del análisis a revisar todos y cada uno de los intentos para constatar que se trata realmente de un ataque y de que ha tenido éxito.

 **VLAN.** *Acrónimo de Virtual LAN. Técnica que permite crear redes lógicas dentro de una misma red física.*

 **IPSec.** *Conjunto de protocolos que se utilizan para asegurar las comunicaciones sobre el protocolo IP. También incluye protocolos para el establecimiento de claves de cifrado.*

Uno de los NIDS más utilizados es Snort. Esta herramienta facilita información de los paquetes de una red y suministra información completa y precisa en el registro de actividades maliciosas de la red. Sus características más relevantes son:

♦ Analiza el tráfico de la red en tiempo real.

♦ Permite la utilización de filtros en la detección de ataques.

♦ Es de distribución gratuita.

♦ Dispone de un elevado número de firmas en su base de datos.

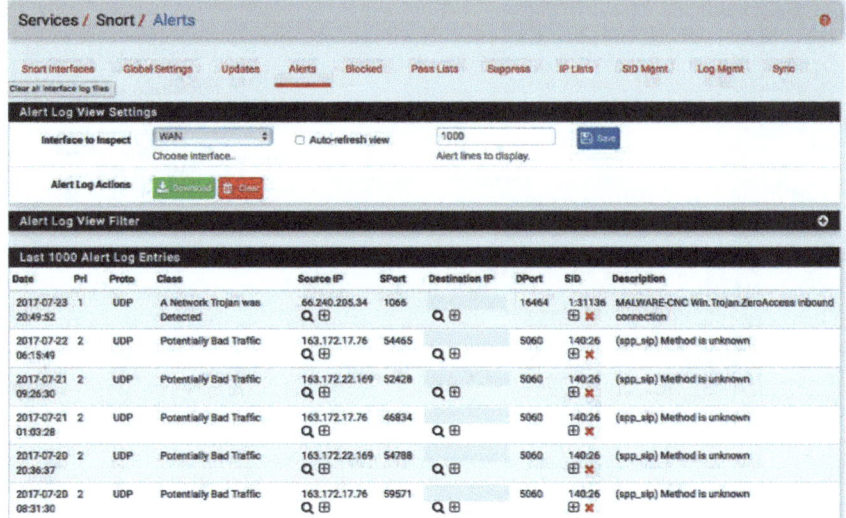

Imagen de la consola del IDS Snort

❑ **IDS Híbridos**

Los sistemas híbridos presentan lo mejor de los tipos anteriores. La combinación permite explotar las ventajas de ambas arquitecturas. Los IDS basados en red permiten la obtención de información general y amplia de un ataque mientras que los basados en host proporcionan información más concreta del rastro del atacante del sistema.

Habitualmente, están constituidos por sensores en cada host permitiendo una detección local de los sistemas y un sensor en cada segmento de red a vigilar. Así, se cubren las necesidades vistas en los HIDS y en los NIDS.

Un ejemplo de un IDS híbrido lo constituye Prelude. Fue desarrollado bajo licencia GNU/Linux y distribuido bajo licencia GPL. Fue diseñado para ser optimizado en entornos distribuidos. Es completamente modular, robusto y rápido. El dispositivo intenta recuperar indicios sospechosos de hosts y del tráfico de red, generando respuestas asociadas.

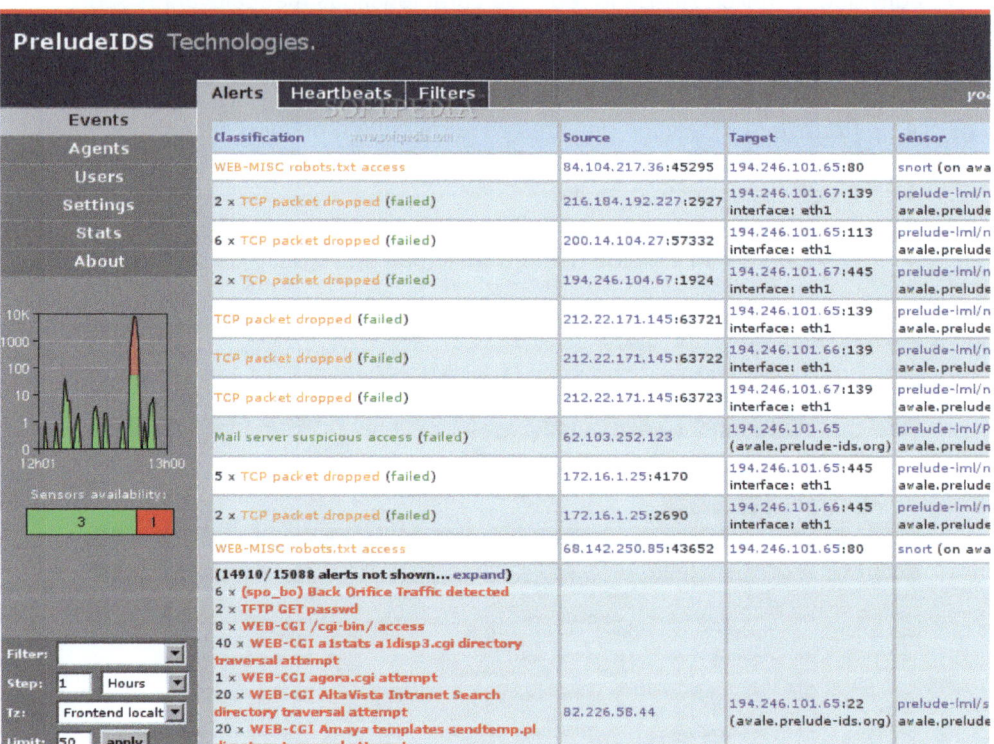

Imagen de la consola del IDS Prelude

B) En función de la estructura del sistema

❏   **IDS centralizados**

Emplean sensores que trasmiten información a un sistema central desde donde se gestiona y controla toda la arquitectura. De este modo es posible ahorrar equipamiento aunque es preciso disponer de un buen número de sensores desde los que se recoge la información.

Estos sistemas transfieren la información de múltiples anfitriones supervisados a un sitio central para su tratamiento. Emplean los mismos algoritmos que los sistemas basados en host (HIDS).

❏   **IDS distribuidos**

También conocidos como DIDS (Distributed IDS), aparecieron para subsanar las deficiencias de los IDS centralizados. Existen infraestructuras de red en las que no es recomendable analizar todo el tráfico en un único punto, pues podría producirse un descenso en el rendimiento de los sistemas llegando incluso a provocar denegación de servicio.

En el caso de los IDS distribuidos se reparten sensores por diversas máquinas y puntos de la red. Todos se conectarán con un nodo central que emite las informaciones relevantes y cruza todos los datos para disponer de una visión global del entorno. De este modo, se agiliza la detección de las posibles intrusiones pues, al disponer de varios agentes repartidos, se amplía la información disponible para localizar los incidentes. Además, es posible producir una única respuesta a intrusiones visibles desde varios puntos de la red.

Los componentes habituales de un IDS distribuido son:

♦   Agentes que monitorizan la red y los hosts.

♦   Transceptores que se encargar de la comunicación.

♦   Nodo maestro que centraliza los datos.

♦   La consola de eventos.

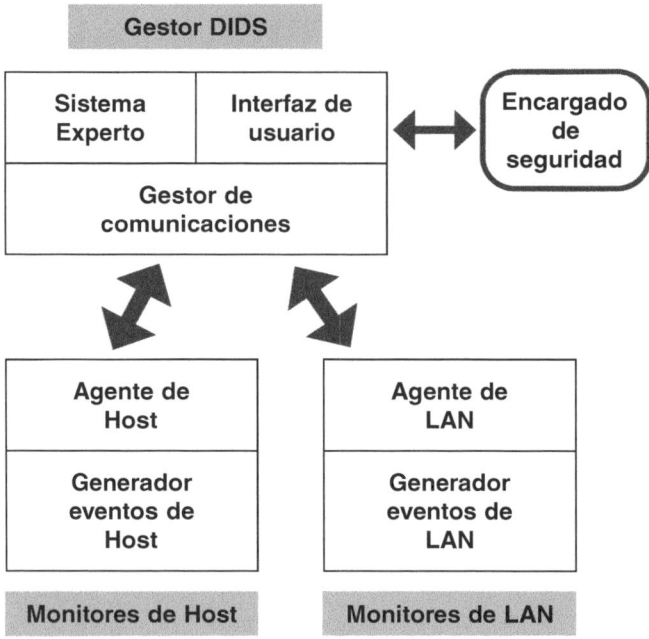

Imagen de una infraestructura de IDS Distribuido

4.1.2. Según su funcionalidad

Atendiendo a su funcionalidad podemos diferenciar los IDS en función del enfoque y de su comportamiento.

A) En función de la forma de detectar las intrusiones

❑ **IDS de detección de firmas, abusos o uso incorrecto**

Su finalidad principal es la búsqueda de eventos que coincidan con un patrón predefinido o con una firma que describa un ataque conocido.

Entre las ventajas podemos citar:

◆ Presentan un elevado grado de efectividad sin generar un número demasiado elevado de falsas alarmas.

◆ Permiten un rápido diagnóstico del uso de un ataque determinado.

La principal desventaja es su constante necesidad de actualización para lograr que la detección de los abusos o firmas sea eficaz.

❑ **IDS de detección de anomalías**

En lugar de buscar abusos conforme a unos patrones, este tipo de IDS trata de detectar comportamientos inusuales que sucedan en un host o en una red.

Se basan en técnicas de inteligencia artificial, todavía en desarrollo y con mucho recorrido. Funcionan asumiendo que los ataques consisten en la realización de actividades diferentes a la actividad normal. Un ejemplo lo constituiría un acceso al sistema a las 2 de la madrugada por parte de un usuario del departamento de Contabilidad. Esta actividad el sistema la consideraría anormal y la catalogaría como intento de ataque.

Los detectores de anomalías construyen perfiles representando el comportamiento habitual de los usuarios, hosts, conexiones de red, etc.

Sus ventajas principales son:

♦ Presentan una gran capacidad de detección de ataques de los que no existe un conocimiento determinado.

♦ Con la información que obtienen permiten la posibilidad de definir firmas en la detección de abusos.

Las principales desventajas que plantea su uso son:

♦ La generación de un elevado número de falsas alarmas al no existir un patrón definido.

♦ Requieren una fase muy amplia de entrenamiento para caracterizar los perfiles de comportamiento habitual.

❑ **IDS de detección híbrida**

Como se ha visto anteriormente, los IDS de detección de anomalías y los basados en detección de firmas o uso indebido presentan ventajas e inconvenientes que hacen que ninguna solución sea claramente superior a la otra. Los basados en uso indebido resultan muy fiables y proporcionan mejor rendimiento frente a ataques conocidos. Sin embargo, no cuentan apenas con capacidad para detectar nuevos ataques no incluidos en su base de datos de firmas. Es aquí donde presentan un mejor rendimiento los sistemas basados en anomalías, aunque cuentan con un rendimiento inferior.

En este contexto aparecen los IDS híbridos. Son capaces de detectar ataques previamente definidos, así como de interceptar aquellos que manifiesten comportamientos anormales.

B) En función de la respuesta ante la intrusión

❑ **IDS pasivos**

Únicamente se limitan a notificar la detección de la intrusión a la autoridad competente o al administrador de red mediante el sistema definido: alerta, fichero de registro, etc., pero no actúan ni sobre el ataque ni sobre el atacante.

Procesan la información y emiten la alerta dejando que un operador humano realice o no la intervención. Este sistema carece de unidades de respuesta.

❑ **IDS activos**

Este tipo de dispositivos adoptan respuestas automatizadas cuando detectan cierto tipo de intrusiones. Pueden considerarse tres categorías de respuestas activas:

♦ Incrementar la sensibilidad de las fuentes de información. Puesto que se conoce información adicional ante un posible ataque, es posible incrementar la sensibilidad en las fuentes. Un ejemplo lo constituiría el aumento del número de paquetes que podría capturar el IDS. Esta acción permitiría a la Organización disponer de mayor cantidad de información para poder neutralizar el ataque o identificar al atacante.

♦ Cambiar el entorno. Esta acción consiste en detener un ataque en progreso. Puede realizarse mediante una reconfiguración de dispositivos de seguridad perimetral (por ejemplo, enrutadores o cortafuegos) que bloquearía el acceso al atacante.

♦ Adoptar acciones contra el atacante. Esta acción puede consistir en obtención de información acerca del equipo informático del atacante o de la red en la que se encuentra así como de lanzar ataques contra el intruso.

No es una respuesta recomendable pues muchos atacantes utilizan direcciones de red falsas cuando lanzan sus ataques, por lo que una respuesta de esta magnitud podría causar daños a sitios o usuarios que nada tienen que ver con el incidente.

En algunos casos, además, esta práctica podría producir situaciones ilegales, como contraataques desde el IDS. Estos pueden enviar al atacante una inundación de tráfico de red para provocar una denegación de servicio a dicho atacante. En algunos casos, los atacantes pueden utilizar este tipo de respuesta de los IDS para conseguir la consideración de uso ilegítimo de una red o sistema por lo que no dejaría de ser un ataque que, incluso, podría tener repercusiones legales si el propietario del sistema inundado denunciara la situación.

 **Inundación de tráfico.** *Técnica de ataque consistente en multiplicar el tráfico de red existente, haciéndolo circular por toda la red sin parar, creando inestabilidad e incluso denegación de servicio.*

4.2. Tipos de IPS

Los IPS se desarrollaron a partir de 1990 con la finalidad de conseguir prevenir las intrusiones en un sistema en tiempo real. Son una evolución de los sistemas IDS.

Estos sistemas intentarán prevenir cualquier intrusión. Tan pronto como se detecta que un paquete está dañado o incompleto, la red bloquea la transmisión de dicho paquete con el fin de prevenir un presumible ataque.

Las funcionalidades comunes en los distintos tipos de IPS son las siguientes:

❑ Cuentan con la capacidad de respuesta automática en cuanto se produce un incidente.

❑ Permiten la aplicación de nuevos filtros según se van detectando ataques en progreso.

❑ Reducen la aparición de falsas alarmas de ataques producidos en la red.

❑ Permiten el bloqueo de los ataques a la red en tiempo real.

❑ Posibilitan una optimización del rendimiento de la red pues bloquean automáticamente los ataques al tráfico.

La utilización de sistemas IPS proporciona una serie de ventajas para una organización:

❑ Ofrecen una protección de carácter preventivo evitando, en muchos casos, que suceda el ataque.

❑ Permiten una protección y defensa completas ante varios tipos de ataques, desde intentos de intrusión hasta vulnerabilidades en el sistema, pasando por tráfico de red, códigos maliciosos, etc.

❑ Son fáciles de instalar, configurar y administrar.

❑ Presentan escalabilidad, esto es, permiten su dimensionamiento en función del crecimiento de la infraestructura de la organización.

❏ Optimizan la seguridad y la eficiencia en la prevención de intrusiones y ataques a una red o sistema individual.

❏ Presentan una menor necesidad de inversión en recursos que los IDS para entrar en producción.

Podemos encontrar tres categorías de IPS en función de la acción que llevan a cabo:

1. **IPS de filtrado de paquetes**

   Como función principal determinan el tipo de tráfico que puede entrar o salir de un equipo. Podemos encontrar varias soluciones de IPS en el mercado, pero las más populares son las siguientes:

   ◆ *Hogwash.* Sistema IPS que monitoriza el tráfico de una o varias redes y permite la generación de alertas. Asimismo, permite detectar y filtrar los ataques sobre la red. Pese a que resulta casi imposible evitar todos los ataques, estos dispositivos permiten descartar un elevado porcentaje de los mismos.

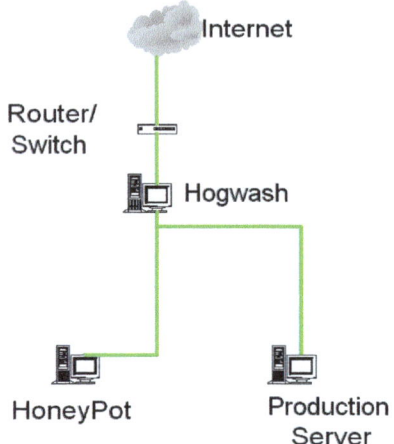

Ubicación típica de un IPS Hogwash

   ◆ *Dragon IPS.* Propiedad de la empresa Enterasys, las funcionalidades principales de esta herramienta es la reducción del número de atacantes, la reducción de los ataques DoS y la prevención del acceso a la información del sistema intentando hacer invisible la red para los atacantes.

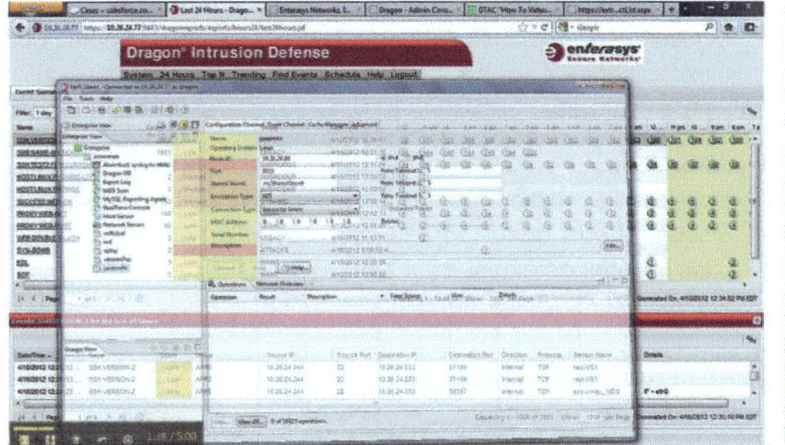

Imagen de la consola del IPS Enterasys Dragon

♦ **Snort_Inline.** Basado en el sistema IDS Snort, cuenta con la funcionalidad de descartar paquetes mientras viajan por el host. Se trata de uno de los IPS de red más conocidos y también utilizados.

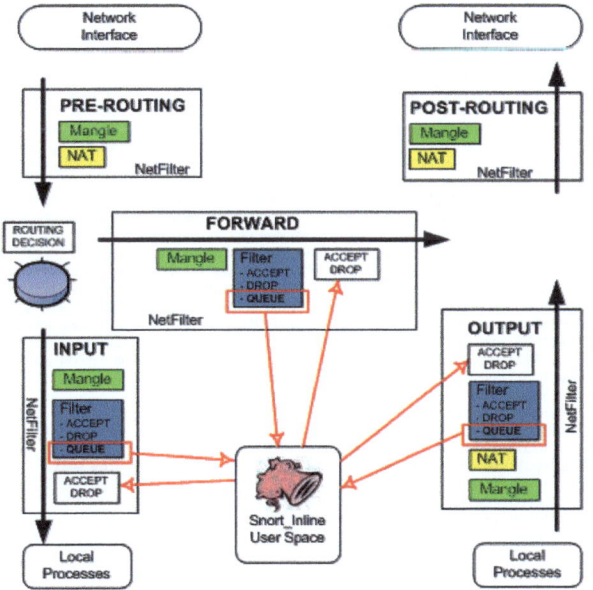

Imagen de la ubicación del IPS Snort_inline en una red

2. **IPS de bloqueo de IP**

Como en el caso anterior, existen numerosas soluciones en el mercado de este tipo de IPS. Algunas de ellas son:

♦ **Snortsam.** Se trata de una herramienta de código abierto que permite bloquear las direcciones IP por períodos de tiempo. También posibilita determinar excepciones a un posible bloqueo, desde direcciones IP individuales hasta redes enteras.

♦ **Portsentry.** Es una herramienta de libre distribución desarrollada por la empresa Cisco Systems. Cuenta como función principal la de rastrear las conexiones sobre el host donde se está ejecutando la herramienta. Tratará de identificar los intentos de exploración contra dicho host. Tan pronto como sea detectado algún intento, la herramienta negará el acceso a la exploración del host.

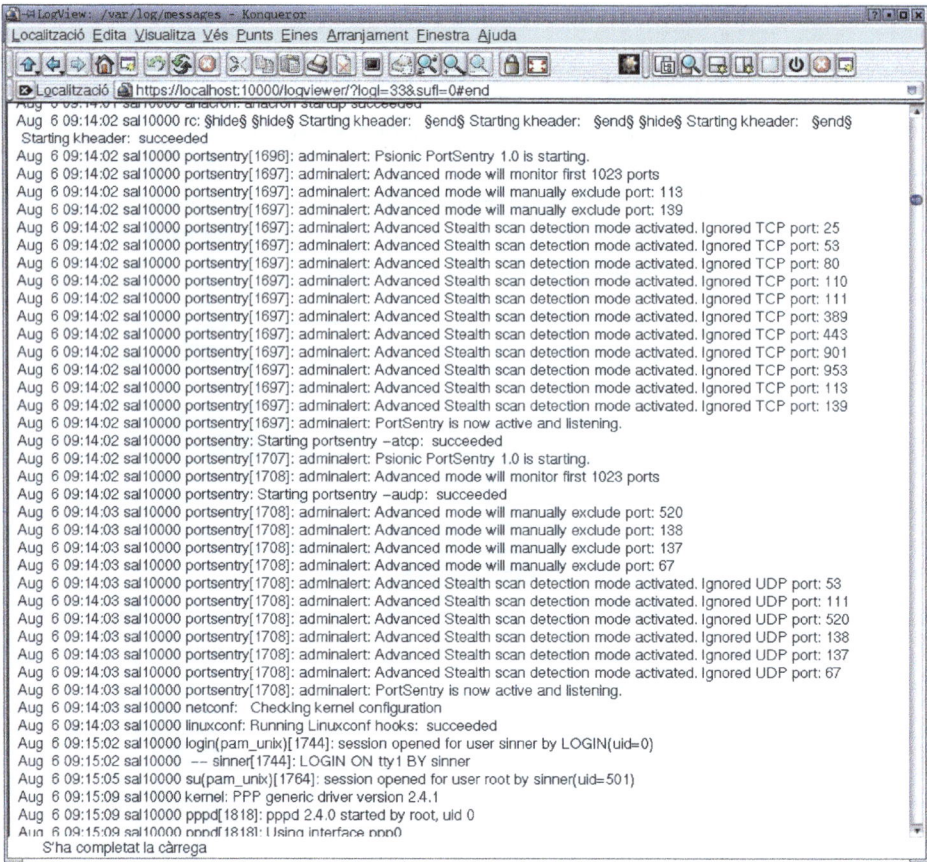

Ejemplo de comandos de un IPS Portsentry

3. **IPS con acción de engaño**

Se basan en el engaño hacia el atacante. Así, cuando se produce algún intento de ataque, el IPS envía al atacante información errónea sobre el host.

Las principales soluciones de IPS de esta categoría son:

♦   **DTK (Deception Toolkit).** Es un conjunto de herramientas que permite la emisión de respuestas falsas al atacante. Este entenderá que existe un gran número de vulnerabilidades en el sistema que está atacando.

♦   **Honeyd.** Esta herramienta permite la creación de hosts virtuales en la red con el fin de conseguir una simulación de la misma que engañará a los atacantes.

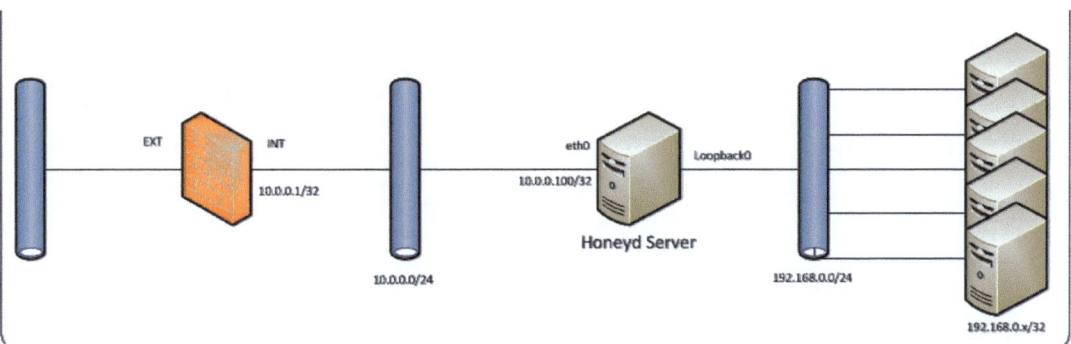

Ejemplo de ubicación de un IPS Honeyd

 **Host virtual.** *Simulación de host físico que permite la configuración de servicios arbitrarios así como la adaptación de sus características, de modo que aparezcan estar ejecutando distintos sistemas operativos.*

♦   ***Specter***. Es un sistema de engaño que realiza una simulación de equipo con el objetivo de atraer atacantes alejándolos de los equipos reales. Asimismo, esta solución permite investigar el rastro de los atacantes.

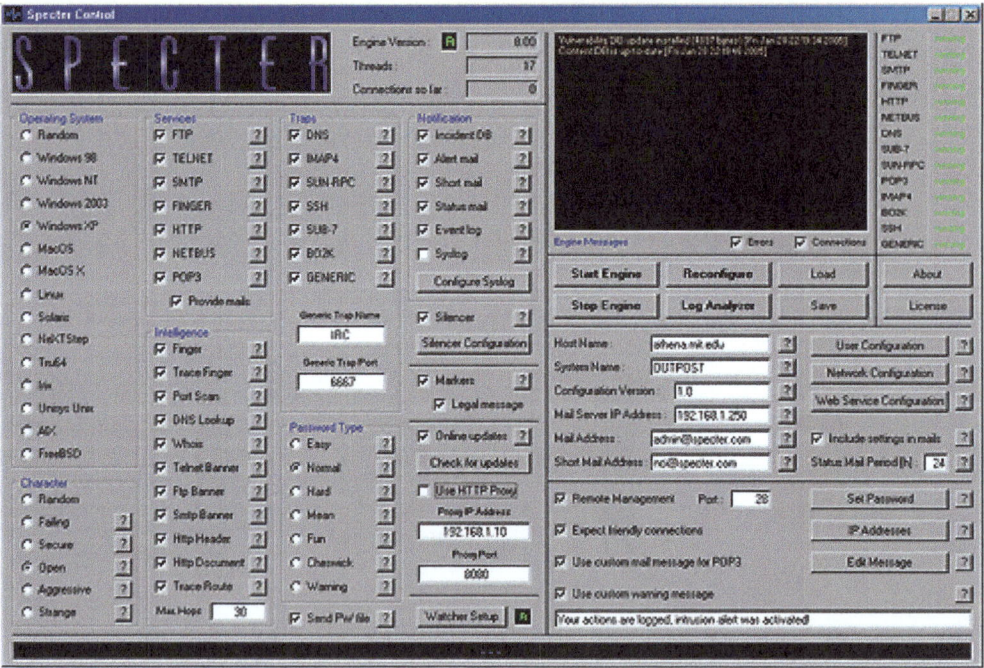

Ejemplo de la consola de un IPS Specter

 Con el desarrollo de este epígrafe hemos conseguido determinar la relación de los distintos tipos de IDS/IPS por ubicación y funcionalidad.

5. Criterios de seguridad para el establecimiento de la ubicación de los IDS/IPS

Una de las preguntas más importantes que debe realizarse una organización es dónde ubicar un sistema IDS/IPS. La ubicación dependerá tanto del equipo a utilizar como del tipo sistema IDS/IPS a implementar, así como de las características de la infraestructura de red y del tipo de negocio.

Por supuesto, la seguridad es un factor determinante como criterio para decidir dónde se ubicará cualquier sistema. En el caso de los IDS/IPS se distinguen tres zonas en las pueden ubicarse:

1.　**Zona roja.** Es la zona de riesgo más elevado. En ella el sistema IDS/IPS ha de configurarse en modo de poca sensibilidad, pues podrá observar todo el tráfico de la red con lo que el riesgo de falsas alarmas es alto.

2.　**Zona verde**. En esta zona el riesgo es menor que en la roja. Aquí los sistemas IDS/IPS serán configurados con un nivel de sensibilidad mayor que en el caso anterior. En esta zona el cortafuegos ya estará realizando un filtrado de accesos predefinidos por la organización. Es una zona en la que se producirán menos falsas alarmas que en la zona roja.

3.　**Zona azul.** También denominada zona de confianza. Es la zona en la que cualquier intento de acceso anómalo ha de considerarse como un ataque. Puesto que han de existir menos accesos que en las otras zonas, también se reducirá el número de falsas alarmas. Por el contrario, cualquier alarma que se produzca exigirá un análisis inmediato y detallado para evitar riesgos o disminuir el impacto del mismo.

En la imagen queda claro que la zona azul no forma parte de la red interna de la organización. Todo el tráfico que llegue al IDS procedente de esta zona se dirigirá hacia el cortafuegos, por ejemplo, o directamente al exterior de nuestra red. El IDS que se ubique en la zona azul no escuchará tráfico procedente de la red interna.

En el caso de ubicar un sistema IDS dentro de la red interna –colocado, por ejemplo, entre un enrutador y una VLAN–, las falsas alarmas serán provocadas, con casi total seguridad, por equipos internos que intentan acceder a los servidores corporativos, por servidores de nuestra red (caso típico son los servidores DNS) y por equipos que escanean la red. Puede deducirse que el volumen de alertas puede ser muy alto, por lo que convendría no configurar una alta sensibilidad en el dispositivo IDS.

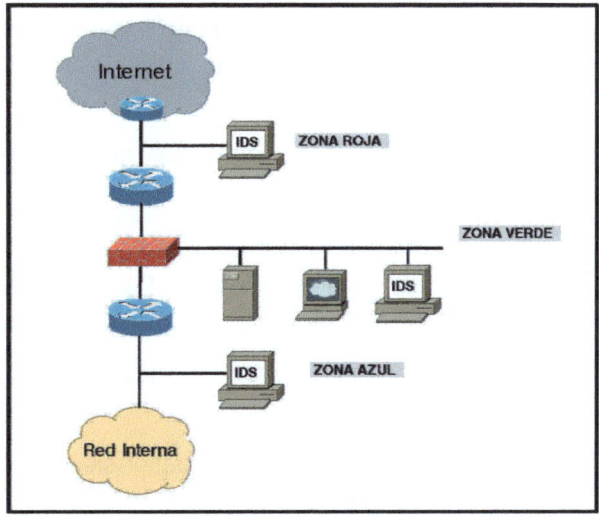

Imagen de la ubicación zonal de un IDS en una organización

Una vez conocidas las características de las distintas zonas, es el momento de contemplar las posibilidades de ubicación en relación con otro dispositivo crítico en la seguridad de cualquier organización: el cortafuegos.

❑ **Delante del cortafuegos**

Esta opción permite una monitorización de los ataques (tanto en su tipo como en su número) contra la infraestructura de la organización. Detecta, sobre todo, aquellos ataques dirigidos contra el cortafuegos de la red.

Esta ubicación presenta una serie de desventajas:

◆ No detectará ataques contra información cifrada.

◆ Si el sistema IDS/IPS no está correctamente dimensionado puede saturarse, pues el tráfico de red que se encuentra en este tramo de la red es elevado.

◆ El exceso de información que se producirá puede lograr un efecto contrario al deseado, pues será más complicado localizar la información relevante, esto es, los ataques efectivos.

◆ No ofrece un elevado grado de protección puesto que es fácilmente localizable y alcanzable por los intrusos, que podrían dirigir sus ataques contra el dispositivo.

❑ **Detrás del cortafuegos**

El sistema IDS/IPS se ubicará entre la red externa y la red interna; es lo que se conoce como DMZ o zona desmilitarizada.

Esta ubicación permite comprobar los ataques producidos en la organización, tanto los exitosos como los fallidos. Algunas ventajas de ubicar los sistemas en esta localización serían:

◆ Se monitorizarán aquellas intrusiones que hayan logrado atravesar el cortafuegos.

◆ Consecuencia del anterior punto, los ataques detectados son más peligrosos que los detectados en otras ubicaciones por lo que disminuirán los ataques exitosos de forma considerable.

◆ Puesto que se identifican los tipos de ataques más comunes, se podrá afinar la configuración del cortafuegos.

◆ El número de ficheros de registro es inferior siendo, además, la información mejor seleccionada y de mayor relevancia.

Las desventajas también han de ser tenidas en cuenta:

♦ Únicamente se monitorizará el tráfico que realmente haya entrado en la red.

♦ Tampoco esta ubicación permite el análisis de ataques que contengan información cifrada.

❑ **Combinación de las dos anteriores: delante y detrás del cortafuegos**

Reúne las ventajas de las dos posibilidades anteriores proporcionando, además, algunas adicionales:

♦ Existirá un mayor control de las posibles intrusiones en la red.

♦ Si entra tráfico no deseado, esta combinación permite mejorar la seguridad a través del aprendizaje.

♦ Permite una correlación entre los ataques que se detectan antes y después del cortafuegos.

Como puede deducirse fácilmente, la principal desventaja de esta posibilidad es el coste, tanto en recursos técnicos como humanos, pues precisa de la existencia de dos sistemas en dos ubicaciones distintas.

La seguridad de la información en las organizaciones es un asunto primordial para garantizar la continuidad del negocio. A pesar de que es prácticamente imposible conocer todas las vulnerabilidades de un sistema, ya que cada día surgen vulnerabilidades de todo tipo, los IDS/IPS son herramientas muy útiles para prevenirlas, detectarlas y ayudar a solucionarlas.

Con el desarrollo de este epígrafe hemos conseguido conocer los criterios de seguridad para el establecimiento de la ubicación de los IDS/IPS.

Acude a los Contenidos Extra para consultar el Resumen y realizar la Autoevaluación.

Implantación y puesta en producción de sistemas IDS/IPS

Objetivos

- ⊡ Implantar los sistemas de detección de intrusos según las normas de seguridad de la Organización.

- ⊡ Seleccionar las reglas del sistema de detección de intrusos en función del sistema de información a monitorizar.

- ⊡ Determinar los umbrales de alarma del sistema, considerando los parámetros de uso del mismo.

- ⊡ Partiendo de la caracterización de las técnicas de intrusión, elaborar reglas de detección.

- ⊡ Analizar los eventos registrados por el IDS/IPS para determinar falsos positivos y caracterizarlos en las políticas de corte del sistema.

- ⊡ Monitorizar y supervisar los registros de auditoría del IDS/IPS, así como los eventos de intentos de intrusión.

- ⊡ Establecer los niveles requeridos de actualización, monitorización y pruebas del IDS/IPS.

- ⊡ Determinar el número, tipo y ubicación de los sistemas de detección de intrusos, garantizando la monitorización del tráfico indicado en el plan de implantación.

Contenido

Acude a los Contenidos Extra para ver el mapa conceptual de esta Unidad Didáctica, objeto de estudio fundamental para situarte según avances en los contenidos.

1. Análisis previo a los servicios, protocolos, zonas y equipos que utiliza la organización para sus procesos de negocio

Actualmente, los sistemas informáticos gestionan una ingente cantidad de datos. Nuestro mundo, tanto el empresarial como el personal, está cada vez más repleto de sistemas, compuestos por máquinas, por aplicaciones y por redes. Casi cada objeto que nos rodea es un sistema, compuesto por una o varias máquinas y controladas por uno o varios componentes software. Muchos de esos sistemas (ordenadores, dispositivos de red, teléfonos inteligentes, tabletas, etcétera) forman parte de redes, privadas o de empresa, públicas, grandes o pequeñas, interconectadas unas con otras y comunicándose entre sí mediante otro gran sistema hardware (cableado o inalámbrico), gestionado, a su vez, por un conjunto de aplicaciones con diferentes objetivos, a los que se denomina protocolos de comunicaciones.

 **Protocolo de Comunicaciones.** *Conjunto de reglas y normas que permiten la comunicación de dos o más componentes de un sistema para transmitir información.*

La red Internet es, con casi total seguridad, el sistema informático más complejo que se haya desarrollado jamás. Está compuesto por muchos millones de ordenadores de todo tipo interconectados mediante una red física de complejidad sin igual que, además, crece sin parar. Asimismo, cada equipo informático contiene gran cantidad de programas que interactúan entre sí (en el mismo sistema) o con otros programas alojados en otros ordenadores de la red.

Este sistema, al que se denomina Internet, suele estar recibiendo y procesando información de muchos millones de personas a la vez. Esta información no proviene únicamente de seres humanos, sino que se genera incluso de forma automática. Internet, compuesta por las redes y por los sistemas, ha modificado desde hace unos años todas las formas habituales de comunicación, revolucionando los hábitos de vida y formas de trabajar y los procesos de negocio de todos los sectores de la sociedad. Por otra parte, todos los sistemas exhiben una serie de propiedades interesantes:

❑ **Los sistemas son complejos y capaces de interactuar.** Un mismo equipo puede albergar numerosos programas, cada uno con su cometido, pero también con la capacidad de interactuar con otros en el mismo equipo o en equipos diferentes.

❑ **Propiedades no buscadas.** Los sistemas realizan acciones no pensadas –ni siquiera diseñadas– por sus usuarios o por sus creadores. Un clásico ejemplo es el del relevante papel que han adoptado los teléfonos inteligentes dentro de las relaciones sociales, incluso en las afectivas o amorosas. Otro ejemplo es el de cómo los sistemas de aire acondicionado han modificado algunos aspectos de la salud, incrementado los catarros, pero también en la forma en la ayudan a transmitir ciertas enfermedades como, por ejemplo, la legionelosis.

En el caso de los dispositivos que procesan información (ordenadores, teléfonos inteligentes, tabletas, etcétera) estas propiedades no buscadas son los bugs. Son fallos del sistema, propiedades no deseadas. No significa que el sistema no funcione –que puede ocurrir– pero lo más habitual es que el bug provoque comportamientos no planificados. Está demostrado que cuanto más complejo sea un sistema, más bugs contendrá.

BUG. *Error, fallo en un equipo o sistema informático que provoca un resultado incorrecto o inesperado en su funcionamiento.*

Algunos de estos bugs pueden derivar en problemas de seguridad informática, tanto en los sistemas como en los protocolos y pueden llegar a afectar a los servicios y a los procesos de negocio.

La unión de los bugs y de las vulnerabilidades de seguridad que van descubriéndose casi continuamente, tanto en aplicaciones como en el software de los sistemas operativos, provocan los conocidos agujeros de seguridad. Si estos son aprovechados por algún atacante antes de que los propietarios del software o de las empresas de desarrollo de productos de seguridad faciliten una solución, el objetivo atacado sufrirá un problema de seguridad.

La existencia de bugs y de vulnerabilidades hace prácticamente imposible que un sistema pueda ser considerado como seguro y menos si se trata de sistemas de acceso público como Internet o la red de un campus universitario.

Los sistemas seguros son difíciles de obtener; los sistemas complejos seguros son, además, difíciles de construir.

Los ataques a la seguridad de sistemas y redes se aprovechan de esta complejidad, bien para realizar ataques de obtención de información (de contraseñas de sistemas y aplicaciones o de datos), ataques de acceso no autorizado a los sistemas y a las aplicaciones, ataques de modificación de información o de borrado de información o ataques de denegación de servicio. Estos últimos tienen como consecuencia la inhabilitación de un servidor (web, de correo, pasarela de pago, etcétera) y, en general, no poder utilizar un servicio o recurso concreto.

Es cada vez más habitual que los medios de comunicación, incluso los generalistas, informen sobre este tipo de ataques que han llegado, en ocasiones, a inhabilitar el acceso a Internet en algunas zonas del mundo.

Contra este tipo de problemas se han desarrollado tecnologías informáticas que, como los cortafuegos o la criptografía de comunicaciones, parecen inexpugnables. Desde luego, son necesarios, pero a su vez, están compuestos de sistemas, que pueden (y, ciertamente, suelen) exhibir los mismos problemas citados.

Una breve investigación de ejemplos recientes de problemas de seguridad en sistemas y redes verificará que están relacionados con esas propiedades de los sistemas que se han citado previamente.

1.1.   Análisis previo. Definición de los objetivos

Es obligatorio comprender que todos los componentes hardware y software de los sistemas de seguridad forman parte de otro sistema mayor.

Más que un producto o un conjunto de ellos, más que una o varias tecnologías, la seguridad es un proceso que hace intervenir todas las tecnologías, todos los productos, todas las herramientas y, especialmente, el sentido común de los seres humanos que la gestionan.

Un buen punto de partida para una organización podría ser contar con respuestas a las siguientes preguntas:

❑   **¿Qué es lo que desea proteger?** Esta pregunta debería llevar asociada la realización de un inventario de activos de la organización, esto es, los sistemas, redes, aplicaciones, elementos de red, bases de datos y cualquier elemento físico o virtual que se desee asegurar.

   Es evidente que no todos los activos cuentan con el mismo valor por lo que este será un criterio importante a la hora de definir una estrategia de seguridad.

❑   **¿Contra quién se quiere proteger?** En respuesta a esta pregunta es habitual desarrollar un modelo de confianza para conocer en quién se puede confiar y en quién no para discriminar los posibles atacantes.

   Para ello se debe realizar un análisis que debería concluir qué empleados tienen acceso a qué activos, el por qué, qué tipo de acceso se va a dar a cada persona de cada organización que colabore con la empresa, qué tipo de acceso van a disfrutar, esto es, acceso a sistemas, redes y datos.

Asimismo, habrá que decidir el tipo de acceso que disfrutarán los posibles clientes de dicha organización. La situación puede complicarse si, además, alguno de los clientes es colaborador de esa entidad.

No hay que olvidar que es necesario estudiar quién y por qué querría atacar a la organización. No es necesario recordar que los atacantes no pertenecen a una categoría diferente a la de los empleados, compañeros, colaboradores o clientes: muchos de los ataques proceden de la propia organización.

Aparte de los atacantes internos, existe toda una tipología de atacantes que hay que considerar para desarrollar correctamente nuestra línea de defensa. Los dos grandes bloques estarían constituidos por:

♦ **El atacante amateur.** Su perfil es el una persona joven o muy joven, con apenas experiencia en sistemas o redes pero que utiliza herramientas automatizadas que encuentra a lo largo de Internet para ver qué ocurre. Su inexperiencia hace que suela dejar huellas en los sistemas que ataca por lo que, habitualmente, suele ser identificado.

Eso sí, el daño que ocasiona puede ser muy considerable. Un atacante, incluso trabajando en solitario, puede crear problemas tales como desconectar una red o un sistema, simplemente aprovechando sus vulnerabilidades. Si, además, crea un manual y lo publica en los foros de Internet conseguirá que muchos otros puedan utilizar su técnica de ataque. Así han nacido numerosas herramientas de denegación de servicio.

♦ **El atacante profesional.** Cada vez más numeroso y peligroso, este atacante presta sus servicios y experiencia para atacar objetivos concretos y seleccionados. El robo de información, de dinero, la alteración de información o el sabotaje son sus motivaciones.

Desarrollan una estrategia profesional. Obtienen toda la información necesaria de su objetivo y lanzan el ataque. Un aspecto que cuidan mucho es el de no dejar rastro de su actividad y no alterar elementos de los sistemas que permitan sospechar que ha existido una intrusión.

En muchos casos forman partes de organizaciones cibercriminales que han creado un modelo de negocio en la red. Se suele basar en la oferta de diferentes servicios de ataque a cambio de contraprestaciones económicas.

En esta categoría profesional también podrían incluirse a los servicios militares de los Estados. La destacada presencia de esta estrategia en los ataques que se detectan de forma continua han dado lugar a la creación del término ciberguerra.

❑ **¿Cómo se desea proteger?** A esta pregunta se debe dar respuesta enumerando las tecnologías, herramientas, sistemas y procesos que se utilizarán para realizar la protección.

Algunas de las defensas más relevantes serían:

◆ Esquemas de seguridad de sistemas operativos. Muy relevantes en el caso de servidores que cuenten con información sensible y en el de dispositivos de gestión de la red. Es necesario mantener un buen esquema de seguridad que alcance a ficheros, usuarios y aplicaciones. Estos esquemas son especialmente necesarios para todo tipo de dispositivos móviles.

◆ Sistemas seguros de autenticación. Desde contraseñas fuertes, pasando por certificados digitales hasta sistemas biométricos, las posibilidades son amplias. Pueden utilizarse tanto para otorgar acceso local como remoto a casi todo tipo de dispositivos.

◆ Sistemas criptográficos. Con el objetivo de mantener la integridad y la autenticidad de los mensajes y datos, estos sistemas se integran en protocolos y en algunos sistemas operativos y aplicaciones.

◆ Sistemas antivirus. Se trata de aplicaciones locales o distribuidas que permiten la defensa contra virus informáticos.

◆ Sistemas cortafuegos. Estos sistemas de control del tráfico que entra y sale de una red se han convertido en esenciales como elemento defensivo de una Organización.

◆ Sistemas de análisis de vulnerabilidades. Son aplicaciones que permiten buscar y localizar los bugs y vulnerabilidades conocidas en los sistemas.

◆ Sistemas de detección y prevención de intrusiones. Permiten, muchos en tiempo real, la detección de determinados tipos de ataques, alertar sobre ellos y, en muchos casos, pararlos.

❑ **¿Cuántos recursos puedo dedicar a implantar y mantener la seguridad de mis procesos de negocio?**

Siempre existirá un componente económico y de empleo de recursos humanos en el desarrollo de una estrategia de defensa del negocio. Es preciso no olvidar que, para atender a las tecnologías mencionadas en el punto anterior, será necesario contar con:

◆ Adquisición de herramientas hardware y software que implementen alguna o varias de las citadas defensas.

- ♦ Tiempo para instalarlas, configurarlas y afinarlas, así como para educar en su uso a los usuarios.

- ♦ Tiempo para administrarlas, mantenerlas y reconfigurarlas a medida que se pongan en marcha nuevos servicios, se produzcan auditorías, etc.

Es obligatorio contar con todo el conocimiento disponible de qué se puede perder, de qué y de quién se quiere proteger, de cómo pueden ser los ataques, de cómo pueden ser las defensas y de qué recursos podemos disponer para ellas.

1.2. Análisis previo. Pruebas de intrusión

Cuando una organización ha dado respuesta a las preguntas que le han ayudado a definir su escenario, suele llegar a la conclusión que, para lograr un modelo de negocio con éxito, debe adoptar también procesos y prácticas de seguridad para proteger su información y su infraestructura.

La existencia de fraude, vandalismo, ataques de denegación de servicio o sabotajes no pasa desapercibida para las organizaciones por lo que, la mayoría, decidirá realizar un análisis previo y profundo que incluya varios aspectos:

- ❑ Análisis de los procesos de negocio e identificación de la información valiosa en cada uno de los procesos.

- ❑ Análisis de los protocolos de red utilizados para transferir datos entre los equipos de la organización y al exterior.

- ❑ Análisis de los protocolos y políticas de la organización para ser coherentes con su política de seguridad y su política de costes en el momento de implantar el sistema IDS/IPS apropiado.

- ❑ Análisis de las distintas zonas que forman parte de la organización y la ubicación de sus equipos y servidores para ver qué ubicación del IDS/IPS puede ser más conveniente según sus características.

- ❑ Análisis de los servicios que ofrece la organización para averiguar cuáles de ellos necesitan un nivel de seguridad especial debido a la tipología de información con la que trabajan.

No obstante los puntos anteriores, existe un componente clave que aún no está del todo presente en la filosofía de las organizaciones: no prueban ni su red ni sus sistemas de seguridad para garantizar que funcionan tal y como se espera.

1.2.1. Las pruebas de intrusión

Las pruebas de intrusión (en inglés *Pentesting*) en redes ayudan a refinar la política de seguridad de una empresa, a identificar vulnerabilidades y a garantizar que la implantación de seguridad ofrece la protección que la empresa necesita y espera. Este proceso se realiza mediante herramientas y procesos para escanear los entornos de red en busca de vulnerabilidades.

La realización de pruebas de intrusión periódicas logra que las empresas descubran los puntos débiles de la seguridad de sus redes, lo que pueden provocar que los datos o los sistemas se vean afectados en mayor o menor medida por intentos de intrusión, ataques de denegación de servicio y otras intrusiones, como la presencia de virus o malware. Las pruebas también ponen en relieve las vulnerabilidades que pueden introducirse mediante parches y actualizaciones o por configuraciones equivocadas de servidores, enrutadores y cortafuegos.

El objetivo general de una prueba de intrusión es descubrir áreas de la red de la empresa donde los intrusos pueden sacar partido de las vulnerabilidades de seguridad. Es preciso realizar varios tipos de pruebas de intrusión para los distintos tipos de dispositivos de red. Por ejemplo, una prueba de intrusión de un cortafuegos es distinta de la de un servidor web.

El proceso de una prueba de intrusión suele constar de tres componentes básicos:

1. Definición del contexto.

2. Realización de las pruebas de intrusión.

3. Informe y entrega de los resultados.

A) Definición del contexto

La organización, antes de iniciar una prueba de intrusión, ha de definir su contexto. Este paso incluye la determinación de la extensión de la prueba, los dispositivos objeto de las pruebas, desde dónde se hará y quién lo hará. Además, es muy importante sopesar el tipo de prueba de intrusión frente al valor de los datos del equipo sobre el que se están realizando las pruebas y la necesidad de conectividad a un servicio específico.

Otro de los aspectos que la organización ha de decidir es el ámbito de la prueba: ¿busca únicamente vulnerabilidades que puedan poner en peligro un dispositivo o también busca la susceptibilidad a ataques de denegación de servicio?

La organización, además, ha de decidir si permitirá que el equipo de seguridad pueda utilizar mecanismos que comprueben el grado de cumplimiento de las políticas de fortaleza de las contraseñas de sus usuarios y si someterá a sus dispositivos a rutinas de averiguación de contraseñas en toda la red.

- **Pruebas a gran escala frente a pruebas específicas**

Una organización deberá decidir si va a realizar una prueba a gran escala sobre toda la red, si se va centrar en dispositivos específicos (por ejemplo sobre los servidores de producción) o si realizará ambas cosas.

Por lo general, es mejor hacer las dos para determinar el nivel de exposición a la infraestructura pública, así como objetivos de seguridad o individuales. Por ejemplo, las políticas de cortafuegos a menudo se diseñan para dejar que ciertos servicios pasen a través de ellos. La seguridad de estos servicios se coloca en el dispositivo que realiza dichos servicios y no en el cortafuegos. Por lo tanto, es necesario probar la seguridad tanto de dichos dispositivos como del cortafuegos.

Algunos de los dispositivos específicos que habría que tener en cuenta a la hora de realizar pruebas de intrusión son los que se ocupan de la seguridad (cortafuegos, sistemas IPS/IDS, sistemas anti-spam, antimalware, honeypots, etcétera), pero también sobre los dispositivos que soportan el equipamiento general de la red (enrutadores, conmutadores proxies, etcétera), así como los servidores que albergan servicios de propósito general (servidores web, servidores de correo, servidores FTP y servidores DNS.

Honeypot. *Sistemas diseñados para ser atacados y orientados a ser el objetivo de ataques informáticos, de modo que la actividad desarrollada por un atacante sea monitorizada en un entorno preparado para ello con la finalidad de recoger información de los patrones de ataque y de los atacantes y que resulte de utilidad para la protección de la organización.*

- **Pruebas remotas frente a pruebas locales**

Otro aspecto de decisión para la organización es el de decidir si las pruebas se realizarán desde una ubicación remota a través de Internet o en el mismo lugar a través de la red local. Esta decisión se dicta en gran medida por los objetivos seleccionados para las pruebas y por las implantaciones de seguridad de dicha organización.

- **Pruebas internas frente a pruebas externas**

Una decisión importante que debe adoptar la organización es si va a utilizar recursos internos para realizar las pruebas o si va a recurrir a empresas externas especializadas.

Como en tantas otras situaciones, los recursos con los que cuente dicha organización serán decisivos para adoptar la decisión final, pero también pueden entrar en juego otros factores, como los requisitos legales o los niveles de cumplimiento acordados.

Otro punto a considerar es la confidencialidad de la información que gestione la organización y que puede dejar fuera la participación de empresas externas.

En todo caso, es habitual que las organizaciones deleguen esta tarea a empresas expertas en seguridad informática, que aportarán al proceso de las pruebas experiencia específica y general. Los analistas de seguridad investigan de modo continuo nuevas vulnerabilidades, invierten en el hardware y software de seguridad más reciente y se forman en su utilización para, de este modo, recomendar soluciones para la solución de problemas. En muchas ocasiones suelen proporcionar tanto personal adicional para el proceso de pruebas, así como escenarios de simulación con el equipamiento de sus instalaciones. Las organizaciones pueden aprovechar el conocimiento y los recursos de las empresas de seguridad expertas para que les ayuden a garantizar que las pruebas de intrusión han sido ejecutadas correctamente.

Además, es muy conveniente garantizar un procedimiento de pruebas imparcial y completo, que no siempre es fácil de alcanzar si el proceso se realiza por recursos internos de la organización.

B) Realización de las pruebas de intrusión

Es esencial una metodología correcta, que implicará la recopilación de información y la realización de pruebas en el entorno específico para el éxito de la prueba de intrusión.

El proceso de pruebas comienza con la recogida de tanta información como sea posible acerca de la arquitectura de red, la topología, el hardware y el software para encontrar todas las vulnerabilidades de seguridad.

Se pueden utilizar herramientas para recuperar información del entorno seleccionado (por ejemplo ping, traceroute y nslookup) y ayudar a determinar la topología de red, el proveedor de Internet y la arquitectura. Herramientas como el escáner de red Nmap (Network Mapping), SNMP (Simple Network Management Protocol) y NAT (NetBios Auditing Tool, herramienta de intervención NetBios) sirven para determinar el hardware, los sistemas operativos, los niveles de parches y los servicios que se ejecutan en cada dispositivo específico.

El uso de estas herramientas, así como el de algunas comerciales, acelerará el proceso de escaneo.

Después de completar el escaneo de vulnerabilidades se examinan los elementos de salida en busca de falsas alarmas y falsos valores negativos.

Cualquier vulnerabilidad de la que se sospeche su veracidad se volverá a examinar o se le aplicarán de nuevo las pruebas utilizando otras herramientas o secuencias personalizadas.

Puesto que, prácticamente a diario, aparecen nuevos ataques y pueden pasar varias semanas o meses antes de que estas vulnerabilidades se incluyan en las bases de datos de

vulnerabilidades de las herramientas de escaneo automatizadas, es necesaria la realización de pruebas adicionales y la ejecución de ataques de reciente aparición.

Una vez finalizada la fase de escaneo, los técnicos de seguridad pueden realizar pruebas para elementos adicionales definidos en el contexto de las pruebas de intrusión, incluidos los ataques de denegación de servicio y las vulnerabilidades de contraseñas.

Para realizar pruebas para dichos ataques en un entorno de producción sin temer los cortes de dispositivos, una empresa puede crear una imagen duplicada del dispositivo de producción y a continuación colocar la imagen en hardware similar para realizar las pruebas.

C) Informe y entrega de resultados

Los técnicos de seguridad, tras finalizar las pruebas de intrusión, analizarán toda la información derivada del procedimiento de pruebas. Se enumerarán las vulnerabilidades y se establecerá la prioridad entre las mismas, clasificando los riesgos como altos, medios o bajos.

Se recomendarán soluciones si se encuentran vulnerabilidades. También pueden proporcionar recursos, como enlaces de Internet o información técnica, para encontrar información adicional y obtener parches para solucionarlas.

El informe definitivo puede incluir las siguientes partes:

❑ Un resumen ejecutivo de los resultados de las pruebas de intrusión y la información revelada concerniente a los aspectos fuertes y débiles del sistema de seguridad existente. También se incluyen los puntos clave de los resultados de las pruebas.

❑ Un informe técnico más detallado de los resultados. Se indicarán las vulnerabilidades de cada dispositivo y se clasificará y establecerá la prioridad sobre los riesgos. Además, propondrá recomendaciones acerca de las soluciones, incluida la provisión de información técnica adicional sobre cómo solucionar cualquier vulnerabilidad.

❑ Información adicional. Elementos de salida del escáner de la red que no fueron procesados, registros whois, capturas de pantalla, mapas, presentaciones, peticiones de comentarios (en inglés Request For Comments, RFC), libros blancos relevantes, etcétera.

 **Whois**. *Protocolo de consulta y respuesta a bases de datos que almacenan información sobre la asignación de los recursos de Internet, desde los nombres de dominio hasta rangos de direccionamiento IP.*

 **Request for Comments (RFC)**. *Publicaciones de la Internet Engineering Task Force (IETF) que describen métodos, comportamientos, investigación e innovaciones aplicables al funcionamiento de Internet y otras redes de sistema informáticos.*

 *Las pruebas de intrusión son un componente vital para realizar un análisis previo de los servicios, protocolos, zonas y equipos que utiliza la organización para sus procesos de negocio.*

 *Con el desarrollo de este epígrafe hemos conseguido un análisis previo de los servicios, protocolos, zonas y equipos que utiliza la organización para sus procesos de negocio.*

2. Definición de políticas de corte de intentos de intrusión en los IDS/IPS

Una vez adoptada la decisión de implantar un sistema IDS/IPS en una organización se hace obligado definir las políticas que decidirán cuál será la respuesta cuando se detecte un intento de intrusión o ataque.

Las políticas de corte se definirán en función de los modelos de las intrusiones. Se basan en el tipo de tecnología utilizada para la detección de las intrusiones.

2.1. Modelo de intrusiones

2.1.1. Modelo de reconocimiento de firmas y patrones (de uso indebido)

Es la técnica más utilizada actualmente. Todos los datos de vigilancia activa se comparar con una base de datos de firmas de ataque conocidas en tiempo real y los patrones reconocidos se envían como alarmas.

La efectividad de estos sistemas se basa, fundamentalmente, en la calidad de su base de datos y en la rapidez y la seguridad de las actualizaciones a lo largo del tiempo.

En esta técnica, el tráfico entrante y el saliente se comparan con firmas de referencia bien conocidas. Un ejemplo lo constituiría un número elevado de conexiones TCP fallidas a una gran variedad de puertos. Esta actividad indicaría que se está produciendo un escaneo de puertos TCP con alguna herramienta que los automatiza como, por ejemplo, NMAP.

En el modelo de reconocimiento de firmas, el sistema IDS/IPS las detecta buscando una actividad que corresponde a firmas de ataque o a las vulnerabilidades de los sistemas. Los sistemas de detección de uso indebido de una red, de un sistema o de una aplicación compararán la secuencia de acciones de la firma (por ejemplo el cambio del propietario de un fichero) de escenarios de intrusión conocidos.

Las principales deficiencias de estos sistemas son que los patrones de intrusión conocidos han de codificarse a mano en el sistema y que resulta imposible detectar cualquier intento de intrusión desconocida que aún no cuente con un patrón de coincidencia almacenada en el sistema. En esta categoría el aspecto de actualización de firmas resulta de extrema importancia.

En este modelo existen diferentes formas de representar los ataques en la forma de firmas o patrones de ataque y patrones abstractos que se deben reconocer para que se detecten también variaciones del mismo ataque. Esto significa que estos sistemas no son diferentes a los de detección de virus, por ejemplo. Pueden detectar muchos o todos los patrones de ataque conocidos, pero son de poca utilidad frente a métodos de ataque aún desconocidos. Un aspecto diferenciador de los sistemas de detección de anomalías es que intentan detectar el complemento del comportamiento malo mientras que los sistemas de detección de uso indebido tratan de reconocer el comportamiento malo conocido.

Las principales dificultades que se presentan en los sistemas de detección de uso indebido son averiguar el modo de escribir una firma que englobe todas las variaciones posibles del ataque, la creación de firmas que no coincidan también con actividad no intrusiva.

Algunos métodos de detección de uso indebido incluyen un nuevo modelo de comparación de patrones. Las técnicas utilizadas son los sistemas expertos, el análisis de firmas, el análisis e transición de estados, etc. El enfoque de la detección basada en una utilización indebida registra los patrones específicos de intrusiones, monitoriza los registros corrientes de auditoría (las secuencias de los eventos) y los compara con los patrones, así como informa de los eventos detectados como intrusiones.

Finalmente, utiliza como modelos de representación las reglas expertas, las redes de Petri coloreadas y los diagramas de transición de estado.

Estos sistemas cuentan con una serie de inconvenientes entre los que se encuentran que los patrones de intrusión conocidos han de codificarse manualmente y que es imposible detectar cualquier nueva intrusión que no cuente con patrones de comparación registrados en el sistema. Los sistemas Honeypots y Honeynets pueden ayudar a paliar esta deficiencia pues, al atraer atacantes, recogerán de forma temprana nuevos ataques que permitirán crear las firmas necesarias y anticiparse al ataque en sus sistemas de producción.

 **Red de Petri**. *Es una representación matemática o gráfica de un sistema en el que se describe su topología. Fue definida en la década de 1960 por el alemán Carl Adam Petri.*

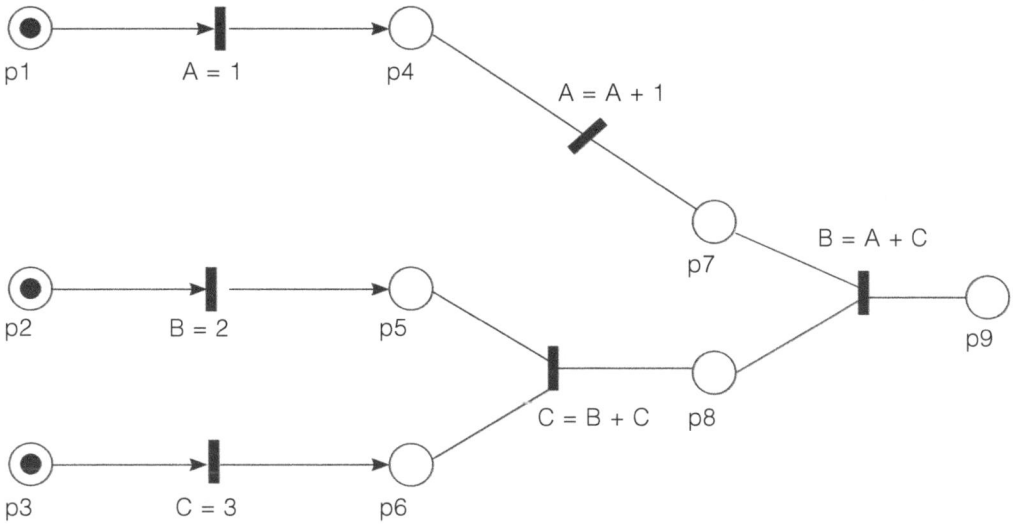

Imagen con un ejemplo de Red de Petri

2.1.2. Modelo de detección de anomalías (patrones desconocidos)

Esta técnica señala los eventos que señalan los cambios del comportamiento base (un ejemplo lo constituiría un aumento súbito en el tráfico de red, en la utilización de la CPU o de la actividad de disco). El modelo observa y compara las actividades corrientes con los perfiles habituales e informa, tanto de las desviaciones significativas como de las intrusivas. Es una técnica más débil que la de reconocimiento de firmas, pero presenta la ventaja de que puede detectar ataques para los que no existen firmas definidas.

Se basa en las medidas estadísticas como los perfiles de comportamiento ordinal y por categorías (binarias y lineales).

No se catalogan firmas sino que se utilizan redes neuronales, lógica difusa y otras técnicas de inteligencia artificial heurísticas o minería de datos. Con esta última, las actividades intrusivas y normales dejan un rastro en los datos de auditoría y la detección de intrusiones se convierte en un proceso de análisis de datos. Algunos de los algoritmos utilizados son el de reglas de asociación y el de episodios frecuentes. La minería de datos permite descubrir los patrones de utilización y la consistencia de las características de los sistemas. Utiliza el conjunto de las características relevantes de los sistemas para calcular los clasificadores para reconocer anomalías e intrusiones conocidas.

 **Redes neuronales**. *Constituyen un paradigma de aprendizaje y de proceso automático. Están inspiradas en el funcionamiento del sistema nervioso. Consiste en un sistema de interconexión de elementos que colaboran entre sí para producir un estímulo de salida.*

RED NEURONAL:

ENTRADAS: Capa oculta: Capa de: salida: SALIDAS:

$W^{(1)}$ $W^{(2)}$

x_1 x_2 x_n X +1   +1 y_1 y_2 y_m Y

Imagen con un ejemplo de red neuronal

En el modelo de detección de anomalías el sistema IDS/IPS actúa buscando una actividad diferente del comportamiento habitual del sistema o del usuario. Los sistemas de detección de anomalías establecen perfiles de utilización habitual utilizando medidas estadísticas sobre las características del sistema.

Como principales dificultades de estos sistemas figuran que están basados en la experiencia y en la intuición por lo que dependen de la selección de las características del sistema, que podrán variar mucho entre diferentes entornos. Además, algunas intrusiones únicamente podrán detectarse estudiando la interrelación secuencial de eventos, ya que es factible que cada evento, de forma separada, se ajuste a los perfiles. Con este método resultaría imposible.

Por otra parte, estos sistemas resultan costosos desde el punto de vista computacional debido al coste de seguir la pista de una anomalía y, con casi total probabilidad, por tener que actualizar varias métricas del perfil del sistema.

Las técnicas de detección de anomalías suponen que todas las actividades intrusivas son anómalas necesariamente. Esto significa que, si se puede establecer un perfil de actividad habitual para un sistema, en teoría se podrá señalar como intento de intrusión cualquier estado de ese sistema que se desvíe del perfil establecido en una magnitud significativa desde el punto de vista estadístico. Sin embargo, si se considera que el conjunto de actividades intrusivas -en vez de coincidir por completo-, únicamente hace intersección parcial con el conjunto de actividades anómalas, nos encontramos dos problemas: la generación de falsos positivos y falsos negativos.

Para paliar estos inconvenientes resulta fundamental tanto hacer una selección adecuada de los umbrales, de modo que ninguno de los dos problemas aumente de manera inmanejable, como realizar una buena elección de las características a monitorizar.

Los principales planteamientos para los sistemas IDS/IPS basados en anomalías son:

❑   **Enfoque estadístico**. Inicialmente se generan los perfiles de comportamiento para los sujetos. Puesto que el sistema continúa ejecutándose, el detector de anomalías genera constantemente la varianza del perfil presente en el original. Así, podrán existir varias medidas que afectan al perfil de comportamiento, como las medidas de actividad, tiempo de CPU utilizado, número de conexiones de red en un período de tiempo, etc. En algunos sistemas, el perfil actual y el perfil previo se combinan a intervalos pero en otros la generación del perfil es una actividad que se realiza una única vez.

La principal ventaja de los sistemas estadísticos es que aprender de forma adaptativa al comportamiento de los usuarios. Por tanto, son potencialmente más sensibles que los expertos humanos.

Sin embargo, presentan algunos problemas, como la manipulación gradual de los sistemas de detección para que los eventos intrusivos se consideren normales. Además, generan falsos positivos y negativos según se establezca el umbral en demasiado bajo o demasiado alto. Por último, pierden las relaciones y orden entre los eventos.

Cuestión aparte relativa a los enfoque estadísticos en particular y de los sistemas de detección de anomalías en general, es la selección de las medidas a monitorizar, puesto que no se conoce el subconjunto de todas las medidas posibles que producen de forma precisa las actividades intrusivas.

Los métodos estadísticos para determinar estas medidas son, a veces, erróneos debido a las características que definen a un sistema concreto. Resulta, por ello, más adecuado hacer una combinación de determinación estadística y dinámica del conjunto de medidas. Algunos problemas asociados con esta técnica han sido corregidos por otros métodos como, por ejemplo, el método de la generación predictiva de patrones, que tiene en cuenta los eventos pasados cuando se analizan los datos.

 **Varianza**. *Es la media de las desviaciones de una variable aleatoria, referidas al valor medio de esta.*

❑ **Generación predictiva de patrones.** Este planteamiento de detección de intrusiones intenta predecir los eventos futuros en base a los eventos que ya han ocurrido.

El problema de este método es que algunas intrusiones que no son descritas por reglas no se señalan como intrusivas. Por tanto, si se conoce que una secuencia de eventos es intrusiva pero no se lista en la base de datos de reglas, se clasificará como no reconocida. Este problema puede ser resuelto parcialmente señalando cualquier evento desconocido como si fuera una intrusión, lo que aumentará la probabilidad de falsos positivos, o si señala como no intrusivo, lo que aumenta la posibilidad de falsos negativos.

Los patrones secuenciales basados en reglas presentan diversas ventajas. Una de ellas es que pueden detectar una actividad anómala difícil de encontrar con los métodos tradicionales. Por otro lado, los sistemas que utilizan este modelo se adaptan muy bien a los cambios, puesto que los patrones de baja calidad se eliminan de forma continua, permaneciendo los de elevada calidad.

Así, es más fácil detectar a los usuarios que intenten manipular el sistema durante su período de aprendizaje y las actividades anómalas se pueden detectar e informar de ellas en pocos segundos, una vez recibidos los eventos de auditoría.

❑ **Redes neuronales.** Se trata de entrenar a la red neuronal para predecir una acción o un comando del usuario, dada una serie de acciones o comandos previos. La red se entrena sobre un conjunto de comandos representativos de usuario. Una vez finalizado el período de entrenamiento, la red neuronal trata de hacer coincidir los comandos actuales con el perfil de usuario actual presente ya en la red.

❑ **Minería de datos.** Se basa en el análisis de enormes cantidades de datos para obtener patrones. Utiliza técnicas de inteligencia artificial, aprendizaje automático, estadística y sistemas de base de datos. El objetivo es el de extraer información de un conjunto de datos y transformarla en una estructura comprensible que permita su explotación posterior.

❑ **Big Data.** Consiste en la acumulación a gran escala de datos y de los procedimientos utilizados para detectar patrones dentro de esos datos. Son sistemas que

cuentan con una alta capacidad de analítica avanzada con los que descubrir patrones y tendencias que permitirán lograr operativas más eficaces y eficientes. Están mostrando su utilidad es la gestión de todos aquellos recursos de información no transaccional, no estructurada o semiestructurada.

Ventajas de los IDS/IPS de detección de anomalías	▪ Detectan comportamientos anómalos. Tienen, por tanto, la capacidad de detectar síntomas de ataques sin el conocimiento específico de los detalles. ▪ Producen información que puede utilizarse para definir firmas de ataque para sistemas IDS/IPS de uso indebido.
Inconvenientes de los IDS/IPS de detección de anomalías	▪ Producen un gran número de falsas alarmas (falsos positivos y negativos). ▪ Requieren un gran entrenamiento de registros de eventos del sistema para poder caracterizar los patrones de comportamiento normal.
Ventajas de los IDS/IPS de detección de usos indebidos	▪ Son muy efectivos para detectar ataques sin generar un elevado número de falsas alarmas. ▪ Diagnostican rápidamente de forma fiable el uso de una herramienta o técnica de ataque específica. ▪ Permiten a los administradores del sistema seguir la pista de los problemas de seguridad en sus sistemas, iniciando procedimientos de gestión de incidentes.
Inconvenientes de los IDS/IPS de detección de usos indebidos	▪ Únicamente detectan ataques conocidos. Deben actualizarse permanentemente con firmas de nuevos ataques. ▪ Están diseñados para utilizar firmas bien definidas. Esto impide detectar variantes de ataques comunes. Los detectores de utilización indebida basada en estado pueden superar esta limitación, pero no suelen utilizarse en sistemas IDS/IPS convencionales.

Ventajas e inconvenientes de los sistemas IDS/IPS de detección
de anomalías y de uso indebido.

2.1.3. Modelo de detección híbrido

Es una mezcla de los dos anteriores y es, actualmente, el más avanzado pues combina las prestaciones de ambos modelos.

2.2. Tipos de análisis que realizan los sistemas IDS/IPS

Una vez definidos los modelos de intrusiones, resulta apropiado conocer qué tipo de análisis realizan los dispositivos IDS/IPS para comprender su funcionamiento:

❑ **Análisis según la forma de detectar las intrusiones**

◆ Detección por usos indebidos. En este caso, los IDS/IPS monitorizan las actividades que ocurren en un sistema comparándolas con una serie de firmas o ataques previamente almacenadas en una base de datos. Si el resultado de la comparación es positivo, se produce una alarma. Este tipo de análisis se basa en un conocimiento previo de actividades y secuencias que forman un ataque. Se detectan las tentativas de explotación de vulnerabilidades conocidas, así como los patrones típicos. Es una estrategia muy utilizada por los IDS/IPS comerciales.

♦ Detección de anomalías. La anomalía es la existencia de una discrepancia de una regla o de un uso. Obviamente, para detectar dicha discrepancia se hace necesario definir, en primer lugar, qué es lo que se considera como comportamiento normal de un sistema. Una vez realizado este trabajo, se elaborará una categorización de comportamientos, como sospechosos o intrusivos, de todos aquellos que se desvíen de lo clasificado como normal.

En este tipo de análisis no se utilizará una base de datos, sino que se emplearán técnicas estadísticas para definir y aproximar los patrones que se correspondan con un comportamiento normal.

En una organización lo más habitual es que se utilice una combinación de ambos tipos de análisis con el objetivo de aprovechar lo mejor de cada uno y así minimizar el riesgo de ataques comunes y de los más inusuales.

En una situación de exposición a amenazas tan elevada como la actual, resulta de vital importancia disponer de sistemas capaces de responder a los denominados ataques de día cero (en inglés, 0-day o zero-day attacks), al resultar los más dañinos por la ausencia de defensas prestablecidas.

 **Ataques de día cero**. *Son aquellos ataques que aprovechan las vulnerabilidades de un sistema que no son conocidas a veces ni por el propio fabricante por lo que, cuando se ejecuta el ataque, no disponen de la solución.*

Es en este contexto en el que aparecen los IDS/IPS híbridos, capaces de detectar tanto ataques previamente definidos como aquellos que manifiesten comportamientos anormales.

❑ **Análisis respecto a la frecuencia con la que se realiza el análisis del tráfico**

♦ Procesamiento en tiempo real. El análisis de los datos en busca de comportamientos sospechosos se hace en tiempo real. Generalmente, este análisis de los paquetes es bastante superficial (suelen comprobarse únicamente las cabeceras de los paquetes). La realización de un análisis más exhaustivo implicaría la reducción del rendimiento de la red.

Estos análisis se utilizan como defensa permanente del sistema.

Los sistemas que utilizan este tipo de análisis cuentan con la ventaja de poder detectar ataques en proceso y responder a ellos antes de que originen daños.

El proceso de auditoría es, además, menos costoso en términos de computación pues el tráfico ya ha sido analizado.

Como desventaja de estos sistemas destaca la poca precisión en la detección debido a lo superficial del análisis.

Es necesario encontrar un equilibrio entre la capacidad de cómputo del sistema, la capacidad de la red y la profundidad del análisis de los paquetes para sacar lo mejor de estos sistemas.

◆ Procesamiento en intervalos. Estos sistemas únicamente analizan el tráfico recogido en ciertos momentos programados.

Esta programación permite utilizar algoritmos más precisos a la hora de detectar intrusiones. Tienen gran éxito en la detección de intrusiones recurrentes, así como identificando intrusiones exitosas. Plantean un menor coste en computación al tener menos datos que procesar.

La parte negativa reside en que estos sistemas detectan los ataques una vez se han producido, lo que únicamente sirve para evitar que sucedan en el futuro. Como agravante, si el sistema atacado es el propio IDS/IPS podría dejar desprotegida la infraestructura completa durante un período de tiempo.

Ante todos estos tipos de análisis las organizaciones pueden definir cuándo quieren que se realicen la detección y prevención y qué tipo de detección quieren implementar.

El siguiente paso consistiría en definir las políticas de actuación del sistema IDS/IPS cuando se detecta algún intento de intrusión. Estas políticas deberán estar en consonancia con la política de seguridad establecida por la organización.

En términos generales, será en la política de seguridad de la organización donde se definirán las directrices de lo que se va a permitir y lo que se va a prohibir en un sistema de información. Así, puede distinguirse entre dos líneas de actuación:

1. Política prohibitiva. Esta política consiste en prohibir todo lo que no se ha definido como permitido expresamente.

2. Política permisiva. Consiste en definir todo lo que se va a prohibir y todo lo demás se considera permitido.

2.3. Políticas de corte de intentos de intrusiones en sistemas IDS/IPS

Cuando un sistema IDS/IPS detecta algún intento de intrusión se pueden definir dos tipos de políticas de corte de intrusiones:

❑ **Políticas de respuesta pasiva.** Cuando el sistema detecta una intrusión, se limita a registrarla y a emitir una alarma del ataque detectado. No se realiza acción alguna para cambiar el curso del mismo.

Algunos ejemplos de políticas de respuesta pasiva son los citados a continuación:

◆ Envío de un correo electrónico a los usuarios designados. Entre estos suelen estar el administrador del sistema y el responsable de seguridad. En función de la criticidad del sistema y de la vinculación de la organización puede enviarse la notificación a algún representante de un equipo de respuesta a incidentes de seguridad nacional o internacional.

◆ Registro del ataque. Se almacenarán los detalles de la alerta en la base de datos de una aplicación específica, entre otros la fecha y hora del ataque, dirección IP del equipo atacante, protocolo utilizado, etcétera).

◆ Almacenamiento de paquetes sospechosos. Todos los paquetes de datos que originaron la alerta son almacenados.

◆ Ejecución de una aplicación. Algunos sistemas cuentan con este sistema de aviso cuando se produce un ataque. Desde el envío de un mensaje de texto hasta la emisión de un sonido son acciones posibles para advertir de una situación anómala.

◆ Notificación visual. Parecida a la respuesta anterior. En este caso se emitirá una notificación visual en las consolas de administración que reclamará la atención del operador.

◆ Envío de un suceso al registro de eventos, si se trata de sistemas con Microsoft Windows como sistema operativo o al syslog en el caso de los sistemas basados en Unix/Linux.

◆ Envío de una notificación utilizando el protocolo SNMP a una consola externa. Un sistema que cuente con una configuración SNMP podrá utilizar el envío de notificaciones utilizando dicho protocolo. Estas notificaciones podrán ser direccionadas a consolas externas como, por ejemplo, HP Open View, IBM Tivoli o Nagios.

 **SNMP**. *Acrónimo de Simple Network Management Protocol (Protocolo simple de administración de red). Es un protocolo correspondiente a la capa de aplicación que facilita el intercambio de información entre dispositivos conectados a una red (por ejemplo, enrutadores, cortafuegos, servidores, etcétera).*

❑ **Políticas de respuesta activa.** Cuando el sistema IDS/IPS detecta un intento de intrusión, aparte de generar una alarma y remitirla a los usuarios establecidos, modificará el entorno para evitar que la intrusión sea exitosa.

Pueden considerarse ejemplos de respuestas activas los siguientes:

◆ Envío de un paquete de alerta. En el momento de la detección del intento de intrusión, el envío de este paquete –habitualmente TCP– finalizará la conexión evitando que el atacante consiga acceder al sistema o host.

◆ Reconfiguración de dispositivos externos. Cuando se detecta el intento de ataque se envía un comando para que el dispositivo externo implicado se reconfigure de manera inmediata, permitiendo así bloquear el intento de ataque.

Un ejemplo de este tipo de respuesta lo constituiría la reconfiguración de las listas de control de acceso de los enrutadores.

◆ Detener servicios. Si el sistema IDS/IPS detecta un intento de intrusión o un ataque puede detener algunos servicios que pudieran ser afectados en el caso de prosperar el ataque.

◆ Apagar sistemas. Llegado el caso, si el sistema IDS/IPS considerase que algunos sistemas estuvieran comprometidos, podría programar su apagado. Es una opción que conviene controlar con extremo cuidado.

POLÍTICAS DE CORTE DE INTRUSIONES	
Políticas de respuesta pasiva	**Políticas de respuesta activa**
Envío de correos electrónicos	Envío de paquete de alerta
Envío de notificaciones SNMP	Reconfiguración de dispositivos externos
Registro del ataque	
Almacenamiento de paquetes sospechosos	
Ejecución de una aplicación	
Notificación visual de una alerta	

2.3.1. Reglas en los sistemas IDS/IPS

Para realizar la detección y la prevención de intrusiones, estos sistemas utilizan un conjunto de reglas. Algunas de ellas vienen predefinidas y otras podrán y deberán ser creadas por los administradores de los sistemas de forma que se ajusten a la configuración de su red e infraestructura para conseguir una protección efectiva.

Habitualmente, las reglas se dividen en dos partes: cabecera y opciones.

A) Cabecera

Contiene la siguiente información:

❑ Acción de la regla. Existen varias acciones disponibles:

♦ Alert. Genera una alerta y después registra el paquete.

♦ Log. Registra el paquete.

♦ Pass. Ignora el paquete.

♦ Activate. Genera una alerta y después invoca una regla dinámica.

♦ Dynamic. Regla dinámica. Se activa cuando es invocada por Activate. Después se comporta como una regla de tipo log.

♦ Drop. Pasa el paquete por los iptables y, posteriormente, lo registra.

♦ Reject. Se realizan las mismas acciones que la regla Drop. Además, se envía un paquete TCP reset si el protocolo es TCP o un paquete ICMP si el protocolo es UDP.

♦ Sdrop. Pasa el paquete por los iptables pero, en este caso, no registra.

❑ Protocolo. Los protocolos habitualmente analizados por estos dispositivos son TCP, UDP, ICMP e IP.

❑ Dirección IP origen. Al introducir la dirección IP es posible que el sistema solicite la introducción de la clase de dicha dirección.

Por ejemplo, para una dirección de clase C del estilo 192.168.0.1 habrá que acompañarla de /24 quedando: 192.168.0.1/24.

❑ Puerto IP origen. En el momento de indicar el puerto podría utilizarse un rango determinado. Son posibles varias combinaciones:

♦ 1:1024 ➜ del puerto 1 al puerto 1024 (ambos inclusive).

- ◆ :1024 ➤ todos los puertos menores o igual a 1024.

- ◆ 1024: ➤ todos los puertos mayores o igual a 1024.

❑ Dirección IP Destino. Similar a lo explicado para la IP origen.

❑ Puerto IP Destino. Similar a lo explicado para el puerto IP origen.

❑ Dirección de la operación. Este operador indica la dirección del tráfico al que se aplica la regla. Puede ser:

- ◆ Entrante: <-

- ◆ Saliente: ->

- ◆ Bidireccional: <>

Iptables. *Es una herramienta que permite seleccionar paquetes y aplicarles unas reglas previamente configuradas. Del resultado de la comparación del tráfico con dichas reglas se determinará si el tráfico pasa al sistema o si es desechado o redirigido.*

B) Opciones

Habitualmente pueden clasificarse las opciones de una regla en cuatro categorías:

1. **Opciones generales. Las opciones generales de una regla son:**

   - ◆ Msg. Indica el mensaje a mostrar cuando se genera una alerta.

   - ◆ Reference. Permite incluir referencias a sistemas de identificación de ataques externos.

   - ◆ Gid (Generator ID). Se utiliza para identificar qué elemento del sistema IDS/IPS generará el evento cuando una regla se dispara.

   - ◆ Sid. Se utiliza para identificar la regla.

   - ◆ Rev. Indica la revisión de la regla.

   - ◆ Classtype. Sirve para organizar las reglas en función del tipo de ataque que detecten. En la tabla 2.5 se reflejan las más habituales.

   - ◆ Priority. Indica el nivel de prioridad de la regla.

   - ◆ Metadata. Permite al creador de la regla añadir información adicional sobre la misma.

Tipo de clase	Descripción	Prioridad
attempted-admin	Intento de obtención de privilegios de administrador	Alta
attempted-user	Intento de obtención de privilegios de usuario	Alta
kickass-porn	Contenido pornográfico	Alta
policy-violation	Violación de la política de privacidad de la empresa	Alta
shellcode-detect	Código ejecutable detectado	Alta
succesfull-admin	Obtención de privilegios de administrador	Alta
succesfull-user	Obtención de privilegios de usuario	Alta
trojan-activity	Troyano detectado	Alta
unsuccesfull-user	Intento no exitoso de obtención de privilegios de usuario	Alta
web-application-attack	Ataque a una aplicación web	Alta
attempted-dos	Intento de denegación de servicio	Media
attempted-recon	Intento de escape de información	Media
bad-unknown	Tráfico potencialmente peligroso	Media
default-login-attempt	Intento de inicio de sesión con un usuario y contraseña por defecto	Media
denial-of-se rvice	Detección de un ataque DoS	Media
misc-attack	Ataque de tipología diversa (miscelánea)	Media
non-standard-protocol	Detección de un protocolo no estándar	Media
RPC-portmap-decode	Decodifica una petición RPC	Media
successful-dos	Ataque DoS con éxito	Media
successful-recon-largescale	Ataque de filtrado de información a gran escala	Media
successful-recon-limited	Ataque exitoso de filtrado de información	Media
suspicious-filename-detect	Fichero sospechoso detectado	Media
suspicious-login	Intento de inicio de sesión utilizando un nombre de usuario sospechoso	Media
system-call-detect	Llamada al sistema detectada	Media

Tipo de clase	Descripción	Prioridad
unusual-client-port-detection	Conexión de un cliente utilizando un cliente no habitual	Media
web-application-activity	Acceso a una aplicación web potencialmente vulnerable	Media
icmp-event	Evento genérico ICPM	Baja
misc-activity	Actividad de miscelánea	Baja
network-scan	Detección de un escaneo	Baja
not-suspicious	Tráfico no sospechoso	Baja
protocol-command-decode	Decodificación de un comando de protocolo general	Baja
string-detect	Detección de una cadena sospechosa	Baja
TCP-connection	Intento de conexión TCP detectado	Baja
unknown	Tráfico desconocido	Baja

Tipos de clase de reglas, su descripción y prioridad en un sistema Snort

2. **Opciones de carga útil de los datos (en inglés, *payload*).** Son las siguientes:

♦ Content. Permite buscar en el payload un contenido específico y realizar la respuesta correspondiente a dicho contenido.

♦ Nocase. Indica que ignore la búsqueda de un determinado patrón.

♦ Rawbytes. Permite a la regla comprobar los datos previos a la decodificación realizada por los preprocesadores.

♦ Depth. Determina la cantidad de datos a analizar del paquete.

♦ Offset. Establece a partir de qué punto del paquete empieza la búsqueda.

♦ Distance. Indica qué cantidad de datos del payload se ignoran hasta que comienza a realizarse la búsqueda del patrón que especifica la regla.

♦ http_client_body. Restringe la búsqueda a un cuerpo normalizado de una petición http_client_request.

♦ http_Cookie. Restringe la búsqueda al campo Cookie Header de una petición http_client_request.

♦ http_header. Restringe la búsqueda al campo Header de una petición http_client_request.

◆ http_method. Restringe la búsqueda al fragmento Method de una petición http_client_request.

◆ http_uri. Restringe la búsqueda al campo Normalized Request URI (Uniform Resource Identifier, identificador de recursos uniforme).

◆ fast_pattern. Modifica el contenido de las especificaciones de una regla para que puedan ser utilizadas con el Fast Pattern Matches.

◆ uri_content. Busca la petición normalizada del campo URI.

◆ uri_len. Especifica la longitud exacta, la longitud mínima, la longitud máxima o el rango URI Length a buscar.

◆ Isdataat. Verifica que el payload tiene los datos en una localización específica.

◆ pcre. Permite a las reglas escribirse con expresiones regulares compatibles con el lenguaje de programación Perl.

◆ bye_test. Compara el campo byte con un campo específico.

◆ byte_jump. Permite escribir reglas para protocolos con longitud cifrada de forma trivial.

◆ ttpbounce. Permite detectar ataques del tipo FTP Bounce.

◆ ans1. Decodifica un paquete o una porción de paquete en busca de codificaciones maliciosas.

3. **Opciones de no payload**. Son las siguientes:

◆ fragoffset. Permite comparar el campo Fragment Offset con un valor decimal.

◆ TTL. Permite comprobar el TTL (Time-To-Live) de la dirección IP.

◆ TOS. Permite comprobar el campo IP TOS con un valor específico.

◆ ID. Permite comprobar el campo IP ID con un valor específico.

◆ ipopts. Permite comprobar si una opción IP específica está presente.

◆ fragbits. Permite comprobar si la fragmentación y los bits de reserva están especificados en la cabecera IP.

◆ dsize. Se utiliza para comprobar el tamaño del payload.

◆ flags. Permite comprobar si algún TCP Flag está especificado.

◆ flow. Se utiliza para asegurarse de la dirección del flujo del tráfico.

◆ flowbits. Permite buscar huellas a través de sesiones del protocolo de transporte.

- seq. Comprueba el campo TCP Sequence Number.

- ack. Comprueba el campo TCP Acknowledge Number.

- windows. Comprueba el tamaño de la ventana TCP.

- itype. Comprueba el valor del campo ICMP Type

- icode. Comprueba el valor del campo ICMP Code.

- icmp_id. Comprueba el valor del campo ICMP ID.

- icmp_seq. Comprueba el valor del campo ICMP SEQUENCE.

- RPC. Comprueba la aplicación RPC (Request Process Caller).

- ip_proto. Comprueba la cabecera del protocolo IP.

- sameip. Comprueba si la dirección IP de la fuente es la misma que la dirección IP del destino.

- stream_size. Permite comparar el tráfico en función del número de bytes analizados.

4. **Opciones de post-detection**. Son las siguientes:

- Logto. Indica que se registren todos los paquetes que disparen las alarmas de esta regla a un directorio especial de registro.

- Sesión. Se utiliza para extraer los datos de usuario de las sesiones TCP.

- Resp. Se utiliza para intentar cerrar una sesión cuando una alerta es disparada.

- React. Se utiliza para reaccionar al tráfico que provocó que se disparase una alerta. Se cierra la conexión y se envía una notificación.

- Tag. Permite registrar más información, además del paquete que disparó la alerta.

- Activates. Permite que se añada una regla cuando la alerta se dispara.

- Activated_by. Permite activar una regla de forma dinámica cuando una alerta se dispara.

- Count. Se utiliza de forma conjunta con la acción anterior. Permite indicar cuántos paquetes se analizan con la nueva regla después de haber sido creada.

Con el desarrollo de este epígrafe hemos conseguido definir las políticas de corte de intentos de intrusión en los IDS/IPS.

3. Análisis de los eventos registrados por el ids/ips para determinar falsos positivos y caracterización en las políticas de corte del IDS/IPS

Los distintos modelos de IDS/IPS serían perfectos si tuvieran actualizada la base de datos de firmas y anomalías con lo que se considera un ataque. Se trata de una labor imposible pues no pueden almacenarse las firmas de ataques desconocidos y no es posible guardar todas las posibles variaciones que se producen en los ataques. Adicionalmente, si el IDS/IPS ha de procesar casi en tiempo real los paquetes ya no resulta muy útil que el sistema IDS/IPS reporte lo que sucedió en días o semanas precedentes.

Por ello es común que los sistemas IDS/IPS se equivoquen a la hora de tomar decisiones sobre si un evento debe considerarse o no un ataque.

En el momento en que un sistema IDS/IPS toma una decisión, se dan cuatro posibles estados:

1. Detección de un falso positivo. Se conoce también como falsa alarma. Corresponde al tráfico inofensivo pero que el sistema lo considera como ataque o intrusión.

2. Detección de un falso negativo. Se trata de un ataque o intrusión que el sistema no es capaz de detectar.

3. Detección de un verdadero positivo. Se trata de un ataque que ha sido detectado correctamente.

4. Detección de un verdadero negativo. Es un evento inofensivo que el sistema identifica como tal.

Ante estas posibilidades, el sistema IDS/IPS debe establecer como objetivo maximizar el número de aciertos (verdaderos positivos y verdaderos negativos) así como minimizar el número de errores (falsos positivos y falsos negativos) en la detección de intrusiones por varias razones:

❑   Si el número de falsos positivos y negativos es muy elevado y los niveles de efectividad son, por tanto, bajos, empezará a cuestionarse por qué se implantó el sistema IDS/IPS.

❑   Un elevado número de falsos positivos y negativos consumen tiempo y recursos en la comprobación de las alertas, registros de auditorías, etcétera.

❑   En el caso de producirse falsos negativos, las consecuencias pueden ser gravísimas para la organización.

Este escenario obliga a ser muy concienzudo en la configuración de los sistemas IDS/IPS para que trabajen con la máxima fiabilidad posible según las características de la infraestructura de red y sus necesidades.

La comprobación de las configuraciones obliga a realizar numerosas pruebas de referencia sobre diferentes posibilidades para que puedan efectuarse comparaciones con los resultados. El análisis de las diferencias de los resultados obtenidos con las diversas configuraciones que pudieran establecerse permitirá detectar y eliminar la causa que provoca los falsos positivos y negativos.

Es muy importante utilizar las alarmas generadas por las distintas configuraciones para obtener información sobre el origen de las mismas: si se han producido por un ataque real, por un falso positivo o si es posible determinar un falso negativo.

Como en muchos ámbitos, se trata de conseguir un equilibrio, en este caso entre falsos positivos y negativos.

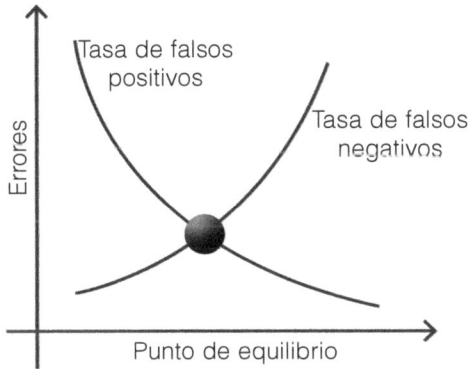

Imagen con el gráfico de la tasa de error

El cruce de las tasas de falsos positivos y negativos mostrará ese equilibrio.

Cuando se reduce la sensibilidad del sistema para emitir alertas y cuando se incrementa la cantidad de paquetes inspeccionados se producen las siguientes acciones:

❏   Una mayor sensibilidad del sistema produce una mayor posibilidad de detección de falsos positivos y menor aparición de falsos negativos.

❏   Si la sensibilidad es menor, existirá una menor detección de falsos positivos y una mayor aparición de falsos negativos.

❏   A mayor cantidad de paquetes inspeccionados, mayor será la posibilidad de detectar falsos positivos y menor la aparición de falsos negativos.

❏ Si la cantidad de paquetes inspeccionados es menor, se dará una menor posibilidad de detección de falsos positivos y mayor aparición de falsos negativos.

 *En el momento de decidir la configuración de un IDS/IPS es preciso encontrar un equilibrio entre la sensibilidad del sistema y la cantidad de datos a inspeccionar, intentando obtener el mayor rendimiento y fiabilidad posibles y siempre atendiendo a las necesidades de la organización.*

3.1. Determinación de los falsos positivos

Las causas más frecuentes de la aparición de falsos positivos son:

❏ Actividad del sistema de supervisión de red. Muchas organizaciones utilizan herramientas de supervisión de redes para conocer el estado de sus sistemas. Los IDS/IPS suelen catalogar esta actividad como sospechosa o intento de intrusión cuando, realmente, se trata de una actividad controlada y sin riesgo. Bastará una configuración del sistema IDS/IPS para eliminar este tipo de alertas en su base de datos.

❏ Escaneo de vulnerabilidades y de puertos de red. Los IDS/IPS también suelen catalogar estas actividades como sospechosas pues funcionan de forma parecida a ataques tipificados. En este caso, es recomendable desactivar los sistemas IDS/IPS durante el proceso de escaneo.

❏ Actividad del usuario. En numerosos sistemas IDS/IPS existen configuraciones prestablecidas que consideran peligrosos ciertos comportamientos del usuario y emiten alarmas en cuanto los detectan. Por ejemplo, compartir archivos punto a punto o utilización de mensajería instantánea. Nuevamente, una reconfiguración del dispositivo es recomendable para eliminar la aparición de estas alertas en el caso de que esos comportamientos estuvieran autorizados.

❏ Comportamientos similares al de los gusanos o troyanos. En numerosas ocasiones una organización puede realizar actividades que se asemejan a las que realizan gusanos o troyanos, esto es, ejecución de código en el caso de desarrollos de aplicaciones, por ejemplo. En este caso, no se recomienda la desactivación de los sistemas IDS/IPS pues abriría las puertas a la ejecución de todo tipo de malware existente. Será necesaria una tarea de configuración más detallada de los dispositivos para la eliminación de la aparición de estas alertas.

❏ Cadenas largas en la referencia a páginas web en los navegadores. Numerosas alertas se originan cuando se detectan estas cadenas largas, pues algunos ataques las utilizan para desbordar la memoria del equipo y acceder al sistema. Es necesaria una tarea de configuración detallada del dispositivo IDS/IPS ya que no es aconsejable la desactivación de las alertas debido a lo dañino de los potenciales ataques.

❑ Autenticación en las bases de datos de la organización. Los sistemas IDS/IPS suelen considerar que una elevada actividad administrativa en las bases de datos puede representar un indicador de actividad sospechosa. De este modo, saltarán las alertas definidas. Si dicha organización tiene, realmente, la necesidad de esta actividad administrativa en sus bases de datos, se recomienda desactivar las alertas para reducir el número de falsos negativos.

3.2. Alertas en los sistemas IDS/IPS

Las alertas de seguridad en los sistemas IDS/IPS se producen, principalmente, por la activación de redes de sensores de detección de intrusiones desplegadas de forma distribuida. También influyen las derivadas de otros dispositivos, por ejemplo los cortafuegos.

Una característica común de las alertas de seguridad de primer nivel es que cada alerta aislada está basada en la observación de la actividad que corresponde a una única fase de ataque. El proceso de correlacionar las alarmas de diferentes sensores que intervienen en diferentes eventos y reconocer los escenarios de ataque de múltiples etapas suele ser un proceso muy complejo, lento y, a veces, poco fiable.

Resulta muy importante la automatización del proceso de reconocimiento de escenarios de ataque. Además, es de mucha utilidad crear modelos de estos escenarios. Para que una vulnerabilidad posibilite la realización de una operación que viola una política de seguridad o pone en peligro la supervivencia de un sistema pueden utilizarse diferentes ataques, desde una explotación de una única vulnerabilidad hasta una fase de ataque compleja, en la que la explotación de la actividad forma parte de otra actividad realizada por otro atacante como parte, a su vez, de una campaña dirigida contra un objetivo común. Este escenario es conocido como ataque compuesto.

Las alertas en los sistemas IDS/IPS suelen contar con un formato ASCII plano, lo que permite su visualización en cualquier procesador de texto.

```
[**] [116:56:1] (snort_decoder): T/TCP Detected [**]
```

Apariencia de una alerta generada con el NIDS Snort

En la figura se detectan los siguientes datos:

❑ Generator ID. Indica qué componente del IDS/IPS generó la alerta. En este caso su valor es 116.

❏ Snort ID. Muestra qué regla generó la alerta. En el ejemplo, la número 56.

❏ Revision ID. Indica el número de veces que se violó dicha regla. En este caso fue una única vez.

3.2.1. Formato de las alertas

Cada sistema IDS/IPS dispone de un número particular de modos para generar alertas. La elección de un formato u otro dependerá de los detalles que se precisen o de cómo se deseen visualizar dichas alertas.

Habitualmente, estas configuraciones se realizarán en el archivo de configuración del sistema. En todo caso, siempre es recomendable acudir a la guía de cada producto para comprobar cómo se debe realizar este proceso en cada sistema.

Los distintos modos que se utilicen de manera más común son:

❏ alert_syslog. Envía las alarmas al sistema de registro syslog. Es un procedimiento que permite, en caso de que el sistema fuera atacado, que los logs no fueran comprometidos, pues fueron enviados a otro equipo.

❏ alert_fast. Las alertas serán escritas en formato de una única línea en el fichero especificado por el usuario. Este modo es muy rápido ya que no se desperdicia capacidad de cómputo realizando conversiones de formato.

❏ alert_full. La selección de este método permitirá obtener, además de la información proporcionada por el formato fast, las cabeceras de los paquetes que generan las alertas. Es preciso manejar con cuidado esta opción, pues podría darse la situación de no contar con la capacidad de cómputo necesaria para analizar todos los paquetes en redes con mucho tráfico.

```
[**] [1:1201:7] ATTACK-RESPONSES 403 Forbidden [**]
[Classification: Attempted Information Leak] [Priority: 2]
01/16-23:06:11.675864 0:A0:CC:D2:10:31 -> 0:10:67:0:B2:50 type:0x800 len:0x268
172.16.34.18:80 -> 192.168.1.68:44561 TCP TTL:64 TOS:0x0 ID:12687 IpLen:20
            DgmLen:602 DF
***AP*** Seq: 0x2B34D8BB  Ack: 0xD53497B1  Win: 0x16A0  TcpLen: 32
TCP Options (3) => NOP NOP TS: 135653685 322913730
```

Apariencia de una alerta por intento de filtrado de información generada con el modo alert_full

❏ alert_unixsock. Envía las alertas a través de un socket para que sean escuchadas por otra aplicación. Este modo únicamente podrá ser utilizado en sistemas UNIX/Linux.

❑ log_tcpdump. Se registran los datos en formato binario, lo que permitirá al sistema ser más rápido al no destinar recursos a la conversión de datos. Es un modo especialmente útil cuando se desea realizar un análisis a posteriori del tráfico una red.

Con los datos en formato tcpdump es posible utilizar cualquier utilidad de procesamiento.

❑ Database. Este modo almacena los logs en una base de datos con las ventajas asociadas: mayor robustez y velocidad, facilidad para buscar archivos, etc. Es posible configurar la base de datos para almacenar alertas, logs o ambos. Conviene estudiar las especificaciones de cada sistema IDS/IPS para conocer qué tipos de bases de datos soportan.

❑ CSV (Comma-Separated Values). Es un formato universal que permite exportar datos desde una base de datos.

❑ Unified. Este modo está diseñado para ser uno de los más rápidos, de manera que los logs se registran en formato binario.

❑ Unified2. Es una versión ampliada del modo anterior. Permite la ejecución en tres modos diferentes:

◆   Packet logging.

◆   Alert logging.

◆   True unified logging.

❑ alert_prelude. Este modo se utiliza para registrar los logs en una base de datos Prelude.

❑ log_null. Utilizando este modo de ejecución se desactivan las alarmas.

Socket. *Mecanismo de entrega de paquetes de datos. Suele definirse por dos direcciones IP, una local y otra remota, un protocolo de transporte y dos puertos, uno local y otro remoto.*

Distintas posibilidades de detección de ataques.

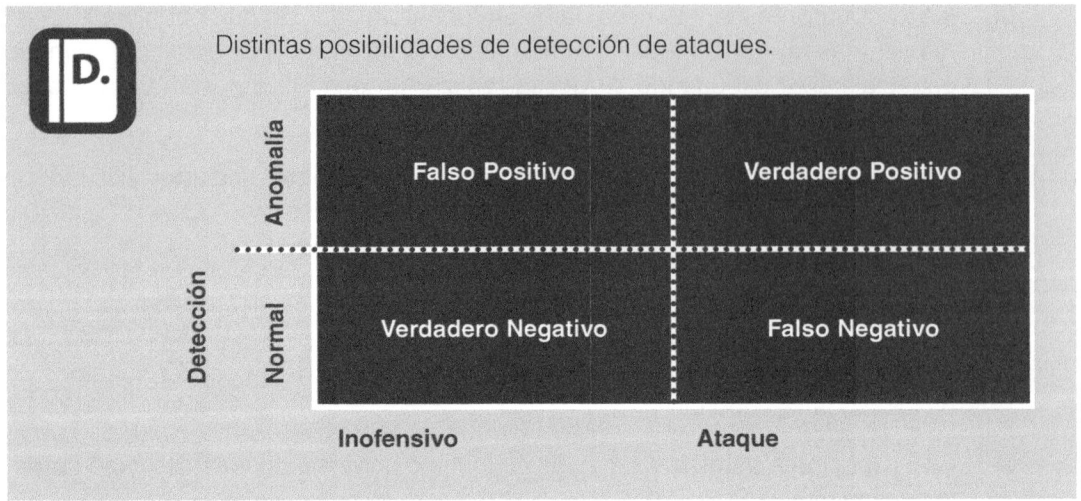

Con el desarrollo de este epígrafe hemos conseguido analizar los eventos registrados por el IDS/IPS para determinar falsos positivos y caracterizarlos en las políticas de corte del IDS/IPS.

4. Relación de los registros de auditoría del IDS/IPS necesarios para monitorizar y supervisar su correcto funcionamiento y los eventos de intentos de intrusión

La auditoría de seguridad de los sistemas es una de las herramientas más eficaces que existen para ayudar a mantener la seguridad de un sistema. Es recomendable establecer el nivel de auditoría más apropiado al entorno de cada organización como parte de la estrategia de seguridad global. La auditoría debería identificar los ataques, tengan éxito o no, que supongan un riesgo para su infraestructura o los ataques contra recursos considerados como valiosos en la evaluación de riesgos.

En los registros de auditoría se almacenan las acciones realizadas por los usuarios de un sistema. La importancia de estos registros para las organizaciones es máxima. Cuando se produce un incidente de seguridad facilitan información sobre el usuario y el sistema que haya podido cometer la intrusión.

Un registro de auditoría no contiene únicamente información sobre usuarios y máquinas que intentan actividades intrusivas, sino que también contendrá información relevante sobre las infracciones de seguridad sucedidas en el sistema.

Es tarea periódica de los administradores de seguridad la de realizar análisis de los registros de auditoría para comprobar si la seguridad del sistema o de la infraestructura de red se ajustan a las establecidas en los documentos de seguridad de la organización y tomar decisiones en su caso. Así, podrán ajustarse los niveles de seguridad y se podrán detectar los defectos que existan en todos los puntos de la infraestructura.

La parte negativa está en la gran cantidad de eventos que suceden y son registrados en un sistema. Únicamente su revisión exige la asignación de una gran cantidad de recursos, humanos y técnicos.

Es preciso tener en cuenta que no todos los registros de auditoría manifiestan fallos de seguridad. Muchos de ellos son únicamente informativos. Un usuario puede cometer un error al iniciar sesión en un sistema; esta acción generará un registro de error, pero esto no significa que exista un fallo de seguridad, simplemente informa de un hecho puntual.

Antes de establecer una política adecuada de auditoría es fundamental la realización de un análisis previo. Una auditoría de un número elevado de eventos originará, con casi total seguridad, una sobrecarga del sistema que reducirá su rendimiento. De ahí que la recomendación sea la de auditar únicamente aquellos eventos que faciliten información relevante para evaluar la seguridad del sistema.

Algunas recomendaciones que se plantean para la definición de la política de auditoría son las siguientes:

❏   Determinar los dispositivos en los que se configurará la auditoría.

❏   Establecer los eventos que se desean auditar. Son muy numerosos, desde intentos de acceso hasta encendido o apagado de equipos, pasando por acceso a archivos y carpetas, por ejemplo.

❏   Determinar si se desea auditar el éxito del evento, el fallo o ambos.

❏   Establecer la necesidad de auditar las tendencias de uso del sistema.

❏   Determinar la periodicidad de las revisiones de los registros de seguridad.

Un registro de auditoría podrá clasificarse en alguna de las categorías que muestra la siguiente tabla:

CATEGORÍA DEL REGISTRO	DESCRIPCIÓN
Error	Para eventos de seguridad importantes
Advertencia	Para eventos que no son importantes pero que pueden causar algún problema en el futuro
Información	Para operaciones realizadas con éxito
Auditoría correcta	En eventos ocurridos cuando la auditoría se realizó correctamente
Auditoría incorrecta	En eventos ocurridos cuando ha existido algún fallo de auditoría

Clasificación de los registros de auditoría

En cualquiera de los casos, todo evento en un registro de auditoría contendrá la siguiente información:

❑ La acción realizada.

❑ Identificación del usuario que generó la acción.

❑ El éxito o fracaso de la acción.

❑ Fecha y hora de cuándo se produjo la acción.

❑ Información adicional. Por ejemplo, la identificación del sistema desde el que se originó la acción.

En el caso de los sistemas UNIX/Linux es posible acceder a los registros del sistema a través de la línea de comandos. La ubicación se podrá encontrar en la ruta: /var/log/secure.

```
[root@localhost redhat]# pwd
/root/openssh-6.0p1/contrib/redhat
[root@localhost redhat]# cat /var/log/secure
Aug 14 02:20:15 localhost login: pam_unix(login:session): session closed for use
r root
Aug 14 02:20:20 localhost login: pam_unix(login:session): session opened for use
r root by LOGIN(uid=0)
Aug 14 02:20:20 localhost login: ROOT LOGIN ON tty1
Aug 14 02:44:25 localhost sshd[27532]: Deprecated pam_stack module called from s
ervice "sshd"
Aug 14 02:44:28 localhost sshd[27532]: Deprecated pam_stack module called from s
ervice "sshd"
Aug 14 02:44:28 localhost sshd[27528]: Deprecated pam_stack module called from s
ervice "sshd"
Aug 14 02:44:28 localhost sshd[27528]: Deprecated pam_stack module called from s
ervice "sshd"
Aug 14 02:44:28 localhost sshd[27528]: pam_unix(sshd:session): session opened fo
r user root by (uid=0)
Aug 14 02:44:28 localhost sshd[27533]: Deprecated pam_stack module called from s
ervice "sshd"
```

Imagen con una vista del fichero /var/log/secure

En el caso de los sistemas basados en Microsoft Windows podremos recurrir al Visor de Eventos, localizable a través del Panel de Control. En este caso, habrá que elegir la categoría Seguridad dentro de los distintos registros de Windows que presenta el panel.

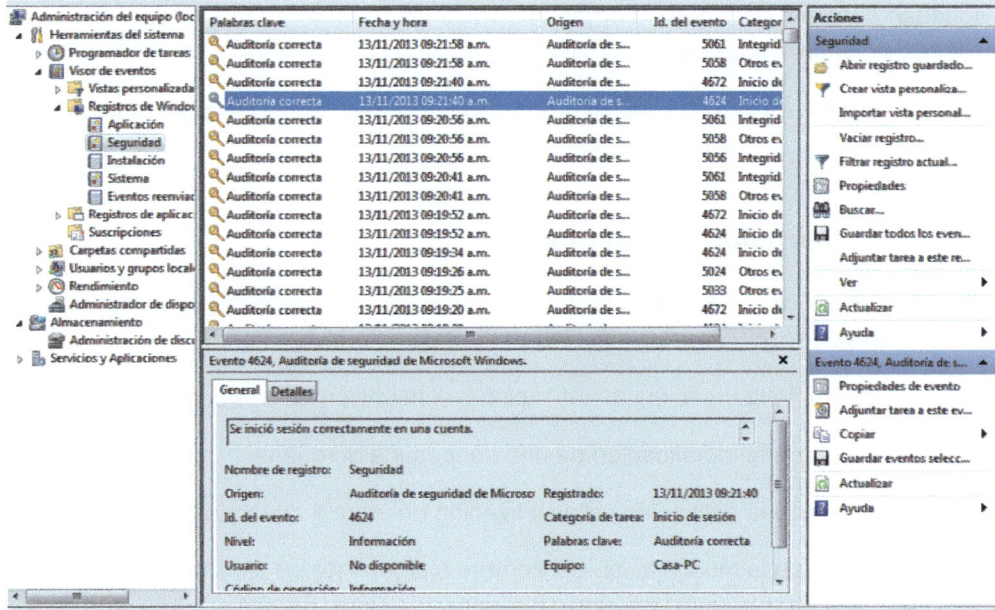

Imagen con una vista de los registros de auditoría en Microsoft Windows Server

4.1 Relación de los registros de auditoría del IDS/IPS necesarios para un correcto control de las intrusiones

Conocido el modo en el que se encuentran monitorizados los eventos de auditoría, es obligado destacar cuáles son los eventos imprescindibles que las organizaciones auditarán para que la detección y prevención de intrusiones sea eficiente.

4.1.1. Sucesos de inicio de sesión de cuenta

Es obligatorio configurar los sistemas IDS/IPS con el objetivo de que auditen los inicios de sesión, tanto los exitosos como los fallidos. Ahora bien, es necesario decidir en la política de corte de ataque si se desean auditar únicamente los exitosos, los fallidos, ambos o si se desea omitir esta auditoría.

Esta auditoría puede resultar de extremada utilidad para descubrir quién es el responsable de un intento de intrusión en un sistema, pues permite conocer qué usuario accedió, cómo lo consiguió y a qué equipo. Eso sí, exige que la organización cuente con un detallado listado de usuarios y sus perfiles para evitar confusiones. Por ejemplo, si todos los administradores TIC acceden a los sistemas de una organización con el usuario "administrador" resultará más complicado personalizar quién pudo realizar un acceso no autorizado a un sistema.

Las auditorías de inicios de sesión fallidas son, también, muy útiles para detectar intentos de intrusiones y prevenir futuros intentos.

4.1.2. Administración de cuentas

En estos registros de auditoría se reflejarán los distintos sucesos de administración de cuentas que pueden realizarse en un sistema:

❑ Momento de la creación, modificación o eliminación de una cuenta de usuario.

❑ Momento de la modificación de una contraseña de cuenta.

❑ Momento de la activación o desactivación de alguna cuenta de usuario.

❑ Momento de la modificación del nombre o alguno de los atributos de alguna cuenta de usuario.

De forma similar a los registros de auditoría de sesión, en este caso también se puede decidir si el sistema IDS/IPS elaborará registros sobre los intentos exitosos, fallidos o sobre ambos.

Resultan de gran utilidad las auditorías de sucesos exitosos, pues permiten conocer todos los cambios producidos en las cuentas de los usuarios. Se recomienda que siempre se encuentren habilitados para que el seguimiento de las cuentas de los usuarios y su administración por los administradores responsables sea la adecuada.

4.1.3. Sucesos de inicio y cierre de sesión

Los registros de auditoría de inicio y cierre de sesión facilitarán información sobre los eventos generados cada vez que un usuario inicia o cierra sesión en el equipo local.

Puede resultar de mucha utilidad registrar los intentos de inicio de sesión exitosos, pues se obtiene información sobre el usuario que consigue registrarse en un sistema cuando se produce un intento de intrusión. Igual de útiles son los intentos fallidos de inicio de sesión, ya que podrán permitir la detección de intentos de acceso de intrusos al sistema.

 *Es necesario diferenciar los inicios de sesión de cuenta de los inicios de sesión. Mientras que los primeros hacen referencia a la posibilidad de iniciar sesión en un equipo local a través de la red, los segundos se refieren a inicios de sesión en el propio equipo local.*

4.1.4. Acceso a objetos

Estos registros de auditoría contienen información sobre los accesos de un usuario a cualquier tipo de objeto del sistema, desde un archivo hasta una carpeta o un directorio que se encuentre incluido en una lista de control predefinida por un administrador.

Como en los casos anteriores, la organización podrá decidir si se registran los intentos exitosos, los fallidos o ambos. También existe, por supuesto, la opción de no auditar este tipo de sucesos.

4.1.5. Uso de privilegios

En este caso, los registros de auditoría contendrán información sobre cada evento sucedido cuando un usuario realiza alguna acción bajo unos privilegios que le fueron otorgados previamente.

Existen numerosos ejemplos, en función de la operativa de cada organización. Algunos habituales son los que se citan a continuación:

❑ La realización de copias de seguridad de algún archivo, directorio o sistema.

❑ La restauración de un archivo, directorio o sistema.

❑ Intento de realización de una acción determinada por parte de un usuario que no cuenta con privilegios para ello.

4.1.6. Seguimiento de procesos

Los registros de auditoría de esta categoría contendrán información detallada de los sucesos ocurridos en el sistema como la activación de una aplicación, el acceso o la salida de un proceso, etcétera.

No es recomendable la activación de este tipo de registro de auditoría, pues un elevado número de procesos en un sistema podría dar lugar a un gran número de registros que harían muy difícil la depuración de los sucesos más relevantes.

4.1.7. Sucesos del sistema

Los registros de auditoría de los sucesos del sistema son de extrema importancia y facilitan mucho el conocimiento de un posible ataque.

Por ello resulta de gran utilidad su activación. Presumiblemente, se producirá poca cantidad y el valor de su información será muy grande. Por ejemplo, siempre es muy útil conocer por qué se ha reiniciado o apagado un sistema: permitirá detectar qué falló y disponer las medidas oportunas para que no vuelva a suceder.

Registro de auditoría	Descripción
Sucesos de inicio de sesión de cuenta	En eventos de inicio de sesión de cuenta a través de la red.
Administración de cuentas	En eventos de modificación de las cuentas de usuario.
Sucesos de inicio de sesión	En eventos de inicio o cierre de sesión en equipos locales.
Acceso a objetos	En eventos de acceso a objetos predefinidos en una lista de control
Uso de privilegios	En eventos de acciones de un usuario bajo unos privilegios asignados.
Seguimiento de procesos	En eventos referentes a cualquier proceso ejecutado en el sistema.
Sucesos en el sistema	En eventos de reinicio o apagado provocados por algún usuario o por algún fallo en el sistema.

Con el desarrollo de este epígrafe hemos conseguido hacer una relación de los registros de auditoría del IDS/IPS necesarios para monitorizar y supervisar su correcto funcionamiento y los eventos de intentos de intrusión.

5. Establecimiento de los niveles requeridos de actualización, monitorización y pruebas del IDS/IPS

Los sistemas de detección y prevención de intrusiones ejecutan las siguientes fases en sus procesos:

❑ **Prevención.** En este estado inicial, los sistemas IDS/IPS intentan evitar los ataques mediante mecanismos que dificulten el acceso a los intrusos.

❑ **Monitorización de la intrusión.** El atacante, pese a todas las medidas de prevención, ha conseguido acceder y el sistema IDS/IPS está detectando una actividad sospechosa. Monitorizarán el tráfico de datos sospechoso para su análisis por el administrador del sistema o el de seguridad.

❑ **Detección de la intrusión.** Después de analizar el tráfico sospechoso, si el sistema IDS/IPS cataloga la actividad como una intrusión, generará una alarma para notificarla a todos los actores involucrados: administrador del sistema, administrador de seguridad, contacto del CERT, etcétera.

❑ **Respuesta.** Una vez que se ha determinado que la intrusión es un ataque, los sistemas IDS/IPS podrán adoptar medidas para intentar bloquear el acceso del atacante al sistema. En función del tipo de IDS/IPS que se trate, la respuesta podrá ser pasiva o activa.

Una implantación correcta de un sistema IDS/IPS precisará de la existencia de una base de datos de firmas que permita la monitorización de los eventos, así como su clasificación de actividades sospechosas e intrusiones que han sido efectivas.

La investigación y creación de nuevas firmas que respondan a las nuevas amenazas que aparecen diariamente se han constituido en actividades fundamentales. Cada actualización de archivo de firmas sustituirá o complementará al anterior. Habitualmente, el fabricante del sistema IDS/IPS notificará a los usuarios de sus sistemas la existencia de un nuevo archivo de firmas para que los administradores del sistema puedan probarlo y, en su caso, implementarlo en sus organizaciones.

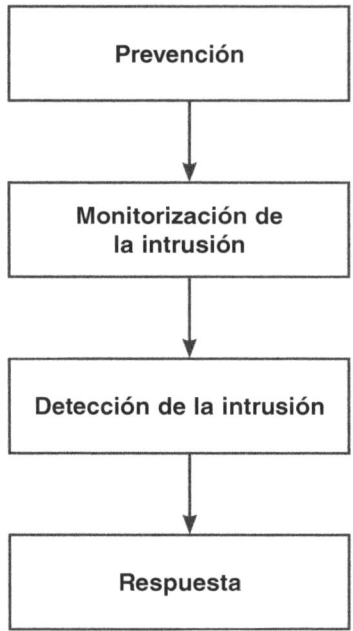

Esquema que muestra las distintas fases de detección y prevención de intrusiones.

Aunque la determinación de los niveles adecuados de monitorización, prueba y actualización de los sistemas de detección y prevención de intrusiones dependa de las directrices y requerimientos de cada organización, para medir la eficiencia de un sistema IDS/IPS se hace necesario tener en cuenta las siguientes características:

❑ **Precisión.** Es la capacidad del sistema para detectar los ataques diferenciándolos del tráfico normal de red. La medición de la precisión exige del conocimiento del porcentaje de falsos positivos y del de falsos negativos y la establece con la siguiente fórmula:

$$\text{Precisión} = \frac{\text{Ataques reales detectados}}{\text{Ataques reales detectados} + \text{Falsos Positivos}}$$

Puesto que minimizar simultáneamente la existencia de falsos positivos y falsos negativos es prácticamente imposible (cuando se desea minimizar los falsos negativos aumentando la sensibilidad del sistema se genera un aumento de los falsos positivos y viceversa), la situación ideal pasa por encontrar un equilibrio.

La precisión será mayor cuando la ratio obtenida sea 1 o el valor más cercano a 1. Esto significará que la gran mayoría de ataques detectados realmente lo son.

❑ **Rendimiento.** Consiste en la cantidad de eventos que el sistema IDS/IPS puede analizar. La situación ideal es que pudiese analizar todo el tráfico de red, pero lo habitual es que haya que limitar su rendimiento a lo que permita la capacidad de proceso del equipo que lo alberga. Nuevamente, las organizaciones deberán encontrar un equilibrio entre la cantidad de tráfico de red a analizar y los recursos que puedan o deseen destinar a esta tarea.

❑ **Completitud.** Esta característica la consigue un sistema IDS/IPS cuando detecta todos los tipos de ataques sucedidos. En realidad, se trata de un objetivo casi inalcanzable por lo que, habitualmente, se hace necesaria la ayuda de otros sistemas o soluciones para acercarse a la efectividad total.

El equilibrio entre la completitud y la precisión de un sistema es de extrema utilidad, pues permitirá detectar el mayor número posible de ataques sin que exista un exceso de falsos positivos o negativos.

La fórmula de la completitud de un sistema sería:

$$\text{Completitud} = \frac{\text{Ataques reales detectados}}{\text{Ataques reales detectados} + \text{Falsos Negativos}}$$

También en este caso resulta conveniente que la ratio sea lo más cercana posible a 1. Este valor indicará que todos los ataques fueron detectados y que no existieron falsos negativos.

❑ **Tolerancia a fallos.** Es la capacidad de un sistema IDS/IPS para resistir a los ataques y a los fallos de un sistema. El sistema debe ser robusto y estable de modo que un ataque no lo inutilice, dejando a la Organización expuesta a todo tipo de intrusiones.

Un sistema IDS/IPS también ha de ser capaz de recuperar su configuración preestablecida, los patrones para detectar las intrusiones junto con los registros y alarmas generadas con anterioridad.

❑ **Tiempo de respuesta.** En un sistema IDS/IPS, el tiempo de respuesta es el período de tiempo que tarda en reaccionar cuando se produce un ataque. La reacción podría consistir en la generación de alarmas, así como en el establecimiento de medidas que cortasen el ataque.

El objetivo de las organizaciones será la configuración de los sistemas para conseguir que el tiempo de respuesta sea el menor posible, lo que incrementará la efectividad de dicho sistema.

Para evaluar de un modo formal la eficiencia de un sistema IDS/IPS es necesario conocer la probabilidad de detectar un ataque y de emitir una falsa alarma. Conociendo ambos valores se puede obtener la curva ROC *(Receiver Operating Characteristics)*.

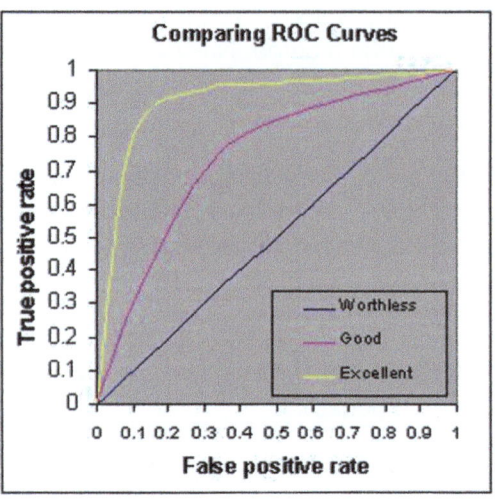

Imagen que muestra una curva ROC.

En la curva ROC de la figura se puede comprobar que el sistema IDS/IPS perfecto será el que detecte correctamente todo el tráfico y no genere falsas alarmas. Se trata del estado ideal.

5.1. Proceso de pruebas de los sistemas IDS/IPS

Es habitual que, después de la implantación, se observen comportamientos no adecuados en el sistema IDS/IPS. Puede darse un número elevado de falsos positivos detectados como amenazas, así como intrusiones no detectadas. La solución pasa por un proceso de refinamiento del sistema a base de pruebas que permitirán comparar el resultado de varias configuraciones consiguiendo así una adecuada configuración a las necesidades definidas por la organización.

La organización deberá decidir cómo realizará estas pruebas, si se hacen con recursos propios o si se recurrirá a recursos externos, con la ayuda de empresas especializadas en el sector de la seguridad.

Además, existen metodologías de libre configuración que podrán ayudar a dicha organización a evaluar sus distintos elementos de seguridad, entre ellos los sistemas IDS/IPS:

❏ **Metodología de Comprobación de Seguridad de Código Abierto (**en inglés *Open Source Security Testing Methodology,* OSSTM). Ofrece un procedimiento para la evaluación de los sistemas IDS/IPS. Se centra en el conocimiento de los detalles técnicos que deberán ser probados. Cubre aspectos como qué hacer antes, durante y después de una prueba de seguridad, así como el método para medir los resultados.

❑ **Criterios de Evaluación de Seguridad en Abierto** (en inglés *Open Security Evaluation Criteria*, OSEC). Se trata de un marco para la evaluación de productos de seguridad. Se fundó con el convencimiento de que los criterios de seguridad deberían ser examinados de una forma pública, sujeta a crítica y modificación. El marco define una serie de pruebas de seguridad que los dispositivos deberían pasar antes de ser puestos en producción

Junto a estas metodologías pueden encontrarse algunas herramientas capaces de ayudar a simular elementos que podrán ser utilizados en las pruebas de los sistemas IDS/IPS. Por ejemplo, la generación de falsos ataques permitiría realizar una puesta a punto de los sistemas antes de su entrada en producción. Existen otras herramientas que, incluso, permiten utilizar las propias reglas definidas en los sistemas IDS/IPS para evaluar su capacidad de detección. Algunas de estas herramientas son:

❑ **IDSwakeup**. Es un conjunto de herramientas que permite poner a prueba los sistemas IDS/IPS mediante la generación de falsos ataques que son conocidos. De este modo se comprueba que los sistemas los detectan y generan las alarmas configuradas.

Imagen que muestra una vista de la herramienta IDSwakeup

❑ **Sneeze**. En este caso, se trata de una herramienta que genera falsos positivos. Diseñada específicamente para Snort, leerá sus reglas y generará paquetes que permitirá comprobar su correcto funcionamiento. Proporciona un método seguro para realizar pruebas de forma controlada.

❑ **Stick**. Herramienta que posibilita realizar pruebas sobre las reglas configuradas en un sistema IDS. Puede producir unas 250 alarmas por segundo.

❑ **Ftester**. Es una herramienta que permite comprobar la capacidad de un sistema IDS mediante la inyección de paquetes de información.

```
                              ToolWar-FTester                         _  □  ×

  File  Edit  View  Search  Terminal  Help
Copyright (C) 2001-2006 Andrea Barisani <andrea@inversepath.com>

Configuration options:
  -f <conf_file>
  -c <source_ip>:<source_port>:<dest_ip>:<dest_port>:<flags>:<protocol>:<tos>
  -v <verbose>

Timing options:
  -d <delay, 0.25 = 250 ms>
  -s <sleep time, 1 = 1 s>

Evasion options:
  -e <evasion method>
  -t <ids_ttl>

Connection options:
  -r <reset connection>
  -F <end connection>
  -g <IP fragments number, es. 4|IP fragments size, es. 16b>
  -p <TCP segments number, es. 4|TCP segments size, es 6b>
  -k <cksum value, es. 60000>
  -m <marker>

root@kali:~#
```

Imagen que muestra una vista de la herramienta Ftester

La continua evaluación de los sistemas existentes, su actualización, monitorización y realización de pruebas deberá acercar a una organización al objetivo de detectar correctamente el tráfico sin general falsas alarmas.

Con el desarrollo de este epígrafe hemos conseguido establecer los niveles requeridos de actualización, monitorización y pruebas del IDS/IPS.

Acude a los Contenidos Extra para consultar el Resumen y realizar la Autoevaluación

Control de código malicioso

- Distinguir sistemas de detección y contención de código malicioso.

- Listar los distintos tipos de herramientas de control de código malicioso en función de la topología de la instalación y las vías de infección a controlar.

- Desarrollar los criterios de seguridad para la configuración de las herramientas de protección frente a código malicioso.

- Referir los requerimientos y técnicas de actualización de las herramientas de protección frente a código malicioso.

- Desarrollar la importancia de los registros de auditoría de las herramientas de protección frente a código malicioso necesarios para monitorizar y supervisar su correcto funcionamiento y los eventos de seguridad.

- Identificar la monitorización y las pruebas de las herramientas de protección frente a código malicioso.

- Describir las distintas técnicas para análisis de programas maliciosos indicando casos de uso.

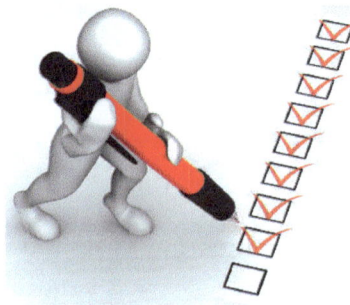

Contenido

1. Control de código malicioso

2. Tipología de código malicioso

3. Técnicas de ataque que utilizan el código malicioso

4. Medidas de protección contra el código malicioso

5. Medidas preventivas

6. Medidas paliativas

7. Sistemas de detección y contención de código malicioso

8. Relación de los distintos tipos de herramientas de control de código malicioso en función de la topología de la instalación y de las vías de infección a controlar

9. Criterios de seguridad para la configuración de las herramientas de protección frente a código malicioso

10. Determinación de los requerimientos y técnicas de actualización de las herramientas de protección frente a código malicioso

11. Relación de los registros de auditoría de las herramientas de protección frente a código malicioso necesarios para monitorizar y supervisar su correcto funcionamiento y los eventos de seguridad

12. Establecimiento de la monitorización y pruebas de las herramientas de protección frente a código malicioso

13. Análisis de los programas maliciosos mediante desensambladores y entornos de ejecución controlada

Acude a los Contenidos Extra para ver el mapa conceptual de esta Unidad Didáctica, objeto de estudio fundamental para situarte según avances en los contenidos.

1. Control de código malicioso

Por código malicioso se entiende cualquier software que pueda causar daño a un sistema de información. El aumento en el número y complejidad de estos sistemas ha supuesto, además, la aparición de nuevas formas de comprometer su seguridad. Asimismo, existen factores clave en el incremento es su propagación, cada vez más rápida consecuencia directa de la mayor velocidad de las redes de datos, así como de que la comunidad de intrusos no deja de aumentar.

En 2024 se detectaron más de 1.133.000 paquetes de instalación maliciosos o programas potencialmente no deseados para móviles. Además, de estos, aproximadamente 68.700 estaban asociados a troyanos bancarios móviles. Durante 2024, las soluciones de seguridad bloquearon un total de 33,3 millones de ataques dirigidos a móviles (malware, adware o adware financiero, y software no deseado). Esto supuso un promedio de 2,8 millones de ataques por mes, o alrededor de 933.000 incidentes por día.

Para referirse al código malicioso también se utiliza habitualmente el término inglés malware. Este hace referencia a programas que se instalan en un sistema, habitualmente de forma encubierta, con la intención de comprometer la confidencialidad, integridad o disponibilidad de dicho sistema, de aplicaciones, de datos o, simplemente, para molestar o perjudicar a un sistema víctima.

El malware tratará de aprovecharse de las vulnerabilidades existentes en sistemas operativos, aplicaciones y todo tipo de hardware para realizar aquello para lo que está programado. Es necesario un conocimiento de las vulnerabilidades existentes en los elementos de una infraestructura para poder corregirlos y evitar una infección. Para ello es conveniente contar con los fabricantes de hardware y software, pero también es posible consultar listas públicas de vulnerabilidades como, por ejemplo, la lista de vulnerabilidades y exposiciones comunes (en inglés *Common Vulnerabilities and Exposures*, CVE), también conocida como MITRE CVE List.

 **Common Vulnerabilities and Exposures.** *Lista de información registrada sobre vulnerabilidades de seguridad conocidas. Ofrece una nomenclatura estándar que permite identificar cada vulnerabilidad de forma inequívoca, así como qué versiones de software están afectadas y una posible solución. Está mantenida por la MITRE Corporation y es utilizada por la mayoría de repositorios de vulnerabilidades.*

Uno de los ataques más contundentes de ransomware tuvo lugar el 21 de febrero de 2024, cuando el grupo BlackCat/ALPHV ejecutó un ataque devastador contra Change Healthcare (parte de UnitedHealth Group). Este incidente comenzó con la explotación de una cuenta Citrix sin autenticación multifactor, permitió al atacante moverse sin ser detectado durante nueve días y culminó en el cifrado de más de 100 aplicaciones clínicas, afectando a hospitales, farmacias y proveedores de EE.UU. Según estimaciones, más de 100 millones de personas resultaron perjudicadas. UnitedHealth Group acordó el pago de un rescate de 22 millones de dólares en criptomoneda, aunque posteriormente sufrió una segunda extorsión por parte del grupo RansomHub.

El impacto económico fue extraordinario: más de 800 millones de dólares en daños directos, con proyecciones que podrían superar los 2.400 millones cuando se incluyen costes legales, operativos y reputacionales. Este ataque revela lo crítica que es una política robusta de autenticación y segmentación en sistemas de salud, así como la importancia de la detección temprana y las actualizaciones en infraestructuras sensibles.

El código dañino es una parte integral de la mayoría de los escenarios de ataque, por ejemplo, cuando un sistema está infectado por ransomware, en botnets o en ataques realizados utilizando la técnica de las amenazas persistentes avanzadas (en inglés Advanced Persistent Threats, APT). Este código realizará modificaciones en los sistemas para acceder a espacios no autorizados del mismo, de mayor nivel, para hacerse con el control de ciertas funciones.

 **Malware.** *Software malintencionado que tiene como objetivo dañar un sistema o infiltrarse sin contar con autorización. Su nombre procede de la fusión de la expresión **Mal**icious Sof**ware** (software malicioso).*

Amenazas Persistentes Avanzadas (APT). *Son amenazas reales, de gran sofisticación y de carácter premeditado y persistente como para ser completamente eficaces contra las contramedidas establecidas en los sistemas de información o en los sistemas de seguridad que constituyen su objetivo.*

Cada código dañino realiza su tarea de una forma determinada y algunos son capaces de realizar cambios en su forma de actuar para dificultar a las herramientas de detección su presencia en el sistema. Por este motivo, cada vez que un proveedor de servicios de seguridad (desarrollador de software antivirus, cortafuegos o sistemas IDS/IPS, etcétera) identifica un nuevo código malicioso, lo analiza, interpreta su patrón de ataque y genera una firma para que su herramienta de detección sea capaz de identificarlo, detenerlo y anularlo.

Pese a que cada vez existen códigos maliciosos más sofisticados y son desarrollados a medida para complicar la labor de las herramientas de detección, el código siempre realiza cambios en el sistema y casi siempre orientados a aumentar sus privilegios en el mismo. En este momento esas modificaciones pueden interpretarse como indicadores de que dicho sistema ha sido comprometido. Es lo que se conoce como Indicador de Compromiso (en inglés *Indicator of Compromise*, IOC).

 **Indicadores de compromiso.** *Conjunto de técnicas que identifican a una amenaza, la metodología utilizada o cualquier otra prueba de compromiso en un sistema o aplicación.*

Desde el punto de vista del creador de malware, siempre resultará mucho más atractivo un sistema Microsoft Windows frente a otro Unix/Linux por ser mucho más común -especialmente en el ámbito de equipos de escritorio-, contar con más usuarios y ser casi omnipresente en todo tipo de organizaciones. De acuerdo con el informe de Elastic Scurity Labs, de 2023, se ejecutaron detecciones de seguridad en un 54% de sistemas Windows, un 39% en Linux y un 6% en macOS.

No obstante, el creciente uso de Linux, de las aplicaciones para dispositivos móviles en el modelo de desarrollo de software basado en el código libre y el creciente fenómeno de Internet de las cosas (en inglés *Internet of Things*, IoT), que ha incrementado el número de dispositivos con conectividad a Internet y que implementan software libre basado en Linux, hacen que se cree un gran terreno por explotar para los creadores de malware.

 **Internet de las cosas.** *Concepto que se refiere a la interconexión digital de objetos cotidianos. Es una red de objetos físicos que son capaces de interactuar gracias a su conexión a Internet.*

No todo el software malicioso es igual; se trata de programas creados por todo tipo de personas con intereses e ideas diferentes. Cada desarrollador de malware dispondrá de sus propios medios técnicos, grados de conocimiento, así como de una motivación o finalidad. Además, es necesaria la oportunidad, esto es, se tiene que dar la ocasión que facilite el desarrollo del ataque (por ejemplo, la aparición de una vulnerabilidad en un sistema o aplicación que permitiera la creación de un código malicioso que la aprovechase).

En función de estos intereses suelen provocarse las siguientes situaciones:

❑ Ataques a objetivos claros y específicamente definidos (un usuario, una organización determinada, un sistema o servicio de esa organización, etcétera).

❑ Ataques a un público objetivo definido atendiendo al grupo de interés. Sería el caso de ataques a los usuarios de un sistema operativo concreto, ataques a las bases de datos de un tipo concreto, a los servidores de aplicaciones, sistemas de correo, etcétera.

❑ Ataques aleatorios sin objetivos definidos y sin razonamiento previo.

Asimismo, las motivaciones de los atacantes pueden ser de lo más diverso:

❑ Lucrativas. Consistirán en robar para, posteriormente, vender información de valor.

En esta categoría también estarán los ataques a bases de datos con el objetivo de conseguir datos personales a cuyos propietarios, posteriormente, se enviará publicidad por parte de empresas que habrán pagado a los que se hicieron con los datos. Desde hace unos años la modalidad más extendida es el ransomware, que combina el ataque con la petición de un rescate monetario para que la víctima vuelva a recuperar su situación inicial.

❑ Ideológicas. Son ataques que se basan en la difusión de ideologías políticas fundamentalmente, aunque también éticas o religiosas. Un ejemplo lo constituyen los ataques realizados por grupos hacktivistas. También entraría en esta categoría la apología del terrorismo.

❑ Entretenimiento. Los intrusos pueden realizar ataques simplemente como diversión o para probar sus habilidades.

Imagen que muestra el triángulo de la intrusión

2. Tipología de código malicioso

Existe una gran variedad de software malicioso. Esto, unido a que cada día se descubren nuevos programas de este tipo, dificulta el establecimiento de una clasificación. Pese a ello, podrían distinguirse tres criterios:

1. **Según el impacto producido sobre la víctima**

   Para evaluar el grado de peligrosidad se estudia la gravedad de las acciones que el código produce sobre el sistema infectado, su velocidad y facilidad de propagación así como la cantidad de infecciones producidas.

   De acuerdo a este criterio, podrían establecerse los siguientes niveles de peligrosidad:

- **Bajo**. Define situaciones que suelen caracterizarse por la escasa capacidad del ataque para obtener un volumen apreciable de información o para tomar el control del sistema atacado. El ataque puede ayudarse de campañas de spam sin adjuntos, software desactualizado, errores de software o hardware o incluso humanos. También entrarían aquí acosos, coacciones y comentarios ofensivos.

- **Medio**. El ataque podrá extraer un volumen apreciable de información y tomar el control de algún sistema gracias a la utilización de códigos dañinos de bajo impacto (por ejemplo: adware o spyware) e ingeniería social. Define situaciones como desfiguración de páginas web y la manipulación de información.

- **Alto**. El ataque permitirá conseguir información valiosa y controlar un número apreciable de sistemas. Lo generan códigos dañinos de medio impacto, como virus, gusanos y algunos troyanos, también los accesos no autorizados, algunos ataques de denegación de servicio (en inglés *Denegation of Service*, DoS) y las APT.

- **Muy alto**. Generará interrupción de servicios (TIC y otros) provocando grandes consecuencias. Permitirá extraer grandes volúmenes de información valiosa y controlar un gran número de sistemas. Suelen generarlo códigos maliciosos como troyanos y ataques externos de denegación de servicio.

- **Nivel crítico**. Son ataques que cuentan con la capacidad de filtrar información muy valiosa, en gran cantidad y en poco tiempo. Implica la posibilidad de controlar un gran número de sistemas críticos de forma muy rápida. Un ejemplo lo constituyen las campañas de ciberespionaje.

Cada organización puede valorar de forma distinta el impacto de un ataque de malware, en función de la importancia de los activos que lo han sufrido. No obstante, las distintas organizaciones que mantienen informadas de las amenazas en esta materia (por ejemplo, el Centro Criptológico Nacional -el CCN- o el Instituto Nacional de Ciberseguridad, el INCIBE) siempre las califican ayudando a tomar las medidas oportunas. En ocasiones utilizan un sistema como el anterior, basado en niveles; en otras emplearán códigos de colores (por ejemplo, rojo, naranja, amarillo, gris y verde).

2. **Según su forma de propagación**

Atendiendo a este criterio, los tipos de malware más conocidos son:

- **Virus**. La principal característica de este malware está en su capacidad de propagación. Para ello, precisa de la intervención humana, que ayudará en su ejecución. La forma de propagación también es variada: reproducción al ejecutar un fichero, al visitar una página web que enlaza con otra que contiene código malicioso, etcétera.

Su funcionamiento es bastante simple. Cuando se ejecuta el código, el virus se instala en el sistema (por ejemplo, en la memoria RAM o en el sector de arranque) infecta archivos ejecutables y guarda los archivos infectados en disco. Esta forma de proceder permite que cada vez que utilice el fichero infectado se ejecute el virus.

Otro gran punto de interés para los desarrolladores de virus lo constituyen los dispositivos móviles, sobre todo los teléfonos inteligentes. Este interés suele centrarse en el robo de información personal y confidencial, así como en la obtención de credenciales para realizar fraudes online en transacciones financieras, fundamentalmente.

También es destacable que los repositorios de aplicaciones para dispositivos móviles (IOS y sobre todo Google Play) se hayan convertido en objetivo de los virus y otro tipo de código malicioso. El gran número de usuarios que se descargan diariamente aplicaciones representa una oportunidad muy atractiva para los desarrolladores de malware. Habitualmente, el código malicioso se oculta en alguna aplicación de interés (sobre todo las relacionadas con juegos y el área de entretenimiento) hasta que se cumple una serie de condiciones que lo activan. A partir de ahí, se produce una recopilación de datos del dispositivo que son enviados a una ubicación remota. El ciclo se completa cuando el usuario del dispositivo comienza a recibir publicidad.

Los efectos de los virus pueden ser de múltiples tipos, desde completamente inofensivos, aunque molestos (por ejemplo, cambiar la ubicación de algunas carpetas), hasta de consecuencias gravísimas (por ejemplo, modificar el registro del sistema con el objetivo de evitar un cortafuegos y permitir que un atacante controle remotamente dicho sistema).

Algunas de las consecuencias de contar con un sistema infectado por un virus son:

◊ Eliminar toda la información existente en un dispositivo. También podrán corromper dicha información, haciéndola inservible.

◊ Ralentizar el dispositivo.

◊ Reducir el espacio existente en un dispositivo de almacenamiento.

◊ Provocar un funcionamiento inusual del sistema como, por ejemplo, abriendo ventanas de forma incontrolada y apagando o reiniciando un dispositivo entre otras acciones.

◊ Sufrir descargas de software de forma no autorizada.

◊ Realizar intentos de conexión a máquinas o a sitios web de forma no autorizada, que podrán provocar intentos posteriores de ataque al equipo infectado, pero también desde dicho equipo a otros.

◊ Formar parte de una red de equipos controlados (botnet) que se empleará para atacar a otros sistemas.

♦ **Gusanos.** Es un tipo de malware que se propaga automáticamente sin necesidad de infectar otros archivos, pues puede duplicarse a sí mismo y extenderse sin necesidad de intervención de los usuarios de los sistemas infectados.

Su finalidad no es destruir archivos o sistemas sino que están pensados para consumir recursos de un sistema o redes, logrando su saturación y provocar una denegación de servicio (DoS). La sofisticación de los atacantes ha llegado a niveles difícilmente evitables, pues consiguen crear redes de equipos infectados (también conocidos como zombis) que controlan a voluntad para la realización de ataques coordinados y dirigidos a una víctima: son las conocidas botnets.

Sus principales formas de difusión son las siguientes:

◊ A través de programas de mensajería instantánea o canales de chat.

◊ Utilizando los recursos compartidos de una red local.

◊ A través de las redes peer to peer (P2P). Durante mucho tiempo constituyó una de las vías preferidas de infección. Los gusanos se camuflan como archivos con nombres atractivos para los usuarios, adoptando nombres de películas de actualidad, vídeos humorísticos, etcétera. En estas redes un equipo puede descargarse archivos de cualquier otro equipo de la red y a su vez compartir archivos con los demás, lo que hace que el riesgo de infección sea increíblemente alto. Aunque siguen constituyendo una vía de infección, en la actualidad la actividad maliciosa se está difundiendo por las redes sociales.

◊ Utilizando sitios web que previamente han sido infectados para que sus visitantes se descarguen software con código malicioso o lo activen al pulsar ciertos enlaces atractivos o imágenes publicitarias.

◊ A través de la descarga de actualizaciones ubicadas en los servidores de los fabricantes de software. Los atacantes infectan estos repositorios y consiguen extender la infección por todos los sistemas que hacen uso de las descargas de software.

◊ Correo electrónico. Pueden ir adjuntos al mensaje o bien camuflados dentro del código HTML de los mensajes, por lo que bastaría con una visualización previa del mismo para activarlos. En todos estos casos, los mensajes que los incluyen suelen tener un asunto interesante para captar la atención del destinatario y así lograr que abra el mensaje (por ejemplo, el famoso gusano I love you, llamado así porque ese era el asunto del mensaje que lo incluía). Otros ejemplos de gusanos famosos son Morris, Sasser, Netsky, Blaster y Conficker.

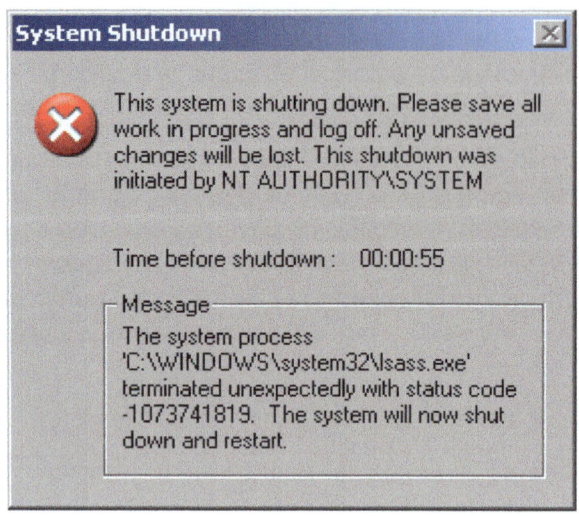

Imagen que muestra el mensaje de los efectos del gusano Blaster en un sistema Microsoft Windows Server.

♦ **Troyanos.** Se trata de un software malicioso que se instala en un sistema aparentando ser un programa inofensivo. Su finalidad es permitir a un usuario no autorizado adquirir el control del sistema infectado.

A diferencia de los virus, los troyanos no infectan ni corrompen archivos o programas y se diferencian de los gusanos en que no cuentan con capacidad para propagarse automáticamente, únicamente buscan permitir la administración remota del equipo a usuarios ilegítimos. Su uso aumenta año tras año y suelen estar colocados en la parte alta de la lista de las estadísticas de código malicioso más utilizado. Un ejemplo reciente de troyano de acceso remoto es FlawedAmmyy.

Las infecciones con este tipo de malware se suelen producir cuando el usuario ejecuta un programa infectado. El programa, aparentemente, funciona correctamente, pero en un segundo plano, de forma inadvertida, se instala el troyano. Una vez que se instalan, pasan desapercibidos para el usuario del sistema infectado llevando a cabo diversas acciones, fundamentalmente con el objetivo de controlar ese equipo.

Un troyano, habitualmente, está constituido por dos programas: un cliente en el equipo atacante, que es el que envía las órdenes, y un servidor que se instala en el sistema infectado y es el que recibe las órdenes del intruso y las ejecuta, enviando la información solicitada. La conexión entre estos dos programas se lleva a cabo de dos formas diferentes:

◊ Conexión directa. El cliente se conecta al servidor para enviarle órdenes. Es la más habitual.

◊ Conexión inversa. El servidor envía directamente la información al cliente. Es mucho más efectiva, pues muchos cortafuegos no analizan la información saliente del sistema.

Los tipos más habituales de troyanos son:

◊ Puertas traseras (en inglés *Backdoors*). Son muy peligrosos. Permiten el acceso remoto a un atacante sobre una aplicación, una página web, un recurso o, incluso, sobre el sistema operativo.

Un sistema infectado con este tipo de troyanos será controlador por un atacante sin necesidad de iniciar sesión y tendrá acceso total al equipo. Podrá copiar, modificar, robar o destruir toda la información. Además, podría utilizar el sistema controlado para otras finalidades, por ejemplo, para hacerlo parte de una red de sistemas zombies o botnets.

 **Botnet.** *Red de equipos controlados por un atacante a través de Internet. Su finalidad suele ser el envío de spam o la realización de ataques de denegación de servicio distribuido (Distributed Denegation of Service, DDoS) sobre sistemas de información.*

◊ Keyloggers. Capturan las pulsaciones de teclado en el sistema de la víctima proporcionándoselas al atacante. El peligro de esta posibilidad es evidente: desde obtener claves de otros sistemas o de cuentas bancarias hasta hacerse con conversaciones escritas.

Las entidades que utilizan sistemas de autenticación basados en la introducción de caracteres vía un teclado han tenido que proporcionar a sus usuarios mecanismos de seguridad adicionales, como por ejemplo, el uso de un teclado virtual para introducir ciertos datos.

◊ Downloaders. Su peligro radica en la descarga de archivos con código malicioso y su ejecución en el sistema infectado.

◊ Proxies. Los intrusos los utilizan para encubrir su identidad pues consiguen que el sistema infectado actúe como un servidor proxy, que le posibilitará el acceso a Internet y que toda la actividad que realice apunte al sistema infectado.

 **Proxy.** *Servidor que actúa como intermediario para peticiones que le llegan desde un cliente y busca recursos en otros servidores.*

Imagen que muestra el mensaje de un sistema antimalware
localizando un troyano de tipo puerta trasera.

Este tipo de malware es especialmente dañino por las consecuencias que puede ocasionar para los usuarios infectados. Un ejemplo significativo de ataque por troyano en 2023 tuvo lugar el 12 de julio, cuando una campaña de correo masiva distribuía documentos Word maliciosos que aprovechaban vulnerabilidades. Al abrirse el documento, el exploit desencadenaba la descarga de un ejecutable, asociado al troyano LokiBot, diseñado para robar credenciales, instalar cargadores adicionales y formar parte de posibles redes de control remoto o botnets. Estos correos utilizaban una mecánica de engaño muy cuidada: incluían imágenes "bait" y redirigían a enlaces acortados (a través de MHTML/XML), lo que permitía al malware evadir soluciones antivirus y filtros de correo.

3. **Según las acciones que realiza**

De acuerdo a este criterio, podrá diferenciarse entre aquel código malicioso que provoca acciones dañinas logrando un impacto medio o alto el que produce acciones no dañinas permitiendo disponer de los sistemas.

♦ **Software malicioso no dañino**

Se consideran no dañinas acciones como mostrar publicidad, mostrar información falsa o la realización de bromas. Suele denominarse grayware. Los principales tipos son:

◊ **Spyware** (Spy Software, software espía). Es un tipo de software que trata de conseguir información del usuario. Algunos sitios web intentan conocer cuánto tiempo permanece en ellos un visitante. Habitualmente se trata de motivos estadísticos, pero cuando esta actividad se realiza para conseguir información de cara a realizar una acción dañina se trataría de malware.

◊ **Adware** (Advertisement Software, software publicitario). Este software muestra publicidad de forma intrusiva, en forma de ventanas emergentes. No suele representar una amenaza de ataque, pero tampoco puede descartarse que no esté ocultando la acción de otro tipo de malware. Es muy habitual la combinación del adware con el spyware para lograr información y transmitirla a terceros.

◊ **Cookies**. Son pequeños archivos de texto que el navegador almacena y clasifica. Almacenan información sobre una página web. Se convierten en un riesgo en el momento en que son utilizadas como elementos de rastreo por parte de empresas de publicidad.

◊ **Jokes** (bromas). Es un malware que se limita a asustar al usuario. Utiliza mensajes que advierten del borrado del disco duro o que se enviará información personal a través de Internet, por ejemplo. No realizan acciones dañinas sobre los sistemas infectados.

◊ **Hoaxes** (bulos). Mediante técnicas de ingeniería social, estos mensajes consiguen engañar a los usuarios sobre amenazas no reales: una estafa, virus, una amenaza de seguridad, etcétera.

♦ **Software malicioso dañino**.

Este tipo de software representa una amenaza real contra la seguridad de los sistemas de información. Acciones como la obtención de información, modificación o eliminación de información almacenada y amenazas a los usuarios con el fin de lograr un beneficio económico son escenarios habituales. Algunas variedades de este tipo de malware son:

◊ **Ransomware** (Ransom software, software con petición de rescate). Este tipo de malware impide el acceso o restringe el acceso a un sistema, prometiendo liberar los recursos una vez satisfecho un rescate. Existen dos tipos de ransomware:

✦ Aquel que bloque el acceso o el uso del sistema, manipulando su sistema operativo y muestra el texto con la petición, esto es, la pantalla de bloqueo.

✦ Aquel que cifra el sistema de fichero de datos del usuario, que también puede ser el de la red local de una empresa, ofreciendo la posibilidad de descifrado después del pago del rescate. En este caso, la funcionalidad general del sistema no suele verse afectada.

Un ejemplo célebre de ransomware lo constituyó Cryptolocker, que se camuflaba en un correo electrónico procedente de una compañía conocida y con la que era más que posible tener relación (como, por ejemplo, Correos). Más recientemente, destaca el caso de las campañas del ya comentado Wannacry y NotPetya, así como de las familias de ransomware Ryuk, que deriva de la familia Hermes. Ryuk está involucrada en despliegues masivos en redes internas de empresas, lo que supone una amenaza severa a la continuidad del negocio. Además, está vinculada al troyano Emotet. Otra de las familias con actividad más reciente es Maze, especializada en extorsión en público, es decir, amenaza a las organizaciones con filtrar su información confidencial si no paga el rescate..

En la actualidad, el ransomware se presenta a través de varios vectores de ataque, entre ellos:

✦ Correos electrónicos de spam que contienen código dañino adjunto o al que se hace referencia a través de una URL.

✦ Exploits que explotan vulnerabilidades de los navegadores y sistemas operativos, los plugins de los navegadores que se activan al acceder a un sitio web infectado o a través de la publicidad insertada, muchas veces sin ni siquiera precisar la intervención del usuario.

✦ Explotando vulnerabilidades o adivinando contraseñas débiles en servidores web de acceso público. También existe software que permite espiar contraseñas en redes internas.

✦ Vulnerabilidades existentes en las herramientas de administración remota (en inglés Remote Access Tools, RAT). Estas vulnerabilidades se utilizan para acceder a sistemas que están sujetos a mantenimiento, lo que en muchas ocasiones significa que el atacante posee privilegios de acceso desde el principio.

Exploit. *Estructura de software o secuencia de acciones y comandos cuyo objetivo es aprovechar una vulnerabilidad de seguridad de un sistema para conseguir un comportamiento no deseado del mismo.*

✦ En ocasiones, tras una infección, el código dañino utiliza vulnerabilidades en el sistema operativo para hacerse pasar por un proceso legítimo y evitar la detección temprana.

De forma similar a los servicios de botnet disponibles para ataques de denegación de servicio distribuida (DDoS), en la actualidad ya existen ofertas de Ransomware-as-a-Service (RaaS). El usuario del servicio ya no tiene que ser un experto ni entender todos los detalles del vector de ataque, sino que puede utilizar un enfoque modular para crear variaciones de ransomware existente.

Habitualmente, los pagos de los rescates se realizan en criptomonedas, como bitcoin o ethereum, o a través de sitios webs anónimos en la red TOR (The Onion Router), lo que dificulta la persecución del delito.

Red TOR. *Red de comunicaciones distribuida de baja latencia y superpuesta sobre Internet. El encaminamiento de los mensajes intercambiados entre sus usuarios no revela su dirección IP, lo que prácticamente garantiza su anonimato manteniendo la integridad de la información que viaja por la red. También es conocida como web oscura o darknet.*

◊ **Rogueware** (Rogue software, falso software). Esta variedad de malware consigue hace creer al usuario, de forma errónea, que su sistema está infectado por algún virus y que la única forma de desinfectarlo es adquiriendo una solución antivirus por la que habrá que pagar una cantidad de dinero. En ocasiones, se indica al usuario que la única forma de eliminar el virus ficticio del equipo es descargar una solución antivirus entrando en un enlace que se visualiza por pantalla. Al descargar ese supuesto antivirus, se podría estar dando el control total a un atacante remoto, que podría ver todo lo que visualiza por pantalla la víctima o darle acceso a su disco duro o a la red empresarial.

◊ **Password stealer** (Ladrón de contraseñas). Los navegadores son la herramienta más utilizada para casi todo tipo de operaciones relacionadas con Internet, desde la navegación hasta la creación de cuentas de correo web o cuentas de redes sociales. Existen algunos tipos de malware que se aprovechan de esta situación y modifican el navegador para que capture y envíe las contraseñas cuando la víctima las introduce, obteniendo los datos de sesión.

◊ **Ataques de suplantación** (en inglés se conocen generalmente como spoofing). El objetivo es interceptar una comunicación de la víctima para apropiarse de sus credenciales, para redirigirse a algún sitio web de la conveniencia del atacante o para monitorizar su actividad. Algunas modalidades son MAC spoofing (suplantación de la dirección MAC), IP spoofing, Web spoofing y DNS spoofing.

◊ **Hijacking** (apropiación, secuestro). Son ataques que intentan engañar al sistema de la víctima para ingresar al mismo. Pueden llegar a modificar configuraciones de programas (por ejemplo el navegador) para obtener un beneficio como el de lograr más visitas a una web que, habitualmente, contendrá publicidad.

Existe una variedad de este ataque, denominado IP Splicing-Hijacking, que consiste en interceptar (o secuestrar) una sesión ya establecida. El atacante espera a que la víctima se identifique en un sistema y procede a suplantarlo como usuario autorizado.

◊ **Bombas lógicas**. Este tipo de malware se ejecuta cuando se cumple alguna condición, como que una fecha concreta, que se cambie algún dato en una base de datos o que se modifique un archivo del disco.

◊ **Rootkits**. Se trata de herramientas cuya principal misión es la de ocultar la actividad de un atacante, tanto a los usuarios como a los administradores de seguridad o de los sistemas afectados. Además, pueden ir acompañadas de otras funcionalidades como puertas traseras o keylogger.

Comprender el funcionamiento de un rootkit puede aportar conocimiento de gran utilidad para detectar la presencia de elementos indeseados en una organización.

◊ **Keyloggers y puertas traseras**. Tipo de malware enormemente peligroso. Han sido explicados en el apartado de los troyanos.

◊ **Inyección de código**. Este tipo de malware trata de inyectar código en servicios y aplicaciones web, sobre todo a través de formularios, APIs y entornos de ejecución. Algunos ejemplos son:

✦ Inyección de LDAP. El código malicioso intentará modificar cadenas de entrada en lenguaje de filtros LDAP para manipular el funcionamiento de la aplicación web.

✦ Inyección de SQL (en inglés SQL Injection). Exactamente como en el caso anterior, pero modificando cadenas de entrada en consultas realizadas a bases de datos en lenguaje SQL.

✦ Cross-Site Scripting (XSS). Este ataque intentará inyectar código malicioso Javascript o Visual Basic Script en foros, chats, redes sociales, etcétera. Cualquier usuario de esos canales podrá ser infectado a través del navegador.

3. Técnicas de ataque que utilizan el código malicioso

3.1. El spam

Uno de los vectores más utilizados para la expansión del código malicioso es el correo electrónico; se trata del conocidísimo spam. El 3 de mayo de 1978, 392 miembros de la red Arpanet (la red precursora de la actual Internet) recibieron el mismo correo electrónico en el que se ofrecía la venta de un ordenador. Esta fecha se considera el nacimiento del correo basura o spam, contracción de la expresión estadounidense spiced ham utilizada por una empresa del sector alimentario para uno de sus productos y que el grupo humorístico Monty Python popularizó en televisión como sinónimo de algo que no se quiere, pero que está en todas partes de forma inevitable.

Ese primer correo ya contenía los elementos básicos de este tipo de ataque: el envío de una información de forma indiscriminada sin haber sido solicitada por el usuario. Otro aspecto fundamental del correo no deseado es su carácter de envío masivo. Se sabe que aquel empleado de la compañía que ofrecía el ordenador formaba parte del departamento de marketing y que tuvo que escribir a mano todas las direcciones de los destinatarios, debido a que los programas de correo electrónico de la época eran bastante rudimentarios. También es conocido que parte de los destinatarios protestaron por el envío y que las autoridades amonestaron a la empresa.

Desde entonces el spam ha cambiado mucho. Hoy en día el envío de correo basura forma parte del cibercrimen. El correo masivo se envía desde redes de ordenadores zombies (botnets) compuestas por millones de equipos a lo largo de todo el mundo. Puesto que los proveedores de servicios de Internet (Internet Service Providers, ISPs) vigilan el envío masivo de correos, los spammers alquilan redes a los cibercriminales para enviar correos sin necesidad de infraestructura, evitando el acoso del ISP y, sobre todo, burlando los filtros anti-spam.

Aunque la tecnología ha cambiado, el contenido de los mensajes no lo ha hecho tanto: anuncios de productos milagro, ocasiones de negocios únicos, campañas de recogida de dinero o páginas de contenido sexual siguen siendo los ejemplos más abundantes.

En sus comienzos y en sus primeros desarrollos, la recepción de correo no deseado suponía tanto una molestia y una pérdida de tiempo para los usuarios como un gasto para las organizaciones como, por ejemplo, en ancho de banda o en adquisición de soluciones anti-spam y de seguridad. Una de las botnets más conocida es Necurs, considerada como la mayor remitente de mensajes de correo basura. Suele utilizarse para el envío de spam convencional, promoviendo sitios de citas rusos con campañas más pequeñas que intentaron manipular el precio de las acciones.

En los últimos años han aparecido nuevas modalidades de ataques que hacen uso del envío masivo de correos para lograr sus objetivos con ayuda del usuario. Se trata de las técnicas de suplantación de identidad que utilizan la ingeniería social para lograr sus objetivos: phishing, SMiShing, baiting, etcétera.

Es fácil ver la conexión entre el envío masivo de correos y la utilización de técnicas de ingeniería social con el objetivo de engañar masivamente mediante la suplantación de la identidad.

La ingeniería social consiste en la manipulación de las personas para que, de forma voluntaria, realicen acciones que de otro modo no realizarían. Aunque parece muy sencilla es muy efectiva, probablemente debido al deseo de ayudar del ser humano.

En la práctica, un atacante intentará engañar fingiendo ser otra persona, desde un compañero de trabajo a un empleado de otra compañía, con la finalidad de obtener información que podrá conducir a un fraude, una intrusión en una red, casos de espionaje industrial, etcétera. En este escenario aparece el concepto de Phishing y sus variantes como el Spear phishing, Pharming, Watering hole, Whaling, SMiShing, o Baiting.

Otras técnicas que emplean el código malicioso para la realización de ataques son las amenazas persistentes avanzadas (APT) y el cryptojacking.

3.2. Phishing

Es una técnica que consiste en la suplantación de identidad de una persona o entidad con el objetivo de obtener datos confidenciales de forma ilícita a través de correos electrónicos principalmente, pero también pueden utilizar mensajería al teléfono móvil o las redes sociales. Se considera un tipo de ataque que utiliza técnicas de ingeniería social para atacar a usuarios finales y es muy utilizado como primer paso en un ciberataque. El uso conjunto de técnicas de spam con las de phishing para que un usuario ejecute un archivo adjunto o bien acceda a una URL –casi siempre maliciosa–, constituye uno de los intentos más habituales para introducir código dañino en el equipo de la víctima

También se considera phishing al ataque que recibe un sitio web legítimo para alojar una página fraudulenta. Son ataques muy centrados en entidades bancarias y tiendas online.

En los últimos años se ha observado un cambio de tendencia: se está pasando de comprometer al consumidor a la organización. El motivo está impulsado por los beneficios; los datos empresariales se pueden aprovechar de formas más rentable en comparación con los del usuario (extorsión, venta de datos en mercados clandestinos, etcétera.

El phishing continúa siendo el principal método utilizado por los ciberdelincuentes para comprometer a las organizaciones. En 2024, las soluciones de Kaspersky bloquearon cerca de 893 millones de intentos de phishing, un aumento del 26% respecto al año anterior. Según Hornetsecurity, más del 43% de los ataques por correo electrónico correspondieron a campañas de phishing, y el uso de enlaces maliciosos se triplicó entre 2022 y 2023. Además, el 75% de los ataques por correo electrónico y el 89% de los ataques vía navegador fueron de tipo phishing, según Perception Point. A pesar de la concienciación, el 68% de los empleados aún realiza acciones de riesgo, como abrir enlaces sospechosos, lo que ha contribuido a que el 71% de las organizaciones sufrieran al menos un ataque exitoso en el último año.

3.3. Spear phishing

El objetivo a engañar es un individuo concreto o un empleado específico de una compañía seleccionada. Se utiliza en ataques a empresas, bancos o personas influyentes con acceso a información relevante y es uno de los métodos de ataque más utilizados en campañas de APT (según un informe del 2025, paroximadamente el 72% de los ataque APT emplean spear phishing como vector inicial). Los ciberdelincuentes recopilan información sobre la víctima para hacerse con su confianza. Esta técnica de ataque suele basarse en un correo electrónico muy bien elaborado, lo que lo hace muy difícil de distinguir de uno legítimo, por lo que es más factible engañar a la víctima.

3.4. Pharming

Se trata de un método de ataque similar al phishing, pero sin la necesidad de que el cliente pulse en un enlace fraudulento. La víctima será dirigida automáticamente al sitio web ilegítimo. Esto es posible gracias a la modificación de la información que proporcionan los servidores de servicios de nombres de dominio de Internet, los conocidos servidores DNS (Domain Name System), que traducen los nombres de dominio a las direcciones IP.

3.5. Watering hole

El atacante infecta con malware sitios web de tercero muy utilizados por usuarios de una organización, que se infectarán cuando accedan a ellos. Es un ataque altamente efectivo, ya que con la infección de un único sitio web es posible lograr que miles de usuarios descarguen el código malicioso. El éxito se multiplica si se trata de vulnerabilidades 0-day (o Zero-day).

3.6.   Whaling

En este caso, el ataque se dirige a personas muy relevantes en sus organizaciones, la alta Dirección. Las solicitudes de información contenidas en el ataque están más adaptadas a la persona concreta; pueden incluir quejas de clientes, citaciones, solicitudes de transferencias u otras transacciones financieras. La víctima puede verse forzada a revelar información confidencial del sistema u otros datos muy valiosos.

3.7.   SMiShing

Consiste en ataques basados en la distribución de enlaces maliciosos a través de mensajes SMS o de las aplicaciones de mensajería en dispositivos móviles, como es el caso de Whataspp. Como en el caso del phishing, incluyen mensajes sugerentes y atractivos que incitan al usuario a pulsar sobre el enlace. Hasta la fecha, una de las campañas de smishing más significativas corresponde al grupo conocido como Smishing Triad, activo desde 2023. Este colectivo ha enviado mensajes masivos que simulan ser de entidades oficiales (bancos, servicios de paquetería, administraciones), dirigiendo a las víctimas a dominios falsos (más de 200.000 utilizados en más de 121 países) para robar información personal y añadir datos a wallets digitales como ApplePay o GoogleWallet.

3.8.   Baiting

En este caso, los atacantes distribuyen dispositivos infectados con software malicioso (CDs, DVDs o memorias USB) con el objetivo de que la víctima los reproduzca en sus equipos instalando un software que proporcionará datos personales a los atacantes. En los inicios de esta técnica, los dispositivos infectados se abandonan en lugares de mucha afluencia para que cualquiera pudiese cogerlos.

En 2023, se descubrió una campaña de baiting físico protagonizada por el grupo de espionaje vinculado a China conocido como UNC53. La estrategia consistió en dejar USB infectados en organizaciones multinacionales. Cuando alguien recogía el dispositivo y lo conectaba a un ordenador, automáticamente ejecutaba un archivo malicioso que desplegaba el troyano Sogu/PlugX, instalando malware que permitía reconocer la red, exfiltrar datos y persistir en sistemas, incluso en máquinas air-gapped.

 *Vulnerabilidades de tipo 0-day. Son vulnerabilidades que no disponen de soluciones que las neutralicen al desconocerse por el fabricante.*

3.9. Amenazas persistentes avanzadas (APT)

Hay que destacar la consolidación en los últimos años de una categoría de amenazas: las amenazas persistentes avanzadas, en inglés Advanced Persistent Threats, APT.

Se trata de ciberataques dirigidos a instituciones y organizaciones concretas, persiguiendo obtener acceso a largo plazo a una red, lograr un filtrado de información y propagar el ataque a otros sistemas. Las APT utilizan las técnicas más sofisticadas para lograr sus objetivos y evitar las contramedidas.

Utilizan el código malicioso, que colocan en los servidores web o en los servidores de actualizaciones de los fabricantes de software, de forma que cuando los usuarios descargan e instalan los programas también ejecutan un programa dañino que, posteriormente, podrá descargar módulos adicionales. Es un método muy eficiente para los atacantes; las víctimas instalan el malware sin ser conscientes y su alcance puede ser muy elevado, dependiendo del tipo de malware. No obstante, este riesgo puede ser mitigado por los fabricantes de software, que han de proteger sus sitios web, firmar electrónicamente el software que ofrecen y almacenar las claves de firma en sistemas aislados y protegidos.

Algunos ejemplos recientes de ataques por secuestro de mecanismos de actualización son Shadowpad, NotPetya y CCleaner. Uno de los grupos que suele utilizar este mecanismo de ataque es APT10, como hizo en la campaña CloudHopper.

Los afectados rara vez son conocedores que son el objetivo de un ataque. Además, desconocen el origen, el alcance o la autoría del mismo.

Una vez definido el objetivo, los atacantes iniciarán una ofensiva en la que no importa el tiempo que se invierta. No suelen esperar un beneficio a corto plazo, sino que prefieren pasar desapercibidos mientras dura el ataque hasta que logran su objetivo. Nuevamente, los objetivos que persiguen suelen ser económicos (aplicando técnicas como el espionaje, fundamentalmente industrial, y el robo de propiedad intelectual), militares (revelación de información de seguridad, búsqueda de debilidades, etcétera), técnicos (hacerse con credenciales o con código fuente) o políticos (desestabilización geopolítica, debilitar misiones diplomáticas, campañas de noticias falsas, etcétera). Como puede deducirse, se trata de ataques que pueden afectar a sectores tan críticos como el gubernamental, el industrial, el financiero o el tecnológico.

Una fase posterior de las APT es el denominado movimiento lateral, durante el cual los atacantes extienden su influencia dentro de la red de la víctima, utilizando herramientas de administración legítimas (como es el caso de Microsoft PowerShell o Windows Management Instrumentation, WMI), logrando la apariencia de una operativa poco sospechosa. También se ha detectado el uso de herramientas públicas que, habitualmente, no se encuentran en las instalaciones estándar; es el caso de las herramientas Cobalt Strike, Powershell Empire o Koadic.

Se puede deducir que la protección contra las APT es compleja; obliga a adoptar un concepto de seguridad holístico que incluya alguna de las siguientes medidas:

❑ Utilizar autenticación de dos factores para correo web y redes privadas virtuales (en inglés Virtual Private Networks, VPN), como mecanismo de protección contra el phishing.

❑ Emplear directorios de lista negra para dificultar la ejecución inicial del código dañino de los archivos adjuntos en el correo o del navegador.

❑ Restringir la comunicación entre los clientes a funciones esenciales dificulta el movimiento lateral para los atacantes.

❑ El modelo de capas del Directorio Activo de Microsoft garantiza que los datos de acceso con privilegios elevados no se utilicen en sistemas con bajo privilegio, lo que exige a los atacantes un esfuerzo adicional para obtener datos de acceso con alto privilegio.

 **Red privada virtual (VPN).** *Tecnología de red que permite una extensión segura de la red de área local sobre una red pública como, por ejemplo, Internet. Un sistema en la red podrá enviar y recibir datos sobre redes públicas como si fuera una red privada con toda la seguridad, funcionalidades y políticas de gestión de esta última.*

Adicionalmente, los medios de comunicación rara vez informan de ataques que no tienen relevancia mediática, como son los de índole política. Sin embargo, reciben muy poca atención los ataques relativos a espionaje industrial. En líneas generales, la información que se publica no es representativa de todos los ataques que se producen.

Tabla que muestra los ataques APT más conocidos en los últimos años:

	APT17, es un grupo ubicado en China que realizó intrusiones de red contra entidades gubernamentales de EE.UU., la industria de Defensa y varias compañías del sector TIC.
2017	**APT28**. Realizó una campaña contra compañías de hostelería de, al menos, siete países europeos.
	APT33, este grupo estaba detrás del espionaje a empresas petroquímicas militares y de aviación comercial en EE.UU, Oriente Medio y Asia.

2018	**APT28**. Provocó una brecha de seguridad en el Comité Olímpico Internacional. También atacó al Departamento de Justicia de EE.UU.
	Syrian Electronic Army. Este grupo llevó a cabo ataques de desfiguración a distintos sitios web de información como BBC News, Associated Press, The Daily Telegraph o el Washington Post.
	Magecart. Grupo cibercriminal especializado en ataques a plataformas de comercio electrónico. En 2018 realizó ataques a British Airways y logró una brecha de seguridad en el sitio web de la empresa Ticketmaster.
2019	***Ocean Lotus***. Este grupo logró una brecha de seguridad en la web de la compañía Toyota en Australia, Vietnam, Tailandia y Japón.
	Sodinokibi (REvil, Sodin). Este grupo realizó ataques contra proveedores de servicios, logrando una brecha de seguridad que afectó a cientos de clínicas dentales.
	Ricochet Chollima (APT37, Group 123, Red Eyes, Reaper). Este grupo fue el responsable de los ataques Holiday Wiper y Operation Black Banner).
2020	**APT41**. Grupo chino que explotó vulnerabilidades en software empresarial para espiar empresas de sectores como telecomunicaciones, sanidad y educación.
	Lazarus Group. Lanzó ataques contra plataformas de criptomonedas, utilizando malware para robar grandes cantidades de fondos digitales.
2021	**Hafnium**. Grupo chino que explotó vulnerabilidades en Microsoft Exchange para acceder a correos de organizaciones gubernamentales y académicas.
	REvil (Sodinokibi). Atacó a proveedores de servicios gestionados (MSP) a través del software Kaseya, afectando a más de 1.500 empresas en todo el mundo
2022	**Lazarus Group** (APT38). Robó más de 600 millones de dólares en criptomonedas del puente Ronin (usado en Axie Infinity).
	TA428. Llevó a cabo campañas de espionaje dirigidas a organizaciones del sector defensa en Asia Central y Europa del Este.
2023	**Operation Triangulation**. Ataque sofisticado contra dispositivos iOS mediante exploits en iMessage sin necesidad de interacción del usuario.
	RedCurl. Grupo especializado en robo de información confidencial de empresas en sectores como construcción, minería y aviación.
2024	**APT29** (Cozy Bear). Atacó a partidos políticos en Alemania usando documentos PDF con malware para espiar a figuras clave.
	APT42 (Mint Sandstorm). Realizó campañas de phishing dirigidas a ONG, periodistas y académicos para espiar comunicaciones sensibles.

3.10. Cryptojacking

Es una de las amenazas más novedosas y se espera que se confirme como una de las más serias durante los próximos años.

Las acciones relacionadas con esta metodología persiguen obtener ingresos usando la capacidad de proceso de los ordenadores de las víctimas para el minado de criptomonedas, lo que se ha denominado cryptojacking.

Para monetizar el cryptojacking, los ciberdelincuentes apuntan a redes inalámbricas, sitios web, servidores cloud e incluso dispositivos IoT. En 2023, se registraron 332 millones de intentos de cryptojacking en la primera mitad del año, lo que representa un aumento del 399 % respecto a 2022. Un caso destacado es la botnet Smominru, que permaneció activa desde 2017 y aprovechó vulnerabilidades como EternalBlue para comprometer más de 526.000 sistemas Windows, minando Monero y generando más de 3,6 millones de dólares. Además, se documentó un crecimiento sustancial en ataques dirigidos a servidores cloud, con una creación masiva de cuentas basura y el uso de GitHub Actions para desplegar malware de minado.

Últimamente, se están registrando ataques que utilizan dispositivos IoT para extraer criptomonedas. Aunque los dispositivos móviles cuentan con una capacidad de computación limitada, la gran cantidad de dispositivos existente los convierte en un objetivo muy atractivo para el cryptojacking.

Además, se ha observado que las acciones de estos ciberdelincuentes siguen de cerca el flujo del dinero y la valoración de los precios del mercado de criptomonedas. Es más que probable que el uso creciente del cryptojacking obedezca al notable aumento del valor de muchas criptomonedas.

Por otro lado, además de los delincuentes hay casos en los que los actores internos pueden representan una amenaza cuando utilizan los sistemas de sus empleadores para criptominar en su propio beneficio personal. En estos casos, resulta habitual que los agentes de las amenazas intenten obtener el acceso a tantos sistemas como sea posible, infectándolos con malware criptográfico y haciéndolos parte de una botnet.

En los últimos meses, se está consolidando la tendencia en el aumento de ataques de cryptojacking al tiempo que disminuían los que utilizaban el ransomware, por lo que parece existir una relación entre ambas realidades: además de la invisibilidad del ataque, en el cryptojacking se consiguen beneficios sin que las víctimas tengan que hacer absolutamente nada (como, por ejemplo, pagar bitcoins a cambio de recuperar el acceso al sistema). El criptominado se realiza en segundo plano por lo que es muy difícil de detectar; aparte de una pequeña disminución en su rendimiento y, posiblemente, un aumento del consumo de energía, el comportamiento de los equipos infectados puede seguir percibiéndose como normal.

Aún es pronto, pero es posible estar asistiendo a una transición desde el ransomware tradicional al software dañino criptográfico, en función de si continúan al alza los tipos de cambio de las criptomonedas o si aumenta la disposición a pagar pagos de rescate.

4. Medidas de protección contra el código malicioso

Queda claro que el malware ya no se limita solo a ordenadores: afecta profundamente a móviles, tablets, televisores inteligentes y todo tipo de dispositivos del Internet de las Cosas (IoT). En 2024 y comienzos de 2025 han proliferado botnets como BadBox 2.0, que infectó más de 1 millón de dispositivos Android TV, y Eleven11bot, reedición moderna de Mirai, que comprometió unas 30.000 cámaras y video grabadores en todo el mundo para lanzar ataques DDoS de hasta 6,5 Tbps. Estos casos demuestran que los ciberdelincuentes están refinando constantemente sus capacidades en IoT y que el aumento imparable de dispositivos conectados amplía enormemente la superficie de ataque.

Las tácticas de distribución masiva de malware también han evolucionado. Desde 2018, herramientas como Emotet han añadido módulos para spam, robo de credenciales, descarga de ransomware (Quantum/BlackCat), ataques DDoS y detección de sandbox. Además, 2024 ha visto un resurgimiento de campañas con exploits en infraestructuras cloud y servidores, mientras se aprovechan viejas vulnerabilidades (EternalBlue, Log4Shell) que muchas organizaciones aún no han parcheado.

Aunque las empresas saben que la aplicación de medidas básicas (actualización de sistemas, autenticación robusta, controles de acceso) puede prevenir el 90% de ataques comunes, la realidad es que siguen ocurriendo incidentes dañinos —como los ataques WannaCry o BadRabbit en su momento— debido a parches no implementados y prácticas de seguridad laxas.

Sandbox. *Sistema diseñado para la ejecución de aplicaciones en entornos virtuales aislados y controlados, principalmente para el análisis y detección de malware.*

Casi todos somos ya conscientes de la importancia de utilizar algún mecanismo que nos proteja contra las acciones de personas no autorizadas. Pese a que puede decirse que todos conocen la existencia de los antivirus y tienen uno instalado en sus equipos, no es universalmente aceptado que es vital mantenerlos actualizados o de que existen otros mecanismos que contribuyen a mejorar la seguridad.

Muchos usuarios aún piensan que con tener el navegador actualizado a la última versión es suficiente, pero no es así, ya que los plugins, complementos y extensiones que utilizan también deben actualizarse, y en muchos casos, de forma manual.

Los informes de seguridad y de uso de las herramientas de acceso a Internet siguen mostrando que únicamente un porcentaje mínimo de los usuarios aplica actualizaciones y parches de seguridad de Java en los tres primeros meses de la aplicación y alrededor del 60% de los usuarios nunca tiene la versión de Java actualizada a la última versión. Otro informe, este del proveedor de servicios de navegación segura Truster, afirmaba que dos semanas después de que la empresa Adobe publicara un parche crítico para sus productos Flash y Acrobat Reader casi el 80% de los usuarios no la habían aplicado aún y se habían convertido en vulnerables. Estos datos dejan claro que es preciso establecer mecanismos que protejan a los equipos informáticos y a los no informáticos contra los efectos del malware. La eficiencia de muchos ciberataques depende de la existencia de vulnerabilidades en los sistemas atacados. Las prácticas de gestión de vulnerabilidades deberían formar parte de las estrategias de defensa.

La ausencia de medidas se seguridad se extiende a los dispositivos móviles. Los proveedores de teléfonos con sistema operativo Android tardan bastante en la implementación de medidas de seguridad, lo que obliga a las organizaciones a establecer acuerdos corporativos con los fabricantes para no correr el riesgo de que el dispositivo quede obsoleto tan pronto como se ponga en uso.

La imparable interconexión de los sistemas y su creciente complejidad hacen más difícil alcanzar una infraestructura digital robusta. Además, el creciente uso de sistemas y servicios en la nube, así como la utilización de servicios compartidos, dificulta contar con una visión general de la infraestructura utilizada.

Hay que añadir a todo lo anterior la escasa importancia que, con frecuencia, se concede al desarrollo de software seguro o a la utilización de versiones actualizadas de software. Algunos protocolos tienen décadas de antigüedad y se ha demostrado que no pueden resistir algunos ciberataques realizados con técnicas sofisticadas. Se están adoptando muy lentamente las versiones mejoradas de estándares de Internet como es el caso de IPv6 o https, por lo que la utilización de sus versiones anteriores –IPv4 y http– sigue siendo un problema latente.

El hecho de que los ciberataques permanezcan sin ser detectados durante mucho tiempo puede ser evidencia de que las medidas básicas no están correctamente implementadas. Una reciente investigación llevada a cabo por el periódico neerlandés De Telegraaf revelaba que las empresas, los gobiernos y las organizaciones europeas solo descubren que han sido víctimas de un ataque meses después.

 **Plugin**. *Es una aplicación que interactúa con otra proporcionándole una funcionalidad nueva, habitualmente de carácter muy específico.*

En la actualidad existe una gran variedad de herramientas desarrolladas con esta finalidad y conviene conocer cómo funcionan y en qué casos se deben utilizar. Según su momento de actuación, distinguimos dos grupos de medidas contra el código malicioso:

1. Medidas preventivas, que tratan de evitar infecciones por malware.

2. Medidas paliativas o correctoras, que minimizan el impacto producido por una infección.

5. Medidas preventivas

Las medidas preventivas contra el malware, también denominadas medidas de seguridad activa, están constituidas por el conjunto de acciones que los usuarios realizan para evitar infecciones.

Pese a que resulta del todo imposible que un equipo esté protegido de manera completa frente al código malicioso, proporcionan un nivel razonable de seguridad.

Cuando se habla de seguridad activa en general, nos referimos a técnicas que detectan y previenen un incidente de seguridad. Además, este término abarca no únicamente las medidas que previenen contra incidentes de seguridad relacionados con el malware, sino también medidas que previenen contra otras amenazas como accesos no autorizados, la utilización inadecuada de recursos del sistema o la fuga de datos. En este punto intervienen las herramientas que evitan que los sistemas se infecten con malware como los sistemas antivirus, antispyware o antirootkit y que se suelen denominar herramientas antimalware.

Las organizaciones deben estimar los riesgos que surgen de los posibles ciberataques y extrapolar su impacto. Al tomar en cuenta unas pérdidas potenciales, reducirán la superficie de ataque y ayudarán a los usuarios finales a proteger sus activos. Este enfoque mejorará la confianza del usuario y eliminará las barreras para el despliegue de inversión en tecnología, más en momentos de presupuestos ajustados.

Un punto importante –y que a veces queda relegado– es la formación. Potenciar la formación y la capacitación del personal en materia de seguridad de la información, así como desarrollar condiciones de empleo que permitan la atracción y la retención del talento puede resultar crucial como medida preventiva.

También es muy importante mejorar e impulsar el intercambio de información sobre ciberseguridad e incidentes, sobre todo en relación con los patrones de detección de código malicioso en cualquier formato (Indicadores de Compromiso (IOC), Listas negras, reglas YARA, reglas SIGMA, etcétera).

El cibercrimen evoluciona hacia la profesionalización. Los ciberdelincuentes combinan sus habilidades para aumentar la automatización y la eficiencia de los vectores de ataque. Los defensores han de entender estos desarrollos, capacitarse y proporcionar nuevos métodos de detección.

6. Medidas paliativas

Las medidas de seguridad paliativas -también denominadas correctoras- contra el código malicioso constituyen todo el conjunto de acciones que se llevarán a cabo para eliminar malware que ha conseguido infectar al sistema.

A este tipo de medidas también se las suele denominar como medidas de seguridad pasiva, aunque es preciso puntualizar que no todas las medidas de seguridad pasiva son medidas correctoras. Seguridad pasiva es un término más amplio, que abarca todo el conjunto de técnicas que permiten solucionar un incidente de seguridad que se ha producido. Por lo tanto, seguridad pasiva no hace referencia únicamente a las medidas que corrigen incidentes de seguridad relacionados con el malware sino también a otras medidas como la corrección de pérdidas de la información, ya sean accidentales o no (borrado de datos, discos dañados o rotos, etcétera).

Algunas medidas de seguridad paliativas son las copias de seguridad, el software congelador (en inglés *freezer*), el uso de sistemas de almacenamiento tolerantes a fallos, como por ejemplos los sistemas en RAID (Conjunto redundante de discos independientes, en inglés *Redundant Array of Independent Disks*), las herramientas de recuperación de datos borrados o los sistemas de prevención de pérdida de datos (en inglés *Data Loss Prevention*, DLP).

No existe una solución mágica ante una infección provocada por código malicioso. Por ello, habrá de estudiarse la gravedad y el alcance de la infección en cada caso para decidirse por una opción u otra.

Dadas las características cambiantes de este tipo de amenazas, es vital el estar informado de las últimas así como de la forma más conveniente de abordar la desinfección. Se propone la suscripción a listas de distribución de seguridad (como, por ejemplo, la conocida "Una al día", servicio ofrecido por la empresa Hispasec, en www.unaaldia.hispasec.com) o estar en contacto con los sitios web de los centros de respuesta ante amenazas, los CERT o CSIRT (es el caso de CCN-CERT o de INCIBE-CERT).

Software congelador. *Es un tipo de software que cuando se instala permite congelar el estado del equipo en un momento determinado, con la configuración y contenidos exactos que el equipo tenía en ese momento. Cada vez que se inicie el equipo, estará en el mismo estado en el que quedó congelado.*

RAID. *Es un sistema de almacenamiento de datos que utiliza múltiples unidades entre las que se distribuyen o replican dichos datos. Proporciona características como mayor capacidad, integridad, tolerancia a fallos y mayor rendimiento que las soluciones de única unidad.*

CERT. *Acrónimo que corresponde a Computer Emergency Response Team, Equipo de respuesta a emergencias informáticas. Este equipo es un centro de respuesta a incidentes de seguridad en tecnologías de la información. Están compuestos por un grupo de expertos en seguridad y responsables del desarrollo de medidas preventivas y reactivas ante dichos incidentes.*

CSIRTs. *Acrónimo de Computer Security and Incident Response Team, Equipo de respuesta a incidentes de seguridad informática. Es la denominación más utilizada en Europa para hacer referencia a los equipos de respuesta a incidentes de seguridad informática.*

7. Sistemas de detección y contención de código malicioso

Existe un numeroso grupo de herramientas de detección de malware basadas tanto en software libre (chkrootkit, Rootkit hunter, ClamAV o Linux Malware Detect, LMD) como en software comercial. En cualquiera de los casos, ante un ataque de código malicioso podremos contar con más garantías de detectarlo e, incluso, pararlo si contamos con soluciones sofisticadas y robustas. Su despliegue en una organización no garantiza el éxito total pero sí ayudará a acotar de forma inmediata el ataque.

Se pueden citar los siguientes sistemas para detener y contener código malicioso:

❑ **Sistemas anti-spam.** Debido a que el usuario de correo electrónico prefiere contar con la seguridad de que recibe todos los correos que se le envían (deseados y no deseados), el fundamento de las soluciones anti-spam consiste en saber cómo diferenciar los correos buenos de correos no deseados. Pese a la gran mejoría en la detección, siguen produciéndose errores que permiten la entrada de correo no deseado, así como la pérdida de correos que son catalogados como spam.

La detección del correo no deseado suele basarse en la aplicación de técnicas como la detección de palabras, el análisis heurístico y la comparación con firmas de spam conocidas. Estas técnicas son precisas cuando se logra una sintonía entre los filtros del software y los ajustes de uso que el usuario realice sobre el correo que recibe. Algunos de estos ajustes pueden ser:

♦ Evitar responder al spam. Es habitual que los spammers soliciten respuestas a sus mensajes con el objetivo de confirmar que la dirección de correo es correcta.

◆ Desactivar el código HTML en el correo electrónico. La característica de mostrar código HTML, URLs e imágenes puede exponer al usuario a ataques de spam escrito en código HTML o mediante el envío de imágenes spam. El spam escrito en HTML puede facilitar a los spammers la verificación de que la dirección de correo es correcta, así como que el mensaje se ha saltado los filtros anti-spam. Los clientes de correo electrónico que no muestran código HTML, imágenes o archivos adjuntos de forma automática tienen menos riesgo de recibir correo no deseado.

◆ Disponer de varias cuentas de correo electrónico. Es una forma de mitigar el riesgo de spam, pues en aquellos sitios web que soliciten la introducción de una dirección de correo, podría facilitarse una cuenta temporal que el usuario gestionaría habilitando y deshabilitando a voluntad, en función de una fecha, de un número máximo de mensajes recibidos, etcétera.

Este tipo de productos se presenta tanto en formato de equipo dedicado o Appliance (hardware provisto de firmware dedicado y software), como en formato software, que se instala en un sistema de ficheros proporcionado por un sistema operativo. En ocasiones pueden ir acompañados de software instalable en un equipo informático estándar que sirva para realizar funciones de control y administración del dispositivo.

Es absolutamente imprescindible denunciar la recepción de correo no deseado. Lamentablemente, localizar al spammer no es una tarea fácil, pese a la existencia de algunas herramientas en línea que ayudan.

Por suerte, desde hace unos años se produjo una involucración muy alta por parte de los Proveedores de Servicios de Internet (ISPs). La detección de spammers y su inclusión en las denominadas listas negras (blacklist) ayudó a reducir el correo no deseado recibido. Eso sí, también se han producido errores y algunas direcciones IP aparecieron dentro de esas listas con el resultado de dejar de recibir correos válidos, así como ser denunciadas. Para solventar estos errores se crearon las listas grises (greylist) que exigen un reenvío del correo que inicialmente fue catalogado como spam. Por último, aquellas direcciones o entidades autorizadas para entrar en un sistema se incluyen en las listas blancas (whitelist).

Probablemente, la más famosa de este tipo de listas es la lista Robinson, que recoge a todas aquellas personas y organizaciones que no desean recibir publicidad no solicitada tanto en formato de correo postal, electrónico, mensajes SMS, teléfono o fax.

❏ **Sistemas antivirus.** Los virus informáticos son partes de código de una aplicación software que tienen una finalidad dañina. En general, están diseñados para replicarse y extenderse dentro de un sistema informático.

Un antivirus es, tal vez, la medida de protección más conocida entre los usuarios. Se trata de un programa desarrollado para la prevención, detección y desinfección de virus informáticos. Persiguen, por tanto, una doble finalidad:

♦ Permite evitar infecciones por malware.

♦ Sirve para desinfectar los equipos afectados. Para ello, detecta ataques realizados por programas maliciosos y, en muchos casos, los elimina.

La aparición de nuevas amenazas ha hecho que los antivirus hayan evolucionado extendiendo sus capacidades y sean capaces de reconocer otros tipos de malware, como, por ejemplo, spyware o rootkits. Por ello, la visión tradicional del antivirus ya no es de utilidad. Hoy es más común hablar de plataformas de protección del dispositivo o punto final (en inglés *Endpoint Protection Platform*, EPP). Un enpoint puede ser cualquier equipo de escritorio, ordenador portátil, teléfono, tableta, servidor y dispositivo IoT.

Dado que una solución EPP es una suma de varios programas de seguridad, suele ofrecer antivirus, antispyware, antirootkit, antiphishing, anti-spam, cortafuegos, herramientas de control y protección al navegar como filtros de contenido o control parental. Actualmente se pueden encontrar algunas soluciones de seguridad que ofrecen, además de estos contenidos, otros complementarios como pueden ser el cifrado de datos, la creación de copias de seguridad, servicios de virtualización, la prevención de pérdida de datos (DLP), etcétera.

Todos estos servicios adicionales pueden resultar útiles, pues posibilitan centralizar muchas tareas en una única solución de software, aunque, seguramente, los usuarios avanzados prefieran utilizar herramientas específicas para llevar a cabo dichas tareas.

Este tipo de productos se suele presentar en formato software que se instala en un sistema de ficheros proporcionado por un sistema operativo. Se ejecutan en una plataforma que puede ser el sistema operativo, un entorno de ejecución o una combinación de los anteriores.

Debido a que los sistemas antivirus/EPP no aportan una protección completa, ha surgido una nueva categoría de aplicaciones denominadas Detección y Respuesta en el dispositivo final (en inglés *Endpoint Detection and Response*, EDR) que añaden características de seguridad enfocadas a detectar y bloquear el malware desconocido.

Originalmente, un sistema EDR se utilizaba para monitorizar y observar la ejecución de procesos. Su evolución ha hecho que estos sistemas abarquen parte de las características de las soluciones EPP e incorporen funcionalidades de respuesta a incidentes, avanzando hacia una nueva categoría de soluciones denominada Next Generation Endpoint Protection Platform (NGEPP).

Es importante resaltar que, cada vez más, las soluciones antivirus se apoyan en las posibilidades que ofrece la nube, ofertando sus servicios en la modalidad que se ha venido a denominar informática en la nube, servicios en la nube o computación en la nube (en inglés *Cloud Computing*). Cuando el sistema antivirus detecta una amenaza, envía un informe a los servidores de la empresa creadora del antivirus. Así, todos los equipos que tengan instalada esa solución, cuando accedan a la nube del proveedor de la solución antivirus, podrán conocer cómo actuar ante esa amenaza. Con ello, por un lado, las actualizaciones de amenazas y firmas de malware pueden ser muy rápidas y, por otro, se pueden instalar en la nube ficheros con las firmas y agilizar el funcionamiento de los equipos que utilicen el servicio. El inconveniente que presenta esta modalidad es que, lógicamente, si los equipos no están conectados a Internet y no pueden acceder a la nube, su efectividad se reduce enormemente. Asimismo, es importante conocer que el acceso a servicios en la nube no está exento de riesgos de seguridad que es necesario contemplar y combatir.

 **Computación en la nube (Cloud Computing)**. *Es un modelo de negocio que permite ofrecer servicios de computación a través de Internet. Los servicios en la nube consisten en la disposición de software, plataformas o infraestructuras accesibles en red, con independencia de dónde se encuentren alojados los sistemas de información y de forma transparente al usuario final.*

Debido a la rápida y extendida adopción del modelo de computación en la nube, ha habido que adaptarse y reaccionar a las amenazas existentes en dicho modelo. Para ello han aparecido una serie de productos, denominadas herramientas CASB (*Cloud Access Security Broker*, Intermediario de seguridad de acceso a la nube) que se utilizan para minimizar las amenazas de seguridad. Representan un punto central en el que la organización puede implementar políticas de seguridad que regularán el uso que usuarios y dispositivos hagan de las aplicaciones y servicios ofrecidos en la nube. El objetivo es evitar fugas de datos, la detección inmediata de anomalías, prevención en tiempo real y gestión segura de las cuentas de usuarios. Estas herramientas pueden integrarse con herramientas de seguridad como antivirus, cortafuegos, sistemas de correlación de eventos o de gestión de dispositivos móviles, entre otras.

Las soluciones de seguridad detectan el malware usando varias técnicas:

◆ Comparación con firmas. Se comparan los archivos sospechosos con una base de datos con las firmas de todo el malware conocido hasta la fecha. Estas bases de datos deben actualizarse periódicamente.

◆ Métodos heurísticos. Este método permite detectar malware aunque no exista la firma correspondiente en la base de datos de firmas. Es casi imposible disponer de una base de datos de firmas con información sobre todo el código malicioso, aunque se encuentre perfectamente actualizada. Para su detección, los motores antimalware de las suites soluciones de seguridad utilizan las siguientes técnicas:

♦ Firmas genéricas. No buscan una coincidencia exacta pero sí una similitud con una firma para, de esta manera, detectar mutaciones de virus.

♦ Desensamblado. Se obtiene el código en lenguaje ensamblador del malware y se estudia con posterioridad.

♦ Desempaquetado: algunos virus han sido empaquetados y comprimidos para evitar su detección. Los antivirus los desempaquetan y analizan.

 **Lenguaje ensamblador**. *Lenguaje de programación de bajo nivel para computadores, microprocesadores y circuitos integrados programables.*

A la hora de enfrentarse al código malicioso, este tipo de software utiliza una combinación de dos técnicas:

1. Protegiendo el sistema, en tiempo real, contra la instalación de código malicioso. Para ello, escanea todos los datos procedentes de la red en busca de malware y bloqueando todo lo que suponga una amenaza.

2. Detectando y eliminando código malicioso que ya ha sido instalado en el sistema. Para ello, escanean el contenido del registro de Windows, los archivos del sistema operativo, la memoria y los programas instalados.

La combinación de las modalidades preventiva y paliativa contribuiría tanto a la prevención como a la desinfección del software afectado.

Los usuarios a título individual suelen utilizar una solución de seguridad personal, de gestión individualizada. Suele contener una aplicación antivirus que se instala en un equipo o en una pequeña red doméstica. La solución actualiza periódicamente tanto su motor como su base de datos de firmas a través de Internet.

Sin embargo, este método no es aplicable a los entornos empresariales. Podría ocasionar un gran consumo de ancho de banda que todo su parque informático, de forma individual, buscase las actualizaciones.

Resulta más eficaz que exista un sistema que se descargue las actualizaciones y las distribuya a toda la organización. Puesto que el sistema y los puestos de usuario forman parte de la misma red, la distribución será más rápida. Esta es la filosofía de trabajo de la gran mayoría de plataformas de seguridad de gestión centralizada. Además, el sistema que realiza la distribución suele disponer de los informes y alertas de infección y detección del resto de equipos de la organización.

Así, un administrador de seguridad puede contar con un sistema centralizado, tanto de distribuciones como de generación de informes y alertas. Podrá, igualmente, intervenir remotamente sobre aquellos equipos en los que se detectó una infección.

❑ **Sistemas cortafuegos.** Es uno de los elementos imprescindibles en cualquier entorno seguro. Son soluciones orientadas a la protección de interconexiones para permitir, limitar cifrar y descifrar el tráfico hacia o desde una red a la que protegen en base a un conjunto de normas y otros criterios establecidos por un usuario administrador. Estos dispositivos interconectan dos o más redes, de forma que todas las comunicaciones que se establezcan entre ellas pasen a través de ellos con objeto de examinar cada mensaje y bloquear aquellos que no cumplan con los criterios de seguridad especificados.

En este contexto, proporcionan las siguientes funciones básicas de seguridad:

◆ Protección frente al tráfico de red externo a la red que protegen limitando los paquetes entrantes en función de la política aplicada.

◆ Protección frente a los ataques internos.

◆ Restricción de acceso al exterior para elementos de la red interna. Únicamente se permite la salida a aquellos dispositivos o usuarios especificados en la política aplicada.

En general, este tipo de productos se presenta tanto en formato de equipo dedicado o *appliance* (hardware provisto de firmware dedicado y software) con las funcionalidades necesarias para cumplir su finalidad y acotadas al servicio específico que prestan. En ocasiones pueden ir acompañados de software instalable en un equipo informático estándar que sirva para realizar funciones de control y administración del dispositivo.

La implantación de cortafuegos es una estrategia de defensa basada en limitar los puntos críticos de entrada a aquello que hay que defender. En otras palabras, se trata de reducir la superficie de exposición o asegurar el perímetro. La complejidad de los servicios TIC no solo precisa la instalación de un equipo hardware o de un software para dotar de seguridad a una organización. Esta infraestructura debe gestionarse. De ahí que se definan arquitecturas de cortafuegos, políticas de control de acceso, estado de las conexiones, etcétera.

Aunque, de forma incomprensible, suelen ser dispositivos menospreciados afirmando que pueden ser fácilmente evadidos, una configuración adecuada junto a una buena política de seguridad ofrecerán un servicio de detección de código malicioso altamente eficiente y permitirán conocer no solo el origen y destino de los paquetes que forman una comunicación, sino que posibilitarán comprender la conexión a la que pertenecen los mismos y su estado (establecida, cerrada o en negociación). Esta información ayudará al cortafuegos a detectar numerosos ataques, pues gracias al conocimiento del estado de una comunicación es posible saber si un sistema está sufriendo un ataque de denegación de servicio (DoS), si se están utilizando paquetes fragmentados o si se trata de un ataque de suplantación de direcciones IP (IP spoofing). Por eso los sistemas cortafuegos se consideran la pieza clave de la seguridad perimetral.

El refuerzo de la seguridad perimetral de una organización podrá detectar conexiones sospechosas que puedan derivar de infecciones por código malicioso.

Los cortafuegos de alta gama que se encuentran hoy en día nada tienen que ver con los existentes años atrás. Las nuevas amenazas y el gran espectro de ataques a los que se exponen actualmente las organizaciones han obligado a los fabricantes de cortafuegos a implementar un gran número de contramedidas que refuercen su capacidad de filtrado.

Cualquier cortafuegos de esta gama dispondrá no únicamente de una tabla de estado que le permita conocer el origen y el destino de los paquetes que le lleguen (como ya hacía los cortafuegos filtradores de paquetes, en inglés Packet Filtering Firewalls), sino que tendrá capacidad para comprender la conexión a la que pertenecen los mismos. Un cortafuegos de filtrado de paquetes es, en esencia, un encaminador que opera en la capa 3 del modelo OSI y que utiliza listas de control de acceso (en inglés *Access Control Lists*, ACLs). Las decisiones para autorizar o impedir la entrada y salida del tráfico de red se basan en las direcciones origen y destino, el protocolo y el puerto.

Los cortafuegos de inspección de estado (en inglés, *Stateful InspectionFirewalls*) mantienen una base de datos donde se almacena el estado de las conexiones. Así, se permite conocer si una conexión se encuentra en estado establecida, cerrada o en negociación (en inglés *established*, *closed* o *negociated*).

Esta información ayudará al cortafuegos a detectar numerosos ataques, pues permite asociar cada paquete que lo atraviesa no únicamente a su puerto y dirección IP origen y destino, sino también a los indicadores que determinan el estado de las conexiones.

Gracias al estado de una conexión podremos saber si un sistema está sufriendo un ataque de denegación de servicio (DoS), si se están utilizando paquetes fragmentados, si se está utilizando la técnica de spoofing con paquetes IP, etcétera.

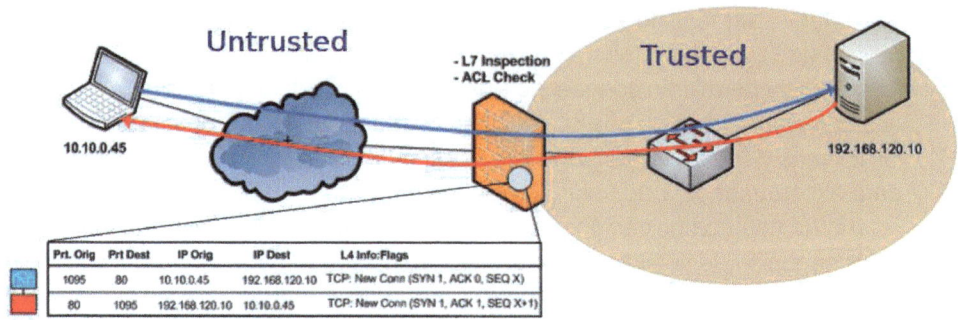

Imagen ejemplo del funcionamiento de un cortafuegos de estado.

En la imagen, el equipo con dirección IP 10.10.0.45 inició una conexión con el servidor con dirección IP 192.168.120.10. Como puede observarse, el cortafuegos conoce la información del puerto y dirección IP origen. Además, gracias a los indicadores de estado (flags) TCP, sabe que el equipo que inició la comunicación fue el que contaba con la dirección IP 10.10.0.45 (lo muestra el indicador SYN=1 y ACK=0). Se trata de una información muy valiosa para conocer tanto la dirección de la conexión como el estado de la misma. El estado permite identificar y seguir la pista a las sesiones que se establecen en las capas 4 y 5. Las reglas se cambian dinámicamente cuando se establece una conexión saliente, habilitando que los paquetes que han salido puedan retornar a la dirección IP que los envió. El resto del tráfico no podrá alcanzar el sistema origen, protegiéndolo así de las posibles amenazas.

Los cortafuegos a nivel de aplicación (*Application Firewalls*) combinan la funcionalidad del típico cortafuegos que opera en las capas más bajas del modelo OSI con características de inspección a nivel de las aplicaciones. De este modo, las decisiones sobre qué tráfico se permite o se deniega se pueden adoptar, por ejemplo, en función del comportamiento y contenido del tráfico que se dirige a un servidor web. En este caso, diríamos que se trata de un cortafuegos de aplicaciones web (Web Application Firewall, WAF). Este tipo de cortafuegos permite proteger a las aplicaciones web contra ataques como los de inyección SQL, Cross-Site Scripting (XSS) y falsificación de petición de sitios cruzados (Cross-Site Request Forgery, CSRF).

Otra tipología de cortafuegos es la conocida como Application-Proxy Gateway. Gestionan las comunicaciones entre sistemas, actuando como intermediarios a nivel de la capa de aplicación del modelo OSI. Un proxy permite reforzar la autenticación, el registro de información o el contenido de las reglas. Una de las ventajas de este tipo de cortafuegos es la potencial capacidad de detener una sesión cifrada, descodificar los datos, leerlos en modo texto, codificarlos y reiniciar la sesión cifrada al destinatario. Esta operación consume muchos recursos, por lo que los requisitos necesarios para obtener un buen rendimiento se constituyen en el principal inconveniente de estos dispositivos.

Los desarrolladores de código malicioso han logrado burlar la antigua clasificación del tráfico basada en puertos mediante la inclusión de técnicas de evasión en sus aplicaciones. Hoy en día, utilizan este código malicioso para infectar equipos que forman parte de una red y conseguir conectar sistemas infectados entre ellos. Este incremento en la sofisticación de las aplicaciones y del código malicioso provocaron la reacción de la industria mediante la creación de los denominados cortafuegos de próxima generación (en inglés *Next-Generation Firewalls*, NGFWs).

Esta generación de cortafuegos actúa como una plataforma destinada al refuerzo de la política de seguridad de la red y a la inspección del tráfico de red. Normalmente, cuentan con las siguientes funcionalidades:

♦ Capacidades estándar de los cortafuegos de la primera generación. Incluyen filtrado de paquetes, inspección de protocolos, traducción de direcciones de red (NAT), conectividad mediante VPNs, etcétera.

♦ Prevención de intrusiones integrada. Incluyen soporte para enfrenarse a vulnerabilidades, firmas de amenazas, sugerencia de reglas basadas en la actividad de un sistema IPS, etcétera.

♦ Cuentan con funcionalidades de servidor proxy dedicado, control de acceso a red (Network Access Control, NAC), gestión unificada de amenazas (Unified Threat Manament, UTM) y cortafuegos para infraestructuras virtuales.

♦ Identificación y visibilidad de toda la pila de la aplicación. Cuentan con la capacidad de reforzar la política a nivel de la capa de aplicación, independientemente del puerto y del protocolo.

♦ Inteligencia adicional. Disponen de la capacidad de conseguir información de fuentes externas para adoptar mejores decisiones como, por ejemplo, de listas blancas y listas negras, así como ser capaces de asociar tráfico a usuarios y grupos de un directorio activo.

♦ Adaptabilidad a un entorno moderno de amenazas. Soportan caminos de actualización para la integración de nuevos canales de información y nuevas técnicas para gestionar amenazas futuras.

 **Spoofing**. *Técnica de suplantación de ciertos aspectos de una conexión de red, generalmente con objetivos maliciosos.*

La utilidad de un cortafuegos puede concretarse de la siguiente manera:

♦ Por una parte, el conocimiento de la dirección del atacante permitirá configurar listas de control de acceso con las que se podría definir que interfaces del cortafuegos están autorizadas para recibir nuevas conexiones y de qué tipo.

♦ Por otra parte, el estado será muy útil, no únicamente para conocer información sobre el tipo de conexión sino para convertirse en un punto complementario de otras medidas de seguridad.

♦ Cada vez es más frecuente encontrar redes segmentadas en las organizaciones, tanto por razones de administración como por seguridad, pues permite incrementar esta en las zonas más comprometidas.

Es muy habitual colocar cortafuegos internos que regulen el tráfico entre estas distintas zonas y el resto de la red. Aparte de optimizar la seguridad, esta arquitectura posibilita una mejor granularidad a la hora de decidir qué servicios son accesibles desde ciertas máquinas eliminando, por ejemplo, el riesgo de malos usos o de filtrado de información.

❑ **Sistemas IDS/IPS.** Los dispositivos de detección y prevención de intrusiones son productos cuya funcionalidad principal es la monitorizar a una o más redes con objeto de detectar el tráfico potencialmente dañino y reaccionar ante estos ataques. Esta funcionalidad pueden implementarla de manera independiente o en conjunción con otros componentes de red que formen parte de soluciones empresariales de mayor envergadura.

Este tipo de productos se presenta tanto en formato de equipo dedicado o *Appliance* (hardware provisto de firmware dedicado y software), como en formato software, que se instala en un sistema de ficheros proporcionado por un sistema operativo. En ocasiones pueden ir acompañados de software instalable en un equipo informático estándar que sirva para realizar funciones de control y administración del dispositivo.

Hay que destacar que, aunque existen numerosas similitudes entre los sistemas IDS e IPS, también existen diferencias. Es probable que la más significativa sea que el primero se limita a generar un evento de auditoría u otra alerta cuando detecta un flujo de tráfico malicioso, mientras que el segundo debe ser capaz de iniciar una respuesta para finalizar o interrumpir una amenaza potencial, así como para causar la interrupción en tiempo real de los flujos de tráfico sospechosos.

Tan importante es la detección de código malicioso utilizando dispositivos basados en red, esto es, detectando comportamientos anómalos en el tráfico, como disponer de mecanismos de detección en cada uno de los sistemas de la organización, con el objetivo de detectar anomalías en el propio sistema operativo.

Resulta del todo imprescindible contar con sistemas que permitan alertar y generar eventos cuando se detecta algo inesperado. Este es el terreno de los sistemas IDS/IPS.

En el caso de los sistemas IDS basados en host (HIDS), utilizarán una base de datos de los objetos que deben monitorizar. Para cada uno de ellos, el HIDS almacenará sus atributos (permisos, fechas, resumen MD5, etcétera).

Cuando se produce algún cambio en alguno de estos atributos se generará un evento informando de la situación. Es habitual utilizar un sistema gestor que permitirá correlacionar los eventos de cada uno de los agentes, así como de los logs de los distintos dispositivos de red (cortafuegos, enrutadores, etcétera). De esta forma se podrá gestionar de forma centralizada la monitorización de cada agente, la configuración de alertas en función de los eventos y logs recibidos y buscar indicadores de compromiso.

❑ **Honeypots.** Son sistemas diseñados para ser atacados y son orientados a ser el objetivo de ataques informáticos, de modo que la actividad desarrollada por un atacante sea monitorizada en un entorno preparado para ello con la finalidad de recoger información de los patrones de ataque y de los atacantes y que resulte de utilidad para la protección de la organización.

Un sistema honeypot no representa un recurso de protección real en sí mismo, pues son productos que se utilizan como señuelos para estudiar ataques y atacantes, tienen el propósito final de proteger a usuarios y servicios reales de las redes de la organización.

Una de las premisas que ha de cumplir un honeypot es la simplicidad. Es un sistema ideado para ser atacado, no para proporcionar servicios en producción. Por tanto, es preciso que las organizaciones no originen tráfico desde o hacia este dispositivo, de modo que todo el tráfico que reciba tenga el carácter de sospechoso.

Simulan una cierta funcionalidad (por ejemplo: servicios web, servicios de red, bases de datos, etcétera) y están preparados para registrar y alertar de la existencia de un ataque. Pueden mostrar vulnerabilidades simuladas, reales o todo tipo de debilidades (por ejemplo, contraseñas fáciles de averiguar) que atraigan a los atacantes. Capturan, de forma silenciosa, todos los movimientos de dichos atacantes. En ocasiones pueden mantener cierta interacción con el atacante, lo que permitirá reunir una mayor cantidad de información o ralentizar su avance ganando más tiempo para preparar la reacción.

Estos productos no deben facilitar ni contar con información relevante o sensible para la organización. De otro modo, el atacante podría obtener alguna información útil para sus fines o que le proporcione datos de cara a un reconocimiento o intrusión en redes protegidas.

Este tipo de productos se presenta en formato software, generalmente instalado sobre equipamiento hardware en forma de servidor dedicado a proporcionar la funcionalidad de honeypot. Han de contar con la capacidad de soportar y gestionar multitud de conexiones simultáneas ya que actúan como señuelos ante los atacantes, de los que se pretende recabar la mayor información posible estudiando su comportamiento dentro del sistema.

Las funciones básicas de seguridad que proporcionan los honeypots son:

◆   Detección de atacantes y patrones de ataque. Estos productos se exponen en un punto de la arquitectura de la red de la organización con la finalidad de poder recibir ataques y así estudiar el comportamiento de los atacantes.

◆   Investigar sobre los ataques, tanto en su tipología como en el código utilizado. Esta investigación logrará que se mejoren las bases de datos de firmas en todo tipo de dispositivos de seguridad como, por ejemplo, en los sistemas antivirus, antimalware, IDS/IPS, etcétera.

◆   Servir como señuelo verosímil al atacante, desviando su atención de los sistemas críticos de la organización. Esta característica ofrece la posibilidad de detectar y mitigar la amenaza hasta de que progrese hacia dichos sistemas.

◆   Investigación de nuevas vulnerabilidades. Los sistemas de protección se basan en medidas ya conocidas, pero resulta de poca utilidad frente a las desconocidas. Gracias a los honeypots, es posible detectar nuevos vectores de ataque y vulnerabilidades para plantear medidas preventivas contra ellas. Es el caso de la detección de vulnerabilidades de tipo 0-day, nuevo código malicioso, etcétera.

Estos sistemas son habitualmente categorizados como:

◆   De alta interacción. Cuentan con un sistema operativo real, no simulado. Pueden ser tanto sistemas físicos como virtuales, que pueden ser eliminados una vez hayan sido comprometidos. Se utilizan frecuentemente tanto para conocer la identidad de los atacantes como para saber qué tipo de herramientas utilizan.

◆   De baja interacción. Estos sistemas simulan una parte del sistema operativo (por ejemplo: los protocolos de red). Se utilizan habitualmente para recoger código malicioso permitiendo su infección desde otros sistemas que ya han sido infectados por malware.

Cuando el producto desplegado consiste en un sistema que, física o virtualmente, integra una red de herramientas y computadores dedicadas en exclusiva a esta tarea se lo denomina Honeynet. Se suelen utilizar para monitorizar aquellos entornos en los que el uso de un honeypot no sería suficiente o bien para que un posible atacante no pueda advertir que le han tendido una trampa. Por ejemplo, si el atacante lograra acceder a un honeypot y desde ahí tratara de obtener acceso a otro sistema de la red y advirtiese que no hay ninguno, podría sospechar que no se trata de una verdadera red y posiblemente abandonaría el ataque.

El uso de Honeypots de baja interacción es un buen método para capturar malware distribuido por gusanos o por las botnets. Pueden utilizarse para detectar nuevas vulnerabilidades, estudios de tendencias y estadísticas que permitirán elaborar un proceso optimizado de obtención, escaneo e informe de nuevo código malicioso.

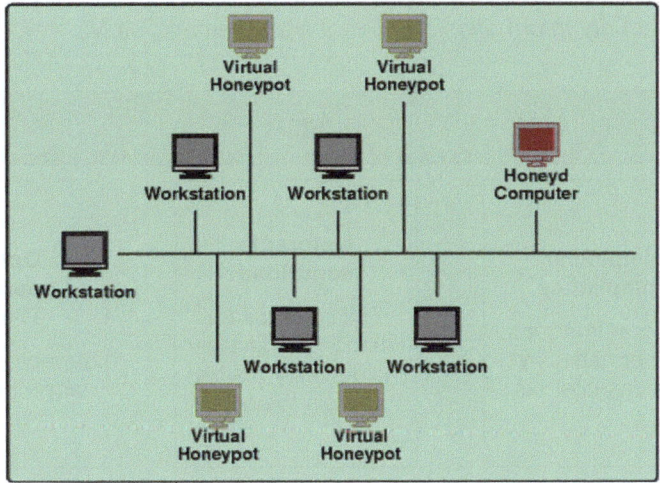

Imagen que muestra una arquitectura con Honeypots.

☐ **Sistemas de correlación de eventos.** Sirven de apoyo a la monitorización de la seguridad facilitando el proceso de recopilación, análisis, cotejo y salvaguarda de información sobre eventos de seguridad y anomalías que puedan indicar un compromiso de la seguridad en los sistemas. Adicionalmente, pueden presentar funcionalidades para la detección y notificación de los incidentes de seguridad, así como facilitar la trazabilidad de los eventos.

Las funciones básicas de seguridad que proporcionan los sistemas de correlación de eventos son: gestión de múltiples fuentes de datos, correlación, servicios de alertas y repositorio de datos sobre eventos de seguridad.

Hoy en día, el procesamiento de la información mediante sistemas de análisis avanzado se ha convertido en una herramienta esencial en el campo de la seguridad. La aparición de cambios de estado, alertas, advertencias, fallos de red y accesos no permitidos suelen pasar desapercibidos al administrador de sistemas y únicamente se detectan cuando se ha producido algún tipo de error o problema.

Existe una estrategia muy útil para detectar todo aquello que puede ser sospechoso en un entorno tecnológico: consiste en agregar todos los eventos y comprender su relación pues, en conjunto, proporcionan una fuente de información muy valiosa. La confluencia de conocimiento significativo sobre lo que está sucediendo en un sistema, de forma global, puede convertirse en clave para adoptar decisiones estratégicas.

A partir de este concepto y para dar respuesta a la tarea de automatizar la correlación de los numerosísimos eventos que pueden generarse en una infraestructura de sistemas de información, se han desarrollado sistemas de administración de información de seguridad (en inglés, *Security Information Management*, SIM), sistemas de administración de eventos de seguridad (en inglés *Security Event Management*, SEM) y sistemas de información de seguridad y administración de eventos (en inglés *Security Information and Event Management*, SIEM).

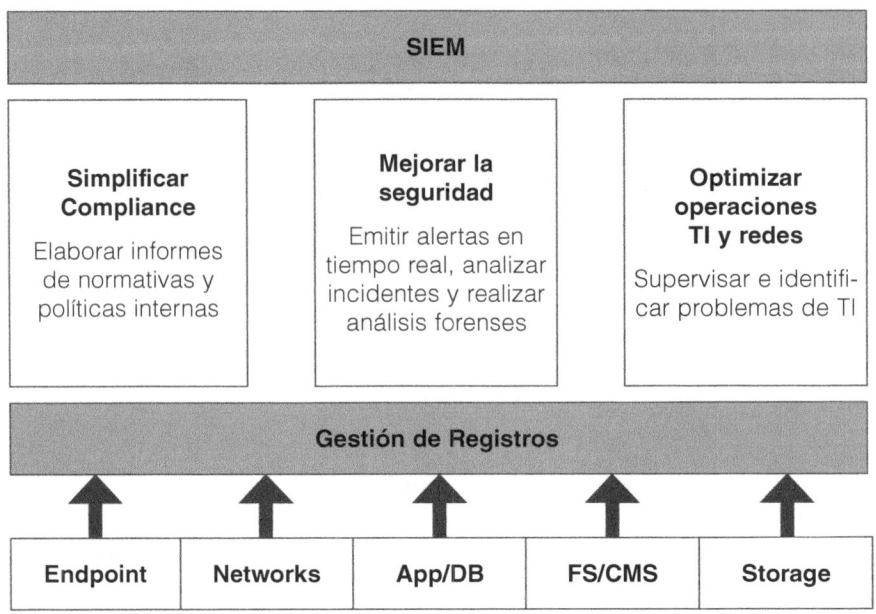

Los sistemas de correlación de eventos están orientados a recopilar información sobre los eventos de seguridad generados en la red de una organización para procesarla posteriormente con el fin de generar informes o alertas que puedan ayudar a dicha organización en la toma de decisiones en materia de seguridad.

Son productos que se conciben como una plataforma de gestión de la seguridad lógica de la red en la que se implantan. Se centran en los siguientes aspectos:

❑ Gestión centralizada de los registros y eventos de seguridad generados por los sistemas.

❑ Análisis o monitorización de los eventos de seguridad de múltiples fuentes.

❑ Utilización de sistemas de gestión de bases de datos para consolidar la información.

Estos sistemas suelen desarrollarse por módulos, cada uno con funciones concretas. Además, suelen contar con agentes recopiladores de registros, servidores de almacenamiento con bases de datos, motores de correlación de datos para ofrecer información relevante, etcétera.

Este tipo de productos se presenta tanto en formato de equipo dedicado o *appliance* como en forma de aplicación software con las funcionalidades estrictamente necesarias para cumplir con su finalidad y acotadas al servicio específico que prestan. Adicionalmente, para realizar las funciones de control y administración de dispositivo es habitual incluir con el producto un software específico para instalarlo en un sistema informático estándar.

Con el desarrollo de este epígrafe hemos conseguido conocer los sistemas de detección y contención de código malicioso.

8. Relación de los distintos tipos de herramientas de control de código malicioso en función de la topología de la instalación y de las vías de infección a controlar

La tipología de los ataques ha cambiado durante los años. La aparición del componente económico, comercial o competitivo ha provocado un nivel de sofisticación tan elevado que ha obligado a las organizaciones a adoptar no un único sistema de protección sino a dotarse de un buen número de ellos para contrarrestar el incesante número de ataques. Existe, por tanto, un buen número de herramientas a disposición de dichas organizaciones para detectar amenazas y para minimizar las consecuencias de un ataque:

❑ **Navegadores.** Desde hace varios años, el vector de ataque más utilizado en Internet es el navegador. No es casual, sigue siendo el software que conecta a los usuarios a Internet, por lo que se le podría considerar como el elemento más expuesto.

Han aumentado las medidas de seguridad y cada vez es más complicado aprovechar las vulnerabilidades en los clientes de correo electrónico, que ocupada el puesto del software más atacado. La popularización del uso de los cortafuegos también consiguió que cada vez fuese más complicado para los atacantes aprovechar vulnerabilidades del sistema. Por tanto –y aprovechando los atacantes el traslado de los servicios a la web–, el navegador se convirtió en el objetivo favorito de los intentos de intrusión mediante la ejecución de código malicioso, aprovechando sus vulnerabilidades.

No obstante, también es el software que puede detectar y evitar muchos de los ataques de código malicioso. Hay que reconocer a los fabricantes de estas aplicaciones el esfuerzo que llevan realizando en materia de seguridad: se les ha dotado de capacidad de reconocimiento de malware, siendo capaces de bloquear sitios web si localizan indicios de código sospechoso. Igual de valorable es la capacidad de bloquear elementos emergentes, de administrar las cookies, las descargas, etcétera.

En definitiva, puede considerarse que los navegadores constituyen una gran herramienta de protección si se atiende a buenas prácticas de configuración en cuanto a su seguridad y a su actualización.

❑ **Herramientas anti-spam.** Como ya se ha comentado, el correo electrónico es una de las grandes vías de infección que utiliza el código malicioso, por lo que resulta más que conveniente disponer de herramientas anti-spam orientadas a proporcionar seguridad a los sistemas de correo. Su trabajo consiste en analizar el correo entrante y saliente, bloqueando el correo no deseado, así como el código dañino que puedan detectar antes de que comprometan la red o los clientes de correo.

Dependiendo de las funcionalidades del producto adquirido, de su finalidad o contexto y de la topología de la red de la organización, es posible configurar una solución anti-spam para los siguientes casos de uso:

◆ **Modo pasarela.** El dispositivo se encuentra ubicado en la misma red que el servidor de correo electrónico y todos los clientes de correo. La herramienta anti-spam recibe todos los correos y los analiza. Aquellos que no se retienen en cuarentena o se bloquean se reenvían al servidor de correo de destino.

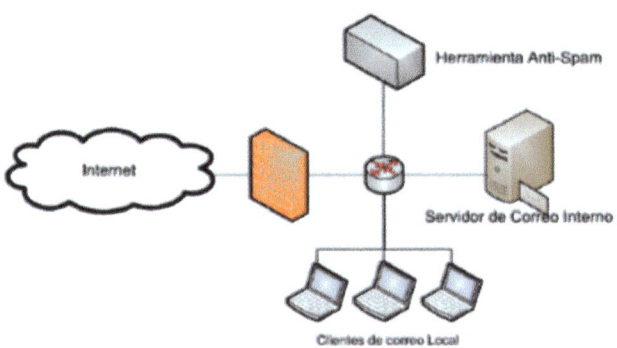

Ejemplo de caso: modo pasarela.

◆ **Modo transparente.** El dispositivo se encuentra físicamente entre el servidor de correo y todos los clientes de correo local, permitiendo la interceptación de los mensajes.

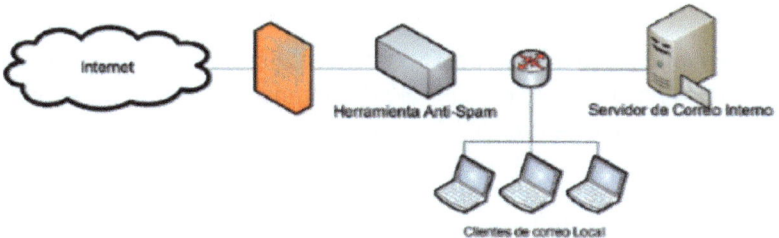

Ejemplo de Caso de Uso: Modo Transparente.

◆ **Incluido en el servidor de correo.** El sistema anti-spam se despliega como un módulo de software en el servidor en el que también se encuentra el servidor de correo electrónico.

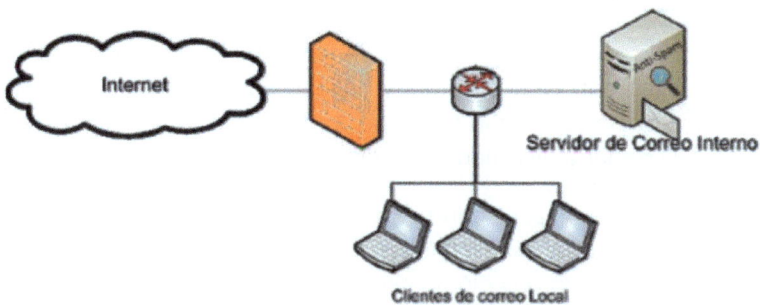

Ejemplo de Caso de Uso: Anti-Spam en el servidor de correo.

Por lo general, los sistemas anti-spam se encuentran en grandes o medianas empresas, así como en redes del sector público como parte de una arquitectura de defensa en profundidad, en combinación con medidas adicionales en diferentes capas de protección.

Existen numerosas soluciones anti-spam, tanto comerciales como de software libre. Muchas de ellas se encuentran integradas en las soluciones antivirus y antimalware de los principales proveedores de seguridad (Panda Software, Fortinet, McAfee, Norton, etcétera) facilitando a la organización la gestión de las intrusiones por esa vía. Cabe destacar un importante proyecto de software libre, SpamAssasin, como una de las más importantes iniciativas en la lucha contra el correo no deseado.

Conviene recordar que el usuario también cuenta con la posibilidad de configurar en su cliente de correo algunas opciones que le permitirán afinar el control de entrada del correo masivo.

❑ **Herramientas anti-virus.** Durante décadas, las organizaciones han confiado en los sistemas antivirus como medio de garantizar la seguridad contra el código malicioso en los dispositivos finales, también conocidos como endpoints.

Sin embargo, el perímetro de las organizaciones se ha hecho cada vez más difuso debido, sobre todo, al éxito de dispositivos y soluciones de movilidad. Es común que los usuarios se conecten a recursos internos ofrecidos por la organización a través de dispositivos que se encuentran fuera de las instalaciones de dicha organización. Como consecuencia casi inmediata, los atacantes se han fijado en los citados dispositivos finales, que se han convertido en sus objetivos por las siguientes razones:

♦ Dirigiéndose al endpoint, los atacantes pueden realizar reconocimientos, moverse lateralmente y desarrollar sus acciones dañinas: ejecutar código malicioso, explotar vulnerabilidades, lograr una fuga de la información existente en el dispositivo o cifrar dicha información para solicitar un rescate posterior.

♦ Haciéndose con el control de un endpoint los atacantes podrán utilizarlo para integrarlo en una botnet y hacerlo partícipe de un ataque de denegación de servicio (DoS). Sin embargo, los antivirus tradicionales ya no son capaces de proteger ante amenazas más sofisticadas.

Las soluciones más modernas de seguridad están menos centradas en el análisis de firmas y más en el análisis del comportamiento, incorporando capacidades como antivirus, protección contra explotación de vulnerabilidades, plataformas EPP (*Endpoint Protection Platform*, Plataforma de protección del punto final) y sistemas EDR (*Endpoint Detection and Response*, Detección y Respuesta en el punto final), análisis y control de dispositivos.

Las estrategias de seguridad empresarial del dispositivo final combinan el uso de las plataformas EPP y de las soluciones EDR con el empleo de herramientas de seguridad en la nube y en la red –como las de análisis de tráfico de red (en inglés *Network Traffic Analysis*, NTA)– para obtener visibilidad de la creciente proporción de dispositivos conectados a la red que están "sin gestionar", esto es, que no cuentan o que no pueden tener instalados agentes, como es el caso de los dispositivos IoT.

Estas plataformas se centran en la prevención, detección y desinfección de malware. Incorporan tecnología predictiva y mecanismos de protección contra el malware, las amenazas de red y los exploits de vulnerabilidades de aplicaciones o de sistemas operativos con o sin conexión a Internet, permitiendo definir reglas específicas de cumplimiento basado en características, funciones o comportamientos de los dispositivos y aplicaciones.

Permiten la integración con soluciones SIEM, aportando información sobre amenazas detectadas y bloqueadas, situaciones de no cumplimiento e incidentes de seguridad, así como integraciones con soluciones de gestión de dispositivos móviles, como son MDM (*Mobile Device Management*, Gestión de dispositivos móviles) y EMM (*Enterprise Mobility Management*, Gestión de movilidad empresarial).

Suelen presentar las siguientes características:

◆   Capacidades de protección avanzada en todas las fases: prevención, detección, respuesta y remediación.

◆   Protección contra amenazas conocidas, avanzadas, zero-day y ransomware.

◆   Cobertura de protección de procesos y ejecutables en los dispositivos finales, esto es, en los endpoints.

◆   Incluyen herramientas de detección y prevención de intrusiones, anti-spam, filtrado y categorización en navegación web y control de dispositivos, servicios de búsqueda proactiva de amenazas (en inglés Threat Hunting) y análisis forense.

◆   Cuentan con sistemas de protección contra el malware utilizando la nube, lo que permite aislar de forma automática las muestras recopiladas y analizar su comportamiento.

◆   Gestión centralizada de la seguridad y de las actualizaciones del producto para todos los puestos y sistemas de la red. Permitirá controlar la protección en sistemas como Unix/Linux, Windows, Mac OS e incluso los sistemas operativos de dispositivos móviles, sobre todo Android.

◆   Monitorización y generación de informes en tiempo real. Se monitoriza toda la infraestructura gracias a paneles de control y gráficas de rápida interpretación.

◆   Configuración por perfiles. Son capaces de asignar distintas políticas de protección en función de los perfiles de usuarios o sistemas.

◆   Acciones de remediación. Pueden ejecutar de forma remota la reparación de los sistemas infectados por malware. Asimismo, pueden actualizar y reiniciar remotamente los sistemas garantizando que cuenten con la última versión del producto.

◆   Control centralizado de los dispositivos. Esta característica evita la entrada de código malicioso y las fugas de información bloqueando dispositivos (memorias y discos USB, CDs/DVDs, webcams, etcétera).

♦ Por último, estas plataformas están incorporando técnicas de *Aprendizaje Automático (Machine Learning)* para lograr mejores resultados en la detección y reducir el número de falsos positivos gracias a la incorporación de motores de aprendizaje.

 **Endpoints**. *Dispositivos informáticos remotos que se comunican con la red a la que están conectados enviando y recibiendo información. Representan puntos de entrada vulnerables que son clave para los cibercriminales, pues en ellos se encuentran activos de interés para cifrar, filtrar o aprovechar. Además, en ellos pueden ejecutar código malicioso y explotar sus vulnerabilidades.*

Dependiendo de las funcionalidades del producto y de la finalidad o el contexto y topología de la red en que se utilicen, se contemplan los siguientes casos de uso para los sistemas antivirus:

❏ **Gestión centralizada.** Este modelo permite monitorizar y controlar la ejecución de varias instancias de la aplicación de antivirus que se ejecuta sobre un grupo heterogéneo de sistemas. En el caso de las plataformas EDR las instancias se denominan agentes.

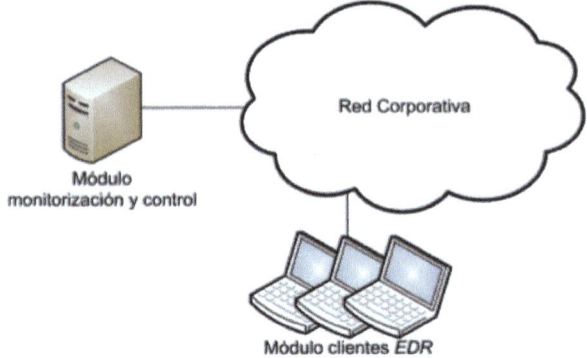

Ejemplo de caso de Uso: Gestión centralizada

❏ **Gestión individualizada.** En este modelo la gestión es autónoma en cada equipo; la monitorización y control de ejecución de la aplicación del antivirus o de la aplicación EPP/EDR forma parte de la propia aplicación.

Existe una gran variedad de soluciones antivirus, muchas de ellas con similares características. Conviene realizar un estudio pormenorizado de cada producto para conseguir conocer cuál se adapta más a los requisitos de la organización. Algunos ejemplos de plataformas EPP/EDR son: Panda Adaptative Defense 360, ESET Endpoint Security, McAfee EndPoint Security, Symantec Endpoint Protection y Symantec Endpoint Protection Mobile (SEP Mobile), Bitdefender, Trend Micro Apex One, Microsoft Defender Advanced Threat Protection, SentinelOne, CrowdStrike Falcon, Palo Alto Network Cortex XDR, F-Secure o Check Point Software Sandblast, entre otras.

La evolución de estas herramientas es continua y están incorporando paulatinamente funcionalidades de respuesta a incidentes, lo que ha creado una nueva categoría de soluciones denominada Next Generation Endpoint Protection Platform (NGEPP).

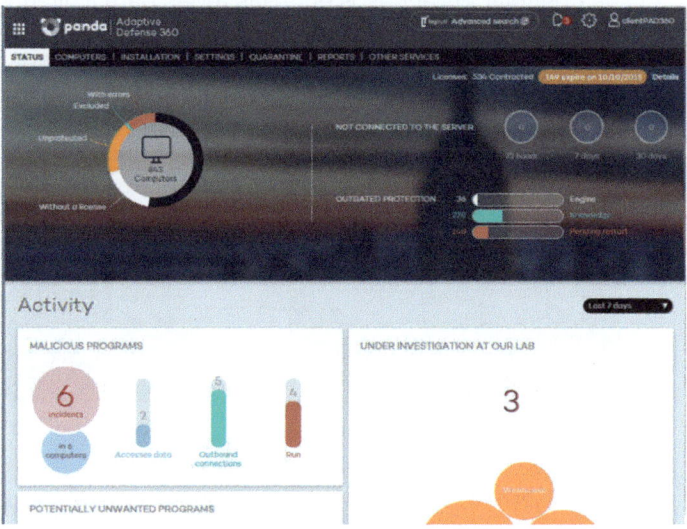

Imagen que muestra la consola de la plataforma de seguridad Panda Adaptative Defense 360 de la empresa española Panda Software

❑ **Sistemas cortafuegos.** La protección que ofrece un sistema cortafuegos puede tener lugar en diferentes niveles dentro de las capas definidas por el modelo de interconexión de sistemas abiertos y, en general, se contemplan a nivel de capa de red (capa 3) y nivel de transporte (capa 4). Dependiendo de las funcionalidades del producto y de la finalidad o el contexto y topología de la red en que se utilicen, se contemplan los siguientes casos de uso para los sistemas cortafuegos:

◆ **Dispositivo frontera.** El cortafuegos se encuentra en una zona donde protege una red frente a una red exterior como, por ejemplo, Internet.

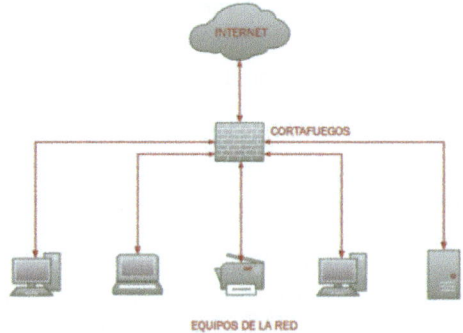

Ejemplo de Caso de uso 1-Dispositivo frontera

♦ **Segmentación de redes.** El cortafuegos se encuentra en una zona donde protege dos redes internas entre sí, esto es, segmenta ambas redes y únicamente permite tráfico autorizado entre zonas. Una dificultad de esta configuración es la de controlar los accesos entre las redes para limitarlos exclusivamente a los dispositivos deseados.

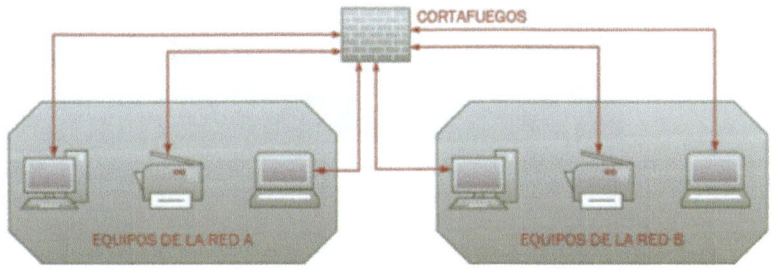

Ejemplo de Caso de uso 2-Segmentación de Redes

Existen numerosas opciones y configuraciones a elegir. Al tratarse de un elemento fundamental en la defensa perimetral, conviene estudiar bien sus características para hacerlas coincidir con las necesidades de la organización.

Existen soluciones basadas en software y en hardware. Dentro de esta última modalidad es común que se presenten en formato de equipo dedicado o *appliance*, con las funcionalidades necesarias para cumplir su finalidad y acotadas al servicio específico que prestan. La modalidad software permite la instalación en un equipo informático estándar que sirva para realizar las funciones de control y administración del dispositivo.

Algunos ejemplos de soluciones software son: Agnitum Outpost Firewall, AnalogX PortBlocker, Ashampoo Firewall, Comodo Firewall, DroidWall, MailControl, Sunbelt Personal Firewall y Zone Alarm. La mayoría de estos programas suele ofrecer alguna versión gratuita con una funcionalidad reducida.

Respecto a las soluciones basadas en hardware conviene conocer las propuestas de empresas como Juniper Networks, Cisco Systems, Extreme Networks, Checkpoint Software Technologies, Palo Alto Networks, etcétera.

En código abierto, la herramienta por excelencia en materia de cortafuegos es iptables. Se trata de un sistema de selección de paquetes que hace uso de la herramienta netfilter, con el que se pueden definir unas reglas que se almacenan en memoria contra las que se comparan los paquetes que pasan por un sistema.

Aquellos paquetes que no cumplan dichas reglas podrán ser desechados, aceptados o reenviados a un determinado interfaz.

Gran parte de los cortafuegos comerciales están basados en iptables.

❑ **Sistemas de detección y prevención de intrusiones.** Dependiendo de las funcionalidades del producto y de la finalidad o el contexto y de la topología de la red en que se utilicen, se contemplan los siguientes casos de uso para los sistemas IDS/IPS:

♦ El sistema está operando en modo promiscuo. Capturará datos de dos redes separadas, las analizará y enviará actualizaciones de filtros de tráfico a los dispositivos de protección del perímetro como, por ejemplo, a un encaminador (router) y a un cortafuegos para que bloqueen el tráfico no deseado en tiempo real.

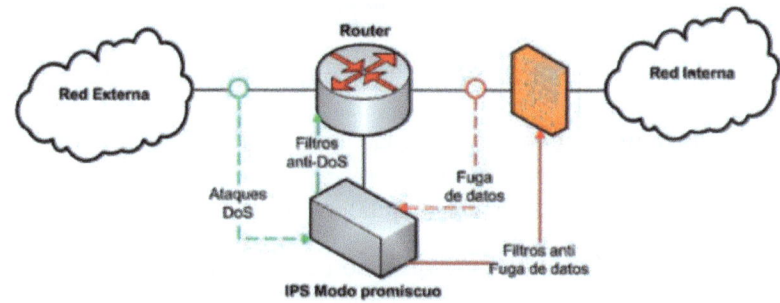

IPS trabajando en modo promiscuo.

♦ El sistema está operando en modo en línea. Analizará el tráfico desde o hacia una red inalámbrica y bloqueará en tiempo real el tráfico que viole las políticas de seguridad definidas por el administrador del dispositivo.

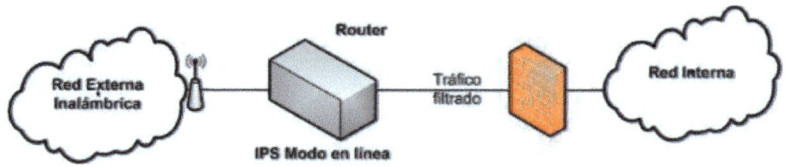

IPS trabajando en modo en línea.

◆   El dispositivo está operando en una combinación de modo promiscuo y modo en línea. Contará con, al menos, dos interfaces que crearán un puente (bridge) o encaminador que analizará y filtrará en tiempo real el tráfico que lo atraviesa. Adicionalmente, el dispositivo cuenta con uno o más interfaces promiscuos recogiendo y analizando tráfico que circula por cada red separada y reaccionando a actividad anormal, detección de malware u otra actividad no aprobada.

IPS trabajando en modo promiscuo y en línea.

❑   **Honeypots.** Dependiendo de las funcionalidades del producto adquirido, de su finalidad o contexto y de la topología de la red de la organización, es posible configurar una solución que incluya un honeypot para los siguientes casos de uso:

◆   Creación de listas negras de acceso. El producto se ubica delante o detrás de la primera barrera de protección existente en la organización y en un rango de red donde no se espera tráfico corporativo. Así, todo el tráfico que llega al honeypot se puede catalogar como sospechoso.

Una vez analizadas, las direcciones de red capturadas se introducen en los dispositivos de protección para que, automáticamente, filtren cualquier tráfico con ese origen, impidiendo su progresión.

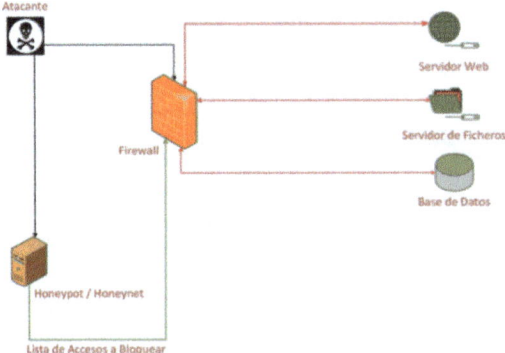

Ejemplo de Caso de Uso 1: Creación de Listas Negras de Acceso.

♦ Complemento de sistemas IDS/IPS. La utilización conjunta de un producto honeypot con estos sistemas permite conseguir información más relevante sobre los incidentes, lo que facilita descartar falsos positivos y hacer llegar a los analistas la información relevante.

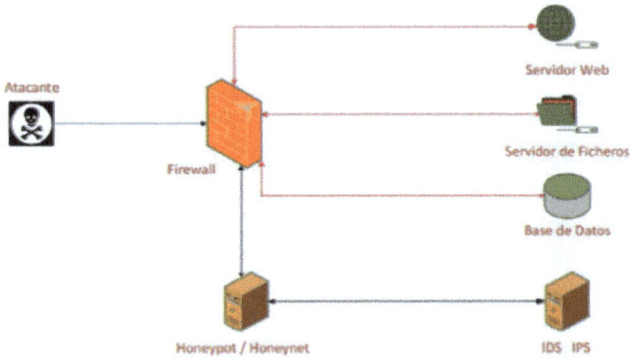

Ejemplo de Caso de Uso 2: Complemento de IDS/IPS.

♦ Replicación de servicio. Puede utilizarse un sistema honeypot para replicar un servicio concreto de la arquitectura de red de la organización. Si el honeypot es atacado, comprometido y utilizado para realizar un reconocimiento de la arquitectura red y de los servicios existentes en la organización, la detección es mucho más sencilla que mediante el uso de otros dispositivos (como, por ejemplo, un cortafuegos), que podrían identificar erróneamente el tráfico generado por el equipo comprometido como tráfico de red.

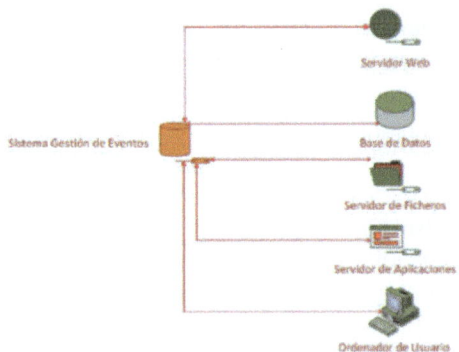

Ejemplo de Caso de Uso 3: Replicación de Servicio.

Existen multitud de herramientas de código libre con funcionalidades de honeypot. Por citar algunas: Proxypot, Deception Toolkit, Honeyd, Bubblegum Proxupot, BackOfficer, Bigeye, etcétera.

Sin embargo, no son tan numerosas en el ámbito comercial. Podríamos citar a Specter, que es capaz de simular hasta catorce sistemas operativos diferentes. Su facilidad de uso es su principal atractivo. Otro producto comercial que actúa como Honeypot es KFSensor, que funciona para sistemas operativos Microsoft Windows. En España la empresa Sofistic Telematic Security comercializa el producto Honey. pot, dirigido a todo tipo de empresas, tanto del sector público como privado y de servicios críticos.

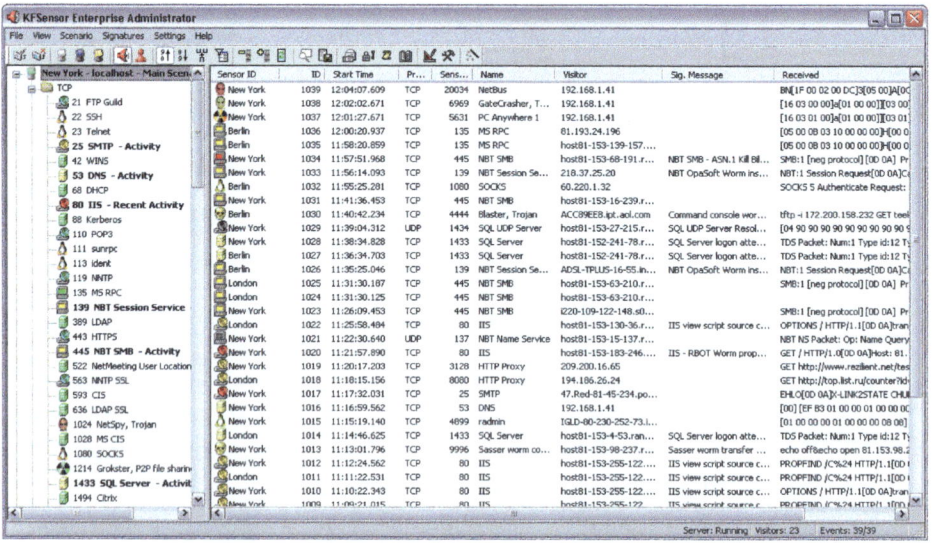

Imagen de la consola del honeypot KFSensor.

❑ **Sistemas de correlación de eventos.** Dependiendo de las funcionalidades del producto adquirido, de su finalidad o contexto y de la topología de la red de la organización, es posible configurar una solución que incluya un sistema de correlación de eventos para los siguientes casos de uso:

◆ Repositorio centralizado de eventos de seguridad. El sistema se sitúa en un punto de la arquitectura de red de la organización donde pueda maximizar la recepción de la información relativa a registros y eventos de todos los servicios y equipos de una red. Una vez reunidos todos los datos, son procesados y almacenados para garantizar su integridad.

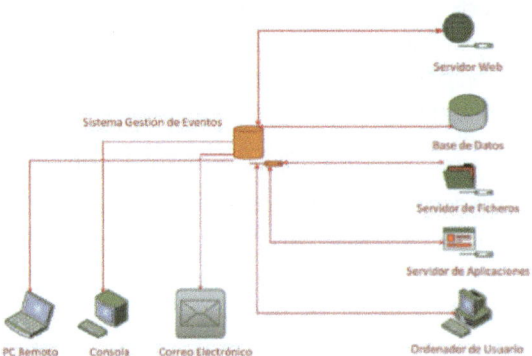

Ejemplo de Caso de uso 1: Repositorio centralizado de eventos de seguridad

♦ Repositorio centralizado y correlación de eventos. Este es el caso de uso más habitual de este tipo de productos. Como en el caso anterior, el sistema se sitúa de forma que pueda recopilar registros y eventos de todos los servicios y equipos de una red. Posteriormente, el producto trata esta información para generar informes y alertas que han sido previamente definidas.

Ejemplo de Caso de uso 2: Repositorio centralizado y correlación de eventos.

Existe una amplia oferta de herramientas con la función de correlación de eventos con presencia de los principales fabricantes de productos de seguridad. Algunos ejemplos son: ArcSight, OSSIM, Next SIEM LogICA, RSA Netwitness, Prelude SIEM, Splunk Enterprise Security y Qradar.

Finalmente, es importante conocer la existencia de distintas herramientas de seguridad que incorporan varias de las funcionalidades explicadas en los puntos anteriores. Se trata de plataformas que permiten a las organizaciones contar con una herramienta unificada para la gestión de la seguridad contra el código malicioso. En función del número y tipología de las herramientas que incorporen será necesario un estudio individualizado de la infraestructura de red de la organización para decidir su ubicación más idónea. También es posible encontrar herramientas de carácter muy especializado en la gestión de las vías de infección que utiliza el código malicioso. Destacan las siguientes:

❑ **OSSEC.** Es una plataforma completa de seguridad que consta de un sistema de detección de intrusos basado en host y lleva a cabo análisis de logs, chequeo de integridad de ficheros, monitorización de directivas de seguridad, detección de rootkits así como un sistema de respuesta activa con la emisión de alertas en tiempo real. Además, es una solución de código abierto.

Sus principales características son:

♦ Permite detectar y alertar ante comportamiento malicioso sobre archivos y aplicaciones en múltiples plataformas (Linux, Unix, Windows, Mac y VMware).

♦ Monitorización con y sin el uso de agentes. Cuenta con la flexibilidad de monitorizar dispositivos sin la necesidad de instalar agentes. Esta opción es particularmente útil en dispositivos de red como los enrutadores y los cortafuegos.

♦ Chequeo de integridad de ficheros. Se trata de una situación común en un ataque de código malicioso: modifican ciertos aspectos en los sistemas de un modo u otro. La detección de estos cambios, así como la capacidad de alertar cuando se produzcan es de gran beneficio para los administradores de seguridad.

♦ Monitorización de logs. OSSEC recoge, analiza y correlaciona todos los logs de diferentes dispositivos. Sus capacidades como sistema SIEM le permiten generar correlación de eventos e informes de forma centralizada.

♦ Detección de rootkits. Esta funcionalidad permitirá obtener información de gran valor para entender deficiencias de seguridad que hicieron posible que un sistema se comprometiera. Con dicha información podrán corregirse prácticas deficientes o erróneas.

♦ Respuesta activa. Ante cualquier incidente, el sistema responde con una acción, desde generar una alerta hasta programar una contramedida.

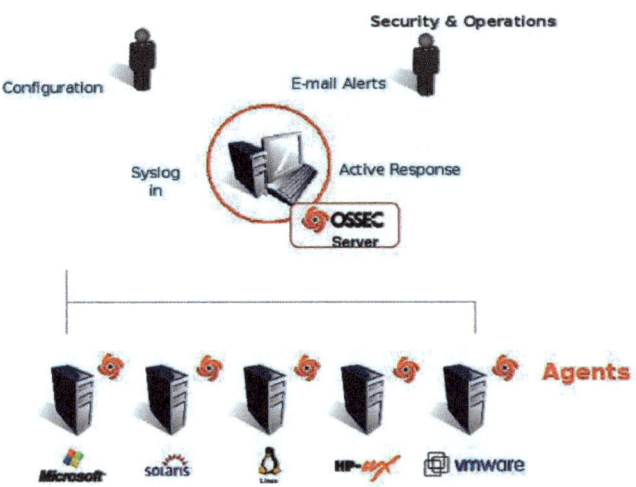

Imagen ejemplo de una arquitectura OSSEC basada en un HIDS.

La imagen muestra un ejemplo de la arquitectura OSSEC, que integra todos los aspectos de un sistema HIDS, un control de registro y un gestor de eventos.

Cada uno de los agentes se instalará, si se desea, en los sistemas, independientemente de su sistema operativo, enviando los eventos al sistema OSSEC. Si se detecta alguna anomalía, el administrador del sistema o de seguridad será informado para que decida qué acciones tomar.

◆ **Herramienta MARIA (MultiAntiviRus IntegrAdo)**

Es una plataforma multiantivirus en tiempo real para el análisis estático de código dañino. También ha sido desarrollada por el CCN y permite analizar en tiempo real cualquier tipo de fichero, obteniendo la detección de todo tipo de código dañino (virus, gusanos o troyanos). La plataforma es de arquitectura escalable, con colas para análisis en paralelo de los motores de antivirus evitando bloqueos.

Muestra información detallada de los ficheros analizados, desde metadatos de binarios, sumas de comprobación (checksums), metadatos con formato Exif (Exchangeable image file format, Formato de archivo de imagen intercambiable) en imágenes utilizados por las cámaras fotográficas, etcétera. MARIA analiza de forma aislada de Internet los ficheros subidos a la plataforma, lo que garantiza que ningún fichero es trasladado a otra organización ni empresa antivirus. Esta herramienta se ha convertido en una opción muy interesante para la investigación de incidentes, particularmente los provocados por las APTs.

Finalmente, dispone de una API para integrarse con otros servicios como, por ejemplo, MARTA o MISP.

♦ **Plataforma MISP** (*Malware Information Sharing Platform*, Plataforma para compartir información sobre código malicioso)

Es una herramienta de código abierto utilizada para compartir, almacenar y correlacionar indicadores de compromiso (IOC) de ataques o muestras de código malicioso con la finalidad de contar con una comunidad colaborativa sobre amenazas y mejorar las medidas a adoptar, así como las estrategias preventivas y de detección. Inicialmente fue desarrollada por las fuerzas armadas belgas para apoyar a las misiones del centro de respuesta a ciberincidentes de la OTAN. En la actualidad, su desarrollo está en manos del centro de respuesta a incidentes de Bélgica (cert.be) y la de OTAN.

MISP permite el almacenamiento de información –técnica o no– sobre malware y ataques ya detectados. La almacena en un formato estructurado, permitiendo un uso automatizado de la base de datos para alimentar sistemas de detección de intrusiones o herramientas forenses. Puede generar reglas para los sistemas de detección de intrusiones de red (NIDS) que luego podrán importarse por los IDS.

Finalmente, es capaz de crear automáticamente relaciones entre el malware y sus atributos. Permitirá compartir los atributos del malware y las amenazas con otras organizaciones y grupos de confianza, posibilitando la existencia de una arquitectura federada entre comunidades para intercambiar información de forma segura y controlada.

La herramienta MARTA cuenta con la capacidad de exportar de forma automática a la plataforma MISP un análisis realizado a una muestra de malware. Esto posibilita gestionar la información en un punto único y compartir lo que se considere.

♦ **Herramienta CARMEN**

Es la primera solución española desarrollada con el objetivo de identificar el compromiso de la red de una organización por parte de amenazas persistentes avanzadas (APT). La utilización de CARMEN permite a las organizaciones:

◊　Proteger la información sensible, la propiedad intelectual y los activos críticos de la organización.

◊　Evitar daños en la reputación corporativa y en la marca de la organización.

◊　Reducir el impacto económico derivado de un robo de información.

◊ Obtener visibilidad completa del movimiento de información en la organización, tanto el legítimo como el ilegítimo.

La herramienta adquiere, procesa y analiza el tráfico de entrada y salida. De este modo, puede identificar la existencia de usos indebidos y detectar anomalías o intentos de intrusión. Aporta capacidades de detección de la amenaza en la etapa de persistencia, por lo que uno de sus objetivos principales es la identificación de movimientos externos (filtraciones o comunicaciones con servidores de mando y control), así como el reconocimiento de movimientos laterales de mantenimiento de persistencia o de robo de información en la red de la organización.

Sus capacidades de adquisición y análisis le permiten cubrir las principales vías de comunicación de las amenazas con el exterior, esto es, navegación web, correo electrónico o consultas DNS, y los diferentes mecanismos de comunicación interna en la red comprometida.

Finalmente, CARMEN aporta capacidades para la detección de amenazas en la etapa de intrusión, principalmente condiciones de anomalía para la detección de mecanismos habituales de infección (es el caso de exploit kits o de watering hole), así como despliegue e integración de capacidades de sandboxing, para la detección de estafas que utilizan el correo electrónico (es el caso de spear phishing).

♦ **Herramienta EMET** *(Enhanced Mitigation Experience Toolkit)*

Ya se ha visto que el correo electrónico continúa siendo la entrada de gran cantidad del código malicioso en una organización. En dichos correos suelen adjuntarse todo tipo de archivos que pueden contener malware que tratará de explotar cualquier vulnerabilidad de un sistema para ejecutar código dañino. El peor de los escenarios permitirá explorar una vulnerabilidad de tipo 0-day, lo que prácticamente garantizará el éxito.

La sofisticación que está alcanzando el malware hace muy difícil en ocasiones que los dispositivos como cortafuegos o antivirus detecten código malicioso en los ficheros. Por este motivo es recomendable contar con herramientas especializadas en la detección de exploits.

EMET constituye un buen ejemplo. Está desarrollada por Microsoft y permite, por tanto, reducir las posibilidades de que un atacante ejecute código malicioso en un determinado programa en entorno Windows.

EMET es altamente configurable, permitiendo aplicar las medidas de mitigación en los procesos que se elijan, esto es, no es necesario implementar ciertas medidas de seguridad a todo un producto o conjunto de aplicaciones (por ejemplo, si la afectada por la vulnerabilidad es una macro de Microsoft Word no será necesario aplicar las medidas a toda la suite Microsoft Office).

Además, es de fácil uso y despliegue. El proceso se realiza desde una interfaz gráfica, así como la configuración de los parámetros deseados. Si se desea desplegar en más de un sistema puede hacerse de forma centralizada desde la utilidad System Center Configuration Manager.

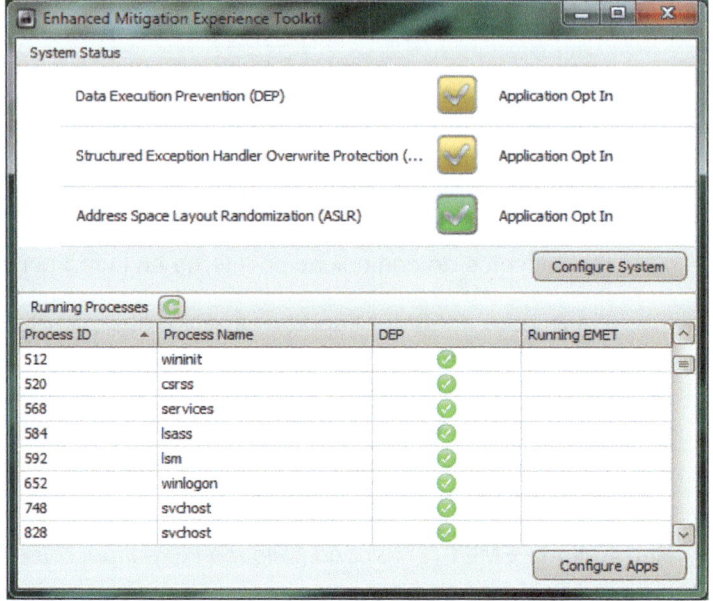

Imagen de la consola de la herramienta EMET.

 *Con el desarrollo de este epígrafe hemos conseguido establecer una relación de los distintos tipos de herramientas de control de código malicioso en función de la topología de al instalación y las vías de infección a controlar.*

9. Criterios de seguridad para la configuración de las herramientas de protección frente a código malicioso

No importa qué herramientas de protección frente a código malicioso se utilicen, siempre existirá un riesgo de recibir algún ataque de malware. Para tratar de evitar la infección en la mayor medida posible, se recomienda que tanto las herramientas de detección y contención de código malicioso como las aplicaciones y sistemas operativos sean configurados siguiendo una serie de criterios de seguridad preventivos.

También puede ser de mucha utilidad suscribirse a grupos de noticias de seguridad que avisarán de la publicación de nuevas actualizaciones, parches de seguridad, service packs, etcétera.

Cualquier dispositivo que se conecta a una red cuenta con un número increíblemente alto de opciones de configuración que afectan a la seguridad. Además, no es una buena práctica trabajar en producción con la configuración por defecto que trae el dispositivo. La revisión de los controles de seguridad en torno al desarrollo y mantenimiento de las configuraciones de los equipos que se encuentran en la red de la organización es un aspecto crítico; si no se realiza esta tarea se pueden producir caídas de los sistemas o de procesos que afecten a la seguridad de la red. En esta línea, es necesario realizar revisiones en los dispositivos que vigilan la seguridad de la red. Algunas medidas a adoptar podrían ser:

❑ Realizar un escaneo programado de vulnerabilidades, con el objetivo de encontrar rápidamente nuevos riesgos y planificar pruebas para realizar cambios en el entorno.

❑ Verificar que se han aplicado parches y actualizaciones de seguridad como parte de una rutina cuyo ciclo forma parte de un procedimiento y de la política de seguridad.

❑ Garantizar el cumplimiento de las pautas de configuración para los dispositivos que protegen frente a código malicioso.

❑ Llevar a cabo con regularidad revisiones de la configuración, comparando la infraestructura existente con la guía de configuración.

❑ Emitir periódicamente informes de situación del estado de la infraestructura y remitirlos a la Dirección para su conocimiento.

 **Service Pack.** *Conjunto de correcciones y mejoras aplicables a aplicaciones y sistemas operativos que se presentan de manera empaquetada.*

Conviene no olvidar que los fabricantes suelen incluir en la documentación de sus soluciones un conjunto de buenas prácticas que, de seguirlas, conseguirá minimizar la exposición de los sistemas y herramientas a los ataques de código malicioso.

Pese a que cada dispositivo presenta funcionalidades diferentes, es posible relacionar una lista de buenas prácticas aplicables al conjunto:

❑ Garantizar que todos los dispositivos se encuentran ubicados en un lugar seguro.

❑ Comprobar la existencia de documentación sobre los procesos y configuración de los dispositivos, así como su accesibilidad en caso de fallo.

❏ Verificar que todos los servicios innecesarios para el funcionamiento del dispositivo se encuentran deshabilitados. Con esta práctica se trata de reducir la superficie de ataque del dispositivo a potenciales atacantes.

❏ Comprobar que se siguen las buenas prácticas en la gestión del protocolo SNMP (*Simple Network Management Protocol*, Protocolo simple de administración de red). A veces se olvida que el uso de este protocolo representa una forma de obtener un acceso administrativo completo a un dispositivo, situación que puede ser aprovechada por un atacante. Por ello, es conveniente reforzar la política de contraseñas de la comunidad SNMP, así como establecer listas de control de acceso (ACLs) para gestionar con dicho protocolo y no permitir la gestión desde una red que no sea de confianza.

❏ Crear y revisar procedimientos de alta y eliminación de cuentas de acceso a los dispositivos.

❏ Verificar que se están aplicando controles para el uso de contraseñas robustas.

❏ Garantizar el uso de protocolos seguros exclusivamente: https, SSH, IPSec, SNMP v3, etcétera.

❏ Confirmar la existencia de copias de seguridad de los archivos de configuración de los dispositivos.

❏ Evaluar el correcto funcionamiento del protocolo de tiempo de red (en inglés *Network Time Protocol*, NTP). Este protocolo proporciona la sincronización de tiempo para los sistemas operativos y ayuda a garantizar una correcta marca de tiempo (en inglés timestamping) del registro de los eventos.

❏ Revisar el plan de recuperación ante desastres de la organización (en inglés *Disaster Recovery Plan*). Si los elementos clave de la seguridad de una red no forman parte del plan de recuperación ante desastres, la organización se arriesga a una interrupción de su actividad de mayor gravedad y a una recuperación inestable y expuesta a nuevos ataques.

❏ Contar con toda la información de utilidad relativa a la seguridad de los dispositivos. Es necesario estar presente en listas correo y foros sobre aspectos relaciones con la seguridad y disponer de los patrones de detección en cualquier formato (listas negras, indicadores de compromiso, reglas YARA, reglas SIGMA, etcétera).

9.1. Criterios de seguridad para la configuración de la gestión segura del correo electrónico

Alguna de las medidas que una organización puede adoptar para protegerse contra el código malicioso en la gestión de los correos electrónicos son:

❏   Actuar con prudencia antes de abrir los archivos adjuntos, aunque el emisor sea de confianza. Se recomienda analizar los archivos adjuntos con un sistema antivirus antes de abrirlos.

❏   Configurar el software de correo electrónico para obligar al sistema antivirus a analizar los mensajes.

❏   No reenviar un mensaje sin antes eliminar la lista de direcciones de correo electrónico procedente de anteriores reenvíos, que se van arrastrando de unos mensajes a otros.

❏   No reenviar mensajes que formen parte de cadenas.

❏   Desconfiar de los enlaces incluidos en los mensajes de correo electrónico.

❏   Denunciar el correo abusivo o fraudulento. Puede informarse al titular del correo desde donde se inició el mensaje.

No obstante lo anterior, todas las precauciones y buenas prácticas sugeridas en los sistemas de seguridad no son suficientes para evitar todos los riesgos de infección sin contar con a uno de los elementos más frecuentemente olvidados: las personas que utilizan los sistemas.

El éxito de muchos do los ataques e intrusiones que sufren las organizaciones se debe, en gran parte, a la cantidad de información que directa o indirectamente un atacante es capaz de obtener sobre sus sistemas de información, sus empleados y sus documentos. Esta fase, llamada de reconocimiento, en la que el atacante recopila toda la información existente sobre una organización es una de las más importantes en un proceso de intrusión o infección. Durante este tiempo, el atacante recopilará nombres de dominio, direcciones IP, direcciones de correo electrónico, tipos de sistemas operativos y su nivel de actualización, servicios existentes en los sistemas o información en los documentos públicos de la organización. Toda esta información podrá ser utilizada más adelante cuando lance un ataque más específico.

Además de disponer de los mejores sistemas y herramientas técnicas de seguridad, es necesario establecer políticas preventivas que regulen el correcto uso y gestión de la información de la empresa, así como educar a los empleados sobre los métodos de ingeniería social que utilizan los atacantes para obtener información útil para sus ataques.

El uso que se haga de todos los sistemas, así como las decisiones que se adopten ante situaciones cotidianas son críticas para minimizar dichos riesgos. Entre las medidas de protección que se pueden realizar están:

❏   Cuentas de usuario. Conviene utilizar cuentas de usuario con privilegios limitados para el uso diario de los sistemas. Las cuentas con más privilegios (por ejemplo, la de Administrador) se debe utilizar únicamente cuando sea absolutamente necesario.

❏ Política de contraseñas. Es muy útil diseñar políticas que incluyan la utilización de contraseñas complejas, tanto para usuarios de los sistemas como para aplicaciones, dispositivos de red, etcétera.

❏ Datos personales y claves. Es fundamental no facilitar datos personales, claves, códigos PIN solicitados por correo electrónico u otros medios (por ejemplo, mediante dispositivos móviles). Esta información únicamente deberíamos introducirla en páginas web de absoluta confianza y procedencia, así como utilizando canales seguros (por ejemplo, https).

❏ Precaución al navegar. Evitar la navegación por páginas sospechosas o no confiables.

❏ Descarga de archivos. Extremar las precauciones a la hora de descargarse archivos, sobre todo con las descargas procedentes de redes P2P, sistemas de mensajería instantánea o redes sociales, ya que se desconocen su procedencia y su contenido reales. Esta operativa debería restringirse a webs oficiales o de confianza. Es muy importante también ser cuidadosos con los archivos adjuntos en los correos electrónicos.

❏ Instalación de aplicaciones. Es muy importante contar con la precaución necesaria al instalar o ejecutar programas procedentes de Internet.

❏ Conviene aplicar la solución antivirus a todos los medios extraíbles que se utilicen en la organización (memorias y discos USB, CDs, DVDs, etcétera) antes de su utilización pues representan una fuente común de propagación de código malicioso.

❏ Copias de seguridad. Se trata de un aspecto vital en cualquier organización, a considerar no únicamente para prevenir los efectos de la existencia de malware. El diseño de una buena política de copias de seguridad permitirá la recuperación de información en caso de infección y de sistemas que hayan podido ser comprometidos. Igual de importante es la realización de pruebas de restauración, que permitirán comprobar el correcto funcionamiento de las copias de seguridad.

❏ Formación y reciclaje constante. Los administradores de sistemas y de seguridad deben mantenerse actualizados. Cursos de formación, lectura de documentos técnicos y suscripción a boletines de seguridad son posibilidades que lograrán que respondan mejor a un incidente.

Los usuarios también han de pasar tanto por cursos de formación donde se les podrá concienciar de las amenazas e instar al cumplimiento de las buenas prácticas.

❏ Otras medidas. La utilización de alguna herramienta que detecte modificaciones en el software y garantice su integridad, como la firma digital o la realización de auditorías de seguridad ayudarán enormemente a una organización a conocer qué es lo que está ocurriendo y en qué estado se encuentran sus sistemas de información.

9.2. Criterios de seguridad para la configuración de herramientas anti-SPAM

Para definir los criterios de seguridad aplicables a las herramientas anti-spam resulta obligado un conocimiento exhaustivo de las amenazas de seguridad a las que estas herramientas hacen frente y así lograr configurarlas adecuadamente:

❑ Ataque a la red. Un atacante –interno o externo–, consigue acceder y modificar la información intercambiada entre el sistema anti-spam y otras entidades autorizadas o entre sus distintos módulos.

❑ Ataque local. Un atacante puede actuar a través de software sin privilegios que se ejecuta en la misma plataforma de computación donde se ejecuta el producto anti-spam. Los atacantes podrían modificar de forma maliciosa los ficheros o comunicaciones que utiliza dicho producto.

❑ Acceso a información almacenada. Un atacante podría acceder a información sensible almacenada en la plataforma en la que se instala y ejecuta el producto.

❑ Acceso a las funciones de seguridad. Un atacante podría acceder y modificar las funciones y datos de seguridad del producto.

❑ Actividad no detectada. Un atacante consigue acceder, cambiar o modificar la funcionalidad de seguridad de la herramienta sin que esta acción sea advertida por el administrador.

❑ Contenido externo potencialmente dañino. Un atacante consigue introducir en la red interna contenido potencialmente dañino a través del correo electrónico.

Con el objetivo de mitigar este conjunto de amenazas es conveniente que el sistema anti-spam se integre en un entorno de trabajo que cumpla unas mínimas condiciones de protección:

❑ Protección física. El dispositivo o producto debe instalarse en un área donde el acceso esté restringido al personal autorizado y en condiciones ambientales adecuadas.

❑ Plataforma segura. Si se trata de un producto software, este se ejecutará sobre una plataforma confiable, incluyendo el sistema operativo o cualquier entorno de ejecución sobre el que se utilice.

❑ Administración confiable. El administrador es una parte clave del éxito en el uso de estos dispositivos o productos: ha de ser un miembro de plena confianza, capacitada y formada regularmente.

❑   Actualizaciones periódicas. El software y, si aplica, el firmware del producto ha de ser actualizado conforme aparezcan actualizaciones que corrijan vulnerabilidades conocidas.

❑   Protección de las credenciales. Todas las credenciales, en particular las del administrador, deberán estar protegidas por parte de la organización que utilice el dispositivo o producto.

Adicionalmente a la integración en un entorno seguro, se propone la adopción de los siguientes requisitos fundamentales de seguridad que deberían cubrir la configuración de los sistemas anti-spam en categorías como la administración confiable, identificación y autenticación, canal seguro, protección de credenciales y datos sensibles, requisitos criptográficos y contenido potencialmente dañino:

❑   Administración confiable. Las siguientes funcionalidades de seguridad del producto ayudan a mitigar la amenaza de acceso a las funciones de seguridad referida anteriormente:

◆   El producto debe definir, al menos, el rol de administrador y ser capaz de asociar usuarios a roles.

◆   Debe ser capaz de realizar la gestión de las siguientes funcionalidades:

◊   Administración del producto de forma local y remota.

◊   Configuración del tiempo de terminación de sesión o bloque al detectar inactividad.

◆   El producto anti-spam debe asegurar que únicamente un usuario con permisos de administrador será capaz de realizar las funciones anteriormente descritas.

❑   Identificación y autenticación. Estas funcionalidades mitigan las amenazas de acceso a las funciones de seguridad y a la información almacenada:

◆   El producto deberá identificar y autenticar a cada usuario antes de otorgar acceso. Dispondrá de capacidad de gestión de las contraseñas, que serán suficientemente robustas. Además, debe bloquear o cerrar la sesión de un usuario después de un período de inactividad.

◆   Deberá implementar mecanismos que impidan ataques de autenticación por fuerza bruta.

◆   El producto anti-spam deberá proteger de lectura y modificación no autorizada las credenciales de autenticación.

❑ Canal seguro. Las siguientes funcionalidades ayudarán a mitigar la amenaza de acceso a la red:

   ◆ El sistema anti-spam deberá establecer canales seguros (HTTPS/TLS 1.2, TLS 1.2 o superior, IPSec, SSHv2, etcétera) cuando intercambie información sensible con entidades autorizadas o con distintas partes del producto.

   ◆ El dispositivo debe permitir que estos canales de comunicación seguros sean iniciados por él mismo o por entidades autorizadas.

❑ Protección de credenciales y datos sensibles. En el caso en que el producto anti-spam almacene credenciales y/o datos sensibles, estos no deberán almacenarse en claro.

❑ Requisitos criptográficos. La siguiente funcionalidad ayuda a mitigar las amenazas de ataque a la red y de acceso a información almacenada:

   ◆ La solución anti-spam deberá impedir el acceso en claro a los parámetros de seguridad críticos del sistema (claves simétricas y claves privadas).

❑ Contenido potencialmente dañino. Las siguientes medidas ayudarán a mitigar la amenaza de que un atacante introduzca código dañino en la red interna a través del correo electrónico:

   ◆ Los sistemas anti-spam deben proporcionar una política de correo electrónico que permita realizar un análisis anti-spam y antivirus a todos los correos entrantes y salientes.

   ◆ Deben aplicar análisis anti-spam sobre el mensaje de correo completo (cabecera y cuerpo) y sus adjuntos.

   ◆ El producto anti-spam permitirá eliminar o marcar como spam cualquier correo detectado como correo basura.

   ◆ El producto permitirá configurar reglas para detectar patrones de texto dentro del cuerpo o de la cabecera del mensaje.

   ◆ La solución anti-spam permitirá utilizar listas blancas y negras para descartar o permitir correos electrónicos y que estarán basadas en direcciones de correo, nombres de dominio o direcciones IP.

9.3. Criterios de seguridad para la configuración de herramientas antivirus

Dependiendo del tamaño de una organización, la comprobación manual de la configuración para detectar anomalías puede consumir más tiempo del que se dispone. La existencia de una consola central facilita y optimiza esta labor.

Es necesario verificar que todos los sistemas estén incluidos en el sistema de gestión del antimalware de la organización. Además, es preciso constatar que los análisis periódicos a los equipos se realicen correctamente, con el objetivo de evitar posibles infecciones.

La existencia de una gestión centralizada no impedirá que haya que monitorizar sistemas concretos para comprobar que cuenten con la base de datos de firmas correspondiente y que se estén realizando los diferentes escaneos pero sí reducirá notablemente el número.

En todo caso, conviene estudiar con detalle las guías de configuración así como las de buenas prácticas del fabricante de la solución antimalware.

Para definir los criterios de seguridad aplicables a las herramientas antivirus resulta obligado un conocimiento exhaustivo de las amenazas de seguridad a las que estas herramientas hacen frente y así lograr configurarlas adecuadamente:

❑   Ataque a la red. Un atacante –interno o externo–, consigue acceder y modificar la información intercambiada entre el sistema antivirus y otras entidades autorizadas o modificar sus comunicaciones.

❑   Ataque local. Un atacante puede actuar a través de software sin privilegios que se ejecuta en la misma plataforma de computación donde se ejecuta el producto antivirus. Los atacantes podrían modificar de forma maliciosa los ficheros o comunicaciones que utiliza dicho producto.

❑   Acceso a información almacenada. Un atacante podría acceder a información sensible almacenada en la plataforma en la que se instala y ejecuta el producto.

❑   Actividad no detectada. Un atacante consigue acceder, cambiar o modificar la funcionalidad de seguridad de la herramienta sin que esta acción sea advertida por el administrador.

❑   Malware. Un agente dañino podría intentar introducir un virus vía red o medios removibles que compromettería el sistema.

Con el objetivo de mitigar este conjunto de amenazas es conveniente que el sistema antivirus, EPP o EDR se integren en un entorno de trabajo que cumpla unas mínimas condiciones de protección:

❑   Plataforma segura. El producto se ejecutará sobre una plataforma confiable, incluyendo el sistema operativo o cualquier entorno de ejecución sobre el que se utilice.

❑   Acceso. El producto tendrá acceso a todos los datos del sistema necesarios para llevar a cabo sus funciones.

❑   Administración confiable. El administrador es una parte clave del éxito en el uso de estos dispositivos o productos: ha de ser un miembro de plena confianza, capacitada y formada regularmente.

❑ Actualizaciones periódicas. El software y, si aplica, el firmware del producto ha de ser actualizado conforme aparezcan actualizaciones que corrijan vulnerabilidades conocidas.

Adicionalmente a la integración en un entorno seguro, se propone la adopción de los siguientes requisitos fundamentales de seguridad que deberían cubrir la configuración de los sistemas antivirus en categorías como canales de comunicación confiables, identificación y autenticación, capacidad anti-explotación, protección de credenciales y datos sensibles, requisitos criptográficos y malware:

❑ Canales de comunicación confiables. La siguiente funcionalidad de seguridad mitigaría la amenaza de ataque a la red:

♦ Protección de la información en tránsito. El dispositivo antivirus deberá establecer canales seguros (HTTPS/TLS 1.2, TLS 1.2 o superior, IPSec, SSHv2, etcétera) cuando intercambie información sensible con entidades autorizadas o con distintas partes del producto.

❑ Identificación y autenticación. La siguiente funcionalidad de seguridad mitigaría la amenaza de ataque local:

♦ Cada usuario del producto deberá ser autenticado correctamente antes de permitir cualquier otra acción sobre este.

❑ Capacidad anti-explotación. Estas funcionalidades de seguridad ayudarán a mitigar la amenaza de ataque local:

♦ El producto se auto-protegerá cuando se encuentre en ejecución, de tal forma que tenga acceso exclusivo a su zona de memoria asignada.

♦ El producto estará configurado por defecto con permisos de ficheros que lo protejan de accesos no autorizados.

❑ Protección de credenciales y datos sensibles. Las siguientes funcionalidades de seguridad mitigarán la amenaza de ataque a la información almacenada: local:

♦ En el caso en que el producto anti-spam almacene credenciales y/o datos sensibles, estos no deberán almacenarse en claro.

♦ Si el producto utiliza sus propias credenciales de acceso obligará al cambio de credenciales cuando dicho acceso se realice utilizando credenciales por defecto o el usuario no disponga de credenciales asignadas.

♦ El producto deberá impedir el acceso en claro a los parámetros de seguridad críticos del sistema (claves simétricas y claves privadas).

❑ Requisitos criptográficos. La siguiente funcionalidad ayuda a mitigar las amenazas de ataque a la red y de acceso a información almacenada:

◆ La solución antivirus deberá impedir el acceso en claro a los parámetros de seguridad críticos del sistema (claves simétricas y claves privadas).

❑ Malware. Las siguientes funcionalidades pueden ayudar a mitigar las amenazas de ataque malware:

◆ El producto antivirus deberá escanear en tiempo real la memoria del sistema para detectar virus basados en memoria. Una vez detectado un virus u otro tipo de malware en memoria se debe bloquear su ejecución.

◆ El producto deberá escanear en tiempo real, de forma programada y bajo demanda, para detectar virus basados en ficheros. Si se ha detectado este tipo de virus se deberán adoptar todas las acciones previamente definidas por el administrador: limpiar el fichero de virus, poner el fichero en cuarentena y borrar el fichero. El producto también permitirá escanear, de forma manual y a petición de un usuario el equipo donde se ejecuta.

◆ Cuando se detecte el virus/malware el producto deberá mostrar una alerta en el equipo donde se ha detectado. Se deberá mostrar el virus detectado y las acciones adoptadas.

◆ Una vez detectado el virus u otro tipo de malware el producto debería alertar al administrador, indicando en nombre del equipo afectado, el virus detectado y las acciones adoptadas por el sistema antivirus.

◆ El producto antivirus deberá crear alertas basadas en reglas sobre la monitorización de los registros de la actividad del sistema. Dicha monitorización se realizará mediante la comprobación de firmas, patrones o heurísticas.

◆ El producto deberá monitorizar los ficheros determinados por la política de la organización utilizando funciones resumen admitidas, como, por ejemplo, SHA2 o SHA3.

◆ El producto antivirus deberá bloquear procesos en ejecución en caso de detectar una posible violación en la seguridad.

9.4. Criterios de seguridad para la configuración de los sistemas cortafuegos

Por lo general y al igual que otros sistemas de protección, este tipo de dispositivos se encuentran en grandes o medianas empresas, así como en redes del sector público como parte de una arquitectura de defensa en profundidad.

La configuración correcta de seguridad de un sistema cortafuegos es esencial; no importan los recursos económicos que una organización destine a los sistemas de seguridad de información porque si un cortafuegos está mal configurado, si es vulnerable, toda la organización estará en riesgo.

Para definir los criterios de seguridad aplicables a los sistemas cortafuegos resulta obligado un conocimiento exhaustivo de las amenazas de seguridad a las que estas herramientas hacen frente y así lograr configurarlas adecuadamente:

❏ Divulgación de información no autorizada. Un atacante puede recopilar información no autorizada de una red desde otra a través del dispositivo cortafuegos, por ejemplo, si cuenta con un mapa de dispositivos de la red o conoce su direccionamiento IP.

❏ Acceso no autorizado. Un atacante puede acceder a información para la que no estaba autorizado, que es intercambiada a través del dispositivo o puede utilizar el dispositivo como mecanismo de acceso a los recursos y servicios de una red para los que no cuenta con autorización.

❏ Envío de tráfico dañino. El atacante consigue enviar información a través del cortafuegos malintencionadamente, con el objetivo de poner en riesgo su seguridad o de aquellos otros recursos a los que protege. Un ejemplo sería provocar una denegación de servicio.

❏ Cifrado débil. La utilización de algoritmos criptográficos débiles posibilita que un ataque comprometa la seguridad del cortafuegos, sobre todo en ataques de fuerza bruta.

❏ Utilización de canales de comunicación inseguros. Una implementación deficiente de protocolos estándar o la utilización de productos no estandarizados pueden permitir a un atacante comprometer la seguridad y confidencialidad de las comunicaciones del dispositivo.

❏ Mal uso de los servicios. El uso no autorizado o inapropiado de los servicios que proporciona el cortafuegos o la infraestructura que protege podría favorecer la estrategia de ataque.

❏ Compromiso de la funcionalidad del dispositivo. Un fallo del cortafuegos comprometerá la funcionalidad de seguridad, incluyendo el encaminamiento, filtrado y registro de actividad, permitiendo modificarla o desactivarla de manera no conforme a las políticas de seguridad de la organización.

Con el objetivo de mitigar este conjunto de amenazas es conveniente que el sistema cortafuegos se integre en un entorno de trabajo que cumpla unas mínimas condiciones de protección:

❑ Protección física. El dispositivo o producto debe instalarse en un área donde el acceso esté restringido al personal autorizado y en condiciones ambientales adecuadas.

❑ Funcionalidad limitada. El producto deberá utilizarse para el encaminamiento y filtrado de red como su función básica y no proporcionar otra funcionalidad adicional, excepto aquellas compatibles orientadas a la protección de las comunicaciones.

❑ Administración confiable. El administrador es una parte clave del éxito en el uso de estos dispositivos o productos: ha de ser un miembro de plena confianza, capacitada y formada regularmente.

❑ Actualizaciones periódicas. El software y, si aplica, el firmware del producto ha de ser actualizado conforme aparezcan actualizaciones que corrijan vulnerabilidades conocidas.

❑ Protección de las credenciales. Todas las credenciales, en particular las del administrador, deberán estar protegidas por parte de la organización que utilice el dispositivo o producto.

❑ Política de seguridad de la información. Una política de seguridad deberá recoger el conjunto de principios, organización y procedimientos impuestos por un organismo para hacer frente a sus necesidades de seguridad en el ámbito de las TIC.

Adicionalmente a la integración en un entorno seguro, se propone la adopción de los siguientes requisitos fundamentales de seguridad:

❑ Documentar todos los cambios en las reglas de los cortafuegos. Parece algo trivial, pero lo cierto es que siempre ha existido una resistencia especial a documentar este tipo de acciones, lo cual puede ocasionar situaciones no deseadas.

Es bastante común que el administrador de un cortafuegos, ante una emergencia, se vea obligado a realizar una intervención en su configuración y no refleje los cambios. Esa acción puede, posteriormente, llegar incluso a provocar pérdidas de servicio si se implementan nuevas reglas que no tengan en cuenta el último cambio que no fue documentado y que es, por tanto, desconocido o fue olvidado.

❑ Instalar todas las reglas de acceso con los mínimos derechos. Las reglas permisivas constituyen otro foco de problemas de seguridad. Una regla que cuente con el valor ANY en el campo destinado a referenciar el servicio al que se le permite acceso, estará otorgando dicho acceso a 65.535 vectores de ataque de código malicioso.

❑ Verificar que todos los paquetes son denegados por defecto. Los únicos paquetes permitidos deberían ser aquellos que se transmiten entre direcciones y puertos que han sido especificados de forma explícita. Es una posición mucho más defensiva que la que consiste en decidir qué reglas hay que definir para bloquear ciertas direcciones o servicios.

❏ Garantizar que se filtran las direcciones internas y externas que no son apropiadas. El tráfico procedente de direcciones internas de la organización no debería tener direcciones externas como dirección de origen. De la misma manera, el tráfico que se origina fuera de la red no debería tener su red interna como dirección de origen.

❏ Eliminar las reglas que ya no son necesarias. Es muy común que las unidades de negocio de las organizaciones soliciten el acceso a nuevos servicios, lo que provocará la creación de nuevas reglas en el cortafuegos. Mucho más difícil será que esas mismas unidades comuniquen que ya no necesitan ese acceso y que la regla puede eliminarse.

Los atacantes pueden aprovechar reglas obsoletas para intentar aprovechar vulnerabilidades e introducir código malicioso a través del cortafuegos.

Por tanto, la realización de informes sobre reglas obsoletas o en desuso es una buena práctica para evitar males mayores.

❏ Realizar revisiones de mantenimiento en los sistemas cortafuegos. Se trata de una actividad crítica para la seguridad de la organización. Dado que ni las redes ni los servicios son estáticos, tampoco lo deberían ser los dispositivos cortafuegos.

Hay que estar atento a las recomendaciones de seguridad del fabricante, que periódicamente anunciará nuevas versiones de firmware que subsanarán vulnerabilidades detectadas y cuya instalación también redundará en un mejor rendimiento del sistema.

Una revisión de mantenimiento puede aprovecharse para realizar la eliminación de reglas redundantes, de las que ya no son necesarias o de reglas utilizadas para un uso puntual que se han quedado de forma permanente.

Cada organización ha de establecer un calendario de mantenimiento de sus dispositivos.

❏ Valorar la utilización de cortafuegos con funcionalidades avanzadas, los conocidos como Next-Generation Firewalls (NGFW), que incorporan capacidades de detección de intrusiones y de otras tecnologías de inspección de paquetes.

❏ Considerar la protección de la capa de aplicación. Los cortafuegos avanzados permiten inspeccionar las cargas útiles de tráfico (en inglés payload) de forma más profunda que el origen, el destino y el puerto. Los cortafuegos de capa de aplicación pueden defender a servidores web y otras aplicaciones de algunas amenazas a las que los cortafuegos tradiciones no llegan.

9.5. Criterios de seguridad para la configuración de los sistemas IDS/IPS

A pesar de la, en ocasiones injusta, mala reputación de los sistemas IDS/IPS por su propensión a producir falsos positivos, son dispositivos extremadamente útiles para la detección y el control del código malicioso.

Es necesario un largo proceso de aprendizaje y configuración, tanto del sistema como del entorno que está monitorizando pero, al final, la organización contará una herramienta de seguridad bastante potente.

La clave está en el conocimiento del entorno. Si no se comprende el flujo de datos entre dos puntos de la red o en qué situación se encuentran dos sistemas, se hace imposible conocer qué proteger y cómo hacerlo. Estos principios también han de aplicarse cuando se cuenta con un sistema IDS/IPS.

De igual forma que los sistemas cortafuegos, los sistemas IDS/IPS son de uso generalizado en grandes o medianas empresas, tanto en el ámbito del sector público como del privado y casi siempre como parte de una arquitectura de defensa en profundidad y mejora de la seguridad de las redes.

Para definir los criterios de seguridad aplicables a los sistemas IDS/IPS resulta obligado un conocimiento exhaustivo de las amenazas de seguridad a las que estas herramientas hacen frente y así lograr configurarlas adecuadamente:

❑ Ataques de denegación de servicio. El éxito de estos ataques impedirá el funcionamiento correcto de la red monitorizada por el dispositivo.

❑ Divulgación de información no autorizada. Un atacante puede recopilar información no autorizada de la configuración de la red desde otra a través de sondear dispositivos finales (endpoints) utilizando, por ejemplo, herramientas de escaneo o técnicas de mapeo. También podría lograr hacerse con datos de usuario que circulen por la red o que se encuentren almacenados en el dispositivo.

❑ Acceso no autorizado. Un atacante, mediante técnicas de fuerza bruta o código dañino, puede acceder a información para la que no estaba autorizado, que es intercambiada a través del dispositivo o puede utilizar el dispositivo como mecanismo de acceso a los recursos y servicios de una red para los que no cuenta con autorización.

❑ Envío de tráfico dañino. El atacante consigue enviar información a través del sistema IDS/IPS malintencionadamente, con el objetivo de poner en riesgo su seguridad o de aquellos otros recursos a los que protege.

❑ Compromiso de la funcionalidad del dispositivo. Un fallo del sistema IDS/IPS comprometerá la funcionalidad de seguridad, influyendo en su actividad, permitiendo modificarla o desactivarla de manera no conforme a las políticas de seguridad de la organización.

Con el objetivo de mitigar este conjunto de amenazas es conveniente que el sistema cortafuegos se integre en un entorno de trabajo que cumpla unas mínimas condiciones de protección:

❑ Protección física. El dispositivo o producto debe instalarse en un área donde el acceso esté restringido al personal autorizado y en condiciones ambientales adecuadas.

❑ Administración confiable. El administrador es una parte clave del éxito en el uso de estos dispositivos o productos: ha de ser un miembro de plena confianza, capacitada y formada regularmente.

❑ Actualizaciones periódicas. El software y, si aplica, el firmware del producto ha de ser actualizado conforme aparezcan actualizaciones que corrijan vulnerabilidades conocidas.

❑ Protección de las credenciales. Todas las credenciales, en particular las del administrador, deberán estar protegidas por parte de la organización que utilice el dispositivo o producto.

❑ Política de seguridad de la información. Una política de seguridad deberá recoger el conjunto de principios, organización y procedimientos impuestos por un organismo para hacer frente a sus necesidades de seguridad en el ámbito de las TIC.

Un atacante que quisiera comprometer estos dispositivos requeriría una cantidad arbitraria de tiempo para analizar los flujos de información intercambiaos a través del dispositivo y acceso a las unidades del dispositivo o al propio dispositivo donde llevar a cabo pruebas e intentos de ataque. También debería contar con conocimientos y destreza en el uso de herramientas de análisis de red, explotación de vulnerabilidades, etcétera.

Adicionalmente a la integración en un entorno seguro, se propone la adopción de los siguientes requisitos fundamentales de seguridad que deberían cubrir la configuración de los sistemas IDS/IPS en las categorías de detección y análisis y reacción:

❑ Detección y análisis. El producto IDS/IPS deberá ser configurado para permitir las siguientes funcionalidades:

♦ Deberá soportar la definición de patrones de tráfico esperados y aprobados, anomalías y la descripción de la actividad de cada anomalía.

♦ Permitirá a los administradores la creación de reglas, listas blancas y negras de direcciones IP.

- ◆ El producto desarrollará un análisis del tráfico de red basado en IP y detectará violaciones de las políticas definidas por el administrador del dispositivo. Este tráfico podrá implementar protocolos como IPv4, IPv6, ICMPv4, ICMPv6, TCP y UDP.

- ◆ El dispositivo tendrá la capacidad de inspeccionar el contenido de las cabeceras de paquetes y unidades de datos de los protocolos descritos en el punto anterior.

❑ Reacción. El sistema IDS/IPS deberá ser configurado para reaccionar ante la detección de código malicioso permitiendo, por ejemplo, las siguientes operaciones:

- ◆ Permitir el tráfico.

- ◆ Enviar una instrucción de reinicio (reset) de la conexión TCP a la dirección origen y destino del tráfico detectado.

- ◆ Enviar un mensaje ICMP de "destino no alcanzable".

- ◆ Enviar un mensaje a otro dispositivo de red para que bloquee el tráfico dañino.

Las siguientes recomendaciones pueden ayudar a que un sistema IDS/IPS consiga que el código malicioso pueda tenerlo más difícil para infectar los sistemas de una organización:

❑ Entender el entorno que se está monitorizando. El administrador de red y el de sistemas deben ayudar en esta tarea. Datos como la programación de la instalación de las actualizaciones en los sistemas y aplicaciones o el conocimiento de la periodicidad en la que se ejecutan algunos procesos permitirán realizar una configuración en el sistema IDS/IPS más óptima a la hora de establecer o no las alarmas pertinentes.

❑ No confíe en las configuraciones predeterminadas. Los sistemas IDS/IPS suelen contar con una configuración preestablecida que, con casi total seguridad, nada tiene que ver con el entorno de su organización. Personalice las reglas y las alertas, adecuándolas a sus necesidades.

❑ Monitorizar y afinar un sensor del sistema IDS/IPS cada vez. Esta operación evitará sentirse sobresaturado por las alarmas o por los falsos positivos. La mayoría de los sistemas IDS/IPS posibilitan el funcionamiento en el modo solo monitor. Esta opción habilita configurar una línea de tráfico normal a partir de la cual se irán definiendo las reglas para detener el código malicioso. Una vez establecidas las reglas, se podrá habilitar la protección activa en el sistema. Es necesario recordar que este proceso no se detiene aquí: el proceso de refinado es continuo, las reglas cambiarán y la monitorización a nuevos tipos de código malicioso ha de ser permanente.

❑ Establezca alertas que le lleguen al responsable del sistema o de seguridad de forma directa. De este modo, conocerá inmediatamente que es objeto de un intento de ataque.

❏ Es muy importante la utilización de algún sistema de correlación de eventos que incluya a los generados por el sistema IDS/IPS. La correlación permitirá agrupar eventos, evitando la recepción de páginas y páginas de alertas en su correo electrónico. Permiten interactuar con todo tipo de dispositivos por lo que proporcionarán una imagen muy clara de lo que está sucediendo en la organización. Por ejemplo, pueden mostrar que un atacante consiguió introducir código malicioso pese a contar con un sistema IDS/IPS pero que el ataque fue detenido por el antivirus existente en el sistema atacado, que impidió la entrada del malware y generó un evento que quedó registrado provocando una alerta que el sistema de correlación le hizo llegar.

❏ Un sistema de correlación permitirá una respuesta más rápida y requiriendo menos recursos.

❏ Resulta vital monitorizar los eventos de los sistemas IDS/IPS de forma periódica. Proporciona métricas, permite establecer tendencias y conocimiento de nuevas técnicas de ataques de código malicioso.

9.6. Criterios de seguridad para la configuración de los sistemas honeypots

Está comúnmente aceptado que un sistema honeypot con una configuración por defecto no añade demasiado valor a la prevención de un ataque por código malicioso. Sin embargo, si un honeypot está incorrectamente configurado puede hacer más fácil una intrusión o un ataque.

Para definir los criterios de seguridad aplicables a los honeypots resulta obligado un conocimiento exhaustivo de las amenazas de seguridad a las que estas herramientas hacen frente y así lograr configurarlas adecuadamente:

❏ Divulgación de información no autorizada. Un atacante puede recopilar información no autorizada del producto o de los servicios y redes que emula, lo que le resultará de gran utilidad para comprometer las redes protegidas de la organización.

❏ Escucha de red. Si un atacante logra infiltrarse hasta un punto de conexión de la infraestructura de podrá supervisar y obtener acceso a la comunicación y datos intercambiados entre el sistema honeypot y otros puntos finales (endpoints) de la red corporativa que no formen parte de los elegidos por la organización para realizar el estudio de los ataques.

❏ Cifrado débil. La utilización de algoritmos criptográficos débiles posibilita que un ataque comprometa la seguridad del honeypot, sobre todo en ataques de fuerza bruta.

❑   Utilización de canales de comunicación inseguros. Una implementación deficiente de protocolos estándar o la utilización de productos no estandarizados pueden permitir a un atacante comprometer la seguridad y confidencialidad de las comunicaciones del dispositivo.

❑   Compromiso de la funcionalidad del honeypot. Un atacante o un fallo en la herramienta comprometerá la funcionalidad de seguridad, influyendo en su actividad y permitiendo modificarla o desactivarla de manera no conforme a las políticas de seguridad de la organización.

Con el objetivo de mitigar este conjunto de amenazas es conveniente que el sistema honeypot se integre en un entorno de trabajo que cumpla unas mínimas condiciones de protección:

❑   Administración confiable. El administrador es una parte clave del éxito en el uso de estos dispositivos o productos: ha de ser un miembro de plena confianza, capacitada y formada regularmente.

❑   Actualizaciones periódicas. El producto ha de ser actualizado conforme aparezcan actualizaciones que corrijan vulnerabilidades conocidas.

❑   Protección de las comunicaciones. Deberán habilitarse los mecanismos necesarios que permitan una comunicación segura entre el sistema honeypot y las redes bajo control de la organización a las que se conecte. Esta configuración es crítica si el producto necesita administración remota debido a su naturaleza de permitir ataques.

❑   Segregación de la red. La red en la que se despliegue el sistema honeypot debería estar separada de otras redes que contengan información sensible o servicios protegidos de la organización, de modo que un posible incidente de seguridad que afectase al producto quedase contenido dentro del segmento de red en el que se encuentre ubicado.

❑   Política de seguridad de la información. Una política de seguridad deberá recoger el conjunto de principios, organización y procedimientos impuestos por un organismo para hacer frente a sus necesidades de seguridad en el ámbito de las TIC. La política debería recoger las restricciones de uso de estos productos dentro del marco legal y los límites en la información organizativa que exponen.

Adicionalmente a la integración en un entorno seguro, se propone la adopción de los siguientes requisitos fundamentales de seguridad:

❑   Monitorizar la acción del sistema honeypot. Estos sistemas recogen muy poca información pero, eso sí, de gran valor para la organización. Si un sistema honeypot no está recogiendo nada de información, aparte de ser inútil, debería poner en aviso al administrador de seguridad porque puede ser que esté mal configurado o que su presencia sea demasiado evidente para los atacantes.

❏ Evitar la tentación de tomar represalias contra los atacantes. El objetivo es reforzar la seguridad de la organización, no entrar en una guerra contra los atacantes. Además, pueden originarse situaciones de ilegalidad que podrían perjudicar a la organización.

9.7. Criterios de seguridad para la configuración de los sistemas de correlación de eventos

Para definir los criterios de seguridad aplicables a los sistemas de correlación de eventos resulta obligado un conocimiento exhaustivo de las amenazas de seguridad a las que estas herramientas hacen frente y así lograr configurarlas adecuadamente:

❏ Divulgación de información no autorizada. Un atacante puede recopilar información no autorizada del producto como, por ejemplo, servicios de la organización, credenciales de acceso, etcétera.

❏ Escucha de red. Un atacante, desde fuera o desde dentro de la red, podrá acceder a la información intercambiada entre los distintos módulos de la aplicación.

❏ Acceso no autorizado. Un atacante puede conseguir acceso no autorizado a información intercambiada a través del producto o que ha sido generada o almacenada en él.

❏ Acciones no autorizadas. Un usuario podría lograr un acceso no autorizado a los recursos. Este usuario malicioso podría enmascararse como una entidad autorizada con la finalidad de obtener un acceso no autorizado a los recursos del producto.

❏ Cifrado débil. La utilización de algoritmos criptográficos débiles posibilita que un ataque comprometa la seguridad del sistema de correlación de eventos, sobre todo en ataques de fuerza bruta.

❏ Utilización de canales de comunicación inseguros. Una implementación deficiente de protocolos estándar o la utilización de productos no estandarizados pueden permitir a un atacante comprometer la seguridad y confidencialidad de las comunicaciones del dispositivo.

❏ Compromiso de la funcionalidad del sistema de correlación de eventos. Un atacante o un fallo en la herramienta comprometerá la funcionalidad de seguridad, influyendo en su actividad y permitiendo modificarla o desactivarla de manera no conforme a las políticas de seguridad de la organización.

Para mitigar este conjunto de amenazas, es necesaria la integración de los sistemas de correlación de eventos en un entorno operacional que cumpla las siguientes condiciones mínimas de protección:

❑ Protección física. El dispositivo o producto debe instalarse en un área donde el acceso esté restringido al personal autorizado y en condiciones ambientales adecuadas.

❑ Plataforma segura. Si el producto se presenta en forma de aplicación software se ejecutará sobre una plataforma confiable, incluyendo el sistema operativo o cualquier entorno de ejecución sobre el que se utilice.

❑ Administración confiable. El administrador es una parte clave del éxito en el uso de estos dispositivos o productos: ha de ser un miembro de plena confianza, capacitada y formada regularmente.

❑ Actualizaciones periódicas. El software y, si aplica, el firmware del producto ha de ser actualizado conforme aparezcan actualizaciones que corrijan vulnerabilidades conocidas.

❑ Política de seguridad de la información. Una política de seguridad deberá recoger el conjunto de principios, organización y procedimientos impuestos por un organismo para hacer frente a sus necesidades de seguridad en el ámbito de las TIC.

Adicionalmente al establecimiento de un entorno operacional seguro, se propone la adopción de ciertos requisitos fundamentales de seguridad que debería cubrir la configuración de los criterios de seguridad de los sistemas de correlación de eventos:

❑ El producto debe identificar de forma única a los usuarios y autenticarlos antes de permitir su acceso a las funciones y datos. Asimismo, debe garantizar que únicamente los usuarios con los privilegios adecuados puedan ejercer el control de dichas funciones y datos. No podrá almacenar ninguna credencial en claro en memoria no volátil.

❑ El sistema de correlación de eventos debe proporcionar un conjunto de funciones de gestión que permitan el control adecuado de sus características y datos.

❑ El producto deberá impedir el acceso en claro a los parámetros de seguridad críticos del sistema (claves simétricas y claves privadas).

❑ El producto debe proporcionar una fuente de tiempo fiable para los registros de auditoría.

❑ El sistema de correlación de eventos ha de ser capaz de recibir, identificar e interpretar eventos procedentes de fuentes múltiples. Debe soportar, al menos, los protocolos syslog y SNMP. También debe ser configurable para interpretar y normalizar información procedente de aplicaciones y herramientas propietarias.

❑ Para la funcionalidad de análisis y correlación de eventos, el producto facilitará la creación de alarmas o notificaciones en el caso de detectar riesgos potenciales para la seguridad.

❏ Para la funcionalidad de análisis de eventos, el sistema de correlación de eventos será capaz de analizar los datos recolectados en función de reglas definidas con el objetivo de identificar usos indebidos o actividades maliciosas y registrando el resultado de dichos análisis.

❏ Para la funcionalidad de análisis de eventos y correlación, el producto debe proteger los eventos almacenados de accesos, modificaciones y borrados no autorizados, así como prevenir la pérdida de eventos por el llenado del espacio de almacenamiento.

9.8. Criterios de seguridad para la configuración de los navegadores

Son muchas las amenazas de infección por código malicioso que utilizan vulnerabilidades o una deficiente configuración de seguridad de los navegadores.

Para evitar la infección de un sistema a través del navegador se recomienda la adopción de los siguientes criterios de seguridad y buenas prácticas:

❏ Actualización periódica.

❏ Establecer la configuración de seguridad adecuada del navegador, de manera que permita navegar con un mínimo de seguridad garantizada. Habrá que prestar especial atención a las siguientes opciones:

♦ Zonas de seguridad.

♦ Filtros antiphishing. Será necesario configurar las herramientas y los navegadores para que bloqueen las webs declaradas como de contenido malicioso.

♦ Bloqueo de elementos emergentes.

♦ Administración de las cookies.

♦ Administración del historial de navegación.

♦ Administración de las descargas.

♦ Activación o desactivación de ejecución de código. Por ejemplo, es recomendable desactivar la interpretación de Visual Basic Script permitiendo, únicamente, la ejecución de JavaScript, controles Active X y cookies en páginas web de total confianza.

♦ Uso de certificados digitales.

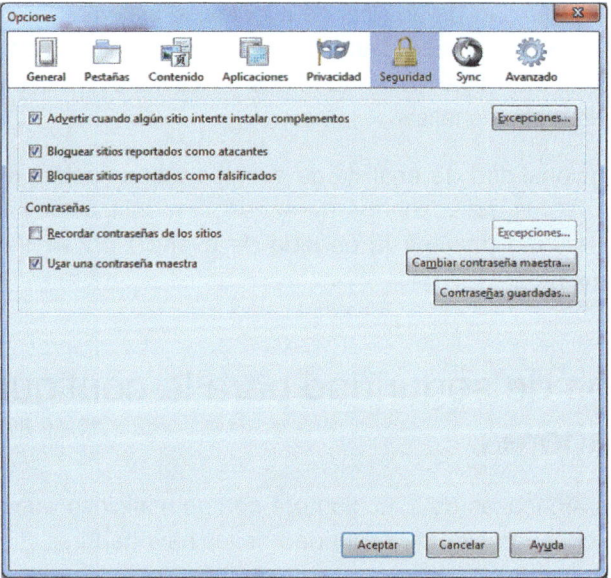

Imagen de varias opciones de configuración de seguridad en el navegador Firefox

Con el desarrollo de este epígrafe hemos conseguido determinar los criterios de seguridad para la configuración de las herramientas de protección frente a código malicioso.

10. Determinación de los requerimientos y técnicas de actualización de las herramientas de protección frente a código malicioso

Otro de los aspectos vitales en la prevención y detección de código malicioso es la concienciación en contar con una infraestructura de seguridad actualizada. De poco servirá contar, por ejemplo, con sistemas IDS/IPS si las firmas se encuentran desactualizadas o con herramientas antimalware si su motor está desfasado.

Como ya se ha comentado, el campo de los ataques por código malicioso es muy amplio y las motivaciones de los atacantes son grandes por lo que el nivel de innovación y sofisticación de sus desarrollos es elevado.

Para tratar de evitar la infección en la mayor medida posible, se recomienda que la actualización de la infraestructura de sistemas de información sea un objetivo fundamental de la organización. Esto incluiría a:

❑ Sistemas operativos y aplicaciones, incluyendo las existentes en las páginas web como gestores de contenidos, tiendas virtuales, etc.

❑ Las propias herramientas de detección y contención de código malicioso como elementos fundamentales en la contención de amenazas.

Todos los fabricantes informan de la actualización de sus productos, por lo que bastará con estar incluido en sus listas de correo para ser informados puntualmente de su aparición. Igualmente, puede ser conveniente suscribirse a grupos de noticias de entidades expertas en seguridad que avisarán de la publicación de nuevas actualizaciones en los diversos escenarios citados anteriormente.

10.1. Actualización de los sistemas operativos y aplicaciones

Los sistemas que cuentan con el rol de servidor suelen ser los más atacados. Una de las principales vías de infección está en el hecho de disponer de vulnerabilidades. Por increíble que parezca, es más que probable que muchas de ellas fueran corregidas semanas, meses o incluso años atrás y nunca fueron instaladas en los sistemas los parches que las corregirían.

Los fabricantes, una vez detectadas las vulnerabilidades en sistemas y aplicaciones, suelen publicar la solución en modo parche, service pack o nueva versión. En cualquiera de los casos, el administrador del sistema necesitará descargarse el fichero que contiene la solución e instalarla en los sistemas afectos. Esta operación puede resultar de impacto en una organización, por lo que se precisa una cuidadosa política de actualizaciones. Además, en el caso de contar con una infraestructura lo suficientemente grande, resultará del todo imposible acometer esa tarea de forma manual e individualizada puesto a puesto. Para ayudar a los administradores en estas tareas se cuenta con las siguientes posibilidades:

❑ Gestores de descargas. Todos los sistemas operativos cuentan con uno propio. Además, existe un gran número de ellos de código abierto.

❑ Sistemas de actualización de software. Ofrecen una solución completa para administrar, de forma global, las actualizaciones de los sistemas y de las aplicaciones en una infraestructura de red.

Deben permitir el alta, baja y modificación de las fuentes confiables desde las que se importarán los paquetes de actualización. Además, deberían permitir el alta, baja y modificación de los sistemas cliente a los que distribuir las actualizaciones, incluyendo información relativa

a su identificación inequívoca y al software o firmware a actualizar. Estos sistemas permiten la consulta para cada sistema cliente afectado el estado de los paquetes distribuidos, indicando su versión y el resultado del despliegue. También posibilitan gestionar la desinstalación de los paquetes distribuidos, tantos de forma individual como colectiva. Finalmente, deben permitir la importación y verificación de los paquetes de actualización, bien sea de fuentes confiables en línea bien de mecanismos de transferencia de datos fuera de línea.

Cada familia de sistemas operativos cuenta con un sistema de actualización propio. Por ejemplo, en el caso de Microsoft Windows es Windows Server Update Services (WSUS), en el de Red Hat Linux es Red Hat Network (RHN), etcétera. Conviene no olvidar los sistemas operativos de los dispositivos móviles, tanto Android como iOS.

En el caso de las aplicaciones contaríamos, por ejemplo, con Java System Update Service (Java SUS) en el caso de las aplicaciones desarrolladas en Java.

En el apartado de las aplicaciones, también hay que tener muy en cuenta todas las apps desplegadas en los dispositivos móviles –propias de la organización y externas– que utilizan los empleados y diseñar una estrategia de actualización que impida que esos dispositivos se conviertan en vulnerables. En este caso, pueden ser de ayuda las herramientas MAM (*Mobile Application Management*, Gestión de aplicaciones móviles).

Es posible encontrar los siguientes casos de uso en un sistema gestor de actualizaciones:

❑ **Actualizaciones fuera de línea (offline).** Existen redes o dispositivos que han de permanecer aislados por requisitos de seguridad; en estos casos la actualización no puede realizarse estableciendo canales de comunicación directos con las fuentes que proporcionan los recursos para la actualización.

El procedimiento a seguir constará de descarga, comprobación y aprobación de las actualizaciones. Un usuario autorizado instalará los paquetes de actualizaciones ejecutando los instaladores necesarios.

Esta tipología cuenta con dos aproximaciones:

◆ Los agentes atienden las peticiones de actualización iniciadas por parte del servidor. En esta situación, la herramienta determinará las acciones que se realizarán en el sistema. No es necesaria la intervención del usuario.

◆ Los clientes se conectan periódicamente al servidor centralizado para comprobar la existencia de nuevas actualizaciones, que descargará en caso afirmativo. Existe la opción de ofrecer al usuario la posibilidad de elegir el momento de su aplicación.

Ejemplo de Caso de uso 1: Actuaciones Offline

❏ **Actualizaciones en línea (online).** El producto verifica periódicamente de forma manual o automática si las versiones de software y firmware soportadas son las últimas disponibles. Posteriormente, se procederá a la descarga del paquete de actualizaciones en la modalidad en línea desde una fuente de confianza. Finalmente, la herramienta de actualización desplegará los paquetes ejecutando los instaladores necesarios.

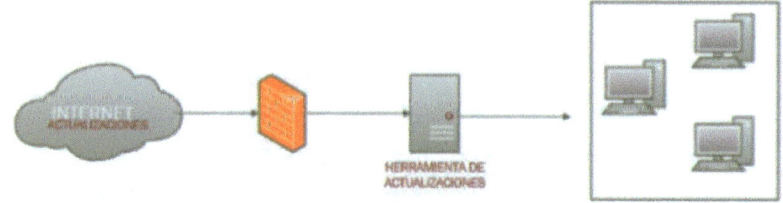

Ejemplo de Caso de uso 2: Actualizaciones Online

Conviene tener en cuenta la actualización de todas las aplicaciones que residen en páginas web. Son bastante comunes los sistemas gestores de contenidos (en inglés *Content Management Systems*, CMS) en muchas Intranets, así como todas aquellas aplicaciones presentes en sitios web que ofrecen una tienda online (por ejemplo, la aplicación del carrito de la compra) o un blog (aquí es muy habitual es uso de WordPress, una aplicación que tiene una histórico importante de vulnerabilidades y ataques). Son algunos ejemplos de aplicaciones que una organización no puede permitirse el lujo de mantener desactualizadas por los riesgos que implica ante ataques de código malicioso.

Finalmente, un caso particular es el navegador. El incremento de su uso por el traslado de todo tipo de aplicaciones al modelo web, unido al habitual de conectarse a Internet, lo convirtieron hace años en el objetivo principal de muchos ataques, entre ellos los de código malicioso.

En este escenario, es particularmente importante ser extremadamente riguroso con la aplicación de actualizaciones y estar atentos a las notificaciones de corrección de vulnerabilidades por sus fabricantes o empresas expertas en seguridad.

10.2. Actualización de las herramientas de protección

Es necesario considerar la gran importancia de actualizar las herramientas destinadas a proporcionar seguridad a una organización. Si no se actualizan no serán capaces de detectar las amenazas emergentes y se producirá una situación de pérdida de fiabilidad, incrementando el riesgo en la organización. Algunas medidas a adoptar son las siguientes:

❑ **Actualización de las herramientas anti-spam**. La actualización de estos sistemas logra mitigar las amenazas de ataque local y de acceso a las funciones de seguridad referidas anteriormente. Los productos anti-spam deberán contar con las siguientes funcionalidades:

- ♦ El producto anti-spam ofrecerá la posibilidad de consultar su versión actual de software o firmware, iniciar las actualizaciones manualmente y comprobar si existen nuevas actualizaciones disponibles.

- ♦ El producto ofrecerá mecanismos criptográficos, a través de hashes o firma digital para autenticar las actualizaciones de firmware o software antes de instalarlas.

- ♦ La actualización del firmware o software se permitirá únicamente a usuarios con el rol de administrador.

- ♦ En caso de tratarse de un producto software, este deberá estar empaquetado de tal forma que, si se elimina, no deje rastro de su instalación exceptuando ficheros de salida o auditoría.

- ♦ Si se trata de un producto software, únicamente utilizará las bibliotecas de terceras partes declaradas por el fabricante.

❑ **Actualización de las herramientas antivirus**. La actualización de estos sistemas ayuda a mitigar la amenaza de ataque local. Los productos antivirus deberán contar con las siguientes funcionalidades:

- ♦ El producto antivirus ofrecerá la posibilidad de consultar su versión actual de software o firmware, iniciar las actualizaciones manualmente y comprobar si existen nuevas actualizaciones disponibles.

- ♦ El producto ofrecerá mecanismos criptográficos, a través de hashes o firma digital para autenticar las actualizaciones de software antes de instalarlas.

- ♦ El producto deberá estar empaquetado de forma que, si se elimina, no deje rastro de su instalación exceptuando ficheros de salida o auditoría.

♦ El producto no descargará ni modificará su propio código binario.

♦ La solución utilizará únicamente las bibliotecas de terceras partes declaradas por el fabricante.

❏ **Actualización del resto de herramientas de protección**. En el caso del resto de herramientas que servirán de protección ante las amenazas de malware, la recomendación compartiría el principio aplicado al sistema operativo y a las aplicaciones: es absolutamente crucial para la organización mantener actualizados todos y cada uno de los elementos de los que se ha dotado para protegerse.

En este caso, existirá una doble necesidad de actualización:

♦ En los sistemas que soportan las soluciones de seguridad, los cortafuegos, los sistemas de detección y prevención de intrusos (IDS/IPS), los honeypots y los sistemas de correlación de eventos (por ejemplo, un SIEM), será necesario actualizar el firmware si se encuentra en la modalidad de appliance o el software si el producto se sirve en la modalidad de aplicación.

Podrán utilizarse los sistemas de actualización de software detallados anteriormente del mismo modo que para los servidores de uso generalista.

Como en el caso de los sistemas operativos de otros entornos, es muy conveniente estar inscrito a las listas de correo de los fabricantes para conocer toda la información sobre vulnerabilidades, actualizaciones, etcétera.

Además, será necesario actualizar las aplicaciones que en ellos residen y que son las que actúan protegiendo la infraestructura contra el código malicioso. En el caso de las soluciones de seguridad y de los sistemas IDS/IPS encontramos la obligación de actualizar sus bases de datos de firmas, tanto de malware como de los patrones de detección, respectivamente.

Muchos proveedores de sistemas IDS ofrecen actualizaciones regulares de las firmas. Las firmas personalizadas deben ser actualizadas según el proceso documentado en cada organización.

Cada aplicación cuenta con sus peculiaridades, por lo que es conveniente acudir a la guía de cada producto para conocer su procedimiento de actualización. Como en casos anteriores, es conveniente estar en contacto con los creadores de las aplicaciones para conocer las noticias de aparición de vulnerabilidades, actualizaciones, etcétera.

Una de las novedades más relevantes en los últimos años es la posibilidad de recibir actualizaciones desde la nube. La complejidad que han alcanzado las distintas soluciones de seguridad exige unos recursos a nivel de computación que no todas las organizaciones pueden permitirse en sus instalaciones. La posibilidad de que esta computación se realice en la nube ofrece soluciones que recurren a su potencia cuando sea necesaria, manteniendo un modo de observación nada intrusivo y con poca demanda de hardware. De ese modo, se facilita a las organizaciones un medio rápido y poco demandante para contar con su infraestructura actualizada.

Conviene recordar que hace tiempo que las soluciones de seguridad dejaron de restringirse al ámbito del espacio de trabajo. La popularización de los dispositivos móviles eliminó esa frontera creándose una tendencia que acuñó el término BYOD (*Bring Your Own Device*, Trae tu propio dispositivo). Esta filosofía introduce los dispositivos móviles personales en el ámbito empresarial, con todo lo que esa acción conlleva. Los responsables de seguridad no pueden permanecer al margen de esta realidad y deben proporcionar respuesta al desafío: todos los dispositivos móviles necesitan protección en todo momento. Por ello, es muy interesante valorar opciones como la de recibir actualizaciones desde la nube o la utilización de herramientas de gestión de dispositivos móviles que ayuden a tener bajo control la seguridad de los mismos. Es el caso de las soluciones MDM (*Mobile Device Management*, Gestión de dispositivos móviles), EMM (*Enterprise Mobility Management*, Gestión de movilidad empresarial) y MAM (*Mobile Application Management*, Gestión de aplicaciones móviles).

BYOD.*Política empresarial que permite a los empleados la utilización de sus dispositivos móviles personales para acceder a los recursos de la empresa.*

Una vez aplicadas las actualizaciones es muy común no comprobar que se hayan instalado correctamente. Debemos revisar que todas (actualizaciones, parches de seguridad, corrección de vulnerabilidades, etc.) se han aplicado de forma correcta. Es importante garantizar que el funcionamiento del equipo y de las aplicaciones es el correcto después de una actualización.

Con el desarrollo de este epígrafe hemos conseguido determinar los requerimientos y técnicas de actualización de las herramientas de protección frente a código malicioso.

11. Relación de los registros de auditoría de las herramientas de protección frente a código malicioso necesarios para monitorizar y supervisar su correcto funcionamiento y los eventos de seguridad

Los registros de auditoría y los eventos de seguridad son una fuente importante de información para la prevención y solución de problemas en los sistemas de información de una organización. En ellos es posible encontrar información diversa sobre el estado de un sistema. Los profesionales en seguridad informática los utilizan para registrar datos o información sobre quién, qué, cuándo, dónde y por qué un evento ocurre en un sistema o aplicación en particular. El análisis de esa información permitirá conocer el tráfico de red desde y hacia ese sistema, las aplicaciones utilizadas y los usuarios que han accedido al sistema o a las aplicaciones que en él residen.

Los archivos de registro de auditoría permiten descubrir posibles ataques a los sistemas, detectando información sobre problemas o incidentes de seguridad producidos en ellos.

Puede concluirse que los objetivos de registrar los eventos serían:

❏   Garantizar la monitorización de los registros eventos que se producen en el sistema o en la aplicación.

❏   Asegurar la información de los ficheros de registro (logs).

11.1. Monitorización de los registros de auditoría y eventos de seguridad

Los registros de auditoría, eventos de seguridad o ficheros de registro en general pueden contener información de muy diverso tipo. En general, incluyen información como la fecha y hora del evento, procesos iniciados, dueño del proceso, descripción del evento, así como acciones consideradas de relevancia en la lógica de negocio.

En todo caso, puede resultar conveniente crear una estructura que indique dónde y cómo se escribe la información. Así, se podrá conocer si la información fue sobrescrita o si un programa está escribiendo en un momento concreto.

Además de estos datos más o menos genéricos podrán incluir otra información más específica:

❑ Información sobre acceso al archivo de información. Permite conocer qué tipo de información es leída, cuándo lo fue y quién lo hizo.

❑ Información administrativa y de configuración. Es recomendable registrar las funciones administrativas y los cambios de configuración (gestión de cuentas, visualización de información de usuario, habilitación o inhabilitación de registro, etcétera).

❑ Información de depuración de errores. Se recomienda incluir este tipo de información, que puede ser útil para conocer el estado de sistemas y aplicaciones.

❑ Intentos de autorización. En aplicaciones o sistemas con un alto nivel de seguridad es más que conveniente realizar este registro. Con esta medida será posible detectar intentos para forzar contraseñas, por ejemplo.

❑ Eliminación de información. Se recomienda registrar la eliminación de cualquier tipo de información de relevancia en un sistema.

❑ Comunicaciones de red. Conviene registrar aspectos de las comunicaciones de red como la aceptación o denegación de una comunicación, por ejemplo. Esta información permitirá a un sistema IDS/IPS detectar escaneo de puertos y ataques de fuerza bruta.

❑ Eventos de autenticación. Es muy recomendable incluir este tipo de eventos, desde inicio de sesión hasta el cierre pasando por los posibles intentos fallidos. Permitirá detectar ataques de fuerza bruta e intentos por adivinación, por ejemplo.

El empleo de las herramientas y procedimientos adecuados permitirá conseguir información sobre brechas en la seguridad del sistema y otros datos que servirán para comprobar el grado de cumplimiento de las políticas de seguridad definidas en una organización.

La información facilitada por los registros de auditoría permitirá a los responsables de seguridad o a los administradores de los sistemas tener controlados una serie de aspectos:

❑ Control de accesos. Los logs permitirán conocer las acciones que los usuarios autorizados realizan y así evaluar y adoptar decisiones sobre la asignación de autorizaciones, establecimiento de perfiles de acceso y permisos de usuario.

❑ Reconstrucción de eventos. Una revisión de logs puede realizar un seguimiento de las últimas operaciones efectuadas en un sistema y detectar cómo, cuándo y por qué se generó una incidencia de seguridad.

Un análisis puede detectar cómo se originó la incidencia, si se trató de un error de una aplicación, de un usuario o fue una intrusión de código malicioso, por ejemplo. Si, además, se ha producido una pérdida, modificación o robo de datos, el análisis de logs podría ayudar en su proceso de recuperación.

❑ Detección de intrusos o de código malicioso. Los registros de auditoría pueden diseñarse de modo que sean un apoyo a ambas tareas, tanto en tiempo real como una vez producido el incidente de seguridad. Será fundamental la monitorización de estos registros para que generen mensajes de advertencia y alarmas en cuanto se produzca alguno de estas circunstancias.

Otro aspecto importante en la gestión de los ficheros de registro de auditoría es la necesidad de realizar revisiones periódicas para detectar alarmas y los mensajes de advertencia generados. Estos mensajes no cuentan con el nivel de prioridad tan alto como los mensajes de peligro, pero pueden aportar información de utilidad sobre aspectos que pueden conducir a conocer qué está pasando en un sistema o qué puede suceder en un futuro cercano. Cierto es que el volumen de mensajes de este tipo puede resultar abrumador por lo que, en caso de ser posible, se deben utilizar herramientas especializadas en análisis de ficheros de registro que permitan automatizar el proceso y descargar de esta tarea a los administradores, lo que redundará en mejorar todos los recursos del proceso de seguridad. Estas herramientas suelen ejecutar los análisis de dos modos:

1. Realizando comprobaciones periódicas definidas previamente por el administrador. Su ventaja está en que únicamente se ejecutan cada cierto tiempo y en períodos de corta duración lo que implica que la utilización de recursos es muy aceptable. Esto implica que habrá que utilizar herramientas que permitan esta programación.

2. Realizando comprobaciones permanentes mediante la lectura continuada de los logs. En esta situación, los archivos de registro se analizan conforme se van produciendo. Lógicamente, exige un consumo mayor de recursos pero, a cambio, la información se obtiene de forma inmediata por lo que las posibilidades de evitar ataques son mayores.

11.2. Asegurar la información de los registros de auditoría y eventos de seguridad

Los registros de auditoría se encuentran legalmente protegidos en muchos países por lo que deben ser almacenados en lugares que garanticen una alta integridad, que prevenga de la eventualidad de modificaciones y eliminaciones, accidentales o motivadas. Con este objetivo se recomiendan las siguientes pautas:

❑ Auditar únicamente los eventos realmente importantes. Conviene auditar este tipo de eventos pues han de mantenerse durante un tiempo prolongado, lo que podría originar un gran consumo de recursos si se almacenaran registros de información o de depuración.

❑ Centralización de logs. Es recomendable centralizar los archivos de registro y asegurar que los registros de auditoría más importantes no son almacenados en sistemas vulnerables.

❑ Revisión de logs. Es conveniente revisar las copias de los ficheros de registro y auditoría, evitando revisar los originales.

❑ Repositorios confiables. Se recomienda la provisión de repositorios confiables a largo tiempo para los sistemas altamente protegidos mediante la utilización de dispositivos de escritura única o similar.

❑ Confianza de extremo a extremo. Hay que garantizar que existe una confianza en los mecanismos de registro en sistemas altamente protegidos.

❑ Revisión de entradas de los logs. Es recomendable disponer de herramientas de auditoría para leer logs de errores. Es muy útil separar la información importante de la que no lo es, o de la repetida. Conviene contar con un visualizador que permita desplegar los eventos ordenados por nivel de severidad en lugar de mostrar únicamente la hora en la que ocurrió el evento.

❑ Vigencia del log. En aplicaciones con alto nivel de seguridad es obligatorio conservar los datos del registro. Es preciso acudir a la legislación para conocer los datos de vigencia.

 *Los registros de auditoría están protegidos con medidas legales en varios países. Esta circunstancia suele requerir su almacenamiento en lugares con características especiales de seguridad y con tecnologías que eviten modificaciones, sean involuntarias o malintencionadas.*

11.3. Registros de auditoría de las herramientas de protección frente a código malicioso

11.3.1. Herramientas anti-spam

Las siguientes funcionalidades ayudan a mitigar la amenaza de actividad no detectada:

❑ El producto anti-spam deberá generar información de auditoría al comienzo y finalización de las funciones de auditoría y cuando se produzca alguno de los siguientes eventos:

◆ Inicio y finalización de la sesión (login y logout) del personal autorizado.

◆ Modificación en las credenciales de usuarios.

◆ Cambios en la configuración de la solución anti-spam.

◆ Eventos relativos a la funcionalidad del producto.

❑ Los registros de auditoría contendrán, al menos, la siguiente información: fecha y hora del evento, tipo de evento identificado, resultado del evento y, si aplica, usuario que ha producido dicho evento.

❑ Es recomendable que a los registros de auditoría se les aplique la siguiente política de acceso:

◆ Lectura: usuarios autorizados.

◆ Modificación: ningún usuario.

◆ Borrado: usuarios administradores.

❑ Si se trata de un producto en la modalidad appliance, debería ser capaz de almacenar la información de auditoría generada en sí mismo o en una unidad de almacenamiento externa.

❑ Si el sistema anti-spam es de la modalidad appliance debe ser capaz de eliminar o sobrescribir registros de auditoría anteriores cuando el espacio de almacenamiento se encuentre lleno.

11.3.2. Herramientas antivirus

Las siguientes funcionalidades podrán ayudar a mitigar la amenaza de actividad no detectada:

❑ El producto antivirus deberá generar información de auditoría al comienzo y finalización de las funciones de auditoría y cuando se produzca alguno de los siguientes eventos:

◆ Inicio y finalización de la sesión (login y logout) del personal autorizado.

◆ Modificación en las credenciales de usuarios.

◆ Cambios en la configuración de la solución antivirus.

◆ Eventos relativos a la funcionalidad del producto.

❑ Los registros de auditoría contendrán, al menos, la siguiente información: fecha y hora del evento, tipo de evento identificado, resultado del evento y, si aplica, usuario que ha producido dicho evento.

❑ Es recomendable que a los registros de auditoría se les aplique la siguiente política de acceso:

♦ Lectura: usuarios autorizados.

♦ Modificación: ningún usuario.

♦ Borrado: usuarios administradores.

11.3.3. Sistemas de detección y prevención de intrusiones

El sistema ha de permitir el filtrado y ordenación de los registros de auditoría. Estos deberán presentarse en un formato legible por el administrador. Entre los eventos considerados como auditables se encuentran, entre otros:

❑ Modificación de la política del sistema IDS/IPS.

❑ Existencia de tráfico inspeccionado que coincida con la política basada en anomalías del sistema IDS/IPS.

❑ Tráfico inspeccionado que coincida con listas blancas y negras de direcciones IP.

❑ Modificación de los interfaces asociados a cada política.

❑ Tráfico inspeccionado que coincida con la política basada en firma.

Estos sistemas generarán un evento de auditoría, como mínimo, en las siguientes situaciones:

❑ Inicio y finalización de las funciones de IDS/IPS.

❑ Cuando se produzca un evento diferenciado respecto al resto. Se guardará junto con un sello temporal.

❑ Cuando se produzca una reacción del dispositivo IDS/IPS respecto al resto. También se guardará con un sello temporal.

❑ En el momento en el que se desencadene un conjunto de eventos similares. Se guardará la descripción del evento junto con el número de ocurrencias y el período de tiempo en el que se produjeron.

❑ En el momento en el que se desencadene un conjunto de reacciones similares. Como en el caso anterior, se guardará la descripción de la reacción junto con el número de ocurrencias y el período de tiempo en el que se produjeron.

11.3.4. Sistemas cortafuegos

Un cortafuegos debería permitir el filtrado y ordenación de los registros de auditoría. Estos deberán presentarse en un formato legible por el administrador. Entre los eventos considerados como auditables se encuentran, entre otros:

❏ Tráfico inspeccionado que tenga la categoría de denegado o rechazado (drop, rejected)

❏ Tráfico inspeccionado que cuente con la categoría de bloqueado (blocked). Cuando el tráfico es bloqueado por el cortafuegos, puede ser un indicio de que una amenaza está sondeando la red, buscando algún punto débil.

❏ Tráfico inspeccionado que tenga la categoría de permitido (accepted). Con esta medida podrían detectarse situaciones anómalas como la de una dirección IP origen que intenta acceder a tres destinos y todos son bloqueados. Si la misma dirección IP intentase acceder a un cuarto destino y esta vez fuese permitido, el fichero de registro únicamente habría informado de los intentos bloqueados, pero no así del permitido, impidiendo alertar sobre que una IP sospechosa ha logrado establecer una conexión en la red.

❏ Tráfico inspeccionado que coincida con listas blancas y negras de direcciones IP.

❏ Modificación de los interfaces asociados a cada política.

❏ Existencia de tráfico inspeccionado que active una alerta cuando coincida con la política basada en reglas de cortafuegos.

11.3.5. Sistemas honeypots

El producto debe proporcionar una forma de acceso legible a los registros de auditoría para facilitar su revisión a los usuarios autorizados. Además, debe generar un informe de error en caso de un problema acaecido que incluya toda la información posible.

11.3.6. Sistemas de correlación de eventos

Estos sistemas proporcionan las siguientes funcionalidades respecto a la auditoría:

❏ Registro de eventos. El producto deberá almacenar un registro de auditoría para los eventos de seguridad relevantes que se generen en el sistema. Para cada evento se generará, al menos, la siguiente información:

◆ Fecha y hora del evento

◆ Tipo de evento

♦ Sujeto identificado (si aplica)

♦ Resultado del evento (éxito o fracaso)

❑ Lectura de registros. El producto deberá proteger los registros de auditoría almacenados de accesos de lectura no autorizados.

❑ Modificación de registros. El producto deberá proteger los registros de auditoría almacenados de modificaciones y borrados no autorizados.

❑ Prevención de pérdida de datos. El producto deberá disponer de mecanismos adecuados para prevenir la pérdida de registros de auditoría, en el caso de que el espacio para el almacenamiento de los registros alcance su límite.

❑ Transmisión segura de registros. En caso de que el producto cuente con la capacidad de transmitir los registros de auditoría a otro dispositivo o servidor externo, deberá empelar un protocolo seguro para realizar dicha transmisión como, por ejemplo, TLS 1.2 o superior o IPSec.

11.4. Herramientas de auditoría de seguridad y archivos de registro

Las herramientas de auditoría técnica se utilizan para llevar a cabo auditorías de sistemas, aplicaciones y datos. Determinan los posibles puntos débiles que pudieran servir de inicio de un incidente de seguridad. También pueden servir para comprobar la correcta aplicación de las políticas de seguridad de una organización.

Existe otra categoría de auditoría, la auditoría forense, que trata de averiguar qué ha sucedido en caso de incidente. Investigan los sistemas que han sido víctimas del incidente, analizando los rastros para determinar la causa del mismo, determinar quién es el responsable si lo hubiera, así como facilitar la recuperación de dichos sistemas y prevenir futuros incidentes. En caso de incidente grave, con implicaciones legales, las herramientas de auditorías forense son necesarias para determinar qué ocurrió y salvaguardar las pruebas periciales.

En la auditoría técnica pueden encontrarse las siguientes herramientas especializadas:

❑ Herramientas para el desarrollo seguro. Permiten aplicar metodologías y estándares de desarrollo seguro durante todo el ciclo de vida del desarrollo del software.

❑ Herramientas de auditoría de código. Revisan vulnerabilidades de diseño en las aplicaciones para evitar el lanzamiento al mercado de aplicaciones vulnerables a ataques conocidos.

❑ Herramientas que escanean puertos. Localizan y descubren puertos abiertos de los sistemas y dispositivos conectados a una red.

❑   Herramientas de gestión de actualizaciones, parches y vulnerabilidades. Son productos que identifican vulnerabilidades conocidas. Utilizan pruebas automatizadas y generan las acciones necesarias para aplicar los remedios adecuados.

❑   Herramientas de pruebas de intrusión, *Pentesting* o hacking ético. Permiten realizar ataques controlados para descubrir y reportar fallos de seguridad, reduciendo así el riesgo de que ocurran incidentes.

❑   Herramientas de auditoría de contraseñas. Son aplicaciones diseñadas para vigilar el cumplimiento de la política de contraseñas de la organización.

❑   Herramientas de auditoría de ficheros. Registran y analizan la actividad sobre ficheros y datos de los sistemas.

❑   Herramientas de auditoría de sistemas. Se utilizan para revisar el cumplimiento de políticas en equipos informáticos de sobremesa, portátiles y servidores.

❑   Herramientas de auditoría de red. Revisan el cumplimiento de políticas en las infraestructuras de comunicaciones, detectando puertos abiertos, servicios vulnerables, recursos de red visibles, equipos y sistemas conectados, posibles vulnerabilidades, parches, actualizaciones pendientes, etcétera.

 *Los ficheros de registro de auditoría contienen información referente a lo que ocurre en un sistema. Las herramientas de gestión de estos registros los filtran y pueden automatizar las respuestas, desde generar alarmas hasta llevar a cabo ciertas acciones de respuesta activa.*

Este conjunto de herramientas es adecuado para organizaciones que precisen conocer los riesgos de seguridad a los que están expuestos como primer paso para establecer planes de mejora. Son herramientas indicadas para organizaciones que cuentan con infraestructuras TIC complejas como soporte de su negocio. Ayudarán a subsanar todos los posibles agujeros o fallos de seguridad conocidos de aplicaciones, sistemas, equipos y del resto de dicha infraestructura.

Su aplicación es muy recomendable en organizaciones que por su actividad precisen revisar y presentar informes de la adecuación a algún tipo de normativa o legislación específica (por ejemplo, la normativa ISO/IEC 27001) y que, por tanto, necesiten realizar auditorías periódicas.

Son herramientas cuyo objetivo es facilitar la implantación de planes de contingencia y continuidad en las organizaciones, elaborados para determinar los pasos a adoptar en caso de ocurrir un incidente de seguridad.

Existe un gran número de herramientas, tanto de código abierto como comerciales que ayudarán a los administradores de seguridad a auditar tanto los sistemas como el tráfico de datos en las redes de las organizaciones. Entre otras, pueden citarse GFI LandGuard (de la empresa GFI), Atalaya (ICA), IBM QRadar Security Intelligence Platform, OpenVAS (Open Vulnerability Assesment System), Gestvul (GMV) y Red4Sec.

 *Con el desarrollo de este epígrafe hemos conseguido establecer una relación de los registros de auditoría de las herramientas de protección frente a códigos maliciosos necesarios para monitorizar y supervisar su correcto funcionamiento y los eventos de seguridad.*

12. Establecimiento de la monitorización y pruebas de las herramientas de protección frente a código malicioso

La monitorización se utiliza principalmente para tener controlada una infraestructura TIC. Los administradores pueden monitorizar todo sistema que disponga de una interfaz definida que suministre información sobre su estado a través de un protocolo estándar (como, por ejemplo, SNMP). El software de monitorización contactará con el dispositivo o servicio a través de una dirección IP pudiendo, en ese momento, consultar su estado actual y realizar tareas de gestión. De esta forma es posible controlar cualquier ámbito de la infraestructura las 24 horas del día. El objetivo es alcanzar la máxima disponibilidad y el rendimiento óptimo en la red y para ello un sistema de monitorización debería cubrir los siguientes aspectos:

❑ Monitorización de los sistemas de seguridad

❑ Identificación de las anomalías

❑ Comprobación de los parámetros ambientales. Suelen utilizarse sensores para detectar la presencia de humo, gas, agua, exceso de tensión eléctrica, etcétera.

12.1. Establecimiento de la monitorización en las herramientas de protección

Los responsables TIC buscan reaccionar rápidamente ante un ataque de infección por malware. Si las soluciones antivirus y los cortafuegos o sistemas de detección y prevención de intrusiones detectan dicho ataque demasiado tarde, los problemas pueden paralizar por completo parte o la totalidad de los sistemas y, por tanto, la actividad de la organización. Se hace, por tanto, casi imprescindible contar con una estrategia de monitorización de la infraestructura.

Una tarea relevante de la monitorización consiste en comprobar el correcto funcionamiento de todas las herramientas de protección existentes en una organización. Si estas no funcionan adecuadamente, la exposición ante un ataque aumenta exponencialmente.

Adicionalmente a una monitorización de los sistemas, es necesario monitorizar el ancho de banda disponible, pues suele ser un indicador de la existencia de problemas. La existencia de tiempos de respuesta prolongados en aplicaciones y páginas web son indicios de una infección por malware, pues algunos de estos programas absorben una parte importante de los sistemas que infectan. El sistema de monitorización puede vigilar direcciones IP, números de puertos y protocolos para detectar posibles irregularidades utilizando sensores de flujo.

Las soluciones de monitorización evalúan todos los datos y los presentan en informes, utilizando elementos gráficos, como barras o paneles. La información generada reúne los valores identificados para cada uno de los dispositivos y componentes de la infraestructura y se presenta al administrador, que no solo recibe las actividades de los sistemas cortafuegos o antivirus, sino también parámetros de su rendimiento como la carga de CPU o memoria RAM de todos los dispositivos y productos de seguridad.

El informe suele incluir las tendencias significativas en cuanto a la carga del ancho de banda y de red. El administrador puede realizar comparativas entre datos históricos y los actuales buscando patrones de rendimiento y, en su caso, adoptar decisiones para optimizar aspectos de la infraestructura de seguridad y cerrar agujeros de seguridad.

Toda la actividad de un sistema puede ser observada a través de los mecanismos que el sistema o herramienta incorporen, habitualmente una consola.

Cuando se produce una incidencia, el sistema la evalúa en función de su configuración para determinar el riesgo que supone. En el momento en que el riesgo supere el umbral definido se generará una alarma.

Ante una alarma, los sistemas pueden ser configurados para notificar al personal designado para su tratamiento. Los distintos medios que pueden emplearse para ello son:

❑ Mensaje de correo electrónico mediante el protocolo SMTP.

❑ Notificaciones mediante mensajes SMS, utilizando pasarelas SMTP-SMS.

❑ Mensajería instantánea, utilizando el protocolo extensible de mensajería y comunicación de presencia (*eXtensible Messaging and Presence Protocol*, XMPP).

❏ Notificaciones mediante el protocolo SNMP a consolas externas.

❏ Notificaciones a aplicaciones mediante tecnologías y protocolos como JMS, XML-RPC o SOAP.

12.2. Establecimiento de pruebas en las herramientas de protección

Parece conveniente que antes de implementar una solución de seguridad que, con casi total probabilidad, impactará en la forma de trabajar y que afectará a algunos procesos y al rendimiento, se realicen pruebas de su funcionamiento en un entorno de preproducción o en un entorno controlado que permitan conocer qué repercusiones podrá tener en cuanto al funcionamiento, así como la posibilidad de afinar el proceso de su configuración para que opere en condiciones óptimas. Esta situación ayudará a perfeccionar la configuración de la herramienta, de modo que cuando se incorpore al entorno de producción el impacto sea el mínimo y su funcionamiento y rendimiento resulten adecuados.

La realización de estas pruebas no debería ceñirse exclusivamente al momento de puesta en producción de un nuevo dispositivo o producto, sino que es necesaria una filosofía que adopte la realización continua de pruebas en las herramientas cuya misión consiste en proteger activos de una organización, ayudar a refinar su la política de seguridad, a identificar nuevas vulnerabilidades y a garantizar que la implantación de seguridad ofrece la protección que se necesita y espera, evitando la falsa sensación de seguridad si nada están reportando los sistemas, pues esto puede ser una señal de que no están bien configurados o actualizados y, por tanto, han perdido fiabilidad.

Una gestión deficiente en la administración de las reglas de un cortafuegos puede exponer a la organización innecesariamente debido a un acceso abierto o inapropiado. Evaluar el conjunto de reglas del cortafuegos permite proporcionar una protección apropiada. Hace algunos años, gestionar unos cientos de reglas se consideraba una ardua tarea. Actualmente, no es raro encontrar organizaciones con miles de reglas en sus sistemas cortafuegos. Las reglas se acumulan rápidamente y son difíciles de eliminar porque los administradores temen que alguna aplicación deje de funcionar, olvidan cuál es motivo de la existencia de una regla específica o simplemente porque se hace imposible moverse la complejidad de miles de reglas. Una planificación periódica puede ayudar a evitar estas situaciones.

La realización de pruebas de forma periódica logra los siguientes objetivos:

❏ Verificar el grado de confiabilidad, integridad y validez de la información facilitada por la herramienta de protección.

❏ Verificar el grado de efectividad de las herramientas de protección y contención de código malicioso utilizado.

Si las organizaciones cuentan con sus sistemas perfectamente actualizados podrán descubrir los puntos débiles de la seguridad de sus redes, lo que puede provocar que sus datos o los sistemas se vean afectados en menor medida por intentos de intrusión, ataques de denegación de servicio y otras intrusiones, como la presencia de virus o malware. Las pruebas también ponen en relieve las vulnerabilidades que pueden introducirse mediante parches y actualizaciones o por configuraciones equivocadas de servidores, enrutadores y cortafuegos.

Es conveniente adaptar los tipos de pruebas a la tipología de dispositivos de red. Por ejemplo, una prueba que pretenda averiguar el estado de las reglas de un sistema cortafuegos es distinta de la que tenga que comprobar la eficacia de un honeypot.

La realización de pruebas puede plantearse con aproximaciones diferentes:

❑ **Pruebas a gran escala frente a pruebas específicas**. Una organización deberá decidir si va a realizar una prueba a gran escala sobre toda la red incluyendo a todos sus dispositivos de protección o si se va centrar en dispositivos específicos (por ejemplo sobre los sistemas cortafuegos) o si realizará ambas.

Por lo general, es mejor hacer las dos para determinar el nivel de exposición a la infraestructura pública, así como objetivos de seguridad o individuales. Por ejemplo, las políticas de cortafuegos a menudo se diseñan para dejar que ciertos servicios pasen a través de ellos. La seguridad de estos servicios se coloca en el dispositivo que realiza dichos servicios y no en el cortafuegos. Por lo tanto, es necesario probar la seguridad tanto de dichos dispositivos como del sistema cortafuegos.

Algunos de los dispositivos específicos que habría que tener en cuenta a la hora de realizar pruebas de intrusión son los que se ocupan de la seguridad (cortafuegos, sistemas IDS/IPS, sistemas anti-spam, antimalware, honeypots, etcétera), pero también sobre los que soportan el equipamiento general de red (enrutadores, conmutadores, proxies, etcétera), así como los servidores de propósito general (web, servidores de correo, servidores FTP y servidores DNS).

❑ **Pruebas remotas frente a pruebas locales**. Otro aspecto que la organización ha de tener en cuenta es el de decidir si las pruebas se realizarán desde una ubicación remota a través de Internet o en el mismo lugar a través de la red local. Esta decisión se dicta en gran medida por los objetivos seleccionados para las pruebas y por las implantaciones de seguridad de la organización.

❑ **Pruebas internas frente a pruebas externas**. Una decisión importante que debe adoptar la organización es si va a utilizar recursos internos para realizar las pruebas o si va a recurrir a empresas externas especializadas. Como en tantas otras situaciones, los recursos con los que cuente la organización serán decisivos para adoptar la decisión final, pero también pueden entrar en juego requisitos legales, niveles de cumplimiento, etcétera.

Otro punto a considerar es la confidencialidad de la información que gestione la organización y que puede dejar fuera la participación de empresas externas.

En todo caso, es habitual que las organizaciones deleguen esta tarea a empresas expertas en seguridad informática, que aportarán al proceso de las pruebas experiencia específica y general. Los analistas de seguridad investigan de modo continuo nuevas vulnerabilidades, invierten en el hardware y software de seguridad más reciente y se forman en su utilización para, así, recomendar soluciones para la solución de problemas. En muchas ocasiones suelen proporcionar tanto personal adicional para el proceso de pruebas como escenarios de simulación con el equipamiento de sus instalaciones. Las organizaciones pueden aprovechar el conocimiento y los recursos de las empresas de seguridad expertas para que les ayuden a garantizar que las pruebas a las que se ha sometido a sus sistemas de seguridad han sido ejecutadas correctamente.

Además, es muy conveniente garantizar un procedimiento de pruebas imparcial y completo, que no siempre es fácil de alcanzar si el proceso se realiza por recursos internos de la organización.

Una de las pruebas más habituales que se realiza para comprobar el estado de las herramientas de protección (y del resto de sistemas) de una organización es la denominada Prueba de intrusión o test de penetración (en inglés Pentesting).

El objetivo general de una prueba de intrusión es descubrir áreas de la red de la organización donde los intrusos puedan sacar partido de las vulnerabilidades de seguridad.

Las organizaciones pueden ofrecer una seguridad adecuada si todos los ámbitos cuentan con un concepto de seguridad completo. En este punto, la monitorización y la realización periódica de pruebas en los dispositivos que cuentan con esa función se convierten en elementos esenciales y estratégicos añadidos en el concepto de seguridad de las TIC. Este concepto va más allá del aprovechamiento de un cortafuegos o de un sistema IDP/IPS; todos los ámbitos TIC deberían estar monitorizados y optimizados permanentemente. De esta forma se logra el objetivo de seguridad preventiva, se amplía el concepto de seguridad y se contribuye a alcanzar la seguridad y el control deseado en la organización.

 *Con el desarrollo de este epígrafe hemos conseguido analizar el establecimiento de la monitorización y pruebas de las herramientas de protección frente a código malicioso.*

13. Análisis de los programas maliciosos mediante desensambladores y entornos de ejecución controlada

En muchas ocasiones, cuando se realiza un análisis de malware, únicamente se dispone del fichero ejecutable que contiene código malicioso. Este no proporcionará demasiada información, puesto que está diseñado para no ser legible. Con el objetivo de extraer información interpretable se podrán utilizar numerosas herramientas en función del enfoque. Existen dos enfoques principales:

1. **Análisis estáticos**. Consisten en examinar el malware sin ejecutarlo. Por tanto, no podrán conocerse las instrucciones reales contenidas en el código. Un análisis estático permite conocer qué puede hacer un archivo sospechoso, cómo detectarlo en la infraestructura de la organización y cómo medir y contener el daño. Por el contrario, puede ser ineficaz contra el malware más sofisticado y puede pasar por alto muchas de sus características.

2. **Análisis dinámicos**. Implican la ejecución del malware. Por motivos obvios, este tipo de análisis se realiza en un entorno de ejecución controlada, también conocido como sandbox.

    La ejecución del código malicioso y la observación de su comportamiento en un sistema permitirán averiguar algunos aspectos claves para eliminar la infección y producir firmas eficaces. No obstante, este análisis exige la existencia de un entorno controlado que permita su ejecución sin dañar aspecto alguno de la infraestructura de la organización.

Las técnicas y herramientas de detección y contención de código malicioso vistas hasta el momento se refieren a un análisis estático de la amenaza; con ellas se pretende monitorizar el comportamiento de los códigos maliciosos para obtener información valiosa y poder reaccionar al respecto.

13.1. Entornos de ejecución controlada

No obstante lo anterior y conocido que, en algunos casos, el código malicioso trata de establecer conexiones con el exterior de la red de una organización, casi siempre con los equipos servidores de malware, podría resultar de gran utilidad monitorizar ese tráfico para conocer pautas de comportamiento del malware y de los atacantes. En este caso se trataría de realizar un análisis dinámico.

En este caso es casi una obligación evitar una conexión real entre los sistemas de la organización con aquellos equipos que están sirviendo el código malicioso. Pueden originarse numerosas situaciones de riesgo para los sistemas de la organización. Además, se podría poner en aviso a los atacantes. Por ejemplo, es bastante habitual que haya que ejecutar el código malicioso varias veces para intentar comprender su funcionamiento o algunos de sus aspectos, como los protocolos de red que utiliza. Esta acción podría alertar a los atacantes de que se están intentando seguir su pista y podrían abandonar el ataque antes de que pudiéramos haber obtenido información de relevancia sobre el mismo.

Para evitar estas situaciones puede resultar de utilidad la simulación de entornos. Con ellos se trata de engañar a los atacantes para que piensen que se está realizando una conexión entre sistemas de las organizaciones y los servidores de malware cuando, en realidad, está enviando sus mensajes a un entorno controlado por los administradores de seguridad de la organización que, posteriormente, aprovecharán con sus herramientas de análisis para descifrarlos, obteniendo información vital para detener infecciones.

A estos entornos de ejecución controlada se les conoce también como sandboxes.

Una sandbox es un mecanismo de seguridad que separa programas en ejecución. Se utiliza habitualmente para ejecutar código malicioso o programas de terceros en los que no se confía, así como para verificar sitios web que no son de confianza.

Se trata de una técnica muy valiosa para obtener detalles adicionales del malware, como, por ejemplo, el comportamiento de la red y de sus protocolos. Resulta de mucha utilidad el poder aplicar los análisis dinámicos y estáticos cuando se inspecciona código malicioso, pues se obtiene gran información.

En general, es frecuente contemplar dos casos de uso de una sandbox:

❑ **Gestión centralizada**. Permite monitorizar, gestionar y controlar las instancias de sandbox almacenadas en un servidor cuya petición de creación es lanzada desde equipos cliente de tipología diversa.

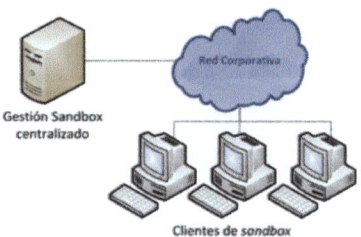

❑ **Gestión individualizada**. La gestión, monitorización y control de los entornos virtuales de sandbox es realizada de forma autónoma en cada equipo.

Este tipo de productos son herramientas que se presentan en formato de software que se instala en un sistema de ficheros proporcionado por un sistema operativo. Se ejecutar en una plataforma que puede ser dicho sistema operativo, un entorno de ejecución o una combinación de ambos.

Son productos de uso generalizado en grandes o medianas empresas como parte de una arquitectura de defensa en profundidad que busca disponer de capacidad de análisis de malware o de mecanismos de protección con un nivel alto de madurez.

Antes de decidirse a utilizar una sandbox es preciso responder las siguientes preguntas:

❑ ¿Qué tipo de archivos se desea analizar?

❑ ¿Qué volumen de análisis seré capaz de gestionar?

❑ ¿Qué plataforma se utilizará para ejecutar el análisis?

❑ ¿Qué tipo de información se desea conocer sobre los archivos a analizar?

Habitualmente, la parte más crítica en el desarrollo de la implantación de una sandbox es la creación del entorno de ejecución controlada: es preciso realizarlo cuidadosamente y con una apropiada planificación.

Fl desarrollo de la virtualización ha sido vital para la existencia de este tipo de herramientas. El uso de máquinas virtuales posibilita la recuperación casi instantánea del estado inicial de la máquina, por no comentar que evitará cualquier contacto con los sistemas reales de la organización. En el caso de utilizar sistemas físicos siempre existiría el riesgo de una fuga que perjudicase a toda la infraestructura. Además, los sistemas físicos deberían ser recuperados en cada ciclo de análisis. Aunque existen herramientas de software libre que lo hacen, si se desea una herramienta de recuperación con posibilidades avanzadas, hay que recurrir al software comercial (por ejemplo, Acronis True Image), con lo que se precisan más recursos económicos.

Antes de seleccionar qué software de virtualización se utilizará, es necesario haber definido los siguientes aspectos:

❑ Sistema operativo, lenguaje del mismo y su nivel de actualización.

❑ Tipo de software a instalar y su versión. Este aspecto es particularmente importante cuando se trata de analizar exploits.

Algunos de ejemplos de herramientas de tipo sandbox son Capture ATP de la empresa Sonicwall, MARTA del Centro Criptográfico Nacional (CCN) y la, posiblemente, más conocida y utilizada, Cuckoo, herramienta de código abierto.

❑ **Cuckoo**. Se trata de un sistema de código abierto, muy modular, que permite su utilización tanto en modalidad independiente o standalone como integrado en marcos de implementación más grandes.

Su arquitectura se compone de un sistema que alberga el software de administración más un número de sistemas virtuales donde se ejecutarán los análisis de malware.

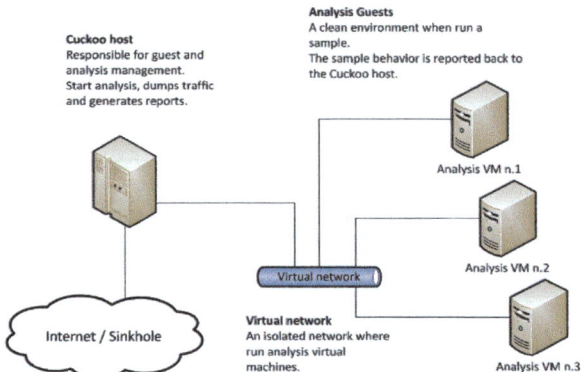

Cuckoo es capaz de analizar los siguientes objetos:

♦ Ejecutables genéricos de Microsoft Windows

♦ Archivos DLL.

♦ Documentos PDF.

♦ Documentos generados por la suite Microsoft Office.

♦ Archivos HTML y URLs.

♦ Scripts realizados en Visual Basic.

♦ Archivos ZIP.

♦ Archivos generados en lenguaje de programación Python.

♦ Archivos JAR, que permiten ejecutar aplicaciones escritas en lenguaje Java.

❑ **Motor de Análisis Remoto de Troyanos Avanzados** (MARTA). Esta herramienta ha sido adoptada por el Centro Criptológico Nacional (CCN) como plataforma para la detección, el análisis y el reporte de código malicioso de forma completamente automática. A partir de la información que MARTA recoge, un analista podrá determinar qué tipo de funcionalidad y qué implicaciones tiene para su organización. Sus principales características son:

♦ Detección temprana. MARTA detecta y recolecta automáticamente muestras de malware desde fuentes públicas o privadas (por ejemplo: Zeus Tracker, CyberCrime, MalcOde, Sophos, Virus Total, etcétera).

- Permite almacenar, clasificar y tener disponibles todas las muestras de código dañino en un entorno controlado.

- Cuenta con múltiples sistemas de sandboxing (Cuckoo o Joe Sandbox), así como de máquinas con diferentes configuraciones para realizar análisis distintos y comprobar el comportamiento real de cada muestra de código, delimitar su alcance y, según el caso, decidir las acciones a realizar.

- Análisis estático y dinámico. Es capaz de recoger muestras de manera automática a través de los distintos colectores programados, generando un informe específico de las muestras. Asimismo, puede analizar muestras bajo demanda para realizar análisis más concretos.

  El sistema soporta tipos de ficheros binarios de 32 y 64 bits, ficheros de naturaleza ofimática y también ficheros de tipo pdf, dll o exe. Obtiene información específica como hashes (MD5, SHA1 o SSDEEP), información de cabecera o tabla de directorios.

  Se detecta la tipología del fichero que se incorpora al análisis y decide si es posible aplicarle un análisis dinámico. La característica más relevante de MARTA consiste en levantar una máquina virtual infectada con el código dañino, siendo un entorno controlado lo más parecido al sistema de la víctima. De este modo, es posible analizar características, acciones y comportamientos.

- Post-Análisis. Una vez finalizado el análisis dinámico se lanzan los procesos que analizan los patrones IOC y YARA que permiten clasificar los análisis por su comportamiento y actividad.

- Su motor inteligente analiza y clasifica las amenazas de forma sencilla y flexible reduciendo, además, los tiempos de análisis y reporte. Esta funcionalidad puede resultar crítica en un incidente. Examina el resultado del análisis de los binarios, lo evalúa y compara con reglas definidas en la herramienta. Estas reglas pueden crearse de forma manual o importando un fichero xml en formato OpenIOC (el estándar para los Indicadores de Compromiso, IOC) y pueden crearse a partir de términos como los valores de las claves del registro, parámetros de los procesos, conexiones de red y los valores de un análisis estático (realizado, por ejemplo, con la herramienta MARIA). Permite elaborar informes de las mismas.

- Generación de informes personalizados.

- Envío de alertas y avisos.

- Almacenamiento de las evidencias para análisis posteriores. MARTA almacena la información obtenida de los análisis permitiendo así búsquedas en profundidad. Este aspecto garantiza un mayor conocimiento y control de las amenazas.

♦ Gestión inteligente de los análisis. La herramienta se adapta a la muestra de código malicioso a analizar. Podrá realizar:

◊ Análisis periódicos para la detección de malware con actividad variable.

◊ Adaptación del entorno de ejecución controlada (sandbox) en función de los criterios del análisis estático (tiempo de ejecución, máquina virtual, conexión a Internet, etcétera).

◊ Agrupación de tipo de código malicioso por características y etiquetas.

◊ Sistemas configurados para evitar la detección de los análisis, su entorno, la virtualización, herramientas, etcétera.

MARTA se integra con otras herramientas, como REYES, que muestra los objetos analizados en MARTA relacionados con las búsquedas realizadas y también con la herramienta CARMEN, que enviará a MARTA posibles muestras de código dañino detectado. Está previsto que se integre con la herramienta MARIA para mostrar el índice de peligrosidad de los objetos subidos a ambas plataformas.

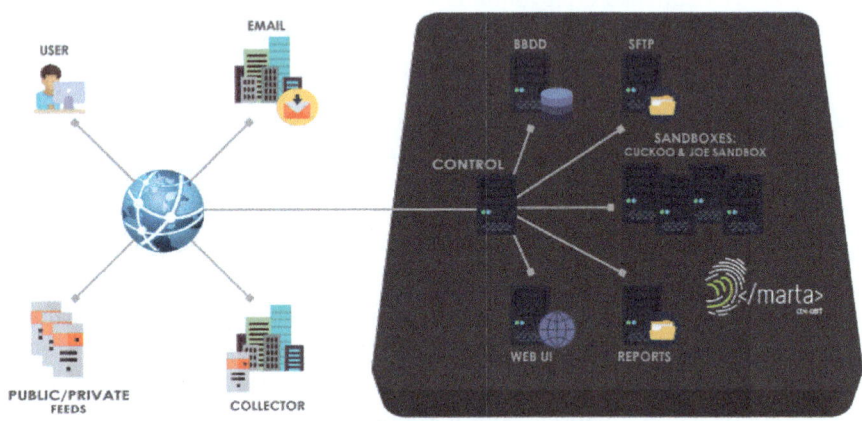

Esquema MARTA.

El éxito en el análisis de malware depende de muchísimos factores. Se está intentando ejecutar código malicioso en un sistema virtual –diferente se quiera o de un sistema físico–, por lo que no siempre es satisfactorio. El objetivo es la creación de un sistema que cuente con todos los requisitos necesarios para el análisis, pero tratando de que parezca lo más realista posible. Por ejemplo, la simulación podría consistir en dejar rastros intencionales de uso normal, como sitios webs visitados, cookies guardadas, documentos e imágenes visualizados, etcétera. Si un código malicioso fue creado para operar, manipular o robar este tipo de objetos, la sandbox debería reconocerlo en sus patrones.

Los sistemas operativos virtualizados dejan, habitualmente, rastro de su existencia lo que les hace fácilmente detectables. Los creadores de malware son conocedores de estas características, por lo que muchas de sus creaciones, en cuanto detectan que se están ejecutando en un entorno virtual, modifican su camino de ejecución para ocultar su comportamiento. Pueden, incluso, abandonar el ataque.

Es conveniente, por tanto, eliminar todo el rastro posible de aspectos de configuración inherentes a la virtualización para no alertar a los intrusos.

13.2. Desensambladores

Las técnicas de análisis estático permiten conocer información sobre el código malicioso. Son técnicas muy válidas para obtener una idea inicial sobre la amenaza: si el código está o no empaquetado, en qué lenguaje de alto nivel fue programado, qué librerías importa, las funciones que utilizará, etcétera.

Pero si quisiéramos conocer cómo realizar esas operaciones deberíamos adentrarnos en el código del malware, esto es, realizar un análisis dinámico. Con él podremos conocer su comportamiento, qué información envía y recibe a través de la red, etcétera.

La realización de un análisis dinámico precisa desensamblar la muestra, lo cual habilitará que se conozca el detalle de cómo realizó la acción para la que estaba programado. Este conjunto de acciones se denomina Ingeniería Inversa.

Cuando se detecta un código malicioso en un sistema, habitualmente se cuenta con el formato en binario, que no es legible, por lo que es preciso utilizar un lenguaje de bajo nivel para desensamblarlo y proceder a su análisis. Este lenguaje suele ser ensamblador (en inglés *Assembler*).

Cada variante de lenguaje ensamblador se corresponde con una familia de microprocesadores (x86, x64, SPARC, PowerPC, MIPS o ARM).

A partir del desensamblado es posible adentrarse en el código del malware y así tratar de entender todas las acciones que realiza: cómo consigue robar información, atacar a otros sistemas o propagarse por la red.

Aprender a desensamblar código malicioso a través de técnicas de ingeniería inversa es una habilidad que precisa tiempo y no está exenta de complejidad. Eso sí, representa una de las herramientas más útiles para combatir la presencia de código malicioso. Los conceptos básicos son:

❑ **Niveles de abstracción**. Un código malicioso conoce perfectamente el funcionamiento de aquella parte de un sistema que pretende comprometer. Por tanto, el conocimiento del funcionamiento del sistema por parte de la persona que pretende protegerlo es un requisito indispensable para comprender la acción de un código malicioso. A grandes rasgos, existen tres niveles de abstracción en los que se trabajará y será necesario interpretar:

1. Lenguaje de alto nivel que utilizó el creador del código malicioso.

2. Código que se ejecuta directamente sobre la CPU del sistema.

3. Lenguaje de bajo nivel con el que se trabajará durante el proceso de ingeniería inversa.

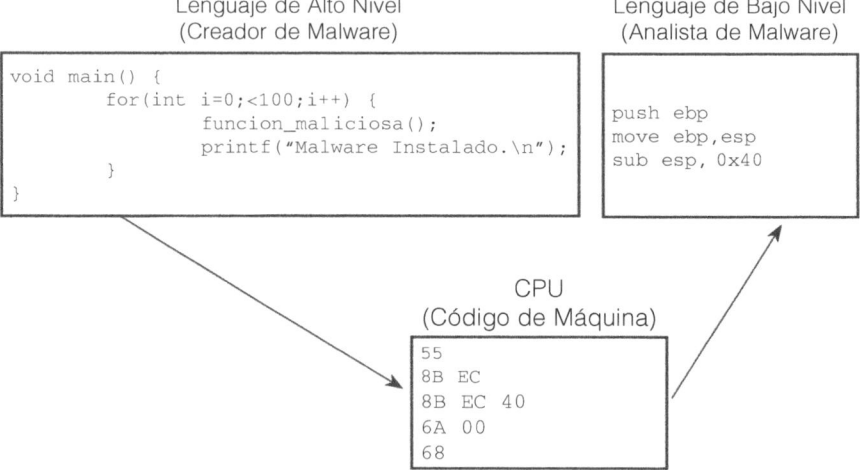

Imagen que muestra los niveles de abstracción.

❑ **Arquitectura**. Pese a los grandes avances en los componentes de los sistemas informáticos, su arquitectura sigue los preceptos marcados por Von Newman, es decir, que todos los sistemas cuentan con CPU, RAM y unidades de entrada y salida. El conocimiento de la arquitectura se revela importantísimo para conocer cómo funcionan los vectores de ataque del código malicioso. Será necesario conocer qué son y para qué se utilizan los registros de la CPU, cómo funciona la pila, etcétera.

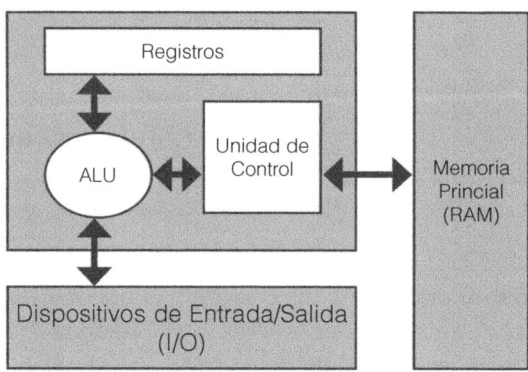

Imagen que muestra la arquitectura típica de un sistema informático.

❑ **Reconocimiento de estructuras comunes en ingeniería inversa**. La ingeniería inversa consiste en la revisión de cientos o miles de líneas de código escritas en un lenguaje de bajo nivel, únicamente para comprender parte del funcionamiento del código malicioso. Como en tantas otras actividades, la experiencia será de gran ayuda al enfrentarse a esta ardua tarea. El uso de las herramientas oportunas y la pericia del administrador proporcionarán patrones que permitirán obtener resultados. Un ejemplo lo constituye la herramienta IDA, que se ha convertido en el estándar de facto para el análisis de código malicioso, búsqueda de vulnerabilidades y validación comercial.

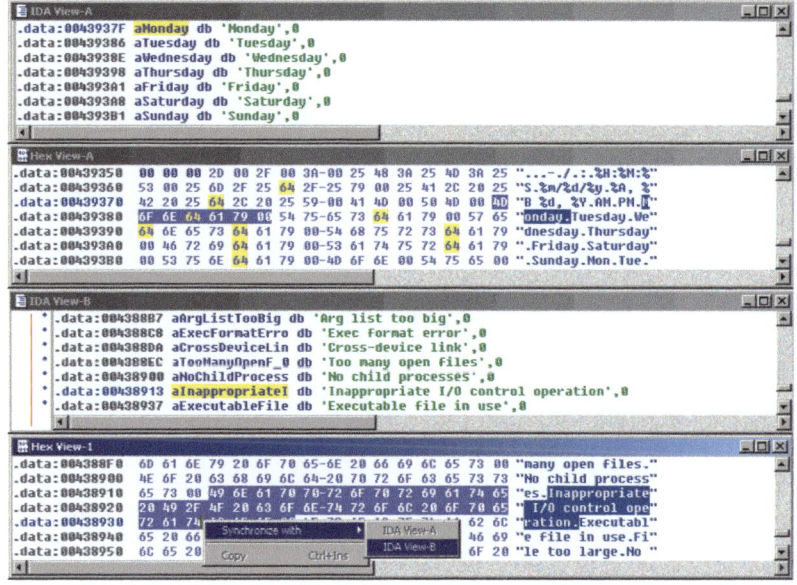

Imagen que muestra una consola de la herramienta IDA.

IDA combina un potente e interactivo desensamblador y depurador de código para sistemas Linux, Windows y Mac OS X.

También es necesario un cierto nivel de abstracción en el proceso. La herramienta es capaz de crear mapas de su ejecución mostrando las instrucciones en binario que se están ejecutando por el procesador en una representación simbólica que, posteriormente, será analizada por los especialistas en software para comprobar si se trata de código malicioso. Con práctica empezará a aparecer una visión global de lo que hace el código. El análisis de grupos de instrucciones en lugar de instrucción a instrucción hará más dinámica la tarea. Hay que pensar que también en los lenguajes de programación de alto nivel aparecen estructuras o expresiones que, al ser combinadas, dotan de funcionalidad a un código. Entre estas expresiones se encuentran los flujos de ejecución (condicionales, bucles, etcétera). El reconocimiento de estas estructuras en el lenguaje de bajo nivel hará más comprensible el código.

 Con el desarrollo de este epígrafe hemos conseguido el análisis de los programas maliciosos mediante desensambladores y entornos de ejecución controlada.

 Acude a los Contenidos Extra para consultar el Resumen y realizar la Autoevaluación.

UNIDAD DIDÁCTICA 4

Respuesta ante incidentes de seguridad

Objetivos

- ☑ Desarrollar un procedimiento de recolección de información relacionada con incidentes de seguridad.

- ☑ Identificar las distintas técnicas y herramientas utilizadas para el análisis y correlación de información y eventos de seguridad.

- ☑ Desarrollar el proceso de verificación de la intrusión.

- ☑ Identificar la naturaleza y funciones de los organismos de gestión de incidentes tipo CERT, nacionales e internacionales.

Contenido

Acude a los Contenidos Extra para ver el mapa conceptual de esta Unidad Didáctica, objeto de estudio fundamental para situarte según avances en los contenidos.

Introducción

El grado actual de dependencia que los negocios y las organizaciones tienen de las tecnologías de información y comunicaciones (TIC) también provoca que los incidentes de seguridad en los sistemas de información no solo sean más numerosos cada día, sino que sean más peligrosos o potencialmente dañinos.

Según McAfee y CSIS, el coste del ciberdelito a nivel mundial ya supera 1 billón de dólares anuales, lo que representa más del 1 % del PIB mundial, y supone un incremento del más del 50 % respecto a los 600 000 millones estimados en 2018. Por su parte, el CCN-CERT de España gestionó en 2023 la cifra más alta de incidentes de seguridad en su historia, con un incremento acumulado del 1384 % en la última década, evidenciando el crecimiento vertiginoso de las amenazas. Esta tendencia confirma que se sigue haciendo frente a un promedio de varios incidentes diarios con nivel "alto" o "crítico", pese a existir métodos sencillos de protección (parcheo, monitorización, etc.).

Esta realidad está forzando la integración de todos los procesos de seguridad. Las propias TIC son, además, el instrumento de apoyo necesario para detectar y registrar eventos, correlacionarlos, lanzar alarmas, prevenir, permitir la actividad forense y, en definitiva, crear inteligencia con fines de protección y siendo, además, respetuosos con la legislación, por ejemplo en materia de protección de datos personales.

Un incidente en un sistema de información lo constituye cualquier situación o eventualidad en la que pueda verse amenazada la información y pueda, en consecuencia, dar lugar a una pérdida de disponibilidad, confidencialidad e integridad. Un incidente no tiene por qué constituir de forma obligatoria la materialización de un daño sino puede que, sencillamente, sea una situación en la que ese daño pueda materializarse con una probabilidad significativa, según la anterior definición. Así, el incremento relevante del nivel de amenaza o de impacto asociados a una situación concreta puede ser considerado incidente para la organización, con independencia de que el impacto llegue, efectivamente, a materializarse. Un incidente es un evento adverso a los sistemas de información, que constituye una violación o amenaza inminente de violación de las políticas, normas o procedimientos de seguridad de una organización. No siempre es causado de manera intencionada, pues pudo haberlo sido por una negligencia, desconocimiento o, por qué no, fruto del azar.

Un incidente de seguridad o ciberincidente es un suceso inesperado o no deseado con consecuencias en detrimento de la seguridad de las redes y sistemas de información. Es un conjunto de uno o más eventos de seguridad no planificados y con una probabilidad significativa de comprometer las operaciones del negocio y amenazar a la seguridad de una organización. De esta definición se derivan dos consideraciones fundamentales a la hora de hablar de incidentes de seguridad:

❑ Resulta prácticamente imposible predecir un incidente.

❑ Es muy posible que el impacto asociado a un incidente sea alto.

Un ciberincidente es una acción desarrollada a través del uso de redes de ordenadores u otros medios que se traducen en un efecto real o potencialmente adverso sobre un sistema de información y/o la información que trata o los servicios que presta. Este término engloba aspectos como ataques a sistemas TIC, pero también el fraude electrónico, el robo de identidad, el abuso del ciberespacio, etcétera.

La dedicación de un esfuerzo adicional a la seguridad de los sistemas para preservarlos de amenazas es una tendencia al alza en las organizaciones. Además de establecer una política de seguridad y de implantar las medidas preventivas adecuadas, es necesario definir una capacidad de respuesta en caso de que la amenaza llegue a materializarse.

Esta capacidad de respuesta obliga a las organizaciones a disponer de los medios materiales y humanos necesarios que, con una correcta aplicación de los procedimientos establecidos, permitan disminuir el impacto provocado por un incidente de seguridad y restablecer la confidencialidad, integridad y disponibilidad de los activos.

La gestión de incidentes de seguridad es una actividad compleja, pues contempla la adopción de métodos para recopilar y analizar datos y eventos, la implantación de metodologías de seguimiento, procedimientos de tipificación de su peligrosidad y priorización así como la determinación de canales de comunicación con otras unidades o entidades, tanto propias como ajenas a la organización.

1. Procedimiento de recolección de información relacionada con incidentes de seguridad

Aunque el motivo principal de la recolección de las evidencias de un incidente de seguridad informática es ayudar a su resolución, también puede ser necesaria para iniciar procesos de naturaleza legal. En ambos casos será importante documentar de forma clara cómo se han obtenido y también cómo se han custodiado, y siempre conforme a lo dispuesto en la legislación vigente.

Debe mantenerse un registro detallado de todas las evidencias. Pueden incluirse los siguientes datos:

❑ Identificación de la información, por ejemplo, la localización, el número de serie, número de modelo, nombre del equipo, dirección MAC y direcciones IP de los sistemas informáticos afectados.

❑ Identificación (nombre, cargo, teléfono, etcétera) de la persona que ha recogido o gestionado evidencias durante la información del incidente.

❑ Fecha y hora de cada ocasión en la que ha sido tratada cada evidencia.

❑ Ubicaciones donde se custodiaron las evidencias.

La recopilación de datos y eventos puede realizar siguiendo varios métodos, por ejemplo:

❑ Monitorización e investigación por parte del personal técnico, fundamentalmente los administradores de sistemas y de seguridad. Entre ellos estarían:

♦ Revisión de los informes generados por los distintos sistemas de seguridad implantados en la organización (Honeypots, Cortafuegos, IDS/IPS, plataformas antivirus EPP/EDR, etcétera) así como los generados por los propios sistemas de propósito general (por ejemplo: servidores web, de aplicaciones o de bases de datos).

♦ Revisión de los logs de los dispositivos de red (enrutadores, conmutadores, puntos de acceso de dispositivos inalámbricos, etcétera).

♦ Revisión de los registros de auditoría de todos los sistemas.

♦ Detección de actividades anormales, por ejemplo cambios de configuración no autorizados.

❑ Monitorización e investigación realizada por cualquier otro personal de la organización. Como ejemplos podríamos citar:

♦ Detección de sucesos o funcionamientos alejados del cotidiano, por ejemplo desaparición de iconos, cambio de ubicación o nombre de archivos, ralentización de las operaciones habituales y comportamientos anómalos en los equipos o en las aplicaciones. Todos ellos pueden ser indicios de alguna actividad maliciosa.

♦ Recepción de correos electrónicos sospechosos o desconocidos, aparición repentina de publicidad o recepción de llamadas solicitando información relevante, por ejemplo contraseñas de acceso o informaciones sobre proyectos de la organización.

♦ Sospechas o incluso evidencias de acceso físico no autorizado, tanto al equipo informático como al puesto de trabajo.

♦ Detección de fuga de datos. La falta repentina de información, tanto en los repositorios de documentación de la organización como en las aplicaciones con información crítica, puede ser un indicio de fuga de datos. En general, esta se produce como consecuencia de prácticas no recomendables, desde errores al utilizar los sistemas de información hasta actos malintencionados de empleados descontentos.

No cabe duda que las medidas preventivas contribuyen a reducir el número de incidentes de seguridad, pero la realidad muestra que no todos pueden prevenirse.

No obstante, recolectar datos de evidencias no es una tarea sencilla. Suele recomendarse comenzar a recolectarlas en cuanto se detecte el incidente. Además, desde un punto de vista probatorio, conviene obtener inmediatamente una instantánea del sistema atacado, dejándolo inaccesible y garantizando su integridad antes de tratar las copias hechas del sistema atacado con diferentes tipos de herramientas que, de otro modo, podrían alterar parte de la información o el estado de los sistemas comprometidos.

En general, podemos distinguir dos formas de adquirir la información:

1.	Recolección abierta. El recolector se reúne con las fuentes, evidenciando abiertamente su condición de representante oficial. Comprende muchas formas de recopilación de información, incluyendo la declaración de personas, informes de origen diplomático, informes policiales, etcétera.

2.	Recolección confidencial. El recolector debe localizar a una persona con acceso a la información deseada, iniciar discretamente una relación con esa fuente para, al final, convencer a la fuente a revelar la información que posee. La fuente podrá o no ser informada del carácter oficial de la acción y su interlocutor. Debido a que el reclutamiento de una fuente confidencial puede demorarse meses o incluso años, el mantenimiento de la confidencialidad de la fuente resulta imprescindible.

Para hacer frente al reto que supone la aparición de un incidente de seguridad, las organizaciones deben contar con una capacidad de respuesta que les permita gestionarlo de una forma acorde a sus políticas y requisitos de seguridad, con un ámbito, estructura y composición del equipo de gestión de incidentes adecuado, de modo que se detecten rápidamente ataques y amenazas y se minimicen la pérdida o la destrucción de activos, tanto tecnológicos como de información. Esta capacidad de respuesta ha de ser correcta, ágil y proporcional.

La capacidad de respuesta ante incidentes (en inglés Computer Incident Response Capability, CIRC) es el conjunto de medios humanos, materiales y procedimientos encargados de identificar y gestionar los incidentes de seguridad. Dentro de esta capacidad destacan los Equipos de Respuesta a Incidentes (ERI) y Ciberincidentes (ERC).

Los equipos de respuesta a incidentes están compuestos por profesionales expertos en redes, sistemas y seguridad TIC que tratarán de responder a los incidentes de seguridad producidos, no únicamente desde la parte reactiva sino ofreciendo servicios proactivos y de valor añadido, tales como aviso de vulnerabilidades, publicación de recomendaciones y buenas prácticas, asesoramiento en tecnologías de seguridad, etcétera.

No pueden olvidarse los requerimientos legales y regulatorios. Las organizaciones deben acomodar su capacidad de respuesta a los incidentes de seguridad de acuerdo a la normativa legal que resulte de aplicación en cada caso. Entre dicha regulación hay que destacar la observancia a lo dispuesto en la Ley 36/2015, de Seguridad Nacional, la Ley 39/2015 del Procedimiento Administrativo Común de las Administraciones Públicas, la Ley 40/2015, de Régimen Jurídico del Sector Público, así como la Ley Orgánica 3/2018, de 5 de diciembre, de Protección de Datos personales y garantía de derechos digitales (LOPDGDD) y en el Reglamento (UE) 2016/679 del Parlamento Europeo y del Consejo de 27 de abril de 2016.

Finalmente, la globalidad de las organizaciones, así como la importancia de que sus infraestructuras de seguridad puedan ser evaluadas por entidades internas y externas, ponen de manifiesto el relevante papel del cumplimiento de normas internacionales como la ISO/IEC 27001 en la que se detallan los procedimientos a adoptar en la gestión de incidentes de seguridad de la información.

La respuesta a incidentes de seguridad exige una planificación escrupulosa y la correspondiente asignación de recursos, que han de ser adecuados y suficientes.

1.1. Ciclo de vida de un incidente de seguridad

La gestión de un incidente de seguridad es un proceso que debe comenzar mucho antes de que se materialice un incidente concreto. La primera etapa correspondería a la preparación, en la que la organización ha de realizar las tareas necesarias para detectar posibles incidentes y gestionarlos de forma adecuada si se materializan. La fase de preparación resulta vital en una correcta gestión de incidentes pues repercute no únicamente en la minimización de un posible impacto sino también en una mejora global de la seguridad.

Todo el proceso de gestión de incidentes, desde la notificación y detección tempranas hasta el período posterior a la respuesta, debe estar convenientemente documentado en la organización. Ha de definirse un procedimiento de gestión de incidentes que marque la operativa de, al menos, los siguientes aspectos:

❑   Responsabilidades y autorizaciones.

❑   Notificación.

❑   Clasificación.

❑   Determinación de criticidad.

❑   Respuesta.

❑   Lecciones aprendidas.

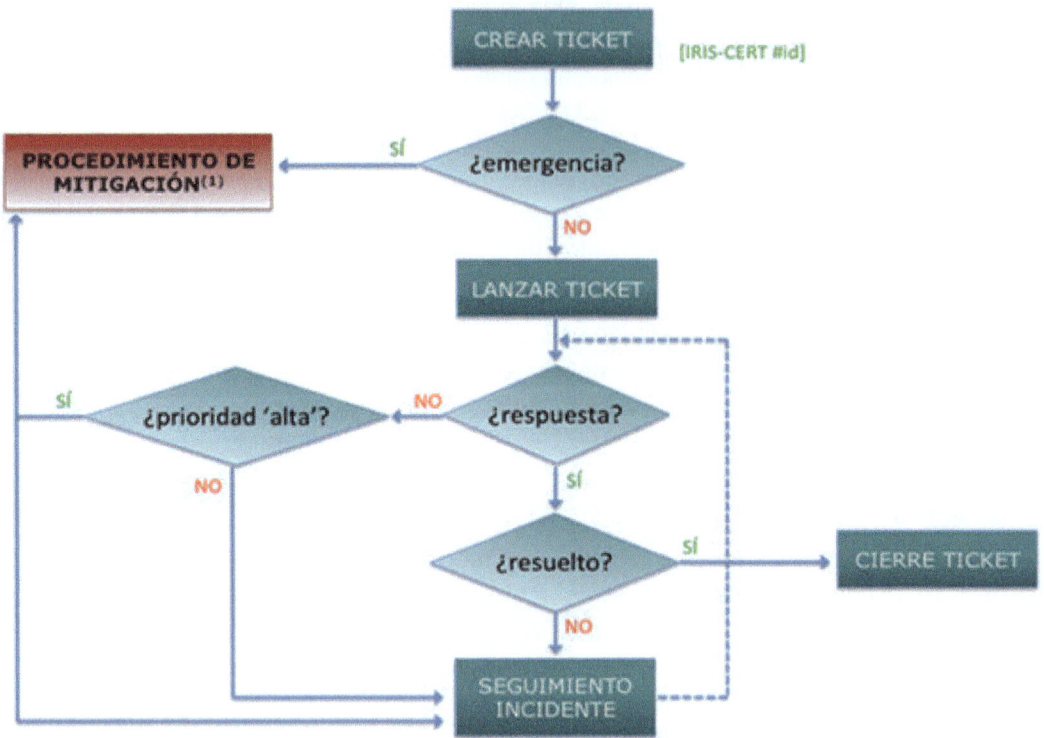

Imagen que muestra un ejemplo de gestión del ciclo de vida de un incidente de seguridad.

La coordinación de un incidente de seguridad deberá asumirla un responsable de gestión, esto es, un miembro del equipo de respuesta a incidentes que será el encargado de centralizar la recogida de toda la información y actuaciones relativas al incidente, actuando como punto único de contacto. Deberá contar con una visión global de la situación que le permita adoptar las soluciones adecuadas para la resolución del problema.

El primer paso necesario para lograr una gestión de incidentes adecuada a las necesidades de cualquier organización pasa obligatoriamente por la monitorización de los posibles elementos que puedan generar situaciones que comprometan la seguridad. Resulta muy conveniente detectar esas situaciones y permitir al equipo de respuesta actuar ante ellas.

Aunque los elementos a monitorizar pueden ser elevados, debe considerarse obligatoria la monitorización de la infraestructura tecnológica, así como sobre los sistemas que garantizan los servicios que la organización presta y en los términos y umbrales necesarios para garantizar la calidad y los tiempos de respuesta del servicio ofrecido.

Una vez definido el ámbito, los eventos de seguridad deben ser registrados. Es conveniente un sistema centralizado (existen numerosas soluciones que permiten la gestión de incidencias) que los registre para que, posteriormente, un equipo humano los procese y decida cuáles son relevantes para la seguridad de la organización. Este equipo no tiene por qué ser el equipo de respuesta a incidentes sino que, habitualmente, suele asumir esa función el equipo de atención al usuario, resolviendo muchas veces algunos de ellos de forma directa y escalando el resto a áreas especialistas en el caso de los incidentes importantes mediante los sistemas de notificación elegidos.

La organización debe implantar canales que permitan a su personal (en muchas ocasiones habrá que valorar si se extiende a personal ajeno) la notificación de posibles incidentes de una forma adecuada. Este mecanismo de notificación será de aplicación para notificar incidentes, tanto por los equipos de atención al usuario, como por parte del resto de la organización o por terceros autorizados.

Estos canales deberán ser especialmente ágiles pues la detección y alerta temprana son vitales para que el impacto asociado a un incidente sea el menor posible. Por ello, la organización ofrecerá a todos los actores implicados diferentes canales: correo electrónico, formularios web, teléfono, fax, Intranets, aplicaciones específicas, etc. Estos canales deberán estar expresa y convenientemente publicitados y ser conocidos por todo el personal relevante, de modo que cualquier persona que requiera realizar una notificación conozca en todo momento cómo hacerlo. Además, el funcionamiento de los canales deberá ser probado con regularidad para comprobar su correcto funcionamiento.

Una vez confirmada en la fase de identificación por el responsable que la organización se enfrenta a un incidente, será en la fase de análisis e investigación donde se intentará recoger la información necesaria que permita responder a los aspectos imprescindibles para afrontar su resolución.

Además de la información inicial, el equipo de respuestas a incidentes podrá solicitar nueva información o correlacionar la existente con sus propias fuentes de información. Son especialmente valiosas aquellas evidencias que presenten mecanismos de integridad y que incluyan información de marca horaria (en inglés *timestamp*) sincronizadas con una fuente fiable.

Contribuye a esta información el conocimiento de los parámetros de configuración del sistema afectado, así como las medidas de seguridad implantadas en dichos sistemas. Será de especial relevancia el contenido de los ficheros de registro (logs). Su disponibilidad suele agilizar el proceso de detección y resolución del incidente de seguridad.

1.2. Información relacionada con incidentes de seguridad

Es muy conveniente y en algunos casos obligatorio –en el de las Administraciones Públicas españolas, por ejemplo–, registrar los incidentes de seguridad que se produzcan, así como las acciones de tratamiento que se establezcan. Estos registros ayudarán para la mejora continua de la seguridad del sistema.

La información que debe incluir un reporte de un incidente de seguridad será la que la organización o el departamento receptor consideren necesaria para la resolución del mismo. Por ejemplo, podría incluir:

- ❏ Descripción del incidente de seguridad, su naturaleza y su tipo, si se conoce.

- ❏ Elementos implicados en el incidente.

- ❏ Personal que ha recogido la prueba del incidente.

- ❏ Datos de identificación de los sistemas implicados, por ejemplo versiones de software y sus direcciones IP.

- ❏ Lugar de almacenamiento de la prueba del incidente.

Es preciso evitar la manipulación directa de los soportes de información y de los sistemas, trabajando en la medida de lo posible sobre las copias de las evidencias para evitar una pérdida irreversible.

La documentación de todas las acciones que se realicen sobre los sistemas resulta vital. La realización de fotografías, grabaciones de vídeo, impresiones de las pantallas que muestren los diferentes estados o pantallazos de errores serán de gran ayuda durante la fase de análisis del incidente de seguridad.

En algunas situaciones puede ser de utilidad la reconstrucción del incidente sobre sistemas de prueba lo más similares posibles a los involucrados en el incidente. Esta acción permitirá afirmar que el incidente es reproducible siguiendo la combinación de secuencias identificativas en los diversos análisis.

La existencia de un documento con formato establecido ayudará en la tarea de recolección de información que permita describir toda la información necesaria para iniciar la capacidad de respuesta ante un incidente de seguridad. Un ejemplo de este documento podría constituirlo el siguiente formulario:

Ejemplo de formulario de alta de un incidente de seguridad

FORMULARIO DE ALTA DE INCIDENTE

1. INFORMACION GENERAL DE CONTACTO	
1.1. Nombre:	1.2. Despacho:
1.3.Teléfono:	1.4. Departamento:
1.5. Información adicional:	1.6. Fecha de comunicación:

2. INFORMACION DEL SISTEMA	
2.1. Tipo:	2.2. Número de serie:
2.3. Configuración hardware:	
2.4. Configuración software:	
2.5. En caso de tratarse de una estación de trabajo.	
2.5.1. Sistema Operativo, versión y nivel de parcheado:	
2.5.2. Información de red:	
2.5.3. Información de autenticación:	
2.5.4. Información de autorización (privilegios):	
2.5.5. Programas instalados:	

3. INFORMACIÓN DEL INCIDENTE			
3.1 Hora de inicio de entrada al Sistema:	3.2 Fecha y duración del incidente:		
3.3 ¿Cómo se descubrió el incidente?:			
3.4 Naturaleza de la información del dispositivo Involucrado:			
3.5 Importancia del incidente: Leve - Media - Grave	3.6 Clasificación de la información involucrada: Desconocido – Sin clasificar - Confidencial - Reservado - Secreto		
3.7 Grado de compromiso de seguridad de la información: Improbable - Probable - Seguro			
3.8 La incidencia impide el correcto flujo documental interno de la Organización:	SÍ	NO	
3.9 La incidencia impide el correcto flujo documental externo de la Organización:	SÍ	NO	

3. INFORMACIÓN DEL INCIDENTE			
3.11 Categoría del incidente de seguridad (elegir entre):			
Intento de acceso no autorizado al Sistema.		Interrupción de funcionamiento no previsto o denegación de servicio.	
Intercepción, modificación, introducción, corrupción, destrucción o divulgación de información no autorizada.		Abuso de privilegios de acceso.	
Cambios en las características y configuración del software no autorizados, conocidos o consentidos por el usuario.		Cambios en las características y configuración del hardware no autorizados, conocidos o consentidos por el usuario.	
Prueba, sondeo, broma o suplantación de identidad.		Utilización no autorizada de un equipo/máquina/sistema.	
Ataque procedente de la red.		Suplantación de dirección IP.	
Vulnerabilidad del producto.		Errores de configuración.	
Mal uso de los recursos de la máquina.		Virus (software malicioso).	
Irregularidades en el correo electrónico.		Emanaciones Electromagnéticas.	
Divulgación de datos sensibles del sistema por ingeniería social.		Errores de mantenimiento.	
Otros			
3.12 Origen/Fuente/Causa del incidente:			
3.13 Valoración personal sobre la intencionalidad del incidente:			
3.14 Medidas tomadas después del incidente:			
3.15 Estado de resolución del incidente:			

Es muy conveniente que quede constancia de toda la información de interés sobre el incidente, así como documentar los errores cometidos y las propuestas de mejora necesarias para evitar incidentes futuros en los sistemas de la organización. Además, se debe identificar qué fases de la respuesta a incidentes podrían mejorarse de cara al futuro.

Asimismo, es de especial importancia contar con una base de datos de conocimiento dentro de la organización que contenga la información relativa a los incidentes, con el objetivo de agilizar la gestión en caso de que se vuelva a producir.

Tanto el informe como todas las evidencias recogidas deberán archivarse y mantenerse bajo control para que únicamente puedan ser accedidas por personal autorizado. La legislación puede exigir que algunas evidencias deban ser destruidas si legalmente su período de retención máxima así lo requiere.

Una buena capacidad de respuesta debería acompañarse de una herramienta de gestión de incidentes. Existen muchas soluciones pero, habitualmente, constan de una aplicación y una base de datos. La aplicación registrará todos los datos del incidente de seguridad, desde la notificación hasta la resolución del mismo.

Entre otras funcionalidades, la identificación de la situación del incidente es uno de los factores más necesarios. Los diferentes estados pueden ser:

❑ Abierto. El incidente fue comunicado y dado de alta en la herramienta de gestión.

❑ En proceso. El incidente está siendo gestionado y en fase de resolución.

❑ Suspendido. Se encuentra en espera de alguna investigación.

❑ Cerrado. El incidente ya ha sido resuelto o cerrado.

❑ Conclusión. Se han elaborado las conclusiones del incidente.

Junto al estado del incidente, la base de datos deberá almacenar por cada incidente al menos los siguientes datos:

❑ Identificador del incidente.

❑ Descripción del mismo.

❑ Acciones adoptadas para su resolución.

❑ Datos de contacto.

❑ Información del sistema afectado.

❑ Tipo de información involucrada en el incidente.

❑ Listado de evidencias recogidas.

❑ Acciones a adoptar.

❑ Fecha de resolución.

❑ Observaciones.

Las herramientas de gestión de ciberincidentes se basan, en general, en los mismos principios técnicos que las de incidencias comunes que utiliza toda organización que cuente con una infraestructura TIC y un centro de atención a usuarios, esto es, en una gestión de tickets. Un ejemplo de este tipo de sistemas es Request Trackers (RT), escrito en el lenguaje Perl y utilizado para coordinar tareas y gestionar peticiones para una comunidad de usuarios; es de código libre y se distribuye bajo licencia GNU GPL.

No obstante, los equipos de respuesta a incidentes pueden demandar algún aspecto adicional en la gestión de tickets, por ejemplo gestionar cada ciberincidente al tiempo que posibilitan la integración de todas las instancias de la herramienta instalada en distintas organizaciones o en sucursales de cada organización. Para ello puede utilizarse una distribución especial de RT, denominada RTIR (Request Tracker for Incident Response). De este modo, se alcanza la consolidación y sincronización de los ciberincidentes registrados por cada organización.

 **GNU GPL.** *Acrónimo de GNU General Public License. Es el tipo de licencia de software libre y código abierto más utilizada. Garantiza a los usuarios finales –personas, organizaciones y compañías– el derecho a utilizar, estudiar, compartir y modificar dicho software.*

Un ejemplo de sistema basado en RTIR lo constituye la herramienta LUCIA (Listado Unificado de Coordinación de Incidentes y Amenazas), desarrollada por el Centro Criptológico Nacional, el CCN. Esta herramienta se ha constituido en la plataforma única y distribuida de tratamiento de ciberincidentes para la gestión independizada de incidentes de seguridad en todos los organismos adscritos. Es capaz de comunicar y sincronizar ciberincidentes entre el equipo de respuesta a incidentes del Centro Criptológico Nacional –el CCN-CERT– y su comunidad de organismos. Además, posibilita la comunicación de incidentes de seguridad desde plataformas externas ubicadas en aquellos organismos que utilicen otra tecnología de gestión de tickets (de momento BMC Remedy). Esta opción es posible gracias al uso de unos conectores. Los desarrolladores están trabajando en la integración con otras herramientas de tickets como OTRS, HP Service Manager, Track, Mantis o RedMine.

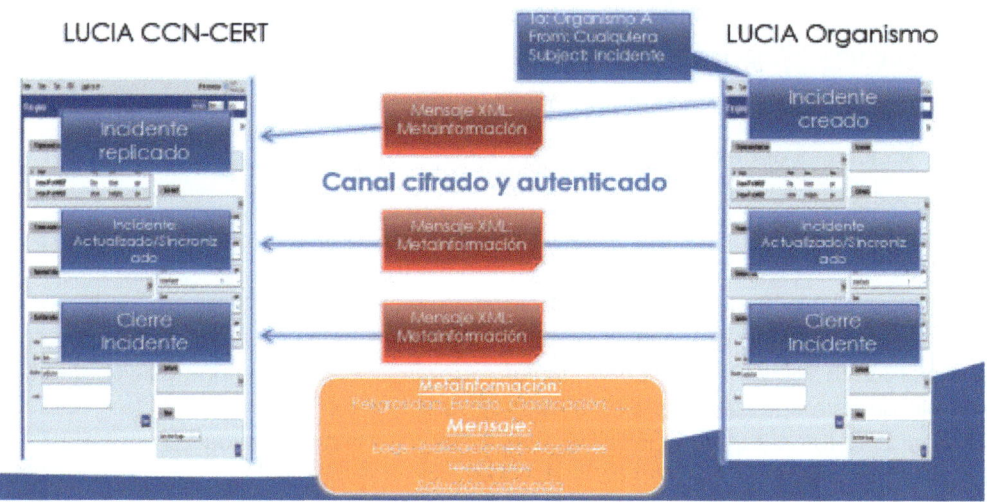

Imagen que muestra el intercambio de información de un incidente de ciberseguridad entre un organismo que cuenta con la herramienta LUCIA y el CCN-CERT.

 *Con el desarrollo de este epígrafe hemos conseguido conocer el procedimiento de recolección de información relacionada con incidentes de seguridad.*

2. Exposición de las distintas técnicas y herramientas utilizadas para el análisis y correlación de información y eventos de seguridad

Es conocido que, hoy en día, el procesamiento de la información se ha convertido en una de las piedras angulares de cualquier organización.

Esta realidad también afecta a la gestión de los sistemas de información. Hasta no hace mucho ha sido común seguir pautas, ideas o recomendaciones sobre cómo detectar ciertas anomalías en redes y sistemas, cómo generar alertas o sobre cómo encontrar indicios de lo que puede o no ser sospechoso en un entorno pero siempre desde un punto de vista individual.

Es necesario observar lo que sucede en la red de manera más detallada que por medio de un único control de seguridad o fuente de información:

❑ La detección de intrusiones solo comprende paquetes, protocolos y direcciones IP.

❑ La seguridad de puntos de conexión visualiza archivos, nombres de usuario y hosts.

❑ Los registros de servicios muestras los inicios de sesión de los usuarios, la actividad del servicio y los cambios de configuración.

❑ El sistema de administración de activos visualiza aplicaciones, procesos empresariales y propietarios.

Los administradores de sistemas pueden utilizar sistemas de gestión de registros (Log Management System, LMS), que recopilan y almacenan archivos de registro (de sistemas operativos, aplicaciones, etcétera) de varios hosts y sistemas en una única ubicación, lo que posibilita contar con un acceso centralizado a los registros en lugar de acceder a ellos desde cada sistema individualmente.

Con el aumento de la complejidad de las organizaciones ha aumentado, igualmente, la cantidad de sistemas de información. Sus administradores han contemplado cómo se multipli-

caban de forma exponencial los cambios de estado, las alertas, los fallos de red, los accesos no permitidos y, cómo no, los ataques e intentos de intrusión. Más que nunca se hace necesario responder a esta nueva realidad con herramientas de análisis avanzado pero, esta vez, desde un punto de vista global.

2.1. Técnicas de análisis y correlación de información y eventos de seguridad

La correlación de eventos es el proceso de comparar distintos eventos con el objetivo de identificar patrones y relaciones que permitan reconocer los que pertenecen a un ataque o que indiquen algún tipo de actividad maliciosa. La correlación de eventos permite codificar el conocimiento de seguridad en búsquedas automatizadas entre distintos eventos e información de activos para enviar alertas sobre lo que sucede en la infraestructura. Esto crea un punto de partida para realizar un análisis humano de la gran cantidad de datos de registro existente.

La utilización de las técnicas de análisis y correlación permitirá entender de forma más clara la naturaleza de un evento, reduciendo la carga de trabajo de inspección de incidentes y automatizando la clasificación y redirección de los mismos a un ámbito determinado. Adicionalmente, permite la eliminación de eventos repetidos, así como la identificación y reducción de los falsos positivos.

Puesto que no existen reglas estándar para detectar el origen de un incidente, han tenido que elaborarse varias técnicas de trabajo en su desarrollo:

❑ Correlación mediante ventanas temporales. La monitorización con ventanas temporales deslizantes es ineficiente si todos los eventos han de ser evaluados por un solo motor de correlación. Por tanto, interesa implantar un sistema distribuido de correlación que utilice varios motores de correlación integrados mediante diferentes técnicas.

❑ Utilización de un EBS (Event Business Suite). Esta infraestructura facilita enormemente la escalabilidad del sistema y contribuye a alcanzar los objetivos de implantar un sistema de correlación de eventos con tolerancia a fallos.

❑ Utilización de los eventos derivados y de la correlación causal.

❑ CEP, *Complex Event Processing*, Procesamiento de eventos complejos. Combina datos de múltiples fuentes con el objetivo de lograr eventos de mucha significación.

❑ ESP, *Event Stream Processing*, Procesamiento del flujo de eventos. Incluye visualización de eventos, de eventos de bases de datos y de lenguajes de proceso de eventos. Se trata de un caso especial de la línea CEP, más específico y mejor desarrollado por el momento.

Si se opta por un sistema de correlación compleja, la arquitectura de la plataforma de correlación de eventos estará basada en un sistema de publicación-suscripción con soporte para suscripciones específicas que capturen los requisitos de correlación de eventos. Este subsistema deberá ser la base para la correlación distribuida de eventos haciendo, de este modo, factible la escalabilidad del sistema.

El objetivo de CEP es descubrir la información útil contenida en los acontecimientos que se originan en todos los niveles de la organización y analizar su impacto como caso complejo y luego ejecutar un plan de acción en tiempo real. El volumen de datos con los que se trabaja suele ser muy grande.

Un sistema de análisis y correlación de eventos debe lograr:

❑ La determinación, si es posible en tiempo real, de la probabilidad de materializarse una amenaza en un momento concreto.

❑ La detección, si es posible en tiempo real, del inicio de un ataque, emitiendo alertas de forma casi instantánea.

❑ El conocimiento del éxito o fracaso de un ataque y de su impacto real sobre el sistema.

❑ La determinación de los patrones de materialización de las amenazas para ser utilizados en la implantación de nuevas medidas de seguridad.

2.2. Herramientas de análisis y correlación de información y eventos de seguridad

Una red genera una inmensa cantidad de datos de registro, la mayoría texto sin formato. No es viable contratar a personas para que lean cada línea de esos registros con el objetivo de encontrar anomalías o indicios de ataques. La falta de visibilidad de la red, el volumen de datos a analizar, la escasez de personal y la necesidad de filtrado y rápida respuesta en forma de alertas lleva consigo que para las organizaciones ya no sea posible hacer estos análisis de forma manual.

La correlación de registros posibilita encontrar información de interés que los analistas investigarán posteriormente; con casi total probabilidad encontrarán ciertos datos que los conduzcan a otros a medida que vayan surgiendo más pruebas y, de este modo, realizar una evaluación razonada de cualquier alerta de seguridad.

Sería de gran utilidad que cada sistema operativo y cada aplicación registraran los eventos de registro en el mismo formato, pero no lo hacen. Obviamente, esta es una limitación para las herramientas de búsqueda habituales cuando deben buscar en registros que proceden de sistemas diferentes.

Es necesario desglosar las entradas de registro en componentes y normalizarlos; esto posibilita buscar en los registros de distintos dispositivos y correlacionar eventos entre ellos. Una vez que se normalicen los registros en una tabla de una base de datos será posible realizar búsquedas como se hace en una base de datos, esto es, con un lenguaje de consulta. Esta acción permitirá realizar una correlación automatizada, así como relacionar los campos entre eventos de registro, entre distintos períodos y diferentes tipos de dispositivos.

Las herramientas de análisis y correlación de información y eventos de seguridad describen las capacidades de los productos de recopilación, análisis y presentación de la información de los dispositivos de red y de seguridad, las aplicaciones de gestión de incidentes y accesos, gestión de vulnerabilidades y los instrumentos de cumplimiento de políticas.

Uno de sus puntos fuertes es la monitorización del control de los privilegios de usuario, cambios de configuración en los sistemas así como el facilitar auditorías de registro, revisión y respuesta a incidentes.

Este tipo de productos se presenta tanto en formato de equipo dedicado o Appliance como en forma de aplicación software. Es habitual que se incluya con el producto un software específico que habrá que instalar en un sistema informático estándar para realizar las funciones de control y administración del dispositivo. Entre las herramientas y sistemas utilizados para el análisis y correlación de información y eventos de seguridad se distinguen tres tipos:

❑ **Sistemas de administración de información de seguridad** (en inglés *Security Information Management*, SIM). Son sistemas de supervisión cuyos objetivos primordiales son la recogida, correlación y análisis de la información en diferido, no en tiempo real.

Para realizar estas funciones precisan de la creación de una base de datos basada en datos obtenidos en las supervisiones realizadas a sistemas y dispositivos, sobre todo de seguridad.

Entre sus características principales destacan:

♦ Recogida, ordenación y correlación de información de la red.

♦ Automatización y monitorización de los eventos de sistemas y dispositivos de seguridad.

♦ Centralización y priorización de los eventos con el fin de:

◊ Estandarizar los eventos.

◊ Reducir el tiempo de detección de ataques, intrusiones y vulnerabilidades al mínimo posible.

◊ Minimizar la información a procesar para obtener mejoras de rendimiento.

♦ Almacenamiento a largo plazo de logs, con el objetivo de realizar análisis histórico y de tendencias.

Gracias a esas características, los sistemas SIM se convierten en una buena alternativa para lograr los siguientes objetivos:

♦ Administración de la infraestructura de red y de los activos de la organización.

♦ Centralizar y monitorizar los componentes de la infraestructura de seguridad de la organización.

♦ Analizar con mayor facilidad la información suministrada por los componentes de seguridad.

♦ Predecir y pronosticar amenazas.

♦ Correlacionar eventos de seguridad.

♦ Detectar e identificar eventos de seguridad y emitir informes.

♦ Realizar análisis forense de los eventos.

♦ Establecer políticas de seguridad más adecuadas.

❑ **Sistemas de administración de eventos de seguridad** (en inglés *Security Event Management*, SEM). Al igual que los sistemas SIM, su función principal consiste en recoger datos de los eventos de seguridad producidos en los distintos sistemas y dispositivos de una organización con el fin de realizar análisis y responder en el menor tiempo posible a posibles intrusiones y amenazas. La gran diferencia está en que los sistemas SEM monitorizan y gestionan eventos prácticamente en tiempo real.

Los beneficios principales que aporta la utilización de estos sistemas son:

♦ Acceso a los registros a través de una interfaz central consistente.

♦ Almacenamiento seguro de los registros, garantizando su integridad.

♦ Representación gráfica de la actividad para la elaboración de informes más visuales y prácticos.

♦ Activación de alertas programadas.

♦ Gestión de eventos producidos por plataformas con sistemas operativos varios.

♦ Recuperación de registros ante bloqueos del sistema o eliminación inesperada de registros.

Las herramientas SEM se orientan fundamentalmente hacia eventos de red y de sistemas, combinados con análisis en tiempo real para dar soporte a la respuesta de incidentes. En definitiva, las herramientas SEM permiten la visualización, monitorización y gestión de eventos que detecten las situaciones anómalas y automaticen las respuestas y medidas correctivas en caso de aparición de incidentes de seguridad.

Una de las herramientas SEM más conocidas es ArcSight ESM. Analiza y correlaciona cada evento para ayudar a una organización en su tarea de monitorización, detección de incompatibilidades y administración del riesgo. Permite correlacionar millones de ficheros de registro con el objetivo de encontrar eventos críticos que suceden en tiempo real a través de paneles de control, notificaciones e informes. De este modo, un administrador podrá priorizar riesgos de seguridad de forma certera.

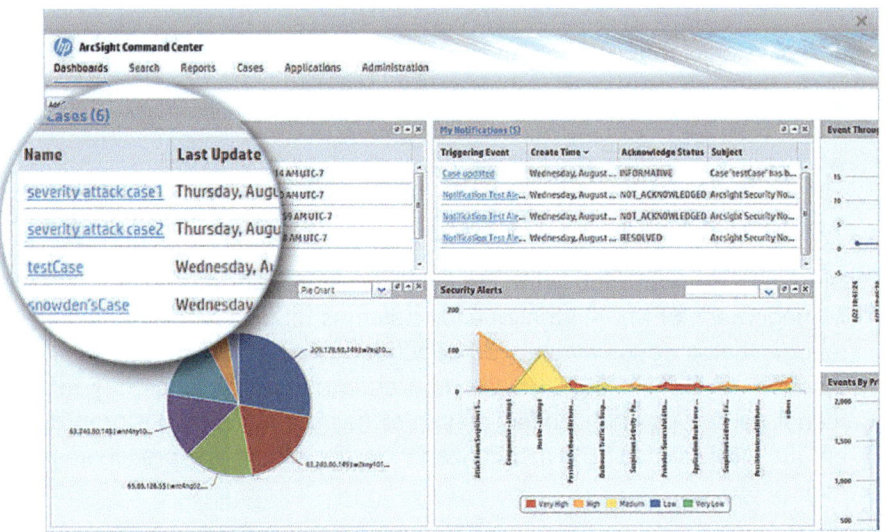

Imagen de la consola de la herramienta ArcSight.

❑ **Sistemas de información de seguridad y administración de eventos** (en inglés *Security Information and Event Management*, SIEM). Los sistemas SIEM son la consecuencia de la evolución del mercado y de la obligación del cumplimiento normativo (en inglés *compliance*) respecto a las distintas regulaciones que fueron apareciendo con el desarrollo del comercio electrónico como, por ejemplo, las relativas al Estándar de seguridad de datos para la industria de pago con tarjeta (en inglés *Payment Card Industry Data Security Standard, PCI DSS*), que forzó a las organizaciones a realizar evaluaciones y controles más estrictos de sus sistemas de información. Además, con la plena adopción de tecnologías como la virtualización y las soluciones de movilidad, exigidas por una presencia cada vez mayor de dispositivos personales en las empresas –política empresarial denominada Trae tu propio dispositivo, en inglés *Bring Your Own Device*, BYOD)–, hubo que satisfacer estos requisitos mediante la recopilación, análisis, elaboración de informes y almacenamiento de los ficheros de registro con el objetivo de monitorizar todas las actividades dentro de la organización.

Además, las empresas descubrieron que los sistemas de detección y prevención de intrusiones (IDS/IPS) que habían implantado eran de utilidad para detectar ataques externos, pero generaban un gran número de falsos positivos y eran bastaste costosos de mantener, tanto en términos de recursos económicos como humanos.

Hoy en día, la implantación de un SIEM está más motivada por la necesidad de gestionar la seguridad y las amenazas. Existe una aceptación general que un atacante bien dotado de recursos –por ejemplo uno respaldado por un estado-nación–, puede superar cualquier sistema de seguridad para irrumpir en una red corporativa. Por esta razón, muchas organizaciones están centrando sus esfuerzos en detectar los ataques y las violaciones de seguridad lo más rápidamente posible y, posteriormente, responder adecuadamente para reducir al mínimo el daño.

La primera generación de tecnología SIEM se diseñó para reducir la relación señal/ruido y ayudó a detectar las amenazas más graves mediante el uso de correlaciones basadas en reglas que analizaban los eventos generados por los sistemas cortafuegos y los IDS/IPS.

Estos sistemas representan un híbrido entre los SIM y los SEM unificando las características de ambos: recogen los registros de los sistemas y dispositivos monitorizados, los almacenan a largo plazo cuidando su integridad y, además, agregan y correlacionan en tiempo real la información recibida, con el objetivo de lograr una detección temprana de intrusiones o ataques para, así, minimizar el impacto y los daños ocasionados, en su caso. Un sistema SIEM es una solución de seguridad especializada en el análisis de grandes volúmenes de datos (Big Data) que recopila y procesa datos sobre eventos de una gran variedad de sistemas de información, dispositivos de infraestructura de red y muchas de las aplicaciones que se utilizan en una organización con el objetivo de generar conocimiento útil a partir de esa gran masa de eventos. Algunos de esos sistemas son:

◆ Sistemas cortafuegos y sistemas IDS/IPS

◆ Sistemas de prevención de pérdida de datos (en inglés Data Loss Prevention, DLP)

◆ Software antivirus y cualquier otra solución software de seguridad de dispositivo final (conocidas como *Endpoint Detection and Response*, EDR).

◆ Sistemas de gestión unificada de amenazas (en inglés *Unified Threat Management*, UTM).

♦ Encaminadores, conmutadores, concentradores VPN y puntos de acceso inalámbricos.

♦ Filtros de contenidos (en inglés *web filter*).

♦ Sistemas Honeypot o cualquier otro sistema de engaño a potenciales atacantes.

♦ Controladores de dominio en entornos Microsoft Windows Server.

♦ Servidores de aplicaciones, aplicaciones de Intranet y bases de datos.

 **BYOD.** *Política empresarial que permite a los empleados la utilización de sus dispositivos móviles personales para acceder a los recursos de la empresa.*

Un sistema SIEM tiene los siguientes propósitos fundamentales y que se encuentran estrechamente relacionados:

♦ Recoger, almacenar, analizar, investigar e informar sobre los ficheros de registro y otros datos con el objetivo de proporcionar respuesta a incidentes de seguridad, de naturaleza forense y de cumplimiento normativo.

♦ Gestión de múltiples fuentes de datos. Permiten administrar ficheros de registros de eventos provenientes de distintas fuentes como servidores, bases de datos, aplicaciones, etcétera. También posibilitan consolidar dichos datos y preservar su integridad ante modificaciones no autorizadas.

♦ Analizar los datos de eventos recopilados en tiempo real para facilitar la detección temprana de ataques dirigidos, amenazas avanzadas y violación de datos (en inglés *Data breach*).

♦ Correlación. Cuentan con la capacidad de buscar atributos comunes y las relaciones entre los ficheros de registro de eventos de todas las fuentes. Estos productos ofrecen una variedad de técnicas de correlación para integrar diferentes fuentes de datos con el objetivo de convertir los datos brutos en información de calidad para la organización.

♦ Servicios de alertas. A partir del análisis automatizado de eventos correlacionados, estos sistemas son capaces de permitir la programación de alertas para notificar a los destinatarios incidencias de forma inmediata. Una alerta puede ser enviada a una consola o pantalla o a través de otros canales, como el correo electrónico o mensajería instantánea.

♦ Repositorio de datos sobre eventos de seguridad. Estas soluciones pueden guardar la información registrada sobre eventos de seguridad de los sistemas que se integren con ellas y servir de gran ayuda en investigaciones forenses de incidentes de seguridad.

Los sistemas SIEM conectan y unifican la información que se encuentra en los sistemas existentes, lo que permite analizarlos y relacionarlos mediante referencias cruzadas desde una única interfaz.

La recopilación de registros es el aspecto central de un sistema SIEM. Cuantas más fuentes de registro envíen registros al SIEM, más se puede lograr. No obstante, los registros por sí mismos rara vez cuentan con la información necesaria para comprender el contenido dentro del contexto de la organización. El verdadero valor de dichos registros se encuentra en la correlación para obtener información práctica.

Muchas organizaciones únicamente hacen uso de la alimentación de datos (en inglés data feed) sobre amenazas que están incluidos en el sistema SIEM que han adquirido. Sin embargo, existen datos proporcionados por terceros, en la modalidad comercial, así como los datos de amenazas proporcionados por fuentes de código abierto. Ambas fuentes son muy valiosas, pues cuanta más información sobre una amenaza pueda procesar un sistema SIEM más posibilidades tendrá de detectarla. No obstante, bien por simplicidad, bien por motivos económicos, algunos pueden optar por utilizar únicamente los datos proporcionados e incluidos en el sistema SIEM por el fabricante.

Por todo lo anteriormente expuesto es importante establecer qué fuentes se incluyen y qué otras fuentes –comerciales o de código abierto– son compatibles con el SIEM.

Los sistemas SIEM posibilitan una gestión más global de los incidentes de seguridad. Entre sus prestaciones principales destacarían:

◆ Agregación de datos. Permite la administración de logs desde muchas fuentes: sistemas, dispositivos de red, servidores de bases de datos y aplicaciones. Proporcionan la capacidad de consolidar los datos monitorizados evitando la pérdida de eventos de importancia entre la enorme cantidad de datos que pueden generarse.

◆ Correlación. Buscan atributos comunes relacionando los eventos en paquetes o incidentes. Estas soluciones permiten la interacción de una gran cantidad de técnicas de correlación para integrar diversas fuentes, convirtiendo los datos en información de utilidad.

◆ Alertas. Realizan un análisis automatizado de los eventos correlacionados y emiten, en su caso, alertas notificando a usuarios y administradores los ataques detectados.

◆ Cumplimiento normativo. Estas soluciones cuentan con herramientas genera-doras de informes que se adaptan a los procesos de seguridad y auditoría existentes en las organizaciones como, por ejemplo, la norma ISO 27001 o el estándar PCI DSS.

◆ Retención. Las herramientas SIEM cuentan con soluciones de almacenamien-to de datos a largo plazo que facilitan el cumplimiento. Además, la posibilidad de almacenar los datos permitirá una investigación forense, ya que no es muy probable que el descubrimiento de los efectos de un ataque por código mali-cioso se realice justo cuando se está produciendo el ataque.

◆ Administración centralizada. Panel que permite la visión global del entorno y la realización de las actividades de administración.

Estas prestaciones consiguen que las organizaciones se encuentren en una mejor disposición para responder ante incidentes de seguridad. En concreto, cuentan con las siguientes funcionalidades:

◆ Detección de anomalías y amenazas.

◆ Análisis de todas las fases del incidente.

◆ Captura total de los paquetes de la red.

◆ Conocimiento del comportamiento del usuario y de su contexto.

◆ Adecuación al grado de cumplimiento de las normativas.

◆ Administración más efectiva del riesgo gracias a información obtenida como:

◊ Topología y arquitectura de la red.

◊ Vulnerabilidades detectadas.

◊ Parámetros de configuración del equipo y de los dispositivos.

◊ Análisis de los errores.

◊ Priorización de las vulnerabilidades.

◊ Correlación avanzada y profunda de eventos.

En definitiva, un sistema SIEM permite automatizar la detección de las situaciones que no deberían ocurrir en la red. La automatización de todas estas tareas junto a la integración con el resto de procesos de gestión pueden facilitar enormemente las operaciones de supervisión. De este modo, se puede revisar la eficacia de ciertos controles implantados ajustándolos según los problemas detectados. Idealmente, este tipo de sistemas permite anticiparse a algunos riesgos de seguridad que pue-dan afectar a la organización.

Existen soluciones SIEM en el mercado tanto comerciales como de código libre. El punto de partida para realizar la elección es la definición de cuáles son las necesidades específicas de la organización y el establecimiento de que lo que espera que el sistema SIEM proporcione. Pueden existir motivaciones de cumplimiento, de prestación de servicios de seguridad (por ejemplo un Centro de operaciones de seguridad, en inglés *Security Operations Center*, SOC) o de detección de nuevas amenazas, pero también el tamaño de la organización resultará un factor determinante; si una organización está generando 100.000 eventos por segundo (en inglés *Events Per Second*, EPS), la elección estará restringida a alguno de los sistemas SIEM de gran capacidad.

Un sistema SIEM es una herramienta muy potente que permite a las organizaciones supervisar registros e informar sobre eventos sospechosos. La mayoría de empresas genera demasiados datos para que un operador humano pueda procesarlos y entenderlos. La consultora Gartner considera que un despliegue de tamaño pequeño podría disponer de hasta 300 fuentes de eventos, con eventos generados hasta alcanzar los 1.500 EPS y en un almacén de datos de hasta 800 GB. Un despliegue de tamaño mediano dispondría de hasta 800 fuentes, una tasa sostenida de eventos hasta los 7.000 EPS y unos requisitos de almacenamiento de 8 TB, mientras que un despliegue considerado como grande contaría con miles de fuentes de eventos, generar más de 25.000 EPS y necesitar un almacenamiento de más de 50 TB.

En general, todas las soluciones SIEM son complejas de gestionar pero, una vez ajustadas al entorno, permiten automatizar una parte importante del análisis de incidentes que, de otro modo, o no se haría o necesitaría mucho tiempo de dedicación. Como ejemplos podríamos citar:

♦ **Open Source Security Information Management, OSSIM**. Se trata de un sistema SIEM que integra una colección de herramientas bajo licencia GNU GPL, diseñadas para ayudar a los administradores de seguridad y de sistemas de información a prevenir la presencia de código malicioso y la prevención y detección de intrusiones en la infraestructura de una organización. Actualmente, la compañía AT&T Cybersecurity, (antes denominada AlienVault) comercializa una versión de OSSIM denominada AlienVault Unified Security Management.

Su utilización permite la administración de eventos de seguridad mediante un motor de correlación y una detallada colección de herramientas de código abierto que ofrecen una visión global de los aspectos de seguridad en la organización.

La posibilidad de trabajar como un sistema de detección y prevención de intrusos basado en información correlativa resulta ser muy efectiva. La información puede ser filtrada por tipo de red o sensor con el objetivo de proveer únicamente de la información requerida de un sistema específico, lo que garantiza una buena granularidad.

Suele acompañarse de interfaces de visualización y de herramientas de gestión de incidentes.

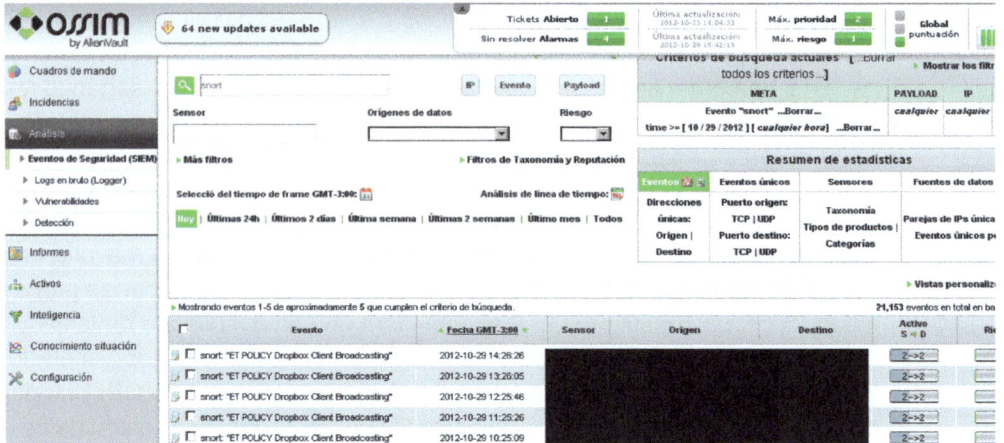

Imagen de la consola de la herramienta OSSIM.

◆ **GLORIA (Gestor de LOgs para la Respuesta ante Incidentes y Amenazas)**. Es una plataforma para la gestión y amenazas de ciberseguridad a través de técnicas de correlación compleja de eventos. Se basa en los sistemas SIEM y ofrece capacidades de monitorización, almacenamiento e interpretación de los datos relevantes.

Ha sido desarrollada por el centro de respuesta a incidentes de seguridad de la información del Centro Criptológico Nacional, el CCN-CERT (Centro Criptológico Nacional-Computer Emergency Response Team) y la empresa de seguridad S2 Grupo.

La herramienta cuenta con capacidades de monitorización y recolección de eventos de seguridad, tanto en entornos de tecnologías de la información (IT) como en los de Tecnología de Operaciones (OT), de centralización, normalización y análisis de eventos, así como de inteligencia avanzada mediante la aplicación de técnicas de automatización y orquestación de las tareas de detección y respuesta (análisis de eventos, identificación de incidentes, recolección de información de contexto, confirmación y notificación de incidentes). Permite una orientación muy flexible hacia la vigilancia de una infraestructura basada en direccionamiento IP gracias al uso de técnicas de correlación compleja de varias fuentes de eventos o análisis de patrones para la identificación de anomalías. La plataforma cuenta con diferentes módulos que permiten las numerosas funcionalidades:

◊ Módulo de vigilancia, monitorización y recolección. Posibilita la monitorización de entornos tecnológicos y recolección de eventos de seguridad, por ejemplo sistemas de detección de intrusos basados en red (NIDS) y en hosts (HIDS), sistemas automáticos de análisis de vulnerabilidades, analizadores de tráfico y un conjunto de conectores que permiten obtener los registros de actividad (logs) de cualquier sistema que cuente con una dirección IP.

◊ Módulo de inteligencia. Mediante el uso de técnicas de correlación compleja de eventos es posible el desarrollo y parametrización de los mismos.

◊ Módulo de gestión del servicio. Una única consola de gestión posibilita recoger todas las incidencias o alertas automáticas generadas por el sistema de correlación.

◊ Módulo de cuadros de mando. Permite la automatización, orquestación y reducción de tiempos de respuesta. Es muy necesaria la integración de las capacidades SIEM, la notificación de incidentes y la ciberinteligencia para la mejora de las técnicas de correlación compleja de eventos. Así, es posible reducir el trabajo manual y repetitivo de los analistas de seguridad en los procesos de detección y respuesta a incidentes.

La plataforma GLORIA se ha integrado con otras herramientas del CCN-CERT, como son LUCIA, CARMEN, CLAUDIA y REYES para favorecer la gestión, protección de amenazas, análisis de comportamiento, búsqueda y detección de amenazas (threat hunting), así como el intercambio de información de incidentes de ciberseguridad.

◆ **MONICA**. Es un desarrollo 100% español de la empresa ICA Sistemas y Seguridad adoptada por del Centro Criptológico Nacional como una de las plataformas SIEM (junto con GLORIA) existentes en la Administración Pública.

Recoge en una única plataforma toda la información existente sobre amenazas potenciales, permitiendo no solo reaccionar ante los ataques, sino adelantarse a ellos para remediarlos de que sucedan. Presenta las siguientes capacidades y arquitectura:

◊ SEM (gestión y correlación de eventos en tiempo real):

✦ Detecta y resuelve amenazas en tiempo real mediante su motor de correlación.

✦ Prioriza e investiga incidentes relevantes mediante casos de uso personalizables.

✦　Analiza el comportamiento del usuario (UEBA).

✦　Ciberinteligencia de amenazas mediante la integración con MISP/ REYES.

✦　Proporciona técnicas de automatización y orquestación gracias a la funcionalidad de Orquestación de seguridad y respuesta de automatización (en inglés Security Orchestation and Automation Response, SOAR), que posibilita emitir alertas cuando se detectan actividades o amenazas sospechosas y de responder llevando a cabo acciones para mitigar la amenaza de forma automática.

◊　SIM (gestión y almacenamiento de registros):

✦　Punto único de control securizado y almacenamiento centralizado.

✦　Securización de los registros para generación de evidencias digitales.

✦　Tratamiento y almacenamiento ilimitado de eventos diarios.

MONICA cuenta con la posibilidad de integrarse con otras soluciones del CCN-CERT, como son LUCIA Y REYES, para la gestión de ciberincidentes y la inteligencia de amenazas, respectivamente.

◆　**Plataforma Next Generation SIEM LogICA**. Desarrollada por el Grupo ICA, esta plataforma española permite a los analistas de ciberseguridad recopilar ficheros de registro e información ilimitada de seguridad, detectar ataques basados en anomalías y comportamientos desconocidos, así como automatizar la respuesta ante incidentes en entornos de tecnologías de la información (Information Technology, IT), de la operación de los sistemas de control industrial (Operation Technology, OT) y también en el de Internet de las cosas (IoT).

LogICA NG SIEM recopila información de cualquier fuente interna y externa a la organización, correlacionando y analizándola en tiempo real. Así, permite contextualizar y priorizar los incidentes de seguridad internos y externos. Combina los casos de uso de detección más sofisticados con la información más precisa de amenazas y vulnerabilidades "zero-day" gracias a la información de fuentes externas de inteligencia, persecución de amenazas (en inglés *threat hunting*) y anomalías de red o usuario. Además, incorpora un cuadro de mando de gestión del servicio, centralizando la información y facilitando su consumo por parte de la organización.

La plataforma LogICA permite adaptarse a las necesidades de despliegue de las organizaciones, tanto en entorno virtual, la nube o la propia instalación (en inglés on-premise).

♦ **La plataforma RSA Netwitness**. Es la solución de SIEM evolucionado desarrollada por la compañía RSA. Cuenta con capacidades de visibilidad completa gracias a su modelo de datos unificado. Puede capturar flujo de red, logs, tráfico de red y de punto final *(endpoint)* de forma integrada bajo un único motor de análisis y correlación avanzada. Además, incluye funcionalidades como análisis avanzado de amenazas y priorización en base al contexto de negocio, lo que consigue que el trabajo del analista sea más eficiente. Es posible desplegar la plataforma en cualquier entorno –físico, virtual, nube o híbrido–, así como hacer frente a arquitecturas altamente distribuidas.

♦ **Herramienta Prelude SIEM**. Basada en el proyecto de código libre Prelude OSS, esta herramienta recoge, normaliza, ordena, agrega y correlaciona todos los informes y eventos de seguridad en tiempo real independientemente del tipo de dispositivo que los generó.

Se trata de un sistema que no precisa de agentes en los dispositivos de los que obtiene información y que normaliza todo tipo de ficheros de registro gracias a la utilización de un único formato de intercambio, el IDMEF (Intrusion Detection Message Exchange Format). Es un estándar internacional creado por iniciativa del IETF (Internet Engineering Task Force) que permite la interacción con varias herramientas de detección de intrusos, tanto de código abierto como comerciales (Snort, Suricata, OSSEC, etcétera).

Permite el almacenamiento a largo plazo para la realización de análisis y para respetar normativas de cumplimiento.

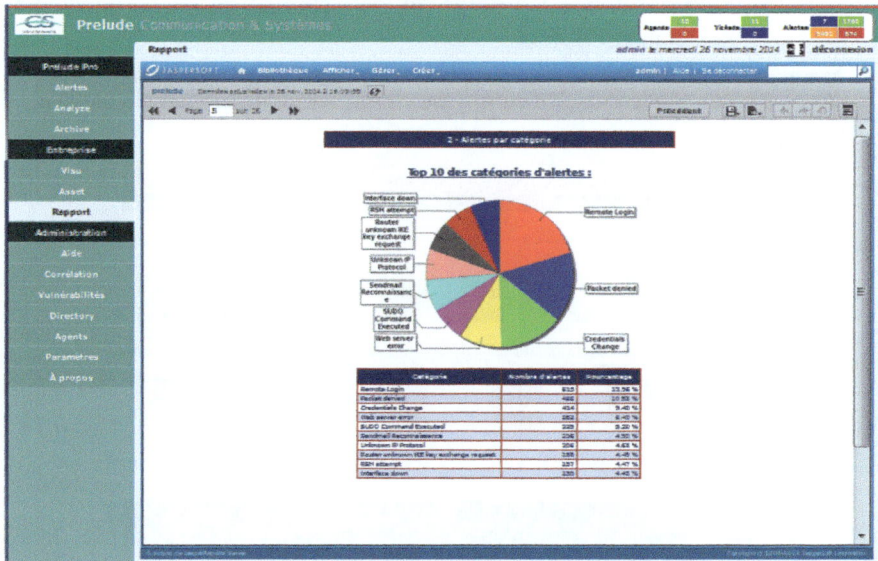

Imagen de la consola de la herramienta Prelude SIEM.

La herramienta cuenta con diferentes módulos:

◊　ALERT. Cubre la emisión de alertas en tiempo real y ofrece las herramientas necesarias para la gestión de incidentes. Es el módulo responsable de la recepción de las trazas, de su correlación, agregación y notificación a los operadores.

◊　ARCHIVE. Centraliza, corta, almacena y ordena cualquier tipo de dato. Se trata de un módulo basado en Big Data y su arquitectura cuenta con una la base de datos ElasticSearch NoSQL.

◊　ANALYZE. Contiene herramientas de análisis y de archivo en tiempo real para trabajar, de forma gráfica, con los datos. Proporciona cuadros de mando personalizables y exportables.

◊　Herramienta Splunk Enterprise Security. Es una plataforma que permite el tratamiento de todos los datos obtenidos de cualquier sistema presente en una organización, incluyendo máquinas físicas, virtuales y aquellos sistemas alojados en la nube. Permite la monitorización, búsqueda y análisis de los datos en tiempo real. Ayuda a resolver los problemas e investiga los incidentes de seguridad en toda la infraestructura tecnológica de la organización, evitando así la degradación o la denegación de servicios. Permite una gran visibilidad de los procesos, transacciones y otras métricas importantes para la viabilidad del negocio.

También es posible contar con esta herramienta en la nube, lo que permite que todos los datos de los sistemas de una organización puedan ser más accesibles.

Imagen de la consola de la herramienta Splunk Enterprise Security.

- ◆ Herramienta QRadar SIEM. Esta herramienta, creada por la compañía IBM, proporciona visibilidad absoluta y unificada en tiempo real de las amenazas, tanto en entornos IT (Tecnologías de la Información) como OT (Tecnologías de la Operación). Reduce y prioriza las alertas permitiendo una gestión más eficiente de los incidentes de seguridad. Correlaciona las vulnerabilidades de los sistemas con eventos y datos de red (dispositivos de red, puntos finales o endpoints, entornos en la nube y aplicaciones), aplicando un análisis avanzado para priorizar las amenazas y clasificarlas con mayor precisión. La tecnología de QRadar ofrece facilidades de búsquedas profundas para ayudar a encontrar nuevas amenazas de forma proactiva.

Algunos sistemas SIEM han extendido sus características básicas incorporando capacidades avanzadas, por ejemplo mecanismos de detección de comportamientos anómalos o de respuesta automática como los siguientes:

- ◆ Análisis del comportamiento de usuarios (en inglés *User Behavior Analytics* UBA) y Análisis del comportamiento de usuarios y entidades (*User and Entity Behavior Analytics* UEBA). Está probado que en torno al 75 por ciento de las violaciones de la red se llevan a cabo utilizando credenciales de autenticación comprometidas (por ejemplo las contraseñas). Por ello, muchos sistemas SIEM han desarrollado formas de detectar comportamientos inusuales o anómalos de los usuarios o de las entidades que podrían ser indicativos de una violación. Un ejemplo lo constituiría el caso de un usuario que muestra un comportamiento estándar de conexión, por ejemplo de lunes a viernes de 9 a 17 horas a los recursos asociados a su departamento; sería muy sospechoso si, de repente, el citado usuario dejara constancia en los registros de conexión que lo está intentando a las 3 de la madrugada desde un equipo asociado a otro departamento y tratando de acceder a los recursos de dicho departamento. Este comportamiento sospechoso generaría un alerta en el sistema.

- ◆ Orquestación de seguridad y respuesta de automatización (en inglés *Security Orchestration and Automation Response*, SOAR). Un sistema SOAR se relaciona con el inicio de una nueva generación de sistemas SIEM que cuenta no solo con la capacidad de emitir alertas cuando se detectan actividades o amenazas sospechosas, sino también de responder llevando a cabo acciones para mitigar la amenaza de forma automática. En el caso, por ejemplo, de realizar una exploración rutinaria de vulnerabilidades combinada con la aplicación de una inteligencia de amenazas podría mostrar que un determinado servidor que forma parte de una red es vulnerable a dicha vulnerabilidad. Un sistema SOAR sería capaz de orquestar y automatizar un sistema de actualización de terceros para parchear dicho servidor o, incluso, utilizar herramientas específicas para mitigar la amenaza automáticamente.

Conviene resaltar las tendencias actuales en el análisis de correlación de información, puesto que el auge de la computación en la nube, el fenómeno creciente del BYOD, la aplicación de la inteligencia artificial y la creciente problemática de acceso a los datos casi imponen una transformación del sistema de seguridad de las organizaciones.

Una tendencia importante es el uso creciente de análisis de comportamiento y automatización para filtrar alertas menos urgentes y, de este modo, permitir que los equipos de seguridad puedan concentrarse en las mayores amenazas. Los analistas ven la nube como un medio cada vez mayor de prestación de servicios SIEM, tanto para las PYMES como para las organizaciones híbridas que buscan formas más fáciles de realizar un seguimiento de sus entornos complejos.

La problemática actual, en la que se dispone de muchísimos datos pero poca inteligencia para procesarla y convertirla en información de utilidad, se está intentando resolver con la aplicación de técnicas de análisis de grandes volúmenes de datos (en inglés *Big Data Analytics*) así como de técnicas basadas en la inteligencia artificial (AI) a la monitorización. Una de estas técnicas es la capacidad de aprendizaje profundo (en inglés *Deep Learning*) en los sistemas SIEM. Con su aplicación se pueden establecer la generación automática de reglas, la detección de comportamientos anómalos y el análisis estadístico avanzado. Se piensa que estas tecnologías permitirán la detección de ataques avanzados no detectables por los medios tradicionales de forma más rápida y con menos falsos positivos.

No se trata de una aplicación fácil, pues pesan limitaciones de todo tipo: económicas, técnicas, organizativas e incluso de carácter legal, por ejemplo en el ámbito de la protección de datos.

Aunque estas innovaciones aún se encuentran en una primera etapa de implantación en las organizaciones, sí parece que los sistemas SIEM evolucionarán para adaptarse a este nuevo y complejo escenario en el que la existencia de dispositivos de vigilancia preventivos permita obtener una perspectiva global ante las amenazas.

La protección orientada al dato se ha convertido en la nueva filosofía para que, posteriormente, las organizaciones decidan cómo procesar la información obtenida. Para ello podrán contar con herramientas de Data Mining, Data Analytics, Business Intelligence y las que se incorporan desde algunas áreas de la Inteligencia Artificial, como son el ya comentado Aprendizaje profundo y el Aprendizaje automático (en inglés *Machine Learning*).

 *Con el desarrollo de este epígrafe hemos conseguido la exposición de las diversas técnicas y herramientas utilizadas para el análisis y correlación de información y eventos de seguridad.*

3. Proceso de verificación de la intrusión

No es fácil determinar en todos los casos con precisión si se ha producido o no una intrusión o incidente de seguridad y, si es así, identificar su tipo y evaluar a priori su peligrosidad. Esta dificultad se apoya en varios factores esenciales:

❑ El volumen de indicios de potenciales incidentes o intrusiones es, habitualmente, muy elevado. No es extraño que una gran organización se encuentre con la necesidad de evaluar millones de alertas diarias procedentes de sensores de intrusión. Se necesita un gran número de recursos, humanos, técnicos y económicos para abordar la gestión de tan elevado número de alertas.

❑ Es necesario disponer de un profundo conocimiento técnico especializado y una experiencia dilatada, que avalen un análisis adecuado y eficiente de los datos relacionados con los incidentes.

❑ Algunos incidentes se manifiestan con signos de anomalías muy evidentes, pero otros, por el contrario, son muy complicados de detectar como, por ejemplo, los ataques dirigidos contra organizaciones concretas, sustentados en mecanismos muy sofisticados de ocultación, anonimato y persistencia: se trata de las conocidas como Amenazas avanzadas persistentes (en inglés *Advanced Persistent Threats*, APTs).

❑ La cantidad de información que puede llegarle a una organización es enorme, en ocasiones confunde y hace difícil separar los incidentes reales de los falsos positivos.

Es muy común que las organizaciones cuenten con distintas herramientas –con diferentes propósitos y niveles de detalle y fidelidad–, como los sistemas automatizados de detección, que incluirán la utilización de sistemas IDS/IPS de red o de servidor, sistemas antivirus y analizadores de ficheros de registro (logs), entre otros. Igualmente, es habitual la aportación desde los medios manuales, por ejemplo, la notificación de problemas por parte de los propios usuarios.

 *Amenazas persistentes avanzadas (APTs). Son amenazas reales, de gran sofisticación y de carácter premeditado y persistente como para ser completamente eficaces contra las contramedidas establecidas en los sistemas de información o en los sistemas de seguridad que constituyen su objetivo.*

Habitualmente, los indicios de que una organización se encuentra ante una intrusión pueden provenir de dos tipos de fuentes: los precursores y los indicadores. Un precursor es un indicio de que puede ocurrir un incidente en el futuro. Un indicador es un indicio de que un incidente puede haber ocurrido o puede estar ocurriendo ahora.

La mayoría de los ataques no tienen precursores identificables o detectables, desde la perspectiva del objetivo. Si la organización detecta la presencia de precursores, puede tener una oportunidad para evitar que la intrusión se materialice, acondicionando adecuadamente sus medidas de seguridad. Algunos ejemplos de precursores son:

❑ Las entradas de log de los sistemas de información, que pueden mostrar que han sido escaneados para detectar sus vulnerabilidades.

❑ El anuncio de un nuevo exploit, dirigido a una atacar una vulnerabilidad que podría estar presente en los sistemas de la organización.

❑ Amenazas explícitas procedentes de grupos o entidades concretas, anunciando ataques a las organizaciones objetivo. Un ejemplo lo constituyen los ataques realizados por grupos hacktivistas.

 **Exploit.** *Estructura de software o secuencia de acciones y comandos cuyo objetivo es aprovechar una vulnerabilidad de seguridad de un sistema para conseguir un comportamiento no deseado del mismo.*

Mientras que los precursores son relativamente escasos, los indicadores son muy comunes. Algunos indicadores de que se está produciendo un incidente son:

❑ Un sensor de intrusión de una red que emite una alerta cuando, por ejemplo, se ha producido un intento de inyección de código contra un servidor de base de datos.

❑ Las alertas generadas por software antimalware.

❑ La presencia de un nombre de archivo con caracteres inusuales.

❑ Un registro de log sobre un cambio no previsto en la configuración de un sistema.

❑ Los logs de una aplicación, advirtiendo de reiterados intentos fallidos de inicio de sesión desde un sistema externo desconocido.

❑ La detección de un número importante de correos electrónicos rechazados por los sistemas de protección por contenido sospechoso.

❑ Volumen de tráfico inusualmente alto en la red interna.

Aunque algunas intrusiones son fáciles de detectar (por ejemplo, la desfiguración de una página web, en inglés *defacement*), muchas de ellas no presentan síntomas claros. En ocasiones, pequeños indicios –tales como alteraciones en un archivo de configuración del sistema–), pueden ser los únicos indicadores de la ocurrencia de una intrusión.

Como es conocido, los códigos dañinos –el malware– realizan modificaciones en los sistemas para acceder a espacios no autorizados de los mismos y de un nivel más elevado con la intención de hacerse con el control de ciertas funciones y de incrementar los privilegios del atacante. Es en este momento cuando se pueden interpretar estas modificaciones realizadas en el sistema como indicadores de que dicho sistema ha sido comprometido. Es lo que se conoce como Indicador de compromiso (en inglés *Indicator of Compromise*, IOC).

Para complicarlo aún más, pese a que un indicador sea exacto, esto no significa necesariamente que se haya producido una intrusión. Algunos indicadores -tales como la caída de un servidor o la modificación de archivos críticos, por ejemplo- podrían tener lugar por distintas razones y muy alejadas de un ataque, incluyendo el error humano. Sin embargo, cuando un indicador proporciona muestras de actividad es razonable sospechar que un incidente podría estar ocurriendo, debiéndose actuar en consecuencia.

La determinación de si un evento en particular es en realidad una intrusión constituye, en ocasiones, una cuestión de apreciación y juicio, siendo necesario intercambiar la información de la supuesta intrusión con diferentes miembros del equipo de respuesta a incidentes y, en su caso, con otra unidad interna o externa (por ejemplo con un equipo de respuesta a incidentes tipo CERT o CSIRT), para poder tomar una decisión adecuada.

Hay que tener en cuenta que, en la gran mayoría de ocasiones, el tamaño de las organizaciones no permite disponer de un equipo de respuesta a incidentes por lo que puede ser una buena opción acudir al CERT o CSIRT del ámbito de dicha organización o externalizar el servicio para no ser víctimas de un incidente de seguridad.

Ante un indicio de intrusión es siempre una buena práctica consultar las noticias publicadas por los equipos de respuesta a incidentes así como los Sistemas de Alerta Temprana (SAT). En no pocas ocasiones comprobaremos que la situación que está afectando a una organización está perfectamente tipificada y es muy probable que, incluso, encontremos la solución al incidente.

Además, siempre podremos solicitar su ayuda para conocer cómo realizar, en primer lugar, la contención para, posteriormente, erradicar y recuperar los sistemas afectados a su situación original.

 **CERT**. *Acrónimo que corresponde a Computer Emergency Response Team, Equipo de respuesta a emergencias informáticas. Este equipo es un centro de respuesta a incidentes de seguridad en tecnologías de la información. Están compuestos por un grupo de expertos en seguridad y responsables del desarrollo de medidas preventivas y reactivas ante dichos incidentes.*

CSIRT. *Acrónimo de Computer Security and Incident Response Team, Equipo de respuesta a incidentes de seguridad informática. Es la denominación más utilizada en Europa para hacer referencia a los equipos de respuesta a incidentes de seguridad informática.*

Las organizaciones pueden disponer de listas de verificación (en inglés *checklist*) que incluyan los pasos a adoptar tanto para confirmar la existencia de un presunto incidente de seguridad como para notificarlo, analizarlo y solventarlo. Un posible modelo se detalla en la siguiente tabla:

GUÍA DE ACTUACIÓN EN RESPUESTA A UN INCIDENTE DE CARÁCTER GENERAL	

0. Durante todo el proceso.
  ♦ Documentar todo. Se incluirán acciones realizadas, evidencias
  ♦ recogidas, conversaciones y datos suministrados por los usuarios, administradores y otros participantes en el incidente.	

1. Identificación del incidente.	
♦ Busque un compañero que le permita trabajar en equipo, aunque únicamente sea para documentar las acciones realizadas.	
♦ Analizar la evidencia inicial para confirmar si realmente se trata de un incidente.	✓
□ Se advierten logs anómalos en los sistemas.	✓
□ Se advierten cambios en el comportamiento de las aplicaciones.	✓
□ Existencia de nuevas aplicaciones no autorizadas en los sistemas.	✓
□ Existencia de tráfico anómalo (de entrada o de salida) en los sistemas afectados.	✓
2. Notificación.	
♦ Notificar a los responsables dentro de la Organización. Es necesario facilitar exclusivamente la información necesaria para que cada uno realice su función. Únicamente así se evitará la fuga de información sensible.	
♦ Si precisa de atención especializada, contacte con el equipo de respuesta a incidentes del ámbito de la organización.	
3. Contención.	

Guía de actuación en respuesta a un incidente de carácter general	
◆ Adoptar las acciones necesarias en función del tipo de incidente con el objetivo de mitigar las consecuencias del ataque. Modificar en la menor medida posible el escenario comprometido para así preservar las evidencias que permitan su investigación y posible resolución.	
4. Análisis e Investigación.	
◆ Obtener todas las evidencias necesarias para afrontar la resolución del incidente.	
◆ Guardar una descripción detallada de cada evidencia recogida.	
◆ Analizar las evidencias buscando su origen, técnicas empleadas, acciones realizadas, motivaciones, etc.	
5. Solución y Recuperación.	
◆ Resolver el incidente, actuando bien sobre el origen del ataque, bien sobre las vulnerabilidades que lo posibilitaron.	
◆ Transcurrido un tiempo prudencial, comprobar que la situación ha recuperado la normalidad, antes de decidir cerrar el incidente.	
◆ En caso de haberse detectado algún indicio de ilegalidad, contactar con las Fuerzas y cuerpos de seguridad del Estado.	
6. Reflexión y Mejora.	
◆ Documentar todo el proceso de gestión del incidente y elaborar un resumen ejecutivo.	
◆ Documentar los errores cometidos durante la gestión del incidente así como las posibles acciones a adoptar para mejorar la prevención y la gestión en el futuro.	

Pasos a adoptar para verificar la existencia de un caso de intrusión

Con el desarrollo de este epígrafe hemos conseguido determinar el proceso de verificación de la intrusión.

4. Naturaleza y funciones de los organismos de gestión de incidentes tipo CERT nacionales e internacionales

Como ya se ha comentado anteriormente, el término CERT procede de las siglas en inglés *Computer Emergency Response Team* y viene a definir a un equipo de personas dedicado a la implantación y gestión de medidas preventivas, reactivas y de gestión de la seguridad con el objetivo de mitigar el riesgo y los efectos de cualquier incidente o ataque contra las redes y sistemas de la comunidad a la que se proporciona el servicio y ofrecer soluciones, todo ello en el menor tiempo posible. También es conocido por las siglas CSIRT (*Computer Security and Incident Response Team*) y tiene muchas similitudes con el Centro de Operaciones de Seguridad (en inglés *Security Operations Center*, SOC).

El término CERT está registrado en Estados Unidos por la Universidad Carnegie Mellon, que es propietaria de esta marca registrada y que exige autorización para poder ser utilizada por otros equipos de respuesta a incidentes. Por este motivo, en Europa es más frecuente utilizar el término CSIRT para referirse a los equipos de respuesta a incidentes.

El primer equipo de gestión ante incidentes nació en 1988 en Estados Unidos como consecuencia de la aparición y de los efectos del gusano Morris, que precisaron de mucho trabajo para detener la infección. A partir de ese momento se decidió constituir un centro de coordinación para afrontar y tratar de evitar este tipo de situaciones (el CERT Coordination Center, CERT/CC). Desde entonces, la evolución de aquel pequeño centro ha sido enorme y ha terminado por convertirse en una organización multidisciplinar de investigadores, ingenieros de software y especialistas en inteligencia digital que trabajan juntos para mejorar las prácticas en seguridad informática. Además, el modelo fue imitado a lo largo de todo el mundo y en todos los sectores.

 **Gusano Morris.** *Este malware aprovechó vulnerabilidades de software que se ejecutaba en las distribuciones Unix y que motivó que en pocas horas miles de equipos dejaran de funcionar.*

4.1. Naturaleza de los organismos de gestión de incidentes

El proceso de gestión de incidentes ha de reunir un conjunto de procedimientos diseñados para detectar, analizar y limitar un incidente y responder ante él. Debe liderarse por un grupo de trabajo que, con casi total probabilidad, formará parte de un departamento o área de seguridad y que puede contar con una nomenclatura distinta dependiendo de cada organización. Este equipo podrá estar compuesto por personal interno de dicha organización, externo o una mezcla de ambos.

En general, únicamente las grandes empresas pueden permitirse disponer de un equipo dedicado a la respuesta a incidentes de seguridad. En la mayoría de las organizaciones que no cuenten con un equipo formalmente constituido será necesario identificar quiénes son las personas responsables de acometer cada una de las tareas que se hayan definido en el plan de respuesta a incidentes, definiendo claramente las responsabilidades, funciones y obligaciones de cada implicado en dicho plan.

Una gestión de incidentes de seguridad eficiente exigirá que el equipo de trabajo constituido cuente con el apoyo de otras áreas o departamentos de la organización, así como relacionarse con elementos externos a la misma pero muy relevantes.

Con independencia de la nomenclatura adoptada en cada organización, en la gestión de incidentes de seguridad pueden intervenir los siguientes actores:

❑ **Actores internos**

◆ Dirección. Como cualquier otro departamento o área, el trabajo del equipo de gestión de incidentes vendrá determinado por las prioridades y requisitos de servicios establecidos por la Dirección de la organización. Esta definirá aspectos cruciales como presupuesto, política o composición. En la gestión de incidentes es habitual la fase de informe a la Dirección, que deberá adoptar las decisiones y asumir la responsabilidad de las mismas.

◆ Departamento de Seguridad. Es habitual que el grupo de trabajo constituido forme parte de este departamento. El responsable de gestión de incidentes suele disponer de autoridad sobre otros grupos del departamento para, en su caso, obtener de ellos apoyo inmediato ante la existencia de un incidente de seguridad.

◆ Departamento de Tecnologías de la Información. Los departamentos tecnológicos son una parte fundamental en la gestión de un incidente de seguridad en la que intervienen elementos técnicos. Áreas y departamentos como Sistemas, Comunicaciones o Desarrollo cuentan con conocimientos específicos sobre sus áreas de competencia así como un conocimiento de la organización desde el punto de vista del servicio ofrecido (criticidad de los servicios, momentos de ejecución de los mismos, horarios de mínimo impacto para una parada, etcétera). Este conocimiento puede resultar esencial ante la circunstancia de estar obligado a detener ciertos servicios por motivo de un incidente o, incluso, a apagar sistemas que dejarán servicios sin poder prestarse.

◆ Departamento jurídico. La gestión de incidentes ha de contar con un amplio soporte legal en todas sus fases, desde la monitorización y el análisis de datos hasta las posibles denuncias en fases posteriores de la gestión. Es recomendable una relación fluida entre este departamento y el equipo de gestión de incidentes. La revisión de los procedimientos, instrucciones y políticas de trabajo del equipo de respuesta garantizará el cumplimiento de la legislación vigente en cada caso.

◆ Recursos humanos. En numerosas ocasiones los ataques proceden del interior de una organización. Este departamento tendrá la potestad de establecer procedimientos disciplinarios contra aquellos empleados que representen un peligro para la organización con sus acciones.

◆ Comunicación. Ciertos incidentes cuentan con una repercusión en los medios de comunicación o en el público que está más allá del equipo de gestión de incidentes. Los departamentos de comunicación de las organizaciones deberán canalizar –en coordinación con el responsable del equipo de gestión de incidentes– cualquier notificación a terceros relativa a situación, solución, impacto, etc.

❑ **Actores externos**

◆ Fuerzas y cuerpos de seguridad del Estado. El departamento de seguridad en el que se incluye el equipo de gestión de incidentes mantendrá una comunicación bidireccional con los cuerpos de seguridad competentes en cada ámbito. Esta comunicación servirá para que una organización pueda acceder a información relevante que le permita intuir una amenaza o realizar una modificación sobre una amenaza existente. En el otro sentido, las organizaciones facilitarán información sobre incidentes de seguridad que hayan sufrido, colaborando con los cuerpos de seguridad para obtener una respuesta más eficiente a la amenaza.

◆ Los equipos de respuesta a incidentes. El equipo de gestión de incidentes de la organización establecerá relación con equipos de gestión externos a la misma, en especial con aquellos en cuyo ámbito se encuentre la organización. De los equipos de respuesta a incidentes se obtiene información relevante en la gestión de incidentes de seguridad así como apoyo operativo en algunas circunstancias. Por ello, la organización estudiará qué equipos de respuesta le corresponde en su ámbito para establecer las relaciones apropiadas.

Los equipos de respuesta a incidentes reciben comúnmente el nombre de CERT y CSIRT.

◆ Centros de Operaciones de Seguridad (en inglés Security Operations Center, SOC). Su finalidad es la prestación de servicios horizontales de ciberseguridad que aumenten la capacidad de vigilancia y detección de amenazas en la operación diaria de los sistemas de información y comunicaciones, así como la mejora de su capacidad de respuesta ante cualquier ataque.

◊ Los Sistemas de Alerta Temprana (SAT). Buscan actuar antes de que se produzca un incidente o, al menos, detectarlo en un primer momento para reducir su impacto y alcance.

◊ Fabricantes y proveedores. Los equipos de gestión de incidentes podrán establecer relaciones con ambos colectivos con el objetivo de contar con información de seguridad específica de los productos que fabricaron o implantaron en la organización, fundamentalmente en materia de publicación y corrección de vulnerabilidades, actualizaciones, parches, etcétera.

Además de la información, resulta relevante el papel de un fabricante o proveedor a la hora de proporcionar apoyo técnico pues, en principio, cuentan con los mayores expertos en sus productos.

4.1.1. Aspectos organizativos

La gestión de incidentes de seguridad es una de las partes más visibles dentro de la gestión de seguridad de la información en la organización.

Cada organización cuenta con sus propias particularidades de estructura y funcionamiento por lo que, para poder ofrecer una gestión de incidentes operativa y funcional, es preciso estudiar en detalle el rol del equipo de respuesta a incidentes dentro de la organización tanto en lo que respecta a sus funciones como a su autoridad dentro de la jerarquía organizativa.

El equipo de respuestas a incidentes no es un proyecto más dentro de la organización con fecha de inicio y final. Es tan necesaria una inversión en su creación como su mantenimiento mediante la asignación de un presupuesto que permita la financiación de sus actividades.

Los equipos de respuesta a incidentes pueden ser múltiples dentro de una organización. Pueden seguir uno de estos tres modelos:

1. Centralizado. La capacidad de respuesta se gestiona de forma centralizada.

2. Distribuido. Existen múltiples equipos que actúan de forma coordinada.

3. Híbrido. Resultan una mezcla de los modelos centralizado y distribuido.

El modelo a aplicar dependerá de las particularidades de cada organización aunque los equipos híbridos destacan por su eficiencia. Habitualmente, un equipo central realizará las tareas de coordinación y de más alto nivel mientras que existirán varios equipos distribuidos en las diferentes áreas realizando un trabajo de campo más directo.

4.1.2. Aspectos operacionales

La capacidad de respuesta ante incidentes de seguridad hace necesaria la existencia de un conjunto de recursos humanos y materiales para llevar a cabo de forma satisfactoria sus funciones.

El personal de un equipo de respuesta a incidentes debe ser seleccionado cuidadosamente pues sus conocimientos y habilidades son vitales para llevar a cabo una tarea tan minuciosa y técnica.

El equipo debe contar con un mínimo razonable de personal que conforme el núcleo de la respuesta y coordinación de incidentes aunque no suele ser necesario que todos ellos cuenten con dedicación completa. Es habitual que dispongan de cierta flexibilidad horaria para ampliar su disponibilidad ante ciertas eventualidades.

En función del tamaño de la organización, se podrá contar con especialistas no únicamente en áreas técnicas sino también en áreas legales, por ejemplo. Durante el ciclo de vida de un incidente se puede contar excepcionalmente con miembros de la organización que proporcionen conocimiento en sus áreas de especialización componiendo un equipo multidisciplinar.

En esta disciplina la experiencia es un factor clave ya que los incidentes llevan al personal a un aprendizaje continuo. Se debe favorecer un entorno dinámico con rotación de roles tanto para la formación del personal como para evitar el desgaste asociado a algunas de las tareas.

Conviene que el personal esté formado y entrenado de manera periódica tanto a nivel técnico como en los procedimientos de respuesta de los incidentes. Esto mejorará cuantitativamente y cualitativamente la calidad de la respuesta.

Otros de los aspectos operaciones que han de considerarse a la hora de establecer un equipo de respuesta a incidentes son:

❑   Las instalaciones. Resulta conveniente que el equipo de respuesta a incidentes se ubique en un espacio físico separado que pueda garantizar la aplicación de ciertas medidas de seguridad física.

Es importante un estricto control de acceso a las instalaciones, únicamente para el personal autorizado.

El cableado de datos ha de estar protegido para evitar una manipulación que podría llegar a interceptar las comunicaciones.

Los sistemas de información deberán disponer de mecanismos de seguridad física que impidan su apertura o manipulación no autorizada.

Para la preservación de las copias de seguridad y las evidencias en depósito, conviene instalar una caja fuerte ignífuga.

❑   Los sistemas de información. Los equipos de respuesta a incidentes debería disponer de unos recursos TIC dedicados para garantizar la realización segura de sus tareas.

Podrán disponer de una red segmentada del resto de la infraestructura de la organización. En algunos casos, podrán disponer de conectividad externa dedicada.

El personal debería disponer de estaciones de trabajo fijas y portátiles para poder llevar a cabo las tareas de respuesta desde dentro y fuera de sus instalaciones. Resulta conveniente habilitar mecanismos de acceso remoto mediante tecnologías de cifrado robusto, por ejemplo a través de redes privadas virtuales (en inglés *Virtual Private Network*, VPN).

Dispondrán de dispositivos de soporte, tales como impresoras, escáneres, etcétera. Es vital disponer de mecanismos que permitan la realización de copias de seguridad.

La disponibilidad de contar con un laboratorio y una red de pruebas, que permita la reconstrucción de entornos y la simulación de escenarios se hace muy necesaria.

❑ Las comunicaciones. Es uno de los aspectos que más han de cuidarse puesto que es una de las herramientas de trabajo de los equipos de respuesta a incidentes. Por la propia naturaleza de algunos incidentes, es necesario considerar que, en ocasiones, se manejará información sensible. Los mecanismos más utilizados suelen ser:

♦ Telefonía, fija y móvil.

♦ Fax.

♦ Correo electrónico y postal.

♦ Mensajería instantánea.

♦ Transferencia de datos por red.

❑ Políticas y procedimientos. Los procesos administrativos y técnicos asociados al equipo de respuesta a incidentes deben ser documentados en sus correspondientes procedimientos. Además, deben estar alineados en una política y normativa de la organización.

Los procedimientos de respuesta han de mejorarse continuamente para proporcionar una información actualizada y detallada, tanto al equipo de respuesta como a los usuarios, de pasos a adoptar en cualquier acción de respuesta.

La política de respuesta a incidentes debe cubrir áreas especialmente sensibles: clasificación de información detallada, comunicaciones y mecanismos de contacto, códigos de conducta del personal, etcétera.

❑ Herramientas. Las capacidades y experiencia de los componentes de un equipo de respuesta han de acompañarse con una selección de buenas herramientas que cubran la necesidad tanto de gestión como de análisis de los incidentes de seguridad. Algunas de ellas podrían ser:

♦ Herramientas de análisis de tráfico.

♦ Procesadores de ficheros de registro.

◆ Herramientas de análisis de código malicioso como, por ejemplo, ingeniería inversa y análisis forense.

◆ Evaluación de la seguridad y análisis de vulnerabilidades.

◆ Monitorización y alerta temprana.

◆ Gestión de incidentes. Esta herramienta se convierte en una de las más destacables y necesarias. Suele consistir en una base de datos y una aplicación que registra todos los datos de incidentes de seguridad, desde la notificación hasta su resolución.

La organización decidirá quién puede acceder a la herramienta y qué política de control de acceso se establece, para así definir los privilegios de entrada, consulta y modificación.

4.1.3. Reglamentación y normativa

La evolución de las tecnologías de la información y de las comunicaciones (TIC) ha posibilitado que las redes y los sistemas de información desempeñen un papel absolutamente fundamental en el desarrollo de las actividades económicas y sociales, potenciado aún más por el uso de Internet.

Además, las redes y sistemas de información, sobre todo Internet, contribuyen a facilitar la circulación transfronteriza de productos, servicios y personas. Es precisamente este carácter transnacional el que puede facilitar que una perturbación grave de redes y sistemas –sea deliberada o no–, y con independencia del lugar geográfico en el que se produzca, afecte a diferentes Estados. Por ello, garantizar la seguridad de las redes y de los sistemas de información se ha convertido en un factor crítico para el correcto funcionamiento de cualquier economía.

Para dar una respuesta efectiva a los problemas de seguridad de las redes y sistemas de información es necesario contar con una regulación y supervisión al igual que ya existe en otros sectores, por ejemplo el bancario o el de las infraestructuras de los mercados financieros. Dotarse de una reglamentación y una normativa es fundamental para integrar requisitos mínimos comunes en materia de planificación, desarrollo de capacidades, intercambio de información, cooperación y seguridad, tanto a nivel nacional como con los países del entorno de España, particularmente dentro de la Unión Europea.

España cuenta con una Estrategia de Ciberseguridad Nacional desde el año 2013. Se encuentra alineada con la Estrategia de Seguridad Nacional y en ella se establecen las prioridades, objetivos y medidas adecuadas para alcanzar y mantener un elevado nivel de seguridad, tanto en las redes como los sistemas de información.

El 29 de marzo de 2022, el Consejo de ministros aprobó el Plan Nacional de Ciberseguridad, cuyo objetivo principal es concretar, a través de actuaciones y proyectos específicos (en los tres próximos años), las medidas recogidas en la Estrategia Nacional de Ciberseguridad 2019.

La Estrategia Nacional de Ciberseguridad 2019 desarrolla las previsiones de la Estrategia de Seguridad Nacional de 2017 en el ámbito de la ciberseguridad, considerando los objetivos generales, el objetivo del ámbito y las líneas de acción establecidas para conseguirlo. El documento se estructura en cinco capítulos: I. El ciberespacio, más allá de un espacio común global; II. Las amenazas y desafíos en el ciberespacio; III. Propósito, principios y objetivos para la ciberseguridad; IV. Líneas de acción y medidas; V. La ciberseguridad en el Sistema de Seguridad Nacional.

La revisión de la Estrategia Nacional de Ciberseguridad es competencia del Consejo de Seguridad Nacional que, además, se constituye -a través del Departamento de Seguridad Nacional- en el Punto de Contacto Único para garantizar la cooperación transfronteriza de las autoridades competentes españolas con sus homólogas en otros Estados miembros de la Unión Europea, así como con el grupo de colaboración y la red de Equipos de Respuesta a Incidentes de Seguridad Informática (conocidos como CSIRT, acrónimo de Computer Security Incident Response Team).

Por lo que respecta a la normativa nacional en el ámbito de la seguridad destacan las siguientes disposiciones:

- ❏ Ley 8/2011, de 28 de abril, por la que se establecen medidas para la protección de infraestructuras críticas.

- ❏ Ley 36/2015, de 28 de septiembre, de Seguridad Nacional.

- ❏ Real Decreto-ley 12/2018, de 7 de septiembre, de seguridad de las redes y sistemas de información.

- ❏ Orden PCI/487/2019, de 26 de abril, por la que se publica la Estrategia Nacional de Ciberseguridad 2019, aprobada por el Consejo de Seguridad Nacional.

- ❏ Real Decreto 43/2021, de 26 de enero, por el que se desarrolla el Real Decreto-ley 12/2018.

- ❏ Real Decreto 311/2022, de 3 de mayo, por el que se regula el Esquema Nacional de Seguridad (ENS).

- ❏ Orden PJC/522/2025, de 23 de mayo, por la que se publica el Acuerdo del Consejo de Seguridad Nacional de 24 de abril de 2025, por el que se aprueba el procedimiento para la elaboración de una nueva Estrategia Nacional de Ciberseguridad.

Hasta la fecha, se han elaborado de forma concatenada dos Estrategias de segundo nivel en materia de ciberseguridad nacional, la primera en el año 2013 y la segunda, actual-

mente vigente, en 2019 (ENCS19). Los objetivos y líneas de acción de esta última han servido de guía para avanzar en la consecución de un ciberespacio común, global y confiable a nivel nacional y por ende a nivel europeo e internacional.

La nueva Estrategia se alineará con el resto de la normativa general y en especial con aquella con implicaciones en ciberseguridad, tanto a nivel nacional, como la Ley de Ciberseguridad 5G y la que aprueba el Esquema Nacional de seguridad de las redes y servicios 5G, como europeo, concretamente con la Ley de Ciberresiliencia y la Ley de Cibersolidaridad.

 **Esquema Nacional de Seguridad.** *Conjunto de principios básicos y requisitos mínimos que establecen la política de seguridad en la utilización de la información y medios electrónicos en la Administración Pública.*

En el ámbito europeo se han logrado avances significativos en los últimos años que han permitido promover discusiones e intercambios de información sobre buenas prácticas políticas, incluida la elaboración de principios de cooperación europea ante crisis cibernéticas.

Uno de dichos avances se concretó en la creación de un grupo de colaboración compuesto por representantes de los Estados miembros, la Comisión Europea y la Agencia de Seguridad de las Redes y de la Información de la Unión Europea (ENISA).

Ahora bien, para que dicho grupo sea eficaz e integrador, es esencial que todos los Estados miembros cuenten con unas capacidades mínimas y una estrategia que pueda garantizar un elevado nivel de seguridad de las redes y sistemas de información en cada territorio.

A) La Directiva NIS (Network and Information Security)

La Directiva NIS (Network and Information Systems Directive) es una legislación de la Unión Europea destinada a mejorar la ciberseguridad en los Estados miembros. En diciembre de 2020, la Comisión Europea adoptó la Directiva NIS 2, que actualiza y amplía la versión original de 2016. Esta nueva directiva establece requisitos más estrictos para las entidades esenciales y los proveedores de servicios digitales en cuanto a gestión de riesgos, notificación de incidentes y supervisión por parte de las autoridades nacionales.

En España, la implementación de la Directiva NIS 2 se ha llevado a cabo mediante la Ley 25/2022, de 27 de diciembre, de medidas urgentes para la mejora de la ciberseguridad en las infraestructuras críticas. Esta ley refuerza la seguridad de las redes y sistemas de información en sectores clave como energía, transporte, salud y servicios digitales. Además, establece nuevas obligaciones para las empresas, como la designación de responsables de ciberseguridad, la realización de auditorías periódicas y la notificación inmediata de incidentes graves a las autoridades competentes.

En resumen, la Directiva NIS 2 y su transposición en la legislación española refuerzan la ciberseguridad en sectores críticos, imponiendo requisitos más estrictos y una mayor supervisión por parte de las autoridades nacionales.

❑ **Sectores de alta criticidad**: energía, transporte, banca, infraestructuras de los mercados financieros, sector sanitario, agua potable, aguas residuales, infraestructura digital, gestión de servicios de TIC (de empresa a empresa), Administración Pública, espacio.

❑ **Otros sectores críticos**: servicios postales y de mensajería; gestión de residuos; fabricación, producción y distribución de sustancias y mezclas químicas; producción, transformación y distribución de alimentos; fabricación; proveedores de servicios digitales e investigación.

B) El Real Decreto-Ley 12/2018 de Seguridad de las Redes y Sistemas de Información

La aprobación por el Gobierno de España del Real Decreto-ley 12/2018, de 7 de septiembre, permitió incorporar al ordenamiento jurídico español la Directiva (UE) 2016/1148 (la Directiva NIS), con el objetivo de regular la seguridad de las redes y sistemas de información utilizados para la provisión de los servicios esenciales y de los servicios digitales, así como para establecer un sistema de notificación de incidentes. Asimismo, el real decreto-ley establece un marco institucional de la seguridad para su aplicación y para la coordinación entre autoridades competentes y los órganos de cooperación relevantes en el ámbito de la Unión Europea. Será la Estrategia de Ciberseguridad Nacional la que desarrolle dicho marco, que estará formado por las autoridades públicas competentes y los CSIRT de referencia, por una parte, y la cooperación público-privada, por otra.

El real decreto-ley 12/2018 identifica los sectores en los que es necesario garantizar la protección de las redes y los sistemas de información. Además, establece procedimientos para identificar los servicios esenciales ofrecidos en dichos sectores y los principales operadores que los prestan, que son, finalmente, los destinatarios del real decreto-ley.

Se recalca la necesidad de considerar los estándares europeos e internacionales, así como las recomendaciones que surjan del grupo de cooperación y de los CSIRT establecidos en el ámbito comunitario por la Directiva NIS. Resulta fundamental aplicar las mejores prácticas aprendidas en dichos foros para contribuir a la elaboración de los reglamentos y guías que permitan impulsar el mercado interior y la participación de las empresas españolas en él.

 **Servicio esencial.** *Servicio necesario para el mantenimiento de las funciones sociales básicas, la salud, la seguridad, el bienestar social y económico de los ciudadanos o el eficaz funcionamiento de las instituciones del Estado y las Administraciones Públicas, que dependa para su provisión de redes y sistemas de información.*

El real decreto-ley se apoya en las normas, en los instrumentos de respuesta a incidentes y en los órganos de coordinación estatal existentes en esta materia. Ha de garantizar su coherencia con las disposiciones que se derivan de la aplicación de otras normativas en materia de seguridad de la información.

Por lo que respecta al régimen sancionador, serán las autoridades competentes quienes ejercerán las funciones de vigilancia establecidas en el real decreto-ley y aplicarán las sanciones previstas cuando proceda. En este aspecto, el real decreto-ley 12/2018 se decanta por impulsar la subsanación de la infracción antes que su castigo. Establece que, en caso de ser necesario dispensarlo –y respetando la línea ordenada en la Directiva NIS–, el castigo ha de ser efectivo, proporcionado y disuasorio.

Se establecen 3 categorías de infracciones: muy graves, graves y leves. La comisión de infracciones muy graves podrá suponer una multa de entre 500.001 hasta 1.000.000 de Euros; la de infracciones graves una multa de 100.001 hasta 500.000 Euros; por último, las leves una amonestación o multa hasta 100.000 Euros.

Por último, destacar que este real decreto-ley no se aplicará a:

❑ Los operadores de redes y servicios de comunicaciones electrónicas y los prestadores de servicios electrónicos de confianza que no sean designados como operadores críticos.

❑ Los proveedores de servicios digitales cuando se trate de microempresas o pequeñas empresas.

4.2. Funciones de los organismos de gestión de incidentes

Un equipo de respuesta a incidentes de seguridad recibe, analiza y responde informes de incidentes remitidos por los miembros de su comunidad, otros equipos o terceras personas coordinando la respuesta entre las partes. Cada equipo de gestión de incidentes es diferente y en función de sus recursos y su público objetivo establece sus prioridades y decide aportar diferentes servicios.

No obstante esta diferencia, suelen ser comunes los siguientes servicios:

❑ **Servicios preventivos**

◆ Avisos de seguridad

◆ Búsqueda de vulnerabilidades

◆ Auditorías o evaluaciones de seguridad

◆ Desarrollo, configuración y mantenimiento de herramientas de seguridad, aplicaciones e infraestructuras

◆ Difusión de información relacionada con la seguridad

❑ **Servicios reactivos**

◆ Gestión de incidentes de seguridad, esto es, análisis, respuesta, soporte y coordinación de los incidentes.

◆ Gestión de vulnerabilidades, por ejemplo análisis, respuesta y coordinación ante la existencia de vulnerabilidades detectadas.

En España, el Real Decreto-ley 12/2018 define las condiciones y funciones de los equipos de respuesta a incidentes de seguridad informática (CSIRT) de referencia en materia de seguridad de las redes y sistemas de información. Deben reunir las siguientes condiciones:

❑ Han de garantizar un alto nivel de disponibilidad de sus servicios de comunicaciones, evitando los fallos ocasionales y contarán con varios medios para que les pueda contactar y puedan contactar con otros en todo momento. Además, los canales de comunicación estarán claramente especificados y serán bien conocidos de los grupos de usuarios y los socios colaboradores.

❑ Sus instalaciones y las de los sistemas de información de apoyo estarán ubicados en lugares seguros.

❑ Garantizarán la continuidad de las actividades. Para cumplir esta función serán preceptivos los siguientes apartados:

◆ Estarán dotados de un sistema adecuado para gestionar y canalizar las solicitudes con el fin de facilitar los traspasos.

◆ Contarán con personal suficiente para garantizar en todo momento su disponibilidad.

◆ Tendrán acceso a infraestructuras de comunicación cuya continuidad esté asegurada. A tal fin, dispondrán de sistemas redundantes y espacios de trabajo de reserva.

❑ Deberán tener la capacidad de participar, cuando lo deseen, en redes de cooperación internacional.

Los CSIRT desempeñarán, como mínimo, las siguientes funciones:

❑ Supervisar incidentes a escala nacional.

❑ Difundir alertas, avisos e información sobre riesgos e incidentes entre los interesados.

❑ Responder a incidentes.

❑ Efectuar un análisis dinámico de riesgos e incidentes y de conocimiento de la situación.

❑ Participarán en la red de CSIRT.

Los CSIRT establecerán relaciones de cooperación con el sector privado. A fin de facilitar la cooperación, los CSIRT fomentarán la adopción y utilización de prácticas comunes o normalizadas de procedimientos de gestión de incidentes y riesgos y de sistemas de clasificación de incidentes, riesgos e información.

Desde el momento de la creación de un equipo de respuesta a incidentes se deben describir cuáles son los servicios que ofrece. Habitualmente suelen clasificarse en Reactivos, Proactivos y de Valor Añadido. Las siguientes tablas muestran los principales:

SERVICIOS REACTIVOS	
Alertas y Avisos.	Consisten en la diseminación de información descriptiva de ataques o intrusiones, de vulnerabilidades o amenazas, virus informáticos o falsas alarmas, contenidos ilícitos o dañinos y recomendaciones para enfrentarse a los mismos, consejos y guías de protección o bien acciones de recuperación para los sistemas afectados.
Gestión de incidentes.	• Recepción, análisis, clasificación, categorización y priorización de las peticiones e informes recibidos para luego proceder a su gestión según la misión y función del centro. • Servicios de asistencia técnica y coordinación de la recuperación de los sistemas, tales como los de apoyo a servicios policiales o judiciales encargados de la investigación del incidente.
Gestión de vulnerabilidades.	• Servicios de diagnóstico y auditoría de los sistemas informáticos de los usuarios, apoyo técnico mediante el desarrollo de soluciones, parches de software o de configuración que resuelvan las vulnerabilidades encontradas. • Servicios de coordinación de las actividades de mitigación del riesgo mediante la notificación e intercambio de información con entidades nacionales e internacionales.

Tabla que muestra los servicios reactivos de un equipo de respuesta a incidentes.

SERVICIOS PROACTIVOS	
Anuncios y avisos a entidades adscritas.	▪ Información sobre estadísticas de incidentes, vulnerabilidades e intrusiones. ▪ Acceso a bases documentales de guías y consejos.
Auditorías o evaluaciones de seguridad.	▪ Revisión de infraestructuras y configuraciones, repaso de buenas prácticas y procedimientos, detección de vulnerabilidades y posibles fallos de seguridad. ▪ Pruebas de penetración en los sistemas.
Configuración y mantenimiento de elementos de seguridad.	Asistencia directa para la configuración, instalación y mantenimiento de todo tipo de herramientas de seguridad.
Desarrollo de herramientas de seguridad.	Desarrollo de parches, filtros o plugins que mejoren las capacidades de seguridad.
Detección de intrusiones.	Instalación de sensores en dispositivos, sistemas y aplicaciones distribuidos por toda la red de entidades adscritas y el análisis en detalle de la información recopilada.
Diseminación de información.	Orientados a proporcionar a los usuarios información útil y actualizada de forma amigable sobre alertas, guías metodológicas, soluciones disponibles, estadísticas, referencias documentales, etcétera.
Certificación de calidad.	Normas y procedimientos para que las entidades puedan asegurar que su actividad en Internet ofrece garantías para los usuarios finales.

Tabla que muestra los servicios proactivos de un equipo de respuesta a incidentes.

SERVICIOS DE VALOR AÑADIDO	
Análisis de código dañino.	Análisis de virus informáticos, troyanos, gusanos y otras herramientas de software basadas en técnicas de ingeniería social usadas para provocar daños en sistemas, caídas de servicio en redes telemáticas o difusión masiva de contenidos no solicitados.
Análisis de riesgos.	Estudios y evaluaciones de riesgos y amenazas de una instalación o red concreta.
Consultoría de seguridad informática.	▪ Desarrollo e implantación de planes de seguridad, de recuperación ante desastres o graves perturbaciones de seguridad. ▪ Identificación de requisitos y apoyo en licitaciones y concursos para la adquisición o implantación de dispositivos y sistemas.
Concienciación y formación.	Concienciar a los usuarios de los riesgos y amenazas a la seguridad asociados al acceso de redes telemáticas -en particular a Internet- y al uso del correo electrónico, así como en la divulgación y entrenamiento en las soluciones disponibles para protegerse eficazmente de esas amenazas.
Evaluación y certificación de productos.	Servicios de certificación como TEMPEST, COMMON CRITERIA (CC), o CIFRA

Tabla que muestra los servicios añadidos que proporciona un equipo de respuesta a incidentes.

4.3. Equipos nacionales de respuesta a incidentes

En España existen los siguientes equipos de respuesta a incidentes de seguridad de la información:

❏ **CCN-CERT**. Es la capacidad de respuesta a incidentes de seguridad de la información del Centro Criptológico Nacional (CCN), que se encuentra adscrito al Centro Nacional de Inteligencia (CNI). El CCN-CERT se creó en 2006 y sus funciones están recogidas en la Ley 11/2002, el Real Decreto 421/2004 y el Real Decreto 3/2010 que regula el Esquema Nacional de Seguridad (ENS) en el ámbito de la Administración Electrónica, modificado por el Real Decreto 951/2015. La Universidad Carnegie Mellon, propietaria de la marca registrada CERT, autorizó al CCN-CERT a utilizarla.

De acuerdo con esta normativa y la Ley 40/2015 de Régimen Jurídico del Sector Público es competencia del CCN-CERT la gestión de ciberincidentes que afecten a cualquier organismo o empresa pública. Las Administraciones Públicas notificarán la Centro Criptológico Nacional aquellos incidentes que tengan un impacto significativo en la seguridad de la información manejada y de los servicios prestados. En el caso de operadores críticos del sector público, la gestión de ciberincidentes se realizará por el CCN-CERT en coordinación con el Centro Nacional para la Protección de las Infraestructuras Críticas (CNPIC).

Su misión es contribuir a la mejora de la ciberseguridad española; es el centro de alerta y respuesta nacional que ayuda y coopera a responder de forma rápida y eficiente a los ciberataques y a afrontar de forma activa las ciberamenazas.

El Esquema Nacional de Seguridad determina que será el Centro Criptológico Nacional quien articulará la respuesta a los incidentes de seguridad en torno a la estructura denominada CCN-CERT, que actuará sin perjuicio de las capacidades de respuesta a incidentes de seguridad que pueda tener cada administración pública y de la función de coordinación a nivel nacional e internacional del CCN.

❏ **El Centro Criptológico Nacional** cuenta con las siguientes funciones:

♦ Lograr un ciberespacio más seguro y confiable. Para ello preservará la información clasificada y la sensible, defendiendo el Patrimonio Tecnológico español, aplicando políticas y procedimientos de seguridad y empleando y desarrollando las tecnologías más adecuadas a este fin.

♦ El soporte y coordinación para el tratamiento de vulnerabilidades y la resolución de incidentes de seguridad que suceda en la Administración General del Estado, las administraciones de las comunidades autónomas, las entidades que integran la Administración Local y las Entidades de Derecho público con personalidad jurídica propia vinculadas o dependientes de cualquiera de las administraciones indicadas.

♦ La investigación y divulgación de las mejores prácticas sobre seguridad de la información entre todos los componentes de las Administraciones públicas. Con esta finalidad, el CCN-CERT publica una serie de documentos (Guías de Seguridad de las TIC, CCN-STIC), que ofrecen normas, instrucciones, guías y recomendaciones para aplicar el Esquema Nacional de Seguridad y para garantizar la seguridad en los sistemas de tecnologías de la información en la Administración.

♦ La información sobre vulnerabilidades, alertas y avisos de nuevas amenazas dirigidas a los sistemas de información, recopiladas de distintas fuentes de reconocido prestigio, incluidas las propias.

♦ La formación destinada al personal de la Administración especialista en el campo de la seguridad de las tecnologías de la información con el objetivo de facilitar la actualización de conocimientos del personal y de lograr la sensibilización y mejora de sus capacidades para la detección y gestión de incidentes de seguridad.

♦ Certificación. El Centro Criptológico Nacional se constituye en Organismo de Certificación (OC) en lo relativo a la certificación funcional de la seguridad de las TIC. Para la certificación criptológica y para la certificación TEMPEST, el organismo de certificación se basa en criterios y metodologías propias.

♦ La Estrategia de Seguridad Nacional confiere al CCN-CERT un papel central en su línea de actuación 2: Seguridad de los Sistemas de Información y Telecomunicaciones que soportan las Administraciones Públicas. Es el actor imprescindible en la garantía de la plena implantación del Esquema Nacional de Seguridad mediante el refuerzo de sus capacidades de inteligencia, detección, análisis y respuesta, mediante sus sistemas de Detección y Atención Temprana.

♦ El CCN desarrollará y coordinará a nivel estatal un programa que ofrezca la información, formación, recomendaciones y herramientas necesarias para que las Administraciones públicas puedan desarrollar sus propias capacidades de respuesta a incidentes de seguridad.

El CCN-CERT dirigirá todos sus esfuerzos para apoyar a las siguientes entidades:

♦ Equipos de respuesta a incidentes internos de las organizaciones.

♦ CSIRTs (Computer Security Incident Response Team).

- Administradores de redes y sistemas.

- Personal de seguridad.

- Personal de apoyo técnico.

- Responsables de seguridad TIC y responsables delegados.

- Responsables de sistemas de información.

- Gestores de programas de seguridad.

El CCN-CERT participa en las reuniones y grupos de trabajo a nivel internacional:

- FIRST (*Forum of Incident Response and Security Teams*, Foro de Respuesta a Incidentes y Equipos de Seguridad).

- NCIRC de la OTAN (NATO *Computer Incidente Response Capability*), en la que los distintos equipos de respuesta a incidentes de esta organización analizan y comparten información sobre seguridad.

- A nivel europeo forma parte de la Agencia Europea de Seguridad de las Redes y la Información, ENISA, del Trusted Introducer, del EGC (European Goverment CERTs) Group y del APWG (Anti-Phishing Working Group), un programa del Consejo de Europa enfocado a eliminar todo tipo de fraudes y robos realizados con técnicas como el phishing o el pharming.

La presencia en estos foros permite compartir objetivos, ideas e información sobre vulnerabilidades y ataques a nivel global. Adicionalmente, la presencia del CCN-CERT le permite mantener un contacto directo con otros equipos del resto del mundo para, llegado un ataque, asegurarse de qué fuentes de información son fiables. También posibilita conocer cómo divulgar medidas tecnológicas que mitiguen el riesgo de ataques a sistemas y usuarios conectados a Internet que prestan servicios a sus comunidades.

❑ **INCIBE-CERT**. Es el centro de respuesta a incidentes de seguridad referencia para los ciudadanos y entidades de derecho privado en España operado por el Instituto Nacional de Ciberseguridad (INCIBE), dependiente del Ministerio de Asuntos Económicos y Transformación Digital, a través de la Secretaría de Estado de Digitalización e Inteligencia Artificial.

INCIBE-CERT es uno de los equipos de respuesta de referencia ante incidentes que se coordina con el resto de equipos nacionales e internacionales para mejorar la eficacia en la lucha contra los delitos que involucran a las redes y sistemas de información, reduciendo sus efectos en la seguridad pública. Esta institución cuenta con los siguientes objetivos:

◆ Prestación de servicios en el ámbito de la seguridad. Estos servicios permitirán el aprovechamiento de las TIC y elevarán la confianza digital. INCIBE trabaja en la protección de la privacidad de los usuarios y fomenta el establecimiento de mecanismos para la prevención y reacción a incidentes de seguridad, minimizando su impacto. Además, promueve el avance de la cultura de la seguridad de la información a través de la concienciación, sensibilización y formación.

◆ Investigación. INCIBE posee una capacidad importante para abordar proyectos de gran complejidad en materia innovadora.

◆ Coordinación. Participa en redes de colaboración, facilitando inmediatez, globalidad y efectividad cuando se trata de desplegar una actuación en el campo de la seguridad. Su experiencia y el intercambio de información con otras entidades, tanto públicas como privadas, nacionales e internacionales, serán de gran utilidad al afrontar la gestión de incidentes de seguridad.

INCIBE diseña y desarrolla iniciativas para satisfacer necesidades específicas de públicos concretos, por ejemplo:

◆ Empresas y profesionales que hacen uso de las Tecnologías de Información y Comunicaciones (TIC). Estos colectivos disponen de apoyo preventivo y reactivo en materia de seguridad para aprovechar las TIC de forma segura y confiable. Especialmente, destina esfuerzos para apoyar a aquellas infraestructuras críticas y a las organizaciones afiliadas a RedIRIS, la red académica y de investigación española.

◆ Respuesta a incidentes en infraestructuras críticas. INCIBE y el Centro Nacional para la Protección de las Infraestructuras Críticas (CNPIC) tienen suscrito un acuerdo que sienta las bases para la colaboración entre ambas instituciones en materia de respuesta a incidentes de seguridad. De este modo, INCIBE-CERT se convierte en el centro de respuesta especializado en la gestión de incidentes en este tipo de infraestructuras. En virtud del artículo 11 del Real Decreto-ley 12/2018, INCIBE-CERT será operado conjuntamente por el INCIBE y el CNPIC en todo lo que se refiera a la gestión de incidentes que afecten a los operadores críticos.

◆ Es uno de los equipos de respuesta a incidentes de referencia para operadores esenciales del ámbito privado y para proveedores de servicios digitales, ofreciendo respuesta a incidentes de seguridad 24x7, así como un conjunto de servicios de valor añadido.

◆ Expertos en seguridad de la información. El equipo especializado en seguridad de INCIBE ofrece servicios de información y respuesta a colectivos y profesionales expertos para mejorar los niveles de seguridad.

◆ Ciudadanos. A través de la Oficina de Seguridad del Internauta (OSI) se proporciona información y soporte al usuario final para evitar y resolver los posibles problemas de seguridad.

Para acometer sus objetivos, INCIBE cuenta con las siguientes capacidades:

◆ Amplio ámbito de actuación en la respuesta a incidentes de seguridad, abarcando desde el ciudadano hasta el sector empresarial (sectores estratégicos e infraestructuras críticas) y a las instituciones afiliadas a RedIRIS.

◆ Puesta en marcha de iniciativas de colaboración público-privada para la mejora de los niveles de seguridad en España.

◆ Seguimiento y estudio de riesgos emergentes para, así, poder anticipar necesidades, adoptar medidas preventivas y disponer de mecanismos de alerta temprana ante incidentes de seguridad.

◆ Coordinación con organismos internacionales en materia de seguridad.

◆ Servicio de asistencia y soporte desde el que se puede solicitar asistencia ante un incidente de seguridad o realizar consultar sobre legislación vigente en materia de tecnologías de la información.

◆ Sistema de Alerta Temprana (SAT). INCIBE proporciona diversa información con el objetivo de difundir las últimas novedades en materia de vulnerabilidades, publicación de avisos y el acceso a un amplio repositorio con los casos más relevantes en seguridad de la información. Los recursos que ofrece son:

◊ Avisos de seguridad, donde se publica la última hora sobre las amenazas más relevantes, así como información práctica para facilitar la prevención y la protección.

◊ Notificación de vulnerabilidades. Publica las últimas vulnerabilidades y cuenta con enlaces a parches que corregirán dichas vulnerabilidades.

◊ Bitácora de seguridad. Facilita los casos más relevantes, enlaces a referencias y una clasificación por categorías.

INCIBE-CERT es miembro de CERT/CC, de FIRST y del APWG a nivel internacional. Desde el 15 de enero de 2020 es una Autoridad de Numeración de Vulnerabilidades (en inglés CNA, CVE Numbering Authorities). INCIBE-CERT es el punto de contacto en España para la recepción de vulnerabilidades descubiertas en el ámbito de la Tecnología de la Información (TI), los sistemas industriales (Tecnología de Operaciones, OT) y los dispositivos de Internet de las Cosas (IoT).

 **Common Vulnerabilities and Exposures (CVE).** *Lista de información registrada sobre vulnerabilidades de seguridad conocidas. Ofrece una nomenclatura estándar que permite identificar cada vulnerabilidad de forma inequívoca, así como qué versiones de software están afectadas y una posible solución. Está mantenida por la MITRE Corporation y es utilizada por la mayoría de repositorios de vulnerabilidades.*

A nivel europeo forma parte de ENISA, es Trusted Introducer y miembro del Task Force de GÉANT (TF-CSIRT), que promueve la cooperación de los CSIRTs en Europa.

A nivel nacional forma parte de los grupos de seguridad españoles, agrupados en el CSIRT nacional (csirt.es) así como de distintos foros y fundaciones cuya misión es fomentar la seguridad de la información en España (ISMS Forum Spain, Foro Nacional para la Confianza Digital, Fundación Círculo de Tecnologías para la Defensa y Seguridad, Foro Abuses, AEI Ciberseguridad y la Red de Excelencia Nacional de Investigación en Ciberseguridad, RENIC).

❑ **IRIS-CERT** (www.rediris.es/servicios/seguridad/iris-cert). Es el servicio de gestión de incidentes de seguridad de RedIRIS y tiene como objetivo coordinar la respuesta ante incidentes de seguridad informática que afecten a la seguridad de las redes de las instituciones afiliadas –como ataques de denegación de servicio (Dos) o malware– y realizar una labor preventiva avisando con tiempo a dichos centros de la existencia de problemas potenciales y ofreciendo asesoramiento y soporte complementario. Es importante la acción preventiva, notificando peligros o amenazas potenciales, ofreciendo asesoramiento a los centros, organizando actividades de formación y ofertando servicios complementarios.

IRIS-CERT presta sus servicios a las instituciones afiliadas a RedIRIS y también a otras, aunque de forma más limitada. En concreto, IRIS-CERT proporciona servicio de respuesta completo a las instituciones afiliadas, pero servicio limitado (coordinación de incidentes) para todo el dominio ".es", aceptando cualquier incidente relacionado para proporcionar soporte a toda su comunidad. Los interlocutores de RedIRIS son los responsables TIC de las instituciones afiliadas. IRIS-CERT no presta servicio a usuarios finales, siempre lo hace a través de las instituciones afiliadas.

 **RedIRIS.** *Es la red académica y de investigación española. Proporciona servicios avanzados de comunicaciones a la comunidad científica y universitaria nacional. Cuenta con más de 500 instituciones afiliadas, principalmente universidades y centros públicos de investigación.*

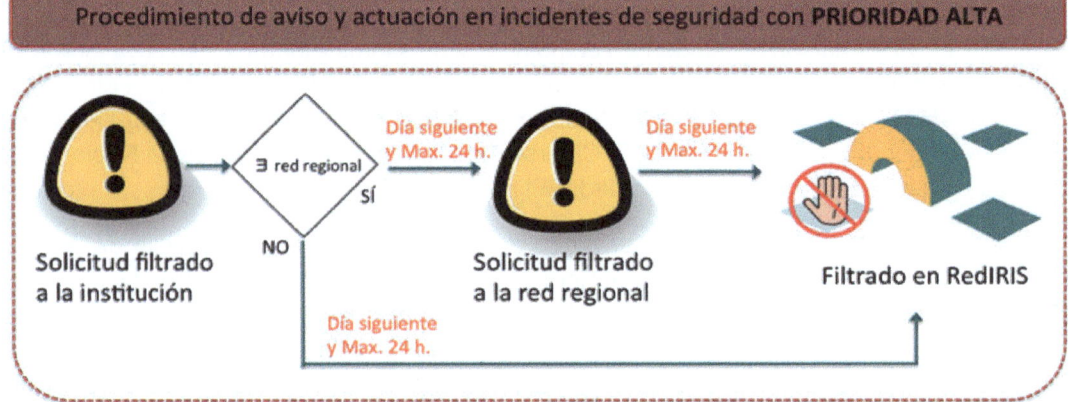

Protocolo ordinario para la gestión incidentes en el CERT de RedIRIS (IRIS-CERT)

INVESTIGACIÓN → 7 días → Seguimiento #1 → 7 días → Seguimiento #2 → 7 días → CIERRE
Problema no resuelto
(No se obtiene respuesta)

Imagen que muestra el protocolo ordinario de actuación de IRIS-CERT ante un incidente de seguridad.

Procedimiento de aviso y actuación en incidentes de seguridad con PRIORIDAD ALTA

Solicitud filtrado a la institución → ∃ red regional → SÍ (Día siguiente y Max. 24 h.) → Solicitud filtrado a la red regional → (Día siguiente y Max. 24 h.) → Filtrado en RedIRIS

NO → (Día siguiente y Max. 24 h.)

Imagen que muestra el protocolo de actuación de IRIS-CERT ante un incidente de seguridad catalogado como de prioridad Alta.

IRIS-CERT es miembro de FIRST y APWG a nivel internacional. A nivel europeo, contribuyó al proyecto EuroCERT y actualmente participa en el Task Force de GÉANT (TF-CSIRT), que promueve la cooperación de los CSIRTs en Europa, y equipo de nivel 2 de Trusted Introducer. IRIS-CERT también puede actuar de enlace con las Fuerzas y Cuerpos de Seguridad del Estado, aunque no tomará acción judicial en nombre de terceros, limitando su participación a la asesoría técnica.

Cómo crear un CSIRT paso a paso, guía elaborada por ENISA

http://www.enisa.europa.eu/activities/cert/support/guide/files/csirt-setting-up-guide-in-spanish/at_download/fullReport

Cómo organizar y operar un equipo de atención de incidentes de seguridad (CERT/CSIRT), guía elaborada por IRIS-CERT.

https://www.rediris.es/cert/links/csirt.html

❑ **Foro CSIRT.es**. Es una plataforma independiente de confianza y sin ánimo de lucro compuesta por todos los equipos de respuesta a incidentes informáticos cuyo ámbito de actuación o comunidad de usuarios en los que opera se encuentran dentro del territorio español.

Dependiendo de los recursos y necesidades de cada comunidad, los integrantes de CSIRT.es proporcionarán diversos servicios. En todo caso, para formar parte de este foro es preciso proporcionar algún tipo de servicio relacionado con la atención de incidentes de seguridad:

◆ Análisis de incidentes.

◆ Respuesta ante incidentes en el lugar donde se produjeron.

◆ Soporte en la respuesta ante incidentes.

◆ Coordinación en la respuesta ante incidentes.

El foro CSIRT.es está formado por cualquier CSIRT español que cumpla con la definición genérica ofrecida por ENISA, FIRST o Trusted Introducer para este tipo de equipos de respuesta; de hecho, para ser admitido en el foro es requisito ser miembro del foro FIRST o estar acreditado en el foro Trusted Introducer. Además, es indispensable prestar servicio a una comunidad de usuarios del territorio español, contar con capacidad de reacción ante incidentes de seguridad y cuyas misiones y objetivos vengan sobrevenidos por mandato legislativo u organizativo para mejorar la seguridad de las tecnologías y comunicaciones de la Comunidad a la que presta servicio. Forman parte del Foro CSIRT.es hasta 44 equipos de respuesta, entre ellos los siguientes:

◆ CCN-CERT. Es el CERT del Centro Criptológico Nacional.

◆ IRIS-CERT. Es el CERT de RedIRIS.

◆ INCIBE-CERT. Se trata del CERT del Instituto Español de Ciberseguridad.

◆ Caixabank CSIRT. Es el CERT de la entidad bancaria La Caixa. Su ámbito de actuación son los servicios electrónicos de la entidad y sus clientes.

◆ CSIRT Global Telefonica.

◆ CESICAT-CERT. Es el CERT que presta servicio en la Comunidad Autónoma de Cataluña a la administración pública, a ciudadanos y a empresas, sobre todo a PYMES.

◆ CSIRT-CV. Se trata de un CERT cuyo ámbito de actuación son los ciudadanos, PYMES y administraciones públicas de la Comunidad Valenciana.

- ♦ ESPDEF-CERT. Es el CERT del mando conjunto de ciberdefensa del Ministerio de Defensa.

- ♦ Guardia Civil – Departamento de Delitos Telemáticos y también el de Ciberinteligencia y Ciberterrorismo.

El foro CSIRT.es pretende crear una plataforma independiente de coordinación y colaboración de confianza entre los CSIRT de ámbito nacional que permita optimizar la cooperación entre los mismos para actuar frente a problemas de seguridad en las redes españolas. A su vez, fomentará la divulgación de información de interés y la mejora de la visibilidad de los CSIRTs miembros del foro en la comunidad española e internacional

• CSIRT de referencia

Como se ha mencionado anteriormente, el real decreto-ley 12/2018, de 7 de septiembre, de seguridad de las redes y sistemas de información define las condiciones y funciones de los equipos de respuesta a incidentes de seguridad informática (CSIRT).

El real decreto-ley, además, delimita el ámbito funcional de actuación de los CSIRT de referencia. Estos son la puerta de entrada de las notificaciones de incidentes, lo que permitirá organizar rápidamente la respuesta a ellos. El destinatario de las notificaciones es la autoridad competente respectiva, que tendrá en cuenta esta información para la supervisión de los operadores. En todo caso, el operador es responsable de resolver los incidentes y reponer las redes y sistemas de información afectados a su funcionamiento ordinario.

Se prevé la utilización de una plataforma común para la notificación de incidentes, de tal manera que los operadores no deban efectuar varias notificaciones en función de la autoridad a la que deban dirigirse. Esta plataforma podrá ser empleada también para la notificación de vulneraciones de la seguridad de datos personales según el Reglamento (UE) 2016/679 del Parlamento Europeo y del Consejo, de 27 de abril de 2016.

El real decreto-ley 12/2018, en su artículo 11, reconoce tres CSIRT nacionales de referencia, que se coordinarán entre sí y con el resto de equipos nacionales e internacionales en la respuesta a incidentes y gestión de riesgos en función del tipo de entidad prestadora de un servicio:

a) Entidades operadoras de servicios esenciales. En este caso se distinguen:

1. El CCN-CERT. A él le corresponde la comunidad de referencia constituida por las entidades del ámbito subjetivo de aplicación de la Ley 40/2015, de 1 de octubre.

2. El INCIBE-CERT. A este le corresponde la comunidad de referencia constituida por las entidades no incluidas en el ámbito subjetivo de aplicación de la Ley 40/2015, de 1 de octubre.

3.   El ESPDEF-CERT, es el equipo de respuesta del Ministerio de Defensa. Cooperará con los dos anteriores en las situaciones que cualquiera de ellos requiera en apoyo de los operadores de servicios esenciales y en aquellos operadores que tengan incidencia en la Defensa Nacional.

b)   Entidades proveedoras de servicios digitales que no estuvieran comprendidos en la comunidad de referencia del CCN-CERT.

En este supuesto se designa al INCIBE-CERT, que también será el equipo de respuesta a incidentes de referencia para los ciudadanos, entidades de derecho privado y otras entidades no incluidas en los apartados a) y b).

Los CSIRT de referencia se coordinarán entre sí y con el resto de CSIRT nacionales e internacionales en la respuesta a incidentes y gestión de riesgos de seguridad que les correspondan. En los supuestos de especial gravedad que reglamentariamente se determinen y requieran un nivel de coordinación superior al necesario en situaciones ordinarias, el CCN-CERT ejercerá la coordinación nacional en la respuesta técnica de los CSIRT.

Cuando las actividades que desarrollen puedan afectar de alguna manera a un operador crítico, los CSIRT de referencia se coordinarán con el Ministerio del Interior, a través de la Oficina de Coordinación Cibernética del Centro Nacional de Protección de Infraestructuras y Ciberseguridad (CNPIC), de la forma que reglamentariamente se determine.

El Real Decreto-ley 14/2019, de 31 de octubre, por el que se adoptan medidas urgentes por razones de seguridad púbica en materia de administración digital, contratación del sector público y telecomunicaciones, modificó el citado artículo 11 del Real Decreto-ley 12/2018 para establecer que será el Centro Criptológico Nacional (CCN) quien ejerza la coordinación nacional de la respuesta técnica de los equipos de respuesta a incidentes de seguridad informática (CSIRT) en material de seguridad de las redes y sistemas de información del sector público. El CCN ejercerá la función de enlace para garantizar la cooperación transfronteriza de los CSIRT de las administraciones públicas con los CSIRT internacionales en la respuesta a los incidentes y gestión de seguridad de riesgos de seguridad que les correspondan.

4.4.   Equipos internacionales de respuesta a incidentes

Algunos de los equipos internacionales de respuesta a incidentes más conocidos y prestigiosos son los siguientes:

❑   **CERT/CC** (CERT *Coordination Center*) (www.cert.org). Nacido en 1988 en la Universidad Carnegie Mellon, está considerado como el primer CERT. Actualmente es una división del Software Engineering Institute (SEI) de la Universidad Carnegie Mellon, que está catalogada como una de las organizaciones de mayor prestigio y confianza en arquitectura del software y ciberseguridad. Su relación con el Gobierno estadounidense, la industria y las instituciones legisladoras le permiten lograr el objetivo de desarrollar métodos y tecnologías para contrarrestar a gran escala las, cada vez más, sofisticadas amenazas.

El CERT/CC trabaja de forma conjunta con el Departamento de Interior del gobierno estadounidense, contribuyendo a la mejora de la seguridad nacional. Para ello, gestiona la recogida de datos, estadísticas y análisis de tendencias, seguridad en sistemas y redes, gestión de incidentes, amenazas internas, seguridad del software, etcétera.

Los resultados de este trabajo incluyen la realización de pruebas, simulacros, cursos de formación y creación de sistemas que entregarán al Departamento de Interior y a sus instituciones asociadas como parte de la misión del SEI de transferencia de sus capacidades en materia de la seguridad a los sectores público y privado.

El CERT/CC es un elemento indispensable en la investigación e innovación en materia de seguridad de la información pues desarrolla, ejecuta y evoluciona una agenda técnica que posibilita soluciones a los desafíos en materia de seguridad.

❑ **FIRST** (*Forum of Incident Response and Security Team*, Foro de respuesta a incidentes y equipos de seguridad informática, www.first.org). Nacida en 1990, es una de las organizaciones internacionales líderes en la respuesta a incidentes. Cuenta con miembros de Europa, América, Asia y Oceanía, procedentes del entorno gubernamental, económico, educativo, empresarial y financiero. Es una confederación de equipos de respuesta a incidentes y una organización líder reconocida en la gestión cooperativa de incidentes de seguridad, así como en la promoción de programas para su prevención. FIRST permite a sus miembros responder de forma más efectiva a un incidente, proporcionándoles el acceso a las mejores prácticas, herramientas y comunicación de confianza con el resto de miembros. Las líneas maestras de la misión de FIRST son:

- ♦ Los miembros de FIRST desarrollan y comparten información técnica, herramientas, metodologías, procesos y las mejores prácticas en materia de prevención y reacción a incidentes de seguridad.

- ♦ FIRST fomenta y promueve el desarrollo de productos, servicios y políticas de seguridad de calidad.

- ♦ Desarrolla y promulga las mejores prácticas de seguridad en sistemas informáticos.

- ♦ Promueve la creación y expansión de los equipos de respuesta a incidentes, así como su unión en grupos por todo el mundo.

- ♦ Los miembros de FIRST utilizan su conocimiento, habilidades y experiencia para promover un entorno electrónico más seguro y de más confianza.

FIRST reúne un amplio número de equipos de respuesta a incidentes, procedentes del ámbito gubernamental, comercial y académico. A finales de 2019 había un total de 35 entidades españolas que formaban parte de FIRST, entre ellas:

ACKCENT, BBVA CERT, CCN-CERT, Catalonia CERT, CSIRT-PV, Deloitte ECC, esCERT-UPC, ESP DEF CERT, INCIBE-CERT, , ICA Sistemas y Seguridad, Ciber-SOC, Mapfre CCG CERT, RedIRIS, Santander Globat CERT, S2 Grupo CERT, S21sec CERT y Telefonica-CSIRT.

❑ **ENISA** (*European Network and Information Security Agency*, www.enisa.europa.eu). La Agencia Europea de Seguridad de las Redes y de la Información es la entidad responsable de los aspectos de ciberseguridad en la Unión Europea desde su puesta en marcha operativa en el año 2005.

La misión de ENISA es esencial para lograr un alto y eficiente nivel de seguridad en los Estados miembros de la Unión. ENISA busca desarrollar una cultura de seguridad de la información para beneficio de los ciudadanos, consumidores, sector empresarial y sector público de la Unión Europea.

ENISA ayuda a la Comisión Europea, a los Estados miembros y al sector empresarial respondiendo y adoptando estrategias preventivas referidas a problemas de seguridad. ENISA trabaja como una Agencia que constituye un núcleo de experiencia para llevar a cabo acciones técnicas y científicas específicas en el campo de la seguridad de la información.

La Agencia también asiste a la Comisión Europea en la preparación de trabajo técnico para actualizar y desarrollar legislación comunitaria en el campo de las redes y sistemas de seguridad de la información.

Las actividades de ENISA se centran en:

♦ Aconsejar y asistir a la Comisión y a los Estados miembros en seguridad de la información, así como en su diálogo con la industria para gestionar problemas relacionados con la seguridad en productos software y hardware.

♦ Recogida y análisis de datos en los incidentes de seguridad y riesgos emergentes en el ámbito europeo.

♦ Promover evaluaciones y métodos de gestión de riesgos para mejorar la capacidad de manejar amenazas de seguridad de la información.

♦ Aumentar la concienciación y la cooperación entre los diferentes actores en el campo de la seguridad de la información. Para ello desarrolla alianzas públicas y privadas con la industria de este sector.

♦ Puesto que no todos los Estados cuentan con un equipo de respuesta a incidentes y los que sí lo tienen no disponen del mismo grado de madurez o de homogeneidad, es misión de ENISA ayudarles a desarrollar sus capacidades, facilitándoles su establecimiento, formación y entrenamiento proporcionándoles ejercicios de seguridad.

❏ **EGC Group** (*European Governments* CERTs *Group*, www.egc-group.org). Es una asociación que reúne a los CERTs en Europa. Sus miembros cooperan en materia de incidentes de seguridad gracias a una confianza mutua y comprensión debido a la semejanza de los problemas que afrontan. Para conseguir sus objetivos, los miembros de EGC:

♦ Desarrollan medidas conjuntas para gestionar incidentes de seguridad, tanto a media como a gran escala.

♦ Facilitan el intercambio de información y tecnología relacionada con incidentes de seguridad de la información y de amenazas de código malicioso y vulnerabilidades.

♦ Identifican áreas de especial conocimiento y experiencia que podrían compartirse y ser de interés para el grupo.

♦ Identifican áreas de investigación y desarrollo en materias de interés común.

♦ Comunican puntos de vista comunes con otras iniciativas y organizaciones.

EGC es un grupo operativo con un componente puramente técnico. No determina políticas, que es responsabilidad de otro tipo de agencias habitualmente en el ámbito de cada país. Los miembros de EGC hablan y responden únicamente en su nombre.

EGC forma parte de un entorno internacional. Sus miembros colaboran con otras iniciativas y con otros CERTs. Por ejemplo, muchos de los miembros de EGC forman parte de FIRST o TF-CSIRT respetando su perspectiva europea, pero con actividades a lo largo de todo el mundo. Asimismo, algunos de los miembros de EGC forman parte de ENISA, tanto en sus actividades como en sus objetivos.

En España, el CCN-CERT forma parte de EGC.

❏ **CERT-EU** (www.cert.europa.eu). En septiembre de 2012 y después de un año como proyecto piloto, las instituciones europeas decidieron establecer un equipo de respuesta a incidentes con carácter permanente que prestase servicio a instituciones, agencias y organismos. El equipo se compone de expertos en seguridad de tecnologías de la información de las principales organizaciones europeas (Comisión Europea, Secretariado General del Consejo, Parlamento Europeo, Comité de las regiones y del Comité Económico y Social). Coopera estrechamente con otros equipos de respuesta a incidentes, tanto de los Estados miembros como con compañías especializadas en seguridad.

❑ **TF-CSIRT** (Task Force CSIRT, www.geant.org). Proporciona un foro donde sus miembros pueden intercambiar experiencias y conocimiento en un entorno de confianza para mejorar la cooperación y la coordinación. Mantiene un sistema de registro y acreditación de otros CSIRTs, así como estándares de servicios de certificación.

El grupo también desarrolla y proporciona servicios para los CSIRTs, promueve el uso de estándares y procedimientos para gestionar incidentes de seguridad. Coordina iniciativas conjuntas donde sean apropiadas. Esto incluye la formación de los grupos de trabajo así como la asistencia en materia de creación y desarrollo de nuevos CSIRTs.

El grupo mantiene relación con otros similares, como FIRST y ENISA así como con otros a nivel de otros estados o regiones.

TF-CSIRT es un grupo de trabajo perteneciente a GÉANT, que es una organización europea compuesta por miembros y que sirve a la comunidad de redes de investigación y educación en Europa, ayudándolas a proporcionar tecnologías y servicios innovadores para la investigación y la educación.

En España, la institución afiliada a GÉANT es RedIRIS.

❑ **Trusted Introducer** (TI, www.trusted-introducer.org). Este servicio se estableció en Europa en el año 2000 con el objetivo de ayudar a todos los equipos de respuesta a incidentes instándoles a cooperar entre ellos de una forma más efectiva. De este modo, se incrementaría la seguridad gracias a respuestas más ágiles frente a ataques existentes y nuevas amenazas.

Trusted Introducer proporciona una red de confianza con servicios adicionales especializados para todos los equipos de seguridad y respuesta a incidentes. Mantiene una base de datos de todos estos equipos, proporcionando una visión global sobre su nivel de madurez y capacidades. Este objetivo lo consigue gracias a un programa de acreditación y certificación basado en buenas prácticas, desarrolladas y probadas a lo largo de toda la vida de la comunidad.

❑ La mayoría de países cuenta con centros de respuesta a incidentes. Entre ellos destacan:

◆ AusCERT (Australian Computer Emergency Response Team, www.auscert.org.au), es el equipo de respuesta a incidentes de Australia.

◆ CNCERT/CC (www.cert.org.cn), es el centro de respuesta a incidentes de China.

◆ RU-CERT (www.cert.ru), es el centro de respuesta a incidentes de Rusia.

◆ JPCERT/CC (www.jpcert.or.jp), es el centro de respuesta a incidentes de Japón.

 Con el desarrollo de este epígrafe hemos conseguido el análisis de los programas maliciosos mediante desensambladores y entornos de ejecución controlada.

 Acude a los Contenidos Extra para consultar el Resumen y realizar la Autoevaluación.

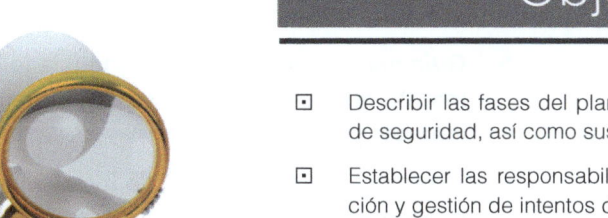

UNIDAD DIDÁCTICA 5

Proceso de notificación y gestión de intentos de intrusión

Objetivos

- ▣ Describir las fases del plan de actuación frente a incidentes de seguridad, así como sus objetivos.

- ▣ Establecer las responsabilidades en el proceso de notificación y gestión de intentos de intrusión o infecciones.

- ▣ Listar los criterios para determinar las evidencias objetivas en las que se soportará la gestión de un incidente de seguridad.

- ▣ Construir una guía para clasificar y analizar un intento de intrusión o infección, contemplando el impacto previsible del mismo.

- ▣ Formular una guía para la investigación y diagnóstico de un incidente de intento de intrusión o infección.

- ▣ Estructurar un proceso de resolución y recuperación de los sistemas tras un incidente derivado de un intento de intrusión o infección.

- ▣ Analizar un proceso para la comunicación del incidente a terceros, si procede.

- ▣ Desarrollar un proceso de cierre del incidente así como los registros necesarios para documentar el histórico del incidente.

Contenido

Introducción

1. Establecimiento de las responsabilidades en el proceso de notificación y gestión de intentos de intrusión o infecciones

2. Categorización de los incidentes derivados de intentos de intrusión o infecciones en función de su impacto potencial

3. Criterios para la determinación de las evidencias objetivas en las que se soportará la gestión del incidente

4. Establecimiento del proceso de detección y registro de incidentes derivados en intentos de intrusión o infecciones

5. Guía para la clasificación y análisis inicial del intento de intrusión o infección contemplando el impacto previsible

6. Establecimiento del nivel de intervención requerido en función del impacto previsible

7. Guía para la investigación y diagnóstico del incidente de intento de intrusión o infecciones

8. Establecimiento del proceso de resolución y recuperación de los sistemas tras un incidente derivado de un intento de intrusión o infección

9. Proceso para la comunicación de cierre del incidente a terceros, si procede

10. Establecimiento del proceso de cierre del incidente y los registros necesarios para documentar el histórico del incidente

Acude a los Contenidos Extra para ver el mapa conceptual de esta Unidad Didáctica, objeto de estudio fundamental para situarte según avances en los contenidos.

Introducción

Un incidente de seguridad pasa por diversas etapas desde su notificación e identificación hasta que se le da respuesta y solución. Es importante considerar cuáles son las metas a cumplir en cada una de ellas y seguir el flujo establecido, evidentemente con una cierta adaptación a las particularidades que establece la diversidad de tipología de los incidentes así como la de las organizaciones, que contarán con características y necesidades diferentes.

Un ciclo de vida clásico de un incidente pasa por las siguientes fases:

❑ Prevención y preparación.

❑ Detección e identificación.

❑ Notificación.

❑ Contención.

❑ Análisis e investigación.

❑ Solución y recuperación.

❑ Reflexión y mejora.

Aunque algunas fases sean secuenciales, no es incompatible que otras puedan realizarse en paralelo o que, incluso, haya que retroceder alguna fase en cierta parte de la gestión del incidente.

Dentro de las fases descritas pueden existir tres estados:

1. **Inicio**. Se recibe la información del incidente y se realiza un breve análisis con la finalidad de valorar el impacto y la gravedad del incidente. En este punto se comienza a decidir cuáles serán las primeras medidas de notificación y contención necesarias.

2. **Gestión**. Es un análisis del incidente que implica acciones de investigación, notificación con todos los actores implicados (internos y externos). En este punto el objetivo es encontrar las acciones que permitan a la organización la resolución del incidente con el menor impacto.

3. **Resolución**. Consiste en la aplicación de las medidas correctoras necesarias que permitan resolver el incidente y organizar toda la información recopilada durante el mismo para así generar la documentación de cierre.

La gestión de los incidentes suele incluir una fase de preparación proactiva cuyo objetivo es, por un lado, prevenir la aparición de los incidentes y por otro preparar al equipo de respuesta a incidentes o ciberincidentes (ERI o ERC) ante cualquier intento de intrusión o infección que pueda llegar a producirse. En esta fase, la organización, previo el correspondiente análisis de riesgos, habrá identificado las amenazas y vulnerabilidades y habrá desplegado un determinado conjunto de medidas de seguridad. Sin embargo, incluso tras la implantación de dichas medidas, persistirá un riesgo residual que deberá ser asumido por la Dirección de la organización.

La prevención es vital para intentar minimizar el número o impacto de los incidentes que finalmente se presentan al equipo de respuesta a incidentes. Las tareas preventivas suelen ir íntimamente ligadas al seguimiento, tanto de las amenazas y vulnerabilidades fuera de la organización como aquellas identificadas en la misma en incidentes previos. Podemos englobar, entre otras, las siguientes tareas:

❑   Notificación de nuevas vulnerabilidades en los sistemas utilizados en la organización.

❑   Difusión de avisos sobre la existencia de nuevas o inminentes amenazas tales como código malicioso de alta propagación (gusanos, troyanos, etcétera).

❑   Recomendaciones de la aplicación de medidas de protección o identificación ante situaciones excepcionales.

❑   Formación y concienciación del personal en buenas prácticas del uso de los recursos TIC y en la forma de actuar cuando se identifica un posible incidente de seguridad.

Es indispensable que se revisen y mantengan las tareas de preparación adecuadas para la realización del trabajo de los equipos de respuesta a incidentes. La preparación es un aspecto a tener en cuenta si se desea cuidar la calidad en la capacidad de respuesta y suele llevar asociada entre otras estas tareas:

❑   Formación adecuada del personal del equipo de respuesta a incidentes.

❑   Redacción y revisión de los procedimientos, listas de verificación (en inglés *checklist*) y estrategias de respuesta a incidentes.

❑   Establecimiento de los contactos internos y externos adecuados: responsables de área, dirección, fuerzas del orden, equipo de respuesta de incidentes de coordinación, etcétera.

❑   Mecanismos de contacto y disponibilidad de los miembros que no trabajan exclusivamente en el equipo de respuesta a incidentes para la creación dinámica de grupos multidisciplinares.

❑   Operatividad de los mecanismos de comunicación, tanto analógicos como digitales: correo electrónico, teléfono, fax, Intranet, aplicaciones de gestión de incidencias, redes sociales, etcétera.

❑ Disponibilidad de un área de reuniones para la gestión del incidente con unas garantías mínimas de confidencialidad.

❑ Entrenamiento del equipo de respuesta mediante la simulación de incidentes para identificar las carencias y problemas en las diferentes etapas del ciclo de vida del incidente y mantener la tensión y frescura de los conocimientos del equipo.

❑ Despliegue de mecanismos de monitorización tales como sistemas de detección de intrusiones y gestores de eventos que permitan identificar los incidentes de manera proactiva.

❑ Disponibilidad de un kit de respuesta a incidentes que incluya todo el material administrativo y técnico necesario para dar respuesta remota o presencial ante un incidente (teléfono, procedimientos, cables, grabador de audio/video, discos duros y flexibles, conmutadores, programas de análisis, bolsas de recogida de evidencias, etcétera).

Las fases de prevención y preparación proactiva pueden mejorar sustancialmente tanto la seguridad TIC de la organización como su capacidad de respuesta a incidentes.

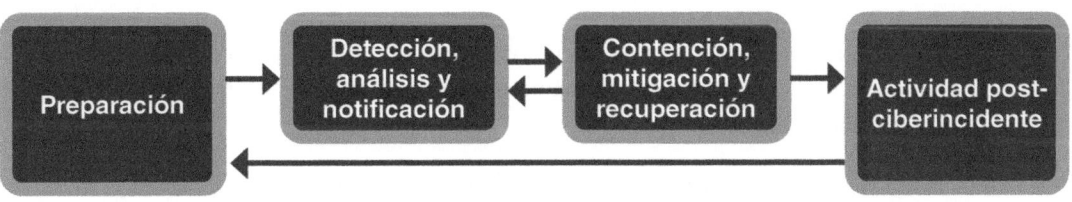

Imagen que muestra un ejemplo de ciclo de vida de la gestión de incidentes de seguridad.

La fase inicial en la gestión de un incidente de seguridad contempla la creación y formación de un equipo de respuesta y la utilización de las herramientas y recursos necesarios. Durante esta fase de preparación, la organización habrá identificado y desplegado un determinado conjunto de medidas de seguridad.

La adecuada implantación de dichas medidas ayudará a detectar las posibles brechas de seguridad de los sistemas de información de la organización. Las fases de detección, análisis y notificación desencadenarán los procesos de notificación a los que hubiere lugar.

La organización, en las fases de contención, mitigación y recuperación del incidente –y atendiendo a su peligrosidad– deberá intentar, en primera instancia, mitigar su impacto, procediendo después a su eliminación de los sistemas afectados y tratando finalmente de recuperar el sistema al modo de funcionamiento normal. Durante esta fase será necesario, cíclicamente, persistir en el análisis de la amenaza, de cuyos resultados se desprenderán, de forma paulatina, nuevos mecanismos de contención y erradicación.

Tras el incidente, en la fase de actividad post-ciberincidente, los responsables de la organización emitirán un informe del mismo, que detallará su causa originaria y su coste, especialmente en términos de compromiso de información o de impacto en los servicios prestados, así como las medidas que la organización debería adoptar para prevenir futuros ciberincidentes de naturaleza similar.

Tanto el informe como todas las evidencias recogidas deberán archivarse y mantenerse bajo control para que, únicamente, el personal autorizado pueda acceder a ellas. Algunas evidencias deben ser destruidas si legalmente su período de retención máxima así lo requiere.

En cualquier caso, deberá quedar constancia de toda la información de interés sobre el incidente, así como documentar los errores cometidos y las propuestas de mejora necesarias para evitar incidentes futuros de naturaleza similar en los sistemas de la organización. Además se debe identificar qué fases de la respuesta a incidentes podrían mejorarse de cara al futuro.

Las medidas de mejora deben ser aprobadas, difundidas e incorporadas a los procedimientos, de manera que se evite la repetición futura del mismo incidente.

Se trata, habitualmente, de una de las fases más descuidadas pero que pueden aportar información más útil tanto a la gestión de la seguridad de la organización como a las propias capacidades de respuesta.

Una de las buenas prácticas recomendadas es dotarse con una base de datos de conocimiento dentro de la organización. Podrá contener la información relativa a los incidentes, con el objetivo de agilizar la gestión en caso de que se vuelvan a producir.

Como conclusión, debemos considerar que no únicamente es importante disponer de mayores y mejores mecanismos de detección sino también de procedimientos de respuesta y medios de comunicación para la notificación por parte de los miembros de la organización. Tras recibir la notificación e información asociada, los miembros del equipo de respuesta a incidentes deben realizar con calidad y eficiencia la identificación que permita seguir o no adelante con el ciclo de vida del incidente.

1. Establecimiento de las responsabilidades en el proceso de notificación y gestión de intentos de intrusión o infecciones

La notificación de incidentes forma parte de la cultura de gestión de riesgos que fomenta tanto la Directiva (UE) 2016/1148 del Parlamento Europea y del Consejo, de 6 de julio, relativa a las medidas destinadas a garantizar un elevado nivel común de seguridad de las redes y sistemas de información en la Unión, como el Real Decreto-ley 12/2018, de 7 de septiembre, de seguridad de las redes y sistemas de información, que transpone dicha Directiva al ordenamiento jurídico español.

El Real Decreto-ley 12/2018 protege a la entidad notificante y al personal que informe sobre incidentes ocurridos; se reserva la información confidencial de su divulgación al público o a otras autoridades distintas de la notificada y se permite la notificación de incidentes cuando no sea obligada su comunicación.

El Real Decreto-ley recalca la necesidad de tener en cuenta los estándares europeos e internacionales, así como las recomendaciones que emanen del grupo de cooperación y la red de equipos de respuesta a incidentes, con vistas a aplicar las mejores prácticas aprendidas en estos foros y contribuir al impulso del mercado interior a la participación de las empresas españolas en él.

1.1. Obligación de notificar

En su título V, dicho Real Decreto-ley establece y desarrolla la obligación de notificar un incidente de ciberseguridad. Los operadores de servicios esenciales y los proveedores de servicios digitales notificarán a la autoridad competente, a través de sus equipos de respuesta a incidentes de referencia, los incidentes que puedan tener efectos perturbadores significativos en dichos servicios. Las notificaciones también podrán referirse a los sucesos o incidencias que puedan afectar a las redes y sistemas de información empleados para la prestación de los servicios esenciales, pero que aún no hayan tenido un efecto adverso real sobre aquellos. Asimismo, se establece la necesidad de que tanto autoridades competentes como equipos de respuesta a incidentes cuenten con una plataforma común que facilite y automatice los procesos de notificación, comunicación e información sobre incidentes de seguridad.

Para determinar la importancia de un incidente, los operadores de servicios esenciales y los proveedores de servicios digitales tendrán en cuenta, como mínimo, los siguientes factores para proceder a su notificación:

❑   Número de usuarios afectados por la perturbación de un servicio esencial.

❑   Duración del incidente.

❑   Extensión o áreas geográficas afectadas por el incidente.

❑   Grado de perturbación del funcionamiento del servicio.

❑   Alcance del impacto en actividades económicas y sociales de carácter crucial.

❑   Importancia de la información o de los sistemas afectados por el incidente para la prestación del servicio esencial.

❑   Daño a la reputación.

Los operadores de servicios esenciales deben realizar una primera notificación de los incidentes que puedan tener efectos perturbadores significativos sobre dichos servicios sin dilación indebida. La notificación debe incluir toda la información necesaria que permita determinar cualquier efecto transfronterizo del incidente. Los operadores de servicios esenciales efectuarán las notificaciones intermedias que sean precisas para actualizar la información incorporada a la notificación inicial e informar sobre la evolución del incidente, mientras este no sea resuelto. Por último, los operadores enviarán una notificación final del incidente tras su resolución.

Los operadores de servicios esenciales y proveedores de servicios digitales que tengan noticia de incidentes que afecten de modo significativo a servicios digitales ofrecidos en España por proveedores establecidos en otros Estados miembros de la Unión Europea, podrán notificarlo a la autoridad competente aportando la información pertinente, con el fin de facilitar la cooperación con el Estado miembro en el que estuviese establecido dicho proveedor.

Del mismo modo, si tienen noticia de que dichos proveedores han incumplido los requisitos de seguridad o de notificación de incidentes ocurridos en España que les son aplicables, podrán notificarlo a la autoridad competente aportando la información pertinente.

Los operadores de servicios esenciales y los proveedores de servicios digitales podrán notificar los incidentes para los que no se establezca una obligación de notificación. Asimismo, las entidades que presten servicios esenciales y no hayan sido identificadas como operadores de servicios esenciales y que no sean proveedores de servicios digitales podrán notificar los incidentes que afecten a dichos servicios.

El día 20 de abril de 2018 entró en vigor la resolución de 13 de abril que aprobó la Instrucción Técnica de Seguridad de Notificación de Incidentes de Seguridad, que tiene por objeto tanto la notificación como la gestión de incidentes de seguridad en los sistemas de información de las entidades del Sector Público cuando dichos incidentes tengan un impacto significativo en la seguridad de la información que gestionan o los servicios que prestan, en relación con la categoría del sistema y con independencia de los requerimientos adicionales que cada organismo o entidad implemente para adaptarlos a sus entornos singulares.

Un incidente tiene impacto significativo cuando, por su magnitud o características, impide el tratamiento de la información o los servicios prestados. El nivel de impacto potencial de los ciberincidentes en una organización será: Irrelevante, Bajo, Medio, Alto, Muy Alto y Crítico.

Una vez determinado el impacto del incidente y calificado como de carácter significativo, será notificado al Centro Criptológico Nacional (CCN). Las notificaciones efectuadas por las entidades del ámbito de aplicación de la Instrucción Técnica de Seguridad serán de obligada notificación al CCN en el momento que produzcan los incidentes de seguridad que por su impacto potencial sean calificados con el nivel de Crítico, Muy Alto o Alto, mediante el empleo de las herramientas desarrolladas al efecto de la notificación de incidentes.

No obstante lo anterior, cuando el incidente afecte a datos personales la notificación a la autoridad de control competente se realizará con independencia del nivel de impacto del incidente. En aquellos casos en los que el impacto de un incidente o violación de la seguridad afecte a datos personales, la notificación se realizará según lo previsto en el Reglamento General de Protección de Datos.

El CCN ha desarrollado la herramienta LUCIA (Listado Unificado de Coordinación de Incidentes y Amenazas) con el propósito de automatizar los mecanismos de notificación, comunicación e intercambio de información sobre incidentes de seguridad.

Las notificaciones obligatorias gozarán de prioridad sobre las voluntarias a los efectos de su gestión por los equipos de gestión de incidentes y por las autoridades competentes.

La obligación de notificación de incidentes no obsta al cumplimiento de los deberes legales de denuncia de aquellos hechos que revistan caracteres de delito ante las autoridades competentes.

Los empleados y el personal que, por cualquier tipo de relación laborar o mercantil, participen en la prestación de los servicios esenciales o digitales, que informen sobre incidentes no podrán sufrir consecuencias adversas en su puesto de trabajo o con la empresa, salvo en los supuestos en que se acredite mala fe en su actuación.

1.2. Notificación y gestión de incidentes con impacto transfronterizo

Cuando las autoridades competentes o los CSIRT de referencia tengan noticia de incidentes que puedan afectar a otros Estados miembros de la Unión Europea, informarán a través del punto de contacto único a los Estados miembros afectados, precisando si el incidente puede tener efectos perturbadores significativos para los servicios esenciales prestados en dichos Estados. Cuando a través de dicho punto único se reciba información sobre incidentes notificados en otros países de la UE que puedan tener efectos perturbadores significativos para los servicios esenciales prestados en España, se remitirá la información relevante a la autoridad competente y al CSIRT de referencia, para que se adopten las medidas oportunas en cada ámbito.

Las autoridades competentes podrán requerir a los operadores de servicios esenciales y a los proveedores de servicios digitales toda la información necesaria para evaluar la seguridad de las redes y sistemas de información, incluida la documentación sobre políticas de seguridad. Cuando la autoridad competente tenga noticias de incidentes que perturben a servicios ofrecidos en otros Estados miembros por proveedores establecidos en España, adoptará medidas de supervisión específicas.

La supervisión se debe realizar en cooperación con las autoridades competentes de los Estados miembros en los que se ubiquen las redes y sistemas de información empleados para la prestación del servicio o en que esté establecido el operador de servicios esenciales, el proveedor de servicios digitales o su representante.

Asimismo, las autoridades competentes deben colaborar con sus homólogas de otros Estados miembros cuando estas requieran su cooperación en la supervisión y adopción de medidas por operadores de servicios esenciales y proveedores de servicios digitales en relación con las redes y sistemas de información ubicados en España, así como respecto a los proveedores de servicios digitales establecidos en España o cuyo representante en la Unión Europea tenga su residencia o domicilio social en España.

1.3. Notificación y gestión de incidentes que afecten a datos personales

Los equipos de respuesta a incidentes y las autoridades competentes deben cooperan estrechamente con la Agencia Española de Protección de Datos (AEPD) para hacer frente a los incidentes que den lugar a violaciones de datos personales. Ambas agrupaciones de entidades comunicarán a la AEPD de forma inmediata los incidentes que puedan suponer una vulneración de datos personales y la mantendrán informada sobre la evolución de dichos incidentes.

Además, si la notificación de incidentes o su gestión, análisis o resolución requiriera comunicar datos personales, su tratamiento se restringirá a los que sean estrictamente adecuados, pertinentes y limitados a lo necesario en relación con la finalidad que persiga en cada caso. Su cesión se podrá autorizar en los siguientes casos:

❑ De los operadores de servicios esenciales y los proveedores de servicios digitales a las autoridades competentes, a través de los CSIRT de referencia.

❑ Entre los CSIRT de referencia y las autoridades competentes y viceversa.

❑ Entre los CSIRT de referencia y entre estos y los CSIRT designados en otros Estados miembros de la Unión Europea.

❑ Entre los CSIRT de referencia y otros CSIRT nacionales o internacionales

Entre el punto de contacto único y los puntos de contacto únicos de otros Estados miembros de la Unión Europea.

 **Punto de contacto único.** *El Consejo de Seguridad Nacional ejercerá, a través del Departamento de Seguridad Nacional, una función de enlace para garantizar la cooperación transfronteriza de las autoridades competentes españolas con las homólogas de otros Estados miembros de la Unión Europea, así como con el grupo de cooperación y la red de CSIRT.*

La notificación de violaciones de seguridad de los datos personales puede realizarse utilizando la plataforma común para la notificación de incidentes prevista en el Real Decreto-ley 12/2018 en los términos que acuerden Agencia Española de Protección de Datos y los órganos que gestionen dicha plataforma.

Sin perjuicio de todo lo anteriormente expuesto, las autoridades competentes, los CSIRT de referencia y el punto de contacto único preservarán la seguridad y los intereses comerciales de los operadores de servicios esenciales y proveedores de servicios digitales, así como la confidencialidad de la información que recaben de ellos en ejercicio de las funciones que tienen otorgadas.

1.4. Información al público

En todo lo que respecta a la información al público, la autoridad competente podrá exigir a los operadores de servicios esenciales o a los proveedores de servicios digitales que informen al público o a terceros potencialmente interesados sobre los incidentes cuando su conocimiento sea necesario para evitar nuevos incidentes o gestionar uno que ya se haya producido, o cuando la divulgación de un incidente redunde en beneficio del interés público. Dicha autoridad también podrá decidir informar de modo directo al público o a terceros sobre el incidente. En estos casos la autoridad competente consultará y se coordinará con el operador de servicios esenciales o el proveedor de servicios digitales antes de informar al público.

Las organizaciones han de establecer las responsabilidades en el proceso de notificación y gestión de incidentes tales como intentos de intrusión o infecciones. Pueden hacerlo utilizando diferentes procedimientos o normativas existentes en la propia organización:

❑ **El Plan de Respuesta a Ciberincidentes**. Proporcionará a las organizaciones una adecuada respuesta a sus requisititos específicos, atendiendo a la misión, el tamaño, la estructura y las funciones de la organización. El plan de respuesta debe, además, determinar y asegurar que se dispone de los recursos humanos y materiales necesarios y debe, asimismo, contar con el imprescindible apoyo por parte de la Dirección.

Una vez que la organización ha redactado el plan de respuesta a ciberincidentes y ha sido aprobado por su Dirección, se iniciará su implantación. Conviene una revisión periódica del plan. De este modo, se asegura que la organización está dando pasos para la mejora continua.

❑ **Política de seguridad**. La política de seguridad será aprobada por el órgano competente y se plasmará en un documento escrito. Deberá identificar unos claros responsables de velar por su cumplimiento y ha de ser conocida por todos los miembros de una organización.

En toda política de seguridad han de definirse las acciones a adoptar ante la aparición de incidentes de seguridad. Para estos debe especificarse:

♦ La posición del equipo de respuesta a incidentes, sus competencias y su autoridad dentro de la estructura de la organización, así como la definición de los roles y responsabilidad de cada unidad.

♦ Responsabilidades departamentales y personales.

♦ Las directrices para la estructuración de la documentación de seguridad del sistema, su gestión y acceso.

En el ámbito de la Administraciones Públicas españolas, el artículo 11 del Esquema Nacional de Seguridad (ENS) establece que "todos los órganos superiores de la Administración pública deberán disponer formalmente de su política de seguridad, que será aprobada por el titular del órgano superior correspondiente. Esta política se desarrollará aplicando los siguientes requisitos mínimos:

♦ Organización e implantación del proceso de seguridad.

♦ Análisis y gestión de los riesgos.

♦ Gestión de personal.

♦ Profesionalidad.

♦ Autorización y control de los accesos.

♦ Protección de las instalaciones.

♦ Adquisición de productos.

♦ Seguridad por defecto.

♦ Integridad y actualización del sistema.

♦ Protección de la información almacenada y en tránsito.

♦ Prevención ante otros sistemas de información interconectados.

♦ Registro de actividad.

♦ Incidentes de seguridad.

♦ Continuidad de la actividad.

♦ Mejora continua del proceso de seguridad.

❑ **Normativa de seguridad**. Debe dejar claramente especificados los siguientes aspectos:

♦ Definición de los ciberincidentes considerados a tenor del análisis de riesgos y los términos de referencia utilizados.

♦ Criterios para la comunicación de ciberincidentes. En su caso, se especificarán los mecanismos para el intercambio de información, interna y externamente.

♦ Nivel de peligrosidad de los ciberincidentes.

❑ **Procedimientos operativos de seguridad**. Los aspectos a determinar son:

♦ Establecer los mecanismos para la notificación de informes de ciberincidentes.

♦ Creación y disponibilidad de formularios de notificación, comunicación e intercambio de información.

❑ **Procedimientos de respuesta a ciberincidentes**. Cada organización debe redactar y aprobar los procedimientos de respuesta a ciberincidentes, que deberán estar fundamentados en la política de seguridad de la información y en el citado plan de respuesta a ciberincidentes. Todos ellos comprenderán el desarrollo de aspectos técnicos, listas de control y formularios específicos, que serán utilizados por el equipo de respuesta a ciberincidentes (ERC).

 *Esquema Nacional de Seguridad. Conjunto de principios básicos y requisitos mínimos que establecen la política de seguridad en la utilización de la información y medios electrónicos en la Administración Pública.*

Cualquier miembro de una organización, desde un usuario hasta un administrador de seguridad de sistemas de información, pasando por el personal de mantenimiento que detecte una circunstancia anómala, será responsable de informar de dicha incidencia. Habitualmente, esta comunicación se realizará de la siguiente manera:

❑ Contactando con el Centro de Atención a Usuarios –o denominación análoga–, de forma inmediata por el medio que haya decidido la organización (teléfono, fax, correo electrónico, aplicación de gestión de incidencias, etcétera). Se reflejará una descripción de lo ocurrido para poner en marcha los mecanismos de defensa de la organización.

❑ Notificación utilizando algún modelo normalizado, por ejemplo un formulario, que contenga toda la información necesaria relativa al incidente y que resulte relevante.

El centro de atención a usuarios se convierte en una parte fundamental de la gestión de incidentes de seguridad. Cuenta con las siguientes responsabilidades:

❑ Discrimina si se trata de un incidente, responsabilizándose de la aplicación informática que gestione dichos incidentes en lo relativo a su administración y actualización.

❑ Mantendrá una comunicación fluida entre usuario, la autoridad responsable de sistema afectado y los administradores en las distintas fases de la gestión del incidente.

❑ Elevará el incidente a la autoridad responsable de los equipos de respuesta cuando el citado incidente exceda su capacidad.

Los equipos de respuesta a incidentes asumirán la gestión del incidente allá donde no hayan podido llegar los integrantes del centro de atención a usuarios. La composición del equipo debe garantizar que queden cubiertos los distintos campos de actuación que un incidente puede implicar y que, con casi total seguridad, son cambiantes según el tipo de incidente.

El personal que forma parte de un equipo de respuesta a incidentes estará compuesto por:

❑ Un responsable del equipo. Coordinará las acciones e informará sobre la resolución del incidente.

❑ Los expertos necesarios que puedan contribuir a la resolución del incidente. La complejidad de los sistemas y la, cada vez más amplia, tipología de los ciberincidentes, harán necesaria la confluencia de expertos en sistemas operativos, plataformas, telecomunicaciones, criptografía, programación, etcétera.

❑ Se requerirá la colaboración de la autoridad responsable de la operativa del sistema afectado.

Cuando la gravedad de la situación, la complejidad o la extensión del incidente lo exijan, puede ser conveniente constituir un equipo de respuesta a emergencias. Este contará con la capacidad de coordinar al centro de atención a usuarios, a los equipos de respuesta a incidentes y a los administradores de los sistemas afectados.

Es necesario que la organización defina las condiciones de creación, procedimientos de actuación y medios de estos equipos.

Todo el personal relacionado con la información y los sistemas deberá ser formado e informado de sus deberes y obligaciones en materia de seguridad. Sus actuaciones deben ser supervisadas para verificar que se siguen los procedimientos establecidos.

El personal relacionado con la información y los sistemas ejercitará y aplicará los principios de seguridad en el desempeño de su cometido.

El significado y alcance del uso seguro del sistema se concretará y plasmará en unas normas de seguridad.

Para corregir o, en su caso, exigir responsabilidades, cada usuario que acceda a la información del sistema debe estar identificado de forma única, de modo que se sepa, en todo momento, quién recibe derechos de acceso, de qué tipo son estos, y quién ha realizado determinada actividad.

1.5. Responsabilidades en la notificación

La gestión de la seguridad de los sistemas de información en las organizaciones exige establecer una organización de la seguridad. Cada entidad debe establecer y aprobar su propia organización de seguridad, de acuerdo con su naturaleza, estructura, dimensión y recursos disponibles. Dichas organizaciones deben determinar con precisión los diferentes actores que las conforman, sus funciones y responsabilidades, así como la implantación de una infraestructura que las soporte.

En general, es común encontrar los siguientes roles:

❑ **Responsable de la información**. Determina los requisitos de seguridad de la información tratada. Puede tratarse de una persona física singular o de un órgano colegiado, formando parte de lo que se suele denominar Comité de Seguridad de la Información.

La valoración de las consecuencias de un impacto negativo sobre la seguridad de la información se efectuará atendiendo a la repercusión de la capacidad de la organización para el logro de sus objetivos, la protección de sus activos, el cumplimiento de sus obligaciones de servicio, el respeto de la legalidad y los derechos de los ciudadanos.

En algunas organizaciones se utiliza el término en inglés CISO (*Chief Information Security Officer*, Responsable de seguridad de la información), para referirse a este perfil de profesional.

❑ **Responsable del servicio**. Determina los requisitos de seguridad de los servicios prestados. Puede tratarse de una persona física singular o de un órgano colegiado, formando parte de lo que se suele denominar Comité de Seguridad de la Información.

Debe incluir las especificaciones de seguridad en el ciclo de vida de los servicios y sistemas, acompañadas de los correspondientes procedimientos de control.

❑ **Responsable de seguridad**. Armonizará la seguridad de la información en sus diferentes vertientes: protección física, protección de los servicios y respeto de la privacidad. Determina las decisiones para satisfacer los requisitos de seguridad establecidos por los responsables de la información y de los servicios. Deberá ser una persona física, jerárquicamente independiente del responsable del sistema. En el caso de servicios externalizados, la responsabilidad última la tiene siempre la entidad destinataria de los servicios, aun cuando la responsabilidad inmediata pueda corresponder (vía contrato, convenio, encomienda, etcétera) a la organización prestataria del servicio.

Se ha hecho muy habitual en ciertas organizaciones utilizar el término en inglés CSO (*Chief Security Officer*, Responsable de la seguridad corporativa) para referirse a este perfil profesional.

❑ **Responsable del sistema**. Se encarga de la operación del sistema de información, atendiendo a las medidas de seguridad determinadas por el Responsable de seguridad.

Su responsabilidad puede estar situada dentro de la organización o estar compartimentada cuando los sistemas de información se encuentran externalizados.

 *La responsabilidad de la seguridad de los sistemas de información suele estar diferenciada de la responsabilidad sobre la prestación de servicios.*

Cuando la entidad está tratando datos de carácter personal, se hace necesario contemplar una serie de figuras adicionales con las funciones definidas en el Reglamento (UE) 2016/679 del Parlamento Europeo y del Consejo, relativo a la protección de las personas físicas en lo que respecta al tratamiento de datos personales y a la libre circulación de esos datos (Reglamento General de Protección de Datos, RGPD); y en la ley Orgánica 3/2018, de Protección de Datos Personales y Garantía de los Derechos Digitales (LOPDGDD):

❑ **Responsable del tratamiento**. Es la persona física o jurídica, autoridad pública, servicio u otro organismo que, solo o junto con otros, determina los fines y medios del tratamiento. Si el derecho de la Unión Europea o de los Estados miembros determina los fines y medios del tratamiento, el responsable del tratamiento o los criterios específicos para su nombramiento podrá establecerlos el Derecho de la Unión o de los Estados miembros.

❑ **Encargado del tratamiento**. Es la persona física o jurídica, autoridad pública, servicio u otro organismo que trate datos personales por cuenta del responsable del tratamiento.

❑ **Delegado de Protección de Datos** (DPD). Puede ser interno o externo a la organización, pudiendo adoptar la forma de un órgano colegiado, el Comité Delegado de Protección de Datos. Además, podrá designarse un único DPD para varias autoridades u organismos, teniendo en consideración su estructura y su tamaño.

La política de seguridad de la organización detallará las atribuciones de cada responsable y los mecanismos de coordinación y resolución de conflictos.

La organización de la seguridad debería estar recogida en la Política de Seguridad de la Información de la entidad y en la Política de Protección de Datos cuando, además, se traten datos de carácter personal.

En el caso de España, el Real Decreto-ley 12/2018, de seguridad de las redes y sistemas de información, establece en su artículo 9 quiénes son las autoridades competentes en materia de seguridad de las redes y sistemas de información:

❑ Para los operadores de servicios esenciales:

1. En el caso de que estos sean, además, designados como operadores críticos y con independencia del sector estratégico en que se realice tal designación, la autoridad competente será la Secretaría de Estado de Seguridad, del Ministerio del Interior, a través del Centro Nacional de Protección de Infraestructuras y Seguridad (CNPIC).

2. En el caso de que no sean operadores críticos, será responsable la autoridad sectorial correspondiente por razón de la material, según se determine reglamentariamente.

❑ Para los proveedores de servicios digitales, la autoridad responsable será la Secretaría de Estado para el Avance Digital, del Ministerio de Economía y Empresa.

❑ Para los proveedores de servicios esenciales y proveedores de servicios digitales que no son operadores críticos, la autoridad responsable será el Ministerio de Defensa, a través del Centro Criptológico Nacional (CCN).

El Consejo de Seguridad Nacional, a través de su comité especializado en materia de ciberseguridad, establecerá los mecanismos necesarios para la coordinación de las actuaciones competentes.

Las autoridades competentes ejercerán las siguientes funciones:

❏ Supervisar el cumplimiento por parte de los operadores de servicios esenciales y de los proveedores de servicios digitales de las obligaciones que se determinen.

❏ Establecer canales de comunicación oportunos con los operadores de servicios esenciales y con los proveedores de servicios digitales.

❏ Coordinarse con los equipos de respuesta a incidentes de referencia a través de los protocolos de actuación que se desarrollen.

❏ Recibir informaciones sobre incidentes que sean presentadas a través de los equipos de respuesta a incidentes de referencia.

❏ Informar al punto de contacto único sobre las notificaciones de incidentes.

❏ Informar, en su caso, al público sobre determinados incidentes, cuando la difusión de dicha información sea necesaria para evitar un incidente o gestionar uno que ya se haya producido.

❏ Cooperar con las autoridades competentes en materia de protección de datos de carácter personal, seguridad pública, seguridad ciudadana y seguridad nacional, así como con las autoridades sectoriales correspondientes.

❏ Establecer obligaciones específicas para garantizar la seguridad de las redes y sistemas de información y sobre la notificación de incidentes, así como dictar instrucciones técnicas y guías orientativas para detallar el contenido de dichas obligaciones.

❏ Ejercer la potestad sancionadora.

❏ Promover el uso de normas y especificaciones técnicas.

❏ Cooperar con las autoridades competentes en otros Estados miembros de la Unión Europea en la identificación de operadores de servicios esenciales entre entidades que ofrezcan dichos servicios en varios Estados miembros.

❏ Informar al punto de contacto único sobre incidentes que puedan afectar a otros Estados miembros.

Es bastante común que los distintos equipos de respuesta a incidentes se coordinen entre sí. Es más, en el caso de España el Real Decreto-ley 12/2018, de seguridad de las redes y sistemas de información, establece en su artículo 11 que los CSIRT de referencia se coordinarán entre sí y con el resto de CSIRT nacionales e internacionales en la respuesta a incidentes y gestión de riesgos de seguridad que les correspondan. Añade que en los supuestos de especial gravedad que reglamentariamente se determinen y que requieran un nivel de coordinación superior al necesario en situaciones ordinarias, será el CCN-CERT quien ejercerá la coordinación nacional de la respuesta técnica de los CSIRT. Para finalizar, el artículo 11 establece que cuando las actividades que desarrollen puedan afectar de alguna manera a un operador crítico, los CSIRT de referencia se coordinarán con el Ministerio del Interior, a través de la Oficina de Coordinación Cibernética del Centro Nacional de Protección de Infraestructuras y Ciberseguridad (CNPIC). El Real Decreto-ley 14/2019, de 31 de octubre, por el que se abordan medidas urgentes por razones de seguridad pública en materia de administración digital, contratación del sector público y telecomunicaciones , establece que será el Centro Criptológico Nacional (CCN) quien ejercerá la coordinación nacional de la respuesta técnica de los equipos de respuesta a incidentes de seguridad informática en materia de seguridad de las redes y sistemas de información del sector público, así como la función de enlace para garantizar la cooperación transfronteriza de los CSIRT de las Administraciones Públicas con los CSIRT internacionales, en la respuesta a los incidentes y gestión de riesgos de seguridad que les correspondan. Las autoridades competentes y los CSIRT de referencia consultarán, cuando proceda, con los órganos con competencias en materia de seguridad nacional, seguridad pública, seguridad ciudadana y protección de datos de carácter personal y colaborarán con ellas en el ejercicio de sus funciones.

Los operadores de servicios esenciales y los proveedores de servicios digitales han de suministrar al CSIRT de referencia y a la autoridad competente toda la información que se les requiera para el desempeño de sus funciones.

En el caso de que los incidentes notificados presenten caracteres de delito, las autoridades competentes y los CSIRT de referencia darán cuenta de ello, a través de la Oficina de Coordinación Cibernética del Ministerio del Interior, al Ministerio Fiscal a los efectos oportunos, trasladándose al tiempo cuanta información posean en relación con ello.

Con el desarrollo de este epígrafe hemos conseguido el establecimiento de las responsabilidades en el proceso de notificación y gestión de intentos de intrusión o infecciones.

2. Categorización de los incidentes derivados de intentos de intrusión o infecciones en función de su impacto potencial

Puesto que no todos los incidentes poseen ni las mismas características ni la misma peligrosidad, es preciso disponer de una taxonomía que ayudará a su análisis, contención y erradicación.

Existen varios factores que pueden considerarse para establecer criterios de clasificación:

❑ Tipo de amenaza: intrusión, código dañino, fraude, robo de datos, etcétera.

❑ Origen de la amenaza. Puede ser interna o externa.

❑ La categoría de seguridad de los sistemas afectados.

❑ El perfil de los usuarios afectados, esto es, su posición en la estructura de la organización que determinarán sus privilegios de acceso a información sensible o confidencial.

❑ El número y tipología de los sistemas afectados.

❑ El impacto potencial del incidente en la organización, desde el punto de vista de la protección de la información, la prestación de los servicios, la conformidad legal e incluso la imagen pública.

❑ Los requerimientos legales y regulatorios.

La combinación de uno o varios de estos factores es determinante a la hora de adoptar la decisión de crear un incidente, de determinar su peligrosidad así como la prioridad de actuación.

Impacto potencial. *Se define impacto potencial como una estimación del daño que podría causar un incidente de ciberseguridad.*

La siguiente tabla muestra una categorización de incidentes atendiendo a un vector de ataque, es este caso el de intentos de intrusión o infecciones:

CLASIFICACIÓN/TAXONOMÍA DE LOS CIBERINCIDENTES		
Clasificación	**Tipo de incidente**	**Descripción y ejemplos**
Intento de intrusión	Explotación de vulnerabilidades conocidas	Intento de compromiso de un sistema o de interrupción de un servicio mediante la explotación de vulnerabilidades con un identificador estándar (por ejemplo, CVE). Ejemplos: desbordamiento de buffer, puertas traseras, Cross-Site Scripting (XSS)
	• Intento de acceso con vulneración de credenciales • Ataque desconocido	• Múltiples intentos de vulnerar credenciales. Ejemplo: intentos de ruptura de contraseñas, ataque por fuerza bruta. • Ataque empleando algún exploit desconocido.

CLASIFICACIÓN/TAXONOMÍA DE LOS CIBERINCIDENTES		
Clasificación	**Tipo de incidente**	**Descripción y ejemplos**
Intrusión	• Compromiso de cuenta con privilegios • Compromiso de cuenta sin privilegios	• Compromiso de un sistema en el que el atacante ha adquirido privilegios • Compromiso de un sistema empleado cuentas sin privilegios
	• Compromiso de aplicaciones • Robo	• Compromiso de una aplicación mediante explotación de vulnerabilidades de software. Ejemplo: inyección SQL • Intrusión física. Ejemplo: acceso no autorizado a Centro de Proceso de Datos
Contenido dañino	Sistema infectado	Sistema infectado con código malicioso. Ejemplo: sistema infectado con un rootkit.
	Distribución de código malicioso	Recurso utilizado para la distribución de código malicioso. Ejemplo: utilización del repositorio de actualizaciones para infectar a los equipos que accedan a él.
	Configuración de código malicioso	Recurso que aloja ficheros de configuración de código malicioso. Ejemplo: ataque de inyección de código con un troyano.

Tabla que muestra una clasificación de ciberincidentes derivados de intentos de intrusión e infecciones.

Además de tipificar los incidentes dentro de un determinado grupo o tipo, su gestión exige determinar la peligrosidad o criticidad potencial que el ciberincidente posee, para así proceder, por ejemplo, a una mejor asignación de prioridades y recursos. Por ello, es preciso fijar ciertos criterios de determinación de la peligrosidad con los que comparar las evidencias que se disponen del incidente, en sus fases iniciales.

La peligrosidad de un ciberincidente podría quedar representada por los valores de los niveles mostrados en la siguiente tabla:

NIVEL	PELIGROSIDAD
1	BAJO
2	MEDIO
3	ALTO
4	MUY ALTO
5	CRÍTICO

Tabla que muestra los niveles de peligrosidad

Atendiendo a la repercusión que la materialización de la amenaza de que se trate pudiera producir en los sistemas de información, pueden considerarse los siguientes criterios de determinación en los incidentes derivados de intentos de intrusión e infecciones así como sus características potenciales:

CRITERIOS DE DETERMINACIÓN DEL NIVEL DE PELIGROSIDAD DE LOS CIBERINCIDENTES			
Nivel de peligrosidad	Amenazas más habituales	Vector de ataque	Características potenciales del incidente
Crítico	Ciberespionaje	• APTs. • Campañas de malware. • Intrusión en sistemas de control industrial, etcétera.	• Capacidad para robar una cantidad considerable de información muy valiosa y en poco tiempo. • Capacidad para tomar el control de una gran cantidad de sistemas sensibles y en poco tiempo.
Muy alto	Interrupción de servicios TIC, robo de datos, compromiso de servicios.	• Códigos dañinos de impacto alto. (RAT, troyanos, rootkits, etcétera) • Ataques externos con éxito.	• Capacidad para robar gran cantidad de información valiosa. • Capacidad para tomar el control de una cantidad considerable de sistemas sensibles.
Alto	Toma de control de sistemas, robo y publicación o venta de información sustraída, ciberdelito, suplantación.	• Códigos dañinos de impacto medio (virus, gusanos y troyanos). • Accesos no autorizados. • Cross-Site Scripting e Inyección SQL • Spear phishing y Pharming	• Capacidad para robar información valiosa. • Capacidad para tomar el control de ciertos sistemas.
Medio	Incremento de capacidades ofensivas. Desfiguración de sitios web y manipulación de información,	• Códigos dañinos de bajo impacto (adware, spyware, etétera) • Descarga de archivos sospechosos • Sniffing • Ingenería social	• Capacidad para robar un volumen apreciable de información. • Capacidad para tomar el control de algún sistema.
Bajo	Ataques a la imagen, menosprecio, errores y fallos	• Spam sin adjuntos. • Software desactualizado.	• Escasa capacidad para robar información. • Nula o escasa capacidad para tomar el control de algún sistema.

Tabla que muestra los criterios de determinación del nivel de peligrosidad de los ciberincidentes derivados de intentos de intrusión e infecciones.

El impacto de un incidente se determina evaluando las consecuencias que ha tenido en las funciones de la organización, en sus activos o en los individuos afectados.

Así, la gestión de los incidentes debe priorizarse en base a distintos criterios, entre los que destacan:

❑ El **impacto funcional del ciberincidente**. El equipo de respuesta a incidentes debe considerar la forma en que el incidente puede impactar en la funcionalidad de los sistemas afectados.

❑ El **impacto del ciberincidente en la información o los servicios**. Puesto que los incidentes pueden afectar a la confidencialidad e integridad de la información tratada por la organización y/o a la disponibilidad de los servicios prestados, el equipo de respuesta a incidentes debe considerar cómo el incidente puede impactar en la operativa habitual y competencial de la organización o en su imagen pública.

❑ **Recuperación del ciberincidente**. Puesto que el tipo de incidente y la superficie de activos atacada determinará el tiempo y los recursos que deben destinarse a la recuperación, el equipo de respuesta a incidentes -con la ayuda oportuna de otros departamentos de la organización-, debe considerar el esfuerzo necesario para regresar a la situación previa al incidente.

 *Es muy importante tener en cuenta que estos criterios pueden cambiar si en el transcurso del proceso de su gestión se modificasen las circunstancias o conocimiento que se tiene del incidente.*

Una organización puede determinar el nivel de impacto potencial de los ciberincidentes, como muestra la siguiente tabla:

CRITERIOS DE DETERMINACIÓN DEL NIVEL DE IMPACTO DE LOS INCIDENTES DE SEGURIDAD	
Nivel del Impacto potencial	**Descripción**
Bajo	▪ El incidente afecta a los sistemas de información. ▪ Provoca la interrupción de la prestación de un servicio. ▪ El ciberincidente precisa para resolverse menos de una jornada-persona. ▪ Los daños en la reputación son puntuales, sin eco mediático. ▪ La extensión geográfica es superior a una Comunidad Autónoma. ▪ El impacto económico se sitúa entre el 0,0001% y el 0,001% del Producto Interior Bruto (PIB).

CRITERIOS DE DETERMINACIÓN DEL NIVEL DE IMPACTO DE LOS INCIDENTES DE SEGURIDAD	
Nivel del Impacto potencial	**Descripción**
Medio	• El incidente afecta a más del 20% de los sistemas de la organización. • Provoca la interrupción de la prestación del servicio superior al 5% de los usuarios. • El ciberincidente precisa para resolverse entre 1 y 5 jornadas-persona. • Daños en la reputación apreciables, con amplia cobertura mediática. • La extensión geográfica es superior a dos Comunidades Autónomas. • El impacto económico se sitúa entre el 0,001% y el 0,03% del PIB.
Alto	• El incidente afecta a más del 20% de los sistemas de la organización. • Provoca la interrupción de la prestación del servicio superior a 1 hora y al 10% de los usuarios. • El ciberincidente precisa para resolverse entre 5 y 30 jornadas-persona. • Datos de reputación de difícil reparación con amplia cobertura mediática y afectando a la reputación de terceros. • La extensión geográfica es superior a tres Comunidades Autónomas. • El impacto económico se sitúa entre el 0,03% y el 0,07% del PIB.
Muy alto	• El incidente afecta a la seguridad ciudadana con potencial riesgo para bienes materiales. • Afecta a actividades oficiales o misiones en el extranjero. • Afecta a un servicio esencial • Afecta a sistemas clasificados como reservados. • El incidente afecta a más del 75% de los sistemas de la organización. • Provoca la interrupción de la prestación del servicio superior a 8 horas y al 35% de los usuarios. • El ciberincidente precisa para resolverse entre 30 y 100 jornadas-persona. • La extensión geográfica es superior a cuatro Comunidades Autónomas. • El impacto económico se sitúa entre el 0,07% y el 0,1% del PIB. • Daños en la reputación que afectan a la imagen del país. Son elevados y cuentan con cobertura mediática continua en medios de comunicación nacionales.
Crítico	• Afecta a la seguridad nacional. • El incidente afecta a la seguridad ciudadana con potencial riesgo para la vida de las personas. • Afecta a una infraestructura crítica. • Afecta a sistemas clasificados como secretos. • El incidente afecta a más del 90% de los sistemas de la organización. • Provoca la interrupción de la prestación del servicio superior a 24 horas y al 50% de los usuarios. • El ciberincidente precisa para resolverse más de 100 jornadas-persona. • La extensión geográfica es supranacional. • El impacto económico es superior al 0,1% del PIB. • Daños en la reputación son muy elevados y cuentan con cobertura mediática continua en medios de comunicación internacionales.

Tabla que muestra los criterios de determinación del nivel de impacto de los incidentes de seguridad

El Real Decreto-Ley 12/2018, de 7 de septiembre, de seguridad de las redes y sistemas de información identifica, en su artículo 6, a los servicios esenciales y los operadores de dichos servicios.

El Real Decreto-ley explica que se identificará a un operador como operador de servicios esenciales si un incidente sufrido por el operador puede llegar a tener efectos perturbadores significativos en la prestación del servicio, para lo que se tendrán en cuenta, al menos, los siguientes factores:

❑ En relación con la **importancia del servicio prestado**:

♦ La disponibilidad de alternativas para mantener un nivel suficiente de prestación del servicio esencial.

♦ La valoración del impacto de un incidente en la provisión del servicio, evaluando la extensión o zonas geográficas que podrían verse afectadas por el incidente; la dependencia de otros sectores estratégicos respecto del servicio esencial ofrecido por la entidad y la repercusión, en términos de grado y duración, del incidente de las actividades económicas y sociales o en la seguridad pública.

❑ En relación con los **clientes de la entidad evaluada**:

♦ El número de usuarios que confían en los servicios prestados por ella.

♦ Su cuota de mercado.

Reglamentariamente podrán añadirse factores específicos del sector para determinar si un incidente podría tener efectos perturbadores significativos.

En el caso de tratarse de un operador crítico designado, bastará con que se constante su dependencia de las redes y sistemas de información para la provisión del servicio esencial de que se trate.

 *Con el desarrollo de este epígrafe hemos conseguido la categorización de los incidentes derivados de intentos de intrusión o infecciones en función de su impacto potencial.*

3. Criterios para la determinación de las evidencias objetivas en las que se soportará la gestión del incidente

Se ha comentado que el motivo principal para la recolección de evidencias es ayudar a la resolución de un incidente de seguridad, pero no hay que dejar de lado su importancia para iniciar procesos de naturaleza legal.

En cualquiera de los casos, resultará oportuno documentar claramente cómo se han obtenido y custodiado las evidencias recogidas, siempre respetando la legislación en la materia. En este punto, es importante que el equipo de respuesta a incidentes cuente con la asesoría del departamento jurídico de la organización, con algún equipo de respuesta a incidentes de su ámbito (CERT o CSIRT) y, si es necesario, con las Fuerzas y Cuerpos de Seguridad del Estado.

Es conveniente empezar la recogida tan pronto como se detecta un incidente. Por otra parte, es importante obtener rápidamente una instantánea del sistema atacado, dejándolo inaccesible o aislado y garantizando su integridad. A partir de ese momento, se trabajará con las herramientas apropiadas sobre las copias del sistema evitando, de este modo, una posible alteración de los sistemas comprometidos.

Las organizaciones deberán redactar y aprobar normas sobre la custodia de las evidencias de un incidente de seguridad. Algunos de los factores más significativos para incluir en dicha normativa podrían ser:

❑ Persecución del delito. Si, como consecuencia del ciberincidente, pudiera procesarse al atacante, será necesario custodiar adecuadamente las evidencias recogidas hasta la finalización de las acciones legales.

❑ Retención de datos. Todas las organizaciones deben poseer políticas de retención de datos. En ellas, en función de su tipología y respetando la legislación vigente, señalarán durante cuánto tiempo puede conservarse la información.

❑ Coste de la custodia. Es conveniente considerar el coste asociado a la custodia de elementos físicos que puedan contener evidencias (sistemas de almacenamiento, sistemas comprometidos, etcétera).

Las organizaciones podrán determinar distintos criterios para considerar las evidencias recogidas durante el proceso de gestión de un incidente:

❑ Llevar a cabo la recogida de datos utilizando un procedimiento estandarizado. Los pasos recomendados son:

◆ Identificar las fuentes de los datos.

◆ Desarrollar un plan para recoger los datos.

◆ Recoger el dato.

◆ Verificar la integridad del dato.

El plan debería priorizar las fuentes de datos, estableciendo el orden en el cual el dato debería recogerse, basado en su interés, su volatilidad y el esfuerzo requerido para la tarea. Antes de que comience la recogida de datos, es preciso tomar una decisión concerniente a la necesidad de preservar las evidencias de un modo que garantice su utilización posterior en un uso legal o para procedimientos disciplinarios. En esas situaciones, ha de seguirse una cadena de custodia lo suficientemente clara para evitar alegaciones de alteración o de un mal manejo de las evidencias.

❑ Proactividad durante la recogida de datos de utilidad. Configurar la auditoría en un sistema, implementar la monitorización centralizada, disponer de un sistema de copia de seguridad y utilizar controles de monitorización de la seguridad podrán generar fuentes de datos a evaluar en una fase de análisis permitiendo anticiparse a la aparición de un incidente.

❑ Ser conscientes de la existencia del rango de posibles fuentes de datos para su recogida. Es preciso que los analistas investiguen físicamente las distintas áreas, internas y externas a la organización, reconociendo posibles fuentes de datos. Además, debe preverse la disponibilidad de una fuente alternativa de datos en el caso de que no fuese factible recogerlos desde la primaria.

❑ Considerar todas las fuentes de datos de las aplicaciones. Los eventos generados por las aplicaciones pueden ser almacenados en numerosas fuentes de datos. Puesto que las aplicaciones pueden utilizarse a través de múltiples mecanismos -programas cliente en un sistema, aplicación web, interfaces, etc.-, los analistas deberían identificar todos los componentes de la aplicación, decidir cuál es de mayor interés, encontrar su ubicación y recoger el dato.

❑ Preservación de los datos volátiles. Los criterios para determinar si los datos volátiles deben ser preservados o no deben estar documentados de forma anticipada. De este modo, los analistas podrán adoptar decisiones de una manera más rápida. Para determinar si el esfuerzo requerido para recoger datos volátiles será de interés para la investigación del incidente, es necesario sopesar los riesgos asociados a la operación con el potencial de recuperar información importante.

❑ Utilización de herramientas de análisis forense para recoger datos de carácter volátil. Es conocido que el uso de estas herramientas permite una recogida más certera pero es preciso tener en cuenta otras consideraciones en su utilización, por ejemplo la alteración del sistema en el que actúan o, incluso, las legales. La organización ha de decidir si permite a sus analistas el uso de estas herramientas para la recogida de evidencias.

❑ Método de apagado de los sistemas. Cada sistema puede originar distintos tipos de datos en función de la modalidad de apagado que se elija pudiendo, incluso, corromperlos. Por ello, los analistas han de ser conscientes de estos comportamientos y seleccionar el método de apagado conveniente para cada sistema antes de recoger los datos.

❑ Preservación de la integridad de los ficheros. La integridad de los datos copiados debería verificarse mediante, por ejemplo, la comparación de los mensajes de resumen (Message Digests) de los archivos. Además, puede resultar conveniente establecer mecanismos de bloqueo de escritura en los procedimientos de copia de seguridad y creación de imágenes. Ambos deberían ser, en la medida de lo posible, accedidos en modo de solo lectura (read-only).

 **Message Digest.** *Algoritmo basado en una función criptográfica unidireccional hash.*

Resulta obligado mantener un registro detallado de todas las evidencias halladas, que podrían incluir:

❑ Identificación de la información. Si se trata de un sistema, su número de serie, marca, modelo, ubicación, nombre de host, dirección IP y dirección MAC, por ejemplo.

❑ Identificación de cada una de las personas que han recogido o gestionado evidencias durante la investigación del incidente.

❑ Fecha y hora de cada ocasión en la que una evidencia ha sido tratada.

❑ Ubicaciones donde se custodiaron las evidencias.

Pasos a adoptar para investigar la existencia de un caso de infección	
0. Durante todo el proceso.	
▪ Documentar todo lo posible. Se incluirán acciones realizadas, evidencias recogidas, conversaciones y datos suministrados por los usuarios, administradores y otros participantes en el incidente.	
1. Identificación del incidente.	
▪ Busque un compañero que le permita trabajar en equipo, aunque únicamente sea para documentar las acciones realizadas.	✓
▪ Analizar la evidencia inicial para confirmar si realmente se trata de un incidente:	✓
◆ Se advierten logs anómalos en los sistemas.	✓
◆ Se advierten cambios en el comportamiento de las aplicaciones.	✓
◆ Existencia de nuevas aplicaciones no autorizadas en los sistemas.	✓
◆ Existencia de tráfico anómalo (de entrada o de salida) en los sistemas afectados.	✓
2. Notificación.	
▪ Notificar a los responsables dentro de la organización. Es necesario facilitar exclusivamente la información necesaria para que cada uno realice su función. Únicamente así se evitará la fuga de información sensible.	

PASOS A ADOPTAR PARA INVESTIGAR LA EXISTENCIA DE UN CASO DE INFECCIÓN	
▪ Si precisa de atención especializada, contacte con el equipo de respuesta a incidentes del ámbito de la organización.	
3. Contención.	
▪ Mitigar el ataque modificando lo menos posible los sistemas afectados para preservar las evidencias que permitan una posterior investigación.	
▪ Conseguir la mayor cantidad de información posible acerca de orígenes, técnicas empleadas, acciones realizadas, motivaciones, etcétera.	
▪ Evitar la propagación del malware dentro fuera del ámbito de la organización:	
◆ Deshabilitar los servicios de red atacados en todos los sistemas, servidores y estaciones de trabajo.	
◆ En el caso de propagación mediante correo electrónico, bloquearlo mediante un asunto que identifique al malware. En caso necesario, deshabilitar el servicio de correo electrónico hasta que el incidente se solucione.	
◆ Actualizar todos los sistemas antimalware.	
◆ Activar sistemas de protección contra intrusos.	
4. Análisis e investigación.	
▪ Determinar si es posible preservar evidentes del incidente. En el caso de múltiples sistemas afectados por malware, se analizará el menos crítico. Conviene realizar una copia o imagen del disco.	
▪ Obtener evidencias sin modificar el sistema atacado:	
◆ Revisar los logs de los dispositivos perimetrales (IDS/IPS, cortafuegos, etcétera).	
◆ Acceder, si es posible, a una copia de los logs en lugar de a los originales.	
▪ Analizar evidencias y contrastar la información con la proporcionada por los fabricantes de antimalware.	
▪ Analizar los sistemas con varios motores antimalware.	
▪ Identificar todos los sistemas afectados por el malware.	
5. Solución y recuperación.	
▪ Eliminar componentes del ataque que puedan haber quedado en el sistema como código malicioso, material no apropiado y otros cambios realizados en el sistema.	
▪ Si existen indicios de que el sistema pudiera estar comprometido, reconstruirlo desde la última copia de seguridad o, en su caso, reinstalar el sistema.	
▪ Corregir las vulnerabilidades antes de poner el sistema en producción, de forma que no se repita el incidente.	
▪ Verificar que todos los datos, aplicaciones y sistemas afectados por el incidente vuelven a funcionar en la forma habitual.	
▪ Confirmar, transcurrido un tiempo prudencial, que la situación ha vuelto a la normalidad antes de catalogar el incidente como resuelto.	
▪ Realizar un análisis forense de la imagen del disco tomada durante la fase de contención para analizar en detalle la actividad malware en el sistema.	
▪ En el caso de tratarse de un ataque dirigido, contactar con las Fuerzas y Cuerpos de Seguridad del Estado.	

PASOS A ADOPTAR PARA INVESTIGAR LA EXISTENCIA DE UN CASO DE INFECCIÓN	
6. Reflexión y mejora.	
• Documentar todo el proceso de gestión del incidente y elaborar un resumen ejecutivo.	
• Documentar los errores cometidos durante la gestión del incidente así como las posibles acciones a adoptar para mejorar la prevención y la gestión en el futuro.	

Tabla que muestra algunos pasos a adoptar durante el proceso de identificación de evidencias en un ciberincidente por infección de código malicioso.

En el caso de incidentes nivel alto, muy alto y crítico, tras la detección de un incidente de seguridad y con carácter inmediato se recopilarán evidencias de dicho incidente, que deben ser documentadas y custodiadas de forma que se pueda determinar el modo de obtención, se garantice la cadena de custodia y respetando el ordenamiento jurídico de aplicación.

El Centro Criptológico Nacional (CCN) podrá recabar esta información que considere relevante para el análisis del ciberincidente, así como los soportes informáticos que se estimen necesarios, sin perjuicio de lo recogido en la normativa de protección de datos de carácter personal así como de la posible confidencialidad de datos de carácter institucional u organizativo.

Con el desarrollo de este epígrafe hemos conseguido determinar los criterios para la determinación de las evidencias objetivas en las que se soportará la gestión del incidente.

4. Establecimiento del proceso de detección y registro de incidentes derivados en intentos de intrusión o infecciones

Al producirse un incidente de seguridad –sea un intento de intrusión o una infección– no siempre es notificado de manera instantánea, bien porque se carece de los mecanismos de detección necesarios, bien por el propio desconocimiento de los mecanismos de comunicación ante incidentes de las personas que lo detectan.

La detección es un momento crítico en cualquier incidente porque cuanto más tarde se produzca esta situación, más se retrasará el momento para que su notificación llegue al personal de respuesta, lo que repercutirá negativamente en el impacto, que podrá ser mucho mayor en los sistemas de información de la organización que si se hubiese detectado con mayor prontitud. De ahí la importancia que han adquirido en los últimos tiempos los Sistemas de Alerta Temprana (SAT).

 **Sistemas de Alerta Temprana.** *Los Sistemas de Alerta Temprana (SAT) buscan actuar antes de que se produzca un incidente o, al menos, detectarlo en un primer momento para reducir su impacto y alcance.*

No es fácil determinar con precisión en todos los casos s se ha producido o no un ciberincidente y, si se confirma, identificar su tipo y evaluar su peligrosidad. Esta dificultad se centra en tres factores fundamentales:

❑ Los ciberincidentes pueden detectarse utilizando distintas herramientas, con diferentes niveles de detalle y fidelidad: sistemas automatizados de detección (incluyendo la utilización de sistemas IDS/IPS, software antimalware, sistemas de correlación de eventos) o medios manuales como, por ejemplo, la notificación de problemas por parte de los propios usuarios o miembros de una organización cuando detectan anomalías en el funcionamiento habitual de sus herramientas de trabajo. Además, algunos ciberincidentes se manifiestan con signos de anomalías muy evidentes, mientras que otros son mucho más complicados de detectar.

❑ El volumen de indicios de potenciales ciberincidentes es, habitualmente, considerable. Una organización de tamaño grande puede que tenga que gestionar millones de alertas diarias recogidas por sus sensores de intrusión.

❑ Es necesario contar con un equipo humano altamente capacitado en lo técnico, así como poseedor de una experiencia dilatada, que avalen un análisis adecuado y eficiente de los datos relacionados de los ciberincidentes.

Cabe destacar que la detección humana mejora si se provee a los componentes de los equipos con herramientas que detecten los signos de alerta necesarios. Lo mismo sucede con los mecanismos automáticos, donde su adecuada configuración por personal cualificado es básica para una correcta detección.

Se debe evitar que el desconocimiento sobre la naturaleza de los incidentes haga dudar a los usuarios sobre su modo de actuar. Por lo tanto, los procedimientos de actuación deberán ser sencillos y claros y se ejecutarán a la menor sospecha de que pudiera estar produciéndose un incidente.

Es preciso destacar la importancia de que el usuario informe con exactitud de lo acontecido ya que cualquier dato que se aporte puede beneficiar a la investigación, por lo que habrá que adaptar los procedimientos de recogida de información de manera que toda ella aporte un valor real y se eviten, en la mayor medida posible, respuestas vagas, apreciaciones, generalidades, etc. que únicamente conducirían a consumir recursos mientras la infección o la intrusión siguen propagándose.

En algunos casos, la detección puede venir de entidades externas que han percibido alguna actividad anómala originada en nuestra organización, por ejemplo de un Sistema de Alerta Temprana (SAT). Para ello se debe habilitar un punto único de contacto, detrás del cual figurará una vía y un responsable de contacto por el cual recibir dicha información.

El primer paso necesario para lograr una detección, tanto de una intrusión como de una posible infección, pasa obligatoriamente por monitorizar los posibles elementos que puedan generar situaciones que comprometan la seguridad, detectando dichas situaciones y permitiendo a un equipo de personas actuar de la forma conveniente en cada caso. Aunque los elementos a monitorizar son muchos, debe considerarse obligatoria al menos la monitorización del entorno tecnológico propio, sobre todo los elementos necesarios para garantizar los servicios que la organización presta y en los términos y umbrales necesarios para garantizar la calidad del servicio ofrecido.

Los eventos de seguridad deben ser registrados en la organización según lo expuesto con anterioridad. Sobre este registro, realizado habitualmente de forma centralizada y con un sistema o herramienta de los denominados SIM, SEM o SIEM, un equipo humano concreto procesará los diferentes eventos, determinando en un primer filtro si son o no relevantes para la seguridad de la organización. Este equipo no tiene por qué ser el propio equipo de respuesta a incidentes sino que, con frecuencia, es una tarea delegada al centro de atención a usuarios, que procesa no únicamente eventos de seguridad, sino todo tipo de incidencias, consultas y problemas, resolviendo algunos de ellos de forma directa y escalando el resto a áreas especialistas en el caso de los posibles incidentes mediante diferentes mecanismos de notificación.

Los canales de notificación de incidentes deben ser especialmente ágiles, ya que la detección y la alerta temprana son vitales para que el impacto asociado a un incidente sea el menor posible. La organización debe ser capaz de ofrecer a sus empleados diferentes canales para notificar una situación anómala que pueda estar ligada a un incidente: correo electrónico, teléfonos, aplicaciones de gestión de incidencias, fax, formularios en la Intranet, redes sociales, etcétera. Además, estos medios deben estar convenientemente publicitados en la organización y ser conocidos por todo el personal relevante, de forma que cualquiera que requiera realizar una notificación conozca en todo momento cómo hacerlo. Un lugar habitual de ubicar la información es la Intranet de la organización, donde será fácilmente accesible.

Por último, todos los canales habilitados han de ser verificados regularmente, comprobando que su funcionamiento, en caso de requerirse, es correcto.

Todo el proceso de gestión de un incidente, desde su detección temprana y su notificación hasta el período posterior a la respuesta, debe estar convenientemente documentado en la organización. Debe definirse un procedimiento de gestión de incidentes que garantice el registro de todo lo sucedido durante las siguientes fases del mismo:

❑   Responsabilidades y autorizaciones.

❑   Notificación.

❑   Clasificación.

❑   Determinación de criticidad.

❑   Respuesta.

❑   Lecciones aprendidas.

Puesto que durante la gestión de un incidente derivado de un intento de intrusión o infección toda la información que le concierne fluye entre los procesos centrales de la gestión de incidentes (detección, identificación, notificación, análisis, investigación, contención, solución y recuperación), resultaría especialmente conveniente disponer de una herramienta que permitiese a los distintos actores encargados de la gestión de un incidente registrar toda esa información. Esta circunstancia brindaría dos cuestiones de mucha relevancia:

1.   Los distintos integrantes de los equipos de respuesta a incidentes podrían aprovechar esa información registrada e, incluso, intercambiarla.

2.   La explotación posterior de esa información garantizará la mejora continua de los procedimientos de la organización en la gestión de incidentes de seguridad.

En el caso de las Administraciones Públicas españolas, el artículo 24 del Esquema Nacional de Seguridad (ENS) establece que "se registrarán los incidentes de seguridad que se produzcan y las acciones de tratamiento que se sigan. Estas registros se emplearán para la mejora continua de la seguridad del sistema."

Asimismo, el ENS obliga a registrar todas las actuaciones relacionadas con la gestión de incidencias, de forma que:

❑   Se registrará el reporte inicial, las actuaciones de emergencia y las modificaciones del sistema derivadas del incidente.

❑   Se registrará aquella evidencia que puede, con posterioridad, sustentar una demanda judicial, o hacer frente a ella, cuando el incidente pueda llevar a actuaciones disciplinarias sobre el personal interno, sobre proveedores externos o a la persecución de delitos. En la determinación de la composición y detalle de estas evidencias se recurrirá a asesoramiento legal especializado.

❑   Como consecuencia del análisis de las incidencias, se revisará la determinación de eventos auditables.

Como ya ha sido comentado, el Centro Criptológico Nacional (CCN) ha desarrollado la herramienta LUCIA, que permite a una organización gestionar cada uno de sus ciberincidentes al tiempo que posibilita la integración de todas las instancias de la herramienta instaladas en los diferentes organismos con la instancia instalada en el equipo de respuesta a incidentes del CCN (el CCN-CERT), posibilitando de este modo la consolidación y sincronización de los ciberincidentes registrados por cada organización en el nodo de coordinación del CCN-CERT.

 *Con el desarrollo de este epígrafe hemos conseguido establecer el proceso de detección y registro de incidentes derivados de intentos de intrusión o infecciones.*

5. Guía para la clasificación y análisis inicial del intento de intrusión o infección contemplando el impacto previsible

La fase de análisis constituye el núcleo duro del ciclo de vida de un incidente. En ella se intentará obtener la información suficiente que deberá permitir afrontar su resolución.

A partir de las evidencias iniciales, el equipo de respuesta a incidentes podrá solicitar tanta información adicional como precise a las entidades que puedan aportar nuevas evidencias o correlacionar las existentes con sus fuentes de información. Son muy apreciables aquellas evidencias que vengan apoyadas por mecanismos de integridad y que incluyan, si es posible, información de marca horaria (timestamp) procedente siempre de una fuente de confianza.

El conocimiento de las medidas de seguridad implantadas en el sistema, los parámetros de configuración del sistema afectado y el contenido de los archivos de registro de eventos son elementos de gran valía a la hora de realizar un análisis.

Se debe guardar una descripción detallada de cada evidencia recogida, incluyendo, al menos, la siguiente información:

❑   Datos de identificación.

❑   Personal que ha recogido la prueba.

❑   Fecha y hora de recogida.

❑   Lugar de almacenamiento de la prueba.

La organización ha de decidir, de forma anticipada a la existencia de un incidente de seguridad, el impacto de las estrategias de contención. Por ejemplo, adoptar la decisión de desconectar ciertos sistemas durante un número de horas mientras se limpian o se copian sus discos podría generar pérdidas para dicha organización.

Uno de los primeros pasos que se adoptan tras verificar la existencia de un incidente es asegurar el perímetro y proteger el acceso al mismo, permitiéndolo exclusivamente a usuarios autorizados garantizando, así, que no se alteren las evidencias. Será necesaria una lista de esos usuarios con acceso a estos sistemas, puesto que estas personas pueden proporcionar nombres de usuarios, contraseñas y ubicación de la información, todos ellos datos de interés para la investigación. Si los sistemas afectados estaban conectados a una red, la desconexión evitará que alguien, de forma remota, pueda acceder a ellos y elimine evidencias. Si los sistemas afectados utilizaban una conexión inalámbrica, habrá que decidir si se desconecta la tarjeta inalámbrica o si se desactivan los puntos de acceso.

Deberá evitarse la manipulación directa de los soportes de información y de los sistemas, trabajando siempre que sea posible sobre las copias de las evidencias para evitar la pérdida irreversible de los datos iniciales. Constituye una buena práctica el aislamiento de los equipos implicados en un incidente realizando, además, una copia de seguridad completa de sus discos duros.

En la recogida de evidencias, son de especial importancia las de tipo volátil, por ejemplo el estado de las conexiones de red, procesos, sesiones abiertas, ficheros abiertos, contenido de la memoria dinámica, etcétera.

Es vital todo el proceso de documentación de las acciones que se realicen sobre los sistemas afectados. Contamos con muchas tecnologías que pueden hacer esta tarea más sencilla y más eficiente: fotografías, grabaciones de vídeo, captura de pantallas con evidencias, errores, impresión de logs, etcétera. Si es posible, se recomienda realizar esta tarea acompañado por un compañero. De este modo, se ganará en comodidad durante el proceso de documentación pero también se reducirá la posibilidad de errores y aumentará el rigor en la operativa de recopilación. Hay que considerar, además:

❑ La documentación ha de almacenarse de forma segura. Adicionalmente, conviene restringir el acceso a todas las pruebas recogidas durante la fase de análisis únicamente al personal autorizado.

❑ En caso de que el incidente pudiera implicar procedimientos legales, tanto administrativos como judiciales, las pruebas presentadas serán recogidas y tratadas conforme a las reglas establecidas por la legislación vigente.

El seguimiento de todas las actividades realizadas precisa de la utilización de un mecanismo seguro de comunicación. Si es posible, la organización deberá contar con alguna herramienta que facilite dicha comunicación y se constituya en una auténtica bitácora que permita al personal autorizado de dicha organización consultar el estado de un incidente y las acciones realizadas hasta el momento.

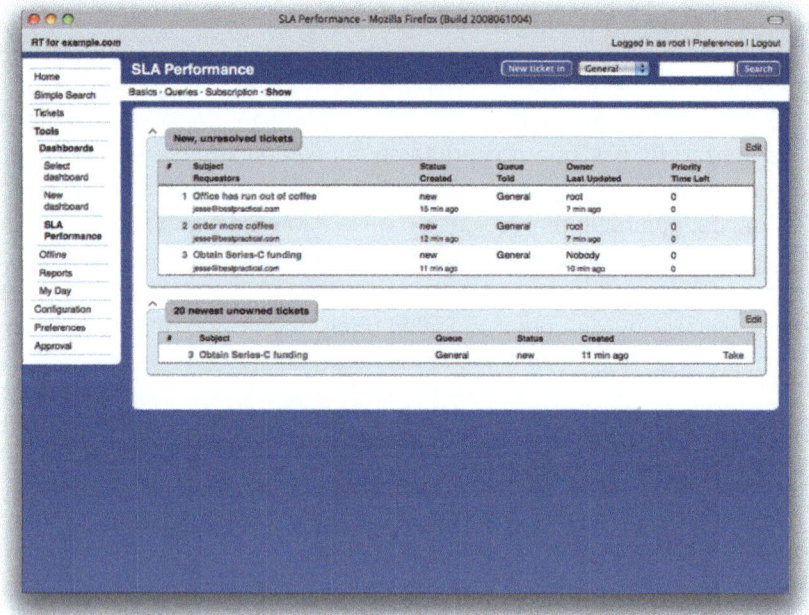

Imagen que muestra la consola de una herramienta de gestión de incidentes de seguridad de la modalidad RTIR (Request Tracker for Incident Response).

Durante esta fase puede ser necesaria la incorporación al equipo de trabajo de respuesta al incidente de ciertos miembros de la organización que puedan ofrecer un conocimiento de alto nivel asociado a su disciplina de conocimiento, bien sea en el área TIC (administradores de red, de sistemas o de seguridad de los sistemas implicados) o en el área jurídica para determinar los aspectos legales de un incidente, por ejemplo.

En algunos casos puede ser de utilidad reconstruir el incidente sobre unos sistemas de prueba lo más similares posibles a los involucrados en el incidente. Esto nos puede permitir demostrar que el incidente es reproducible siguiendo la combinación de las secuencias identificadas en los diversos análisis.

Las siguientes indicaciones podrán ayudar a establecer un correcto análisis:

❑ Todas las evidencias recogidas han de estudiarse de forma minuciosa. En algunas ocasiones, únicamente tras múltiples fases de análisis siguiendo las normas descritas, el equipo de respuesta a incidentes podrá resolver todas las cuestiones que le permitan abordar su resolución y la recuperación de los sistemas al estado anterior a la materialización del incidente.

❑ Analizar únicamente las copias realizadas, no las evidencias originales. En la fase de análisis deberían realizarse todas las copias necesarias de los archivos o de los sistemas de archivo. Habitualmente, bastará con una copia maestra y con una copia de trabajo. Trabajar con esta última evitará afectar a los archivos originales o a los de la copia maestra.

❏ Considerar la fidelidad y la valía de cada fuente de datos. En principio, suele ser de más confianza la fuente principal de los datos que aquella que recibe datos de otras fuentes. En el análisis es obligatorio validar cualquier dato inusual o inesperado que sea procedente de herramientas o sistemas tales como IDS/IPS o sistemas de correlación de información y gestores de eventos (SIM, SEM o SIEM).

❏ El análisis de los ficheros debería depender de sus cabeceras y no de su extensión para identificar el contenido de los mismos. No se debe asumir la relación directa entre la extensión de un archivo con su contenido, puesto que los usuarios pueden asignar cualquier extensión a un archivo. Es más riguroso verificar las cabeceras. Pese a que también es posible alterar las cabeceras o, incluso, ocultar cierto tipo de archivos, es menos común que alterar las extensiones.

❏ Centrarse en las características y el impacto del suceso. Determinar la identidad de un atacante y otras acciones similares son muy demandantes en recursos y, frecuentemente, difíciles de conseguir. Además, no son de mucha ayuda para la organización a la hora de corregir vulnerabilidades o en otros aspectos operativos. Por supuesto que es importante definir la identidad y las intenciones de un atacante pero es preciso sopesarlo ante otros importantes objetivos.

❏ Consciencia de la complejidad técnica y logística del análisis. Un único evento puede generar registros de numerosas fuentes de datos y producir más información que la que los analistas puedan gestionar. Se hace preciso el uso de herramientas de análisis de información (del estilo tipo SEM, SIM o SIEM) que permiten la centralización y la automatización de muchas fuentes de datos en una única ubicación.

❏ Unificar toda la información procedente de las diferentes fuentes de datos. Los analistas deberían revisar el resultado del examen y análisis de cada fuente de datos (archivos, sistema operativo, tráfico de red, etcétera) y determinar cómo encaja toda la información disponible.

 *Con el desarrollo de este epígrafe hemos conseguido la guía para la clasificación y análisis inicial del intento de intrusión o infección, contemplando el impacto previsible del mismo.*

6. Establecimiento del nivel de intervención requerido en función del impacto previsible

La categoría de un sistema de información en materia de seguridad se asignará mediante un equilibrio entre la importancia de la información que maneja, los servicios que presta y el esfuerzo de seguridad requerido. Además, es necesario contemplar el conjunto de riesgos a los que está expuesto aplicando el criterio del principio de proporcionalidad.

La determinación de la categoría se efectuará en función de la valoración del impacto que tendría un incidente que afectara a la seguridad de la información o de los servicios con perjuicio para las dimensiones de la seguridad.

El establecimiento del nivel de intervención requerirá el conocimiento de los siguientes factores:

❏ **Fundamentos para la determinación de la categoría de un sistema**. El incidente ha de afectar a la seguridad de la información o de los sistemas, con repercusión en la capacidad organizativa para:

- ◆ Alcanzar sus objetivos.

- ◆ Proteger los activos a su cargo.

- ◆ Cumplir sus obligaciones diarias de servicio.

- ◆ Respetar la legalidad vigente.

- ◆ Respetar los derechos de las personas.

❏ **Dimensiones de la seguridad**. A fin de poder determinar el impacto que tendría sobre la organización un incidente que afectar a la seguridad de la información o de los sistemas y de poder establecer la categoría del sistema, se tendrán en cuenta las siguientes dimensiones de la seguridad:

- ◆ Disponibilidad.

- ◆ Autenticidad.

- ◆ Integridad.

- ◆ Confidencialidad.

- ◆ Trazabilidad.

❑ **Determinación del nivel requerido en una dimensión de seguridad**. Una información o un servicio pueden verse afectados en una o más de sus dimensiones de seguridad. Cada dimensión de seguridad afectada se adscribirá a uno de los siguientes niveles: BAJO, MEDIO o ALTO.

Si una dimensión de seguridad no se ve afectada, no se adscribirá a ningún nivel.

◆ Nivel BAJO. Se utilizará cuando las consecuencias de un incidente de seguridad que afecte a alguna de las dimensiones de seguridad supongan un perjuicio limitado sobre las funciones de la organización, sobre sus activos o sobre los individuos afectados.

Se entenderá por perjuicio limitado:

◊ La reducción de forma apreciable de la capacidad de la organización para atender eficazmente con sus obligaciones corrientes, aunque estas sigan desempeñándose.

◊ El sufrimiento de un daño menor por los activos de la organización.

◊ El incumplimiento formal de alguna ley o regulación, que tenga carácter de subsanable.

◊ Causar un perjuicio menor a algún individuo que, aun siendo molesto, pueda ser fácilmente reparable

◆ Nivel MEDIO. Se utilizará cuando las consecuencias de un incidente de seguridad que afecte a alguna de las dimensiones de seguridad supongan un perjuicio grave sobre las funciones de la organización, sobre sus activos o sobre los individuos afectados. Se entenderá por perjuicio grave:

◊ La reducción significativa de la capacidad de la organización para atender eficazmente a sus obligaciones fundamentales, aunque estas sigan desempeñándose.

◊ El sufrimiento de un daño significativo por los activos de la organización.

◊ El incumplimiento material de alguna ley o regulación o el incumplimiento forma que no tenga carácter de subsanable.

◊ Causar un perjuicio significativo a algún individuo siendo, además, de difícil reparación.

◆ Nivel ALTO. Se utilizará cuando las consecuencias de un incidente de seguridad que afecte a alguna de las dimensiones de seguridad supongan un perjuicio muy grave sobre las funciones de la organización, sobre sus activos o sobre los individuos afectados. Se entenderá por perjuicio muy grave:

◊ La anulación de la capacidad de la organización para atender a alguna de sus obligaciones fundamentales y que estas continúen desempeñándose.

◊ El sufrimiento de un daño muy grave -incluso irreparable- por los activos de la organización.

◊ El incumplimiento grave de alguna ley o regulación.

◊ Causar un perjuicio grave a algún individuo siendo, además, de difícil o imposible reparación.

Cuando un sistema maneje diferentes informaciones y preste diferentes servicios, el nivel del sistema en cada dimensión será el mayor de los establecidos para cada información y cada servicio.

❑ **Determinación de la categoría de un sistema de información**. Se definen tres categorías: ALTA, MEDIA y BÁSICA.

1. Un sistema de información será de categoría ALTA si alguna de sus dimensiones de seguridad alcanza el nivel ALTO.

2. Un sistema de información será de categoría MEDIA si alguna de sus dimensiones de seguridad alcanza el nivel MEDIO y ninguna alcanza un nivel superior.

3. Un sistema de información será de categoría BÁSICA si alguna de sus dimensiones de seguridad alcanza el nivel BAJO y ninguna alcanza un nivel superior.

La determinación de la categoría de un sistema no implicará que se altere el nivel de las dimensiones de seguridad que no han influido en la determinación de la categoría del mismo.

❑ **Secuencia de actuaciones para determinar la categoría de un sistema**:

1. Identificación del nivel correspondiente a cada información y servicio, en función de las dimensiones de seguridad anteriormente descritas.

2. Determinación de la categoría del sistema, de acuerdo a la definición también citada anteriormente.

La valoración de las consecuencias de un impacto negativo sobre la seguridad de la información y de los servicios se efectuará atendiendo a su repercusión en la capacidad de la organización para el logro de sus objetivos, la protección de sus activos, el cumplimiento de sus obligaciones de servicio, el respeto de la legalidad y los derechos de los usuarios y ciudadanos.

 *Con el desarrollo de este epígrafe hemos conseguido el establecimiento del nivel de intervención y diagnóstico del incidente de intento de intrusión o infecciones.*

7. Guía para la investigación y diagnóstico del incidente de intento de intrusión o infecciones

Después de que el dato ha sido recogido, la siguiente fase consiste en examinarlo, lo que provoca que haya que evaluarlo y extraer las partes relevantes de información.

El objeto de una investigación es integrar, analizar y preparar la información previamente procesada para obtener el producto final deseado, esto es, un producto de inteligencia o de ciberinteligencia capaz de resultar útil y satisfacer las necesidades de su consumidor. El análisis formal y metodológico de los incidentes constituye una pieza esencial de la ciberseguridad, de cara a la provisión de medidas tendentes a mitigar los efectos de dichos incidentes.

La investigación de un ciberincidente requiere de personal –los analistas– altamente especializado y entrenado. Los analistas han de ser capaces de encontrar significado a la información previamente procesada. Suelen desarrollar sus funciones sobre un área concreta, que constituye su especialidad, obteniendo la información de todas las fuentes pertinentes, recopilando información, procesándola y realimentando el sistema de análisis con los resultados obtenidos. En inteligencia y ciberinteligencia, los resultados del análisis buscar proporcionar una respuesta adecuada a una cuestión de partida que el consumidor de inteligencia necesita definir previamente.

Los analistas reciben información de entrada, la evalúan, elaboran un estado de situación de la actividad bajo análisis y, finalmente, realizan un diagnóstico que suele incluir un pronóstico respecto de lo que es presumible esperar y la tendencia futura. Dado que la obtención de inteligencia responde a un ciclo continuo, el análisis también comprende el desarrollo de los requisitos con los que deberá recopilarse nueva información en el futuro.

Esta fase de investigación puede presentar la necesidad de utilizar técnicas que ayuden a esclarecer un dato que puede estar comprimido, protegido o, incluso, cifrado. Un disco analizado puede contener miles de archivos; identificar los datos de utilidad puede ser una tarea enormemente complicada. Baste el ejemplo de un archivo que contenga los logs de un sistema IDS/IPS; no es difícil que sume millones de registros pero podría suceder que únicamente uno de ellos fuese de interés para la seguridad del sistema.

Es muy conveniente disponer de sistemas de filtrado que ayuden a los administradores y a los equipos de respuesta a incidentes a optimizar los recursos. Afortunadamente, estas herramientas y técnicas existen. Pueden utilizarse patrones de búsquedas para localizar datos de interés, por ejemplo filtros que permitan localizar intentos de intrusión a partir de un sujeto particular o identificar ficheros de registro para direcciones de correo electrónico concretas.

Otra técnica que puede resultar de ayuda es la determinación del tipo de contenidos de cada archivo (texto, gráficos, música, archivos comprimidos, etcétera). Este conocimiento permitirá saber qué ficheros pueden necesitar una investigación más profunda así como cuáles pueden desecharse al no ser de interés para dicha investigación.

Uno de los aspectos más importantes a investigar si se sospecha un intento de intrusión es el tráfico de red. Conexiones de red, inicios de sesión y procesos en ejecución son habitualmente investigados al comprobar si alguien ha accedido a un sistema de forma no autorizada. Si se cuenta con un software de detección de intrusiones es más que probable que haya reflejado en sus logs toda la actividad realizada contra el sistema.

Las recomendaciones imprescindibles para diagnosticar si se está produciendo un incidente de intento de intrusión o infecciones son:

❑ Conocer qué usuarios están utilizando las aplicaciones y los sistemas en el momento de la intrusión. Algunas acciones que podrían adoptarse son:

◆ Visualizar los usuarios que han iniciado sesión en el sistema. No bastará con conocer qué usuarios han iniciado sesión sino dónde están ubicados, qué aplicaciones están utilizando y desde cuándo. Comportamientos inusuales, como un excesivo tiempo de utilización de un sistema en comparación con sus hábitos o utilización de aplicaciones poco frecuentes, representan indicios de que ese usuario podría estar detrás del incidente.

◆ Visualizar los procesos activos. Pese a no observar comportamientos inusuales en la actividad de los usuarios, puede ocurrir que alguno de ellos hubiera dejado algún proceso ejecutándose durante un tiempo excesivo que podría alterar el normal funcionamiento de los sistemas, convirtiéndose en una amenaza. También es posible que alguno de estos procesos abiertos corresponda a algún software de monitorización de tráfico de red, por ejemplo sniffers, que conviene vigilar por si no estuviesen autorizados.

◆ Para no pasar por alto ninguna de estas posibilidades, es preciso observar cuáles son los procesos activos en un momento dado y comprobar si pudieran representar una amenaza. Representarán indicios de amenaza:

◊ Procesos que llevan activos un largo período de tiempo.

◊ Procesos que se inician en horas poco habituales.

◊   Procesos que consumen un nivel elevado de CPU.

◊   Procesos que no están ejecutados desde un terminal.

❑ Comprobación de los cambios de contraseña no autorizados. Un cambio de contraseña no autorizado o no notificado puede representar un indicio de intento de intrusión.

❑ Comprobación de la existencia de servicios no autorizados. Se aconseja comprobar periódicamente los servicios existentes en los sistemas para detectar cuáles no están autorizados. Asimismo, es recomendable comprobar las autorizaciones de servicios que se hayan habilitado o deshabilitado inmediatamente antes y después de una intrusión. Con frecuencia, un atacante modifica la configuración estándar de algunos servicios para sus intereses.

❑ Examen de los ficheros de registro. Los logs permiten la obtención de información sobre conexiones poco comunes, utilización de aplicaciones inusuales y otras actividades sospechosas de intrusión.

❑ Comprobación de los permisos del sistema. Uno de las técnicas más comunes en las que se apoyan los intentos de intrusión es la escalada de privilegios dentro de un sistema. Por ello, es imprescindible contar con una política de asignación de permisos que impida que un usuario cuente con más privilegios de los estrictamente necesarios para realizar sus funciones.

❑ Comprobación de puertos abiertos. Al igual que en la asignación de permisos, un sistema debería abrir exclusivamente los puertos imprescindibles para establecer las comunicaciones autorizadas en la organización. Además, suele ocurrir que cuando un atacante ha realizado una intrusión deje abierto un puerto de conexión para intentos posteriores.

Se hace necesaria una comprobación periódica del estado de los puertos de conexión. En el caso de descubrir puertos abiertos que no deberían estarlo, convendría realizar una correlación entre la actividad de los últimos usuarios que han utilizado el sistema y los puertos abiertos para detectar quién fue el usuario implicado.

❑ Comprobación de conexiones hacia el exterior. Conviene observar los ficheros de registro de las conexiones al exterior, por ejemplo el envío de correos a cuentas desconocidas o tipificadas como sospechosas.

Esta medida es fundamental pues es posible que en el sistema se encuentre instalada alguna aplicación de monitorización del tráfico de red con la intención de capturar datos como nombres de usuario y contraseñas que, posteriormente, enviaría a esas direcciones de cuentas de correo electrónico.

PASOS A ADOPTAR PARA INVESTIGAR LA EXISTENCIA DE UN CASO DE INFECCIÓN	
1. Durante todo el proceso.	
▪ Documentar todo. Se incluirán acciones realizadas, evidencias recogidas, conversaciones y datos suministrados por los usuarios, administradores y otros participantes en el incidente.	
2. Identificación del incidente.	
▪ Busque un compañero que le permita trabajar en equipo, aunque únicamente sea para documentar las acciones realizadas.	
▪ Analizar la evidencia inicial para confirmar si realmente se trata de un incidente:	
◆ Logs anómalos en los sistemas.	
◆ Cambios en el comportamiento de las aplicaciones.	
◆ Nuevas aplicaciones en los sistemas.	
◆ Tráfico anómalo (de entrada o de salida) en los sistemas afectados.	
3. Notificación.	
▪ Notificar a los responsables dentro de la organización. Es necesario facilitar exclusivamente la información necesaria para que cada uno realice su función. Únicamente así se evitará la fuga de información sensible.	
▪ Si precisa de atención especializada, contacte con el equipo de respuesta a incidentes del ámbito de la organización.	
4. Contención.	
▪ Mitigar el ataque modificando lo menos posible los sistemas afectados para preservar las evidencias que permitan una posterior investigación.	
▪ Conseguir la mayor cantidad de información posible acerca de orígenes, técnicas empleadas, acciones realizadas, motivaciones, etcétera.	
▪ Evitar la propagación del malware dentro fuera del ámbito de la organización:	
◆ Deshabilitar los servicios de red atacados en todos los sistemas, servidores y estaciones de trabajo.	
◆ En el caso de propagación mediante correo electrónico, bloquearlo mediante un asunto que identifique al malware. En caso necesario, deshabilitar el servicio de correo electrónico hasta que el incidente se solucione.	
◆ Actualizar todos los sistemas antimalware.	
◆ Activar sistemas de protección contra intrusos.	
5. Análisis e investigación.	✓
▪ Determinar si es posible preservar evidencias del incidente. En el caso de múltiples sistemas afectados por malware, se analizará el menos crítico. Conviene realizar una copia o imagen del disco.	✓
▪ Obtener evidencias sin modificar el sistema atacado:	✓
◆ Revisar los logs de los dispositivos perimetrales (IDS/IPS, cortafuegos, etcétera).	✓
◆ Acceder, si es posible, a una copia de los logs en lugar de a los originales.	✓

PASOS A ADOPTAR PARA INVESTIGAR LA EXISTENCIA DE UN CASO DE INFECCIÓN	
• Analizar evidencias y contrastar la información con la proporcionada por los fabricantes de antimalware.	✓
• Analizar los sistemas con varios motores antimalware.	✓
• Identificar todos los sistemas afectados por el malware.	✓
6. Solución y recuperación.	
• Eliminar componentes del ataque que puedan haber quedado en el sistema como código malicioso, material no apropiado y otros cambios realizados en el sistema.	
• Si existen indicios de que el sistema pudiera estar comprometido, reconstruirlo desde la última copia de seguridad o, en su caso, reinstalar el sistema.	
• Corregir las vulnerabilidades antes de poner el sistema en producción, de forma que no se repita el incidente.	
• Verificar que todos los datos, aplicaciones y sistemas afectados por el incidente vuelven a funcionar en la forma habitual.	
• Confirmar, transcurrido un tiempo prudencial, que la situación ha vuelto a la normalidad antes de catalogar el incidente como resuelto.	
• Realizar un análisis forense de la imagen del disco tomada durante la fase de contención para analizar en detalle la actividad malware en el sistema.	
• En el caso de tratarse de un ataque dirigido, contactar con las Fuerzas y Cuerpos de Seguridad del Estado.	
7. Reflexión y mejora.	
• Documentar todo el proceso de gestión del incidente y elaborar un resumen ejecutivo.	
• Documentar los errores cometidos durante la gestión del incidente así como las posibles acciones a adoptar para mejorar la prevención y la gestión en el futuro.	

Tabla que muestra un ejemplo de investigación de un ciberincidente por infección de código malicioso.

Con el desarrollo de este epígrafe hemos conseguido la guía para la investigación y el diagnóstico del incidente de intento de intrusión o infecciones.

8. Establecimiento del proceso de resolución y recuperación de los sistemas tras un incidente derivado de un intento de intrusión o infección

El objetivo de esta fase es el restablecimiento de la información, servicios y recursos afectados. Se realizarán las acciones necesarias para que el sistema recobre sus capacidades y pueda prestar servicio con normalidad. Las medidas de recuperación permitirán la restauración de la información y los servicios, de forma que se pueda hacer frente a las situaciones en las que un incidente de seguridad inhabilite los medios habituales.

En esta fase se deben dar todos los pasos necesarios para que el incidente quede resuelto o cerrado. Suele estar a cargo de los administradores del sistema con el apoyo de la información obtenida por el equipo de respuesta a incidentes en las etapas anteriores.

Un incidente se considera resuelto cuando se han restablecido todas las redes, los sistemas de información, la propia información y el resto de recursos afectados y, por tanto, el sistema opera de nuevo normalmente y se tiene un conocimiento razonable de:

❑   ¿Qué ha pasado?

❑   ¿Por qué ha pasado?

❑   Las pérdidas ocasionadas.

❑   Se conoce qué o quiénes han sido los causantes. En caso de detectarse actividad que pudiera ser ilícita, se debe contactar con las Fuerzas y Cuerpos de Seguridad del Estado.

El responsable del sistema afectado deberá estar informado de las actividades que se estén realizando y del momento en el que el sistema se encuentre nuevamente operativo. Habitualmente, el Centro de Atención a Usuarios de la organización se encargará de notificar, por indicación de los administradores, el momento en que los servicios o recursos afectados vuelvan a estar disponibles.

En no pocas ocasiones la resolución de un incidente implica la limpieza o reinstalación de los sistemas que se han visto afectados. Además, se suele iniciar la búsqueda de las medidas de protección a implantar para que se adquiera una certeza fundamentada de que no volverá a ocurrir. Estas deben ser anotadas para que sean documentadas en la fase final del ciclo de vida del incidente.

La recuperación consiste en restablecer la operatividad del sistema. En algunos casos deberá realizarse desde una recuperación procedente de las copias de seguridad realizadas por los sistemas de respaldo, por lo que conviene contar con la certeza de que las copias están disponibles y respetan la programación establecida por los administradores de seguridad. Asimismo, es muy importante garantizar el correcto funcionamiento de los mecanismos de restauración, que suele ser uno de los campos más descuidados en la gestión de las copias de seguridad.

En el caso de una intrusión, la organización adoptará las siguientes acciones para proceder a la resolución y recuperación de la situación original:

❑ Eliminación de componentes del ataque que puedan permanecer en el sistema, como código malicioso, contenidos no apropiados (imágenes, correos electrónicos, spam, etcétera) u otros cambios de configuración realizados en el sistema.

❑ Si existen indicios de que el sistema se encuentra comprometido, reconstruirlo desde la última copia de seguridad fiable o, en su defecto, reinstalar el sistema.

❑ Corregir las vulnerabilidades antes de poner el sistema en producción después de la intrusión, de forma que no vuelva a producirse.

❑ Verificar que todos los datos, aplicaciones y sistemas afectados por la intrusión vuelvan a funcionar de forma habitual.

La recuperación ante un ataque de infección por código malicioso implica las siguientes acciones:

❑ Borrar y eliminar el malware de los medios afectados.

❑ Recuperar el sistema afectado por la infección mediante la utilización de copias de respaldo. El alcance y escala de daño dependerán del tipo de malware.

❑ Comprobar las posibles infecciones del entorno.

❑ Realizar un análisis forense de las imágenes de los discos tomadas en la fase de contención para analizar en detalle la actividad del malware en el sistema.

❑ Confirmar, pasado un tiempo prudencial, que la situación ha vuelto a la normalidad antes de cerrar el incidente.

❑ Considerar el impacto mediático de la infección para la Organización. Será necesario definir una estrategia de comunicación.

Una vez resuelto el incidente y recuperados los sistemas, estos se deberían someter a una monitorización exhaustiva para identificar posibles problemas que hayan escapado al análisis. Es crítico confirmar que el incidente no se vuelve a reproducir en su totalidad.

El responsable del sistema afectado deberá validar la recuperación de los sistemas de su ámbito. El equipo de respuesta a incidentes puede realizar un análisis de vulnerabilidades del sistema que ofrezca garantías de su seguridad.

El Real Decreto-Ley 12/2018, de 7 de septiembre, de seguridad de las redes y sistemas de información expresa, en su artículo 22, que los operadores de servicios esenciales enviarán una notificación final del incidente tras su resolución.

Además, según figura en el artículo 28 del citado real Decreto-ley, tanto los operadores de servicios esenciales como los proveedores de servicios digitales tienen la obligación de resolver los incidentes de seguridad que les afecten, así como de solicitar ayuda especializada, incluida la del CSIRT de referencia, cuando no puedan resolver por sí mismos los incidentes.

En tales casos deberán atender a las indicaciones que reciban del   para resolver el incidente, mitigar sus efectos y reponer los sistemas afectados.

 *Con el desarrollo de este epígrafe hemos conseguido el establecimiento del proceso de resolución y recuperación de los sistemas tras un incidente derivado de un intento de intrusión o infección.*

9. Proceso para la comunicación de cierre del incidente a terceros, si procede

Para coordinar la gestión de un incidente la organización debe asignar un responsable de la gestión –habitualmente un miembro del equipo de respuesta a incidentes– que será el máximo responsable de la gestión y actuará también como interlocutor entre la organización y terceros cualesquiera involucrados en la resolución del incidente, fundamentalmente los equipos de respuesta a incidentes de referencia, Fuerzas y Cuerpos de Seguridad y medios de comunicación social.

En general, las comunicaciones con otros actores –proveedores de servicios de Internet (ISP), fabricantes, vendedores de software u otros equipos de respuesta a incidentes– suelen realizarse por el equipo de respuesta a incidentes de referencia.

Por lo que respecta a la información al público, la legislación vigente (Real Decreto-Ley 12/2018, artículo 26) establece que la autoridad competente podrá exigir a los operadores de servicios esenciales o a los proveedores de servicios digitales que informen al público o a terceros potencialmente interesados sobre los incidentes de seguridad cuando su conocimiento sea necesario para evitar nuevos incidentes o para gestionar uno que ya se haya producido o cuando su divulgación redunde en beneficio del interés público.

El citado Real Decreto-ley también establece –en su artículo 27– que las autoridades competentes han de transmitir al punto de contacto único un informe anual sobre el número y tipo de incidentes comunicados, sus efectos en los servicios prestados o en otros servicios y su carácter nacional o transfronterizo dentro de la Unión Europea.

Las autoridades competentes elaborarán dicho informe siguiendo las instrucciones que dicte el punto de contacto único considerando las indicaciones del grupo de cooperación respecto al formato y contenido de la información a transmitir.

Finalmente, el punto de contacto único remitirá al grupo de cooperación antes del 9 de agosto de cada año un informe anual resumido sobre las notificaciones recibidas que, posteriormente, enviará a las autoridades competentes y a los CSIRT de referencia para su conocimiento.

Si la notificación de incidentes o su gestión, análisis o resolución requiriera comunicar datos personales, su tratamiento se restringirá a los que sean estrictamente adecuados, pertinentes y limitados a lo necesario en relación con la finalidad que se persiga en cada caso.

Ciertos incidentes cuentan con una repercusión en medios de comunicación o en el público en general que escapa al ámbito técnico del equipo de gestión de incidentes. Los departamentos de prensa o comunicación pueden ser relevantes en estas situaciones canalizando, en coordinación con el responsable de la gestión del incidente, cualquier comunicación a terceros relativa a la situación, impacto, origen, etcétera.

Habitualmente, las organizaciones habrán reflejado cómo proceder en la comunicación de cierre de incidentes ante terceros. Suele estar documentado en:

❑ **El plan de respuesta a incidentes**. En él deberían reflejar los aspectos referentes a la comunicación a terceros de las incidencias producidas, los efectos causados, cómo se originaron y las consecuencias acaecidas.

❑ **La normativa de seguridad**. En ella se suele contemplar el establecimiento de criterios para la comunicación de incidentes y, en su caso, el intercambio de información, interna y externamente.

❑ **Los procedimientos operativos de seguridad**. En ellos suelen detallarse:

◆ Mecanismos para la notificación de informes de incidentes.

◆ Formularios de notificación, comunicación e intercambio de información.

Un aspecto importante es el de la comunicación de un incidente a las Fuerzas y Cuerpos de Seguridad del Estado. En el caso de que se hubiera producido algún tipo de actividad ilícita constitutiva de un delito por parte del atacante, es posible comunicar y denunciar todo lo sucedido para que inicien un proceso de investigación que pudiera, incluso, conllevar un procedimiento de carácter judicial.

Otro de los agentes a los que conviene informar es a los CERTs o CSIRTs del ámbito de la organización, pues una de sus misiones es la de estar en permanente contacto con las entidades de su ámbito proporcionándoles soporte y otro tipo de ayuda en la gestión de los incidentes de seguridad. En algunas ocasiones, además, un equipo de respuesta a incidentes estará obligado a realizar un seguimiento del incidente hasta su cierre.

En el caso de las Administraciones Públicas españolas, el CERT que tiene la capacidad de respuesta ante incidentes de seguridad es el CCN-CERT, según lo acredita el artículo número 36 del Esquema Nacional de Seguridad.

El CCN-CERT realizará un seguimiento del mismo en función del nivel de peligrosidad asignado por el Sistema de Atención Temprana (SAT) que registró el incidente y lo notificó a la organización.

NIVEL DE PELIGROSIDAD	OBLIGACIÓN DE NOTIFICACIÓN AL **CCN-CERT**	CIERRE DEL INCIDENTE (DÍAS NATURALES)	PRECISIONES
BAJO	NO	21	• Se cierran automáticamente por los Sistemas de Alerta Temprana (SAT) transcurrido el número de días especificado en la columna anterior. • El SAT envía recordatorios a la organización afectada.
MEDIO	NO	30	
ALTO	SÍ	45	
MUY ALTO	SÍ	90	
CRÍTICO	SÍ	120	

Tabla que muestra el tipo de seguimiento que realiza el CCN-CERT en función del nivel de peligrosidad de un incidente

Es habitual que los equipos de respuesta pongan a disposición de las organizaciones medios para el registro de sus incidentes, desde un formulario a un portal de incidencias. En ellos suelen solicitar a las organizaciones su permiso para la divulgación de la información del incidente, o parte de ella, a terceros. Las organizaciones deberán conceder de forma expresa su consentimiento. Un equipo de respuesta no podrá divulgar información alguna sobre un incidente sin el permiso explícito de la organización, aunque fuese dirigido a otros organismos que hubieran sufrido el mismo tipo de incidente o a equipos de respuesta que podrían ayudar para resolverlo.

Los equipos de respuesta a incidentes deben analizar con los departamentos oportunos y competentes en la organización –la Dirección, el departamento de Relaciones Institucionales y la Asesoría Jurídica– los criterios y procedimientos de información a terceros antes de que ocurra un incidente. De lo contrario, podría existir la posibilidad de que información confidencial contenida en la información de los incidentes pudiera entregarse a terceros no autorizados, lo que, además de representar un daño a la imagen de la organización y una falta grave de incumplimiento legal, podría dar lugar a la exigencia de responsabilidad patrimonial de la entidad, por daños y perjuicios ocasionados a terceros.

Queda claro que la coordinación y el intercambio de información con los organismos adecuados puede fortalecer la capacidad de la organización para responder con eficacia a los ciberincidentes. Por ejemplo, si una organización identifica algún comportamiento sospechoso en su red y remite información sobre el evento al equipo de respuesta a incidentes de su ámbito, es muy probable que se hayan registrado referencias de comportamientos similares en otras organizaciones, mejorando así la capacidad de respuesta a la actividad sospechosa.

Otro incentivo para el intercambio de información es el hecho de que la citada capacidad de respuesta a ciertos incidentes podría requerir el uso de herramientas que pueden no estar disponibles para una única organización, sobre todo si es de un tamaño pequeño o mediano. En estos casos, la organización en cuestión puede aprovechar su red de intercambio de información de confianza para externalizar de manera eficaz el análisis del ciberincidente a los recursos de terceros que sí tienen las capacidades técnicas adecuadas para gestionarlo adecuadamente.

Existe un estándar, el **Formato de intercambio de descripción de objetos de incidentes** (en inglés Incident *Object Description Exchange Format*, IODEF), que establece los requisitos de formato en el intercambio de información de incidentes entre los distintos equipos de respuesta a incidentes (CERTs o CSIRTs). Esta posibilidad permite compartir tanto información estadística como de carácter operativo. Los requisitos del formato están incluidos en las peticiones de comentarios (en inglés Request for Comments, RFC) RFC 5070 y RFC 6685. La versión 2 –IODEF v2– está documentada en los RFC 7970 y RFC 8274.

Una de las principales características del estándar IODEF es su compatibilidad con el formato IDMEF (*Intrusion Detection Message Exchange Format*), desarrollado para sistemas de detección de intrusiones. Por este motivo, IODEF se basa en gran medida en IDMEF y proporciona compatibilidad con él.

 **Request for Comments (RFC).** *Publicaciones de la Internet Engineering Task Force (IETF) que describen métodos, comportamientos, investigación e innovaciones aplicables al funcionamiento de Internet y otras redes de sistema informáticos.*

 *Con el desarrollo de este epígrafe hemos conseguido establecer el proceso para la comunicación del incidente a terceros, si procede.*

10. Establecimiento del proceso de cierre del incidente y los registros necesarios para documentar el histórico del incidente

En general, se considerará resuelto un ciberincidente cuando se hayan restablecido todas las redes y los sistemas de información afectados y el servicio vuelva a operar con normalidad.

La primera tarea en la fase posterior a la resolución de un incidente corresponde con lo que se denomina lecciones aprendidas. En esta etapa, el equipo de gestión de incidentes debe general un informe de actuación que recopile todos los datos relativos a la gestión, las acciones emprendidas en cada etapa de la respuesta, las conclusiones obtenidas y, especialmente, las directrices de mejora.

Se ha visto que durante toda la fase de un incidente es necesario elaborar y mantener un registro que contenga todas las actuaciones que se van adoptando en cada una de las fases, así como de su evolución. De este modo, tanto el equipo de respuesta a incidentes como los afectados y los estamentos directivos podrán disponer de información actualizada sobre el estado del incidente.

Una vez solucionado un incidente, es conveniente llevar a cabo una serie de acciones encaminadas a su cierre:

❑ Comprobar con los responsables del sistema afectado su correcto funcionamiento después de aplicar las medidas correctoras.

❑ Incorporar en la base de datos del histórico del incidente las acciones y medidas adoptadas para la resolución.

❑ Actualizar el estado del incidente asignándole el valor de "Resuelto" o "Cerrado".

❑ Cerrar el incidente.

Un incidente también puede considerarse cerrado cuando, a juicio del equipo de respuesta a incidentes, se han agotado todas las posibilidades de análisis e investigación para su resolución.

Si se trata de un incidente en que se ve envuelto algún operador de servicios esenciales –como ya se ha mencionado anteriormente– el Real Decreto-ley 12/2018 establece que dichos operadores enviarán una notificación final del incidente tras su resolución.

En el caso de que al incidente se le estuviese prestando un seguimiento desde un CERT o CSIRT, pueden considerarse los siguientes estados:

Estado	Descripción
Cerrado (resuelto y sin respuesta)	No hay respuesta por parte de la organización afectada en un período de tiempo determinado. Aparentemente, el incidente está resuelto.
Cerrado (resuelto y con respuesta)	La organización afectada ha solventado la amenaza y ha notificado a su equipo de respuesta a incidentes de referencia el cierre del incidente.
Cerrado (sin impacto)	La detección del incidente ha resultado positiva, pero la organización no es vulnerable o no ha sido afectada.
Cerrado (falso positivo)	La detección del incidente ha sido errónea.
Cerrado (sin resolución y sin respuesta)	Si el incidente no ha sido resuelto por la organización afectada y no ha contactado con su equipo de respuesta a incidentes de referencia, el incidente es cerrado con este estado.
Cerrado (sin resolución y con respuesta)	No se ha alcanzado una solución o el afectado indica que no sabe cómo solventar el incidente, incluso con las indicaciones proporcionadas por su equipo de respuesta a incidentes de referencia.
Abierto	Es el estado que transcurre desde que la organización afectada notifica la amenaza a su equipo de respuesta a incidentes de referencia (o bien desde que este lo comunica a la organización afectada) hasta que se produce el cierre del incidente por alguna de las causas anteriormente especificadas.

Tabla que muestra los estados de los incidentes notificados por el Sistema de Alerta Temprana (SAT) del CCN-CERT.

Por tanto, a la hora de catalogar un incidente como cerrado, siempre hay que considerar los diversos actores que en él han participado. Además de la preceptiva notificación de los incidentes al equipo de respuesta a incidentes de seguridad del ámbito de la organización, en ocasiones estas necesitarán comunicarse con terceros (Fuerzas y Cuerpos de Seguridad del Estado, medios de comunicación social, etcétera). El resto de las comunicaciones con otros actores (proveedores de servicios de Internet, fabricantes de software y hardware e implantadores) se desarrollarán a través de los mecanismos establecidos por la organización.

Pese a que un incidente haya sido resuelto, el proceso de gestión del mismo no termina aquí sino que será necesaria la elaboración de informes que servirán como referencia para futuras incidencias, comprobando la eficacia de las medidas adoptadas y para mantener informada a la Dirección de la organización, que es uno de los principales actores internos de la gestión de incidentes de seguridad.

Estos informes recopilarán todos los datos relativos a la gestión, las acciones emprendidas en cada etapa de la respuesta, las conclusiones obtenidas y, en especial, las directrices de mejora a abordar para que incidentes similares no vuelvan a producirse o, si se producen, su impacto sea menor para la organización.

La organización debe definir la estructura concreta y la información a reflejar en el informe, contemplando al menos la siguiente información:

❑ Datos de registro inicial, por ejemplo identificador, originador, criticidad, clasificación, etcétera.

❑ Resumen ejecutivo.

❑ Relación con eventos de seguridad registrados por la organización.

❑ Identificación del responsable de gestión del incidente.

❑ Datos generales del incidente:

♦ Descripción.

♦ Nivel de peligrosidad final del ciberincidente.

♦ Causas.

♦ Catalizadores.

♦ Bitácora de la gestión del incidente.

♦ Relación de las acciones emprendidas con el detalle suficiente en cada caso.

❑ Impacto del incidente en la organización, medido en:

♦ Tipología de la información o sistemas afectados.

♦ Grado de afectación a las instalaciones de la organización.

♦ Posible interrupción en la prestación de los servicios.

♦ Extensión geográfica afectada.

♦ Valoración del impacto en la imagen pública de la organización y daños de reputación asociados.

♦ Dimensión de la seguridad afectada (Confidencialidad, Integridad, Disponibilidad, Autenticación, Trazabilidad y Legalidad).

♦ Valoración del coste de incidente directamente imputable al incidente:

◊ En horas de trabajo

◊ Coste de compra de equipamiento o software necesario para la gestión del incidente.

◊　　Coste de contratación de servicios profesionales para la gestión del incidente.

❑　Resumen de las acciones realizadas para:

◆　　Contención del incidente.

◆　　Erradicación del incidente.

◆　　Recuperación de los sistemas afectados.

❑　Resumen de la resolución del incidente:

◆　　Acciones ejecutadas, identificando responsables si es necesario.

◆　　Notificaciones realizadas, tanto internas a la organización como externas.

◆　　Fecha y hora de cierre del incidente.

❑　Análisis posterior:

◆　　Relaciones con otros incidentes existentes en la organización.

◆　　Directrices de actuación.

❑　Acciones de mejora:

◆　　Identificación de controles.

◆　　Verificación de controles.

◆　　Planificación de la implantación.

◆　　Elección de responsables.

La gestión de incidentes de seguridad no se basa únicamente en la respuesta cuando se produce un incidente sino que es un proceso continuo que debe ser implantado en las organizaciones de forma cuidadosa y con el máximo rigor. Presenta actividades antes, durante y después de que un incidente ocurra. Ya que es imposible evitar con total garantía la materialización de incidentes, la organización debe aprender de ellos para mejorar los mecanismos de seguridad desplegados e incrementar así su seguridad global.

Aunque existen diferentes aproximaciones para identificar y diferenciar las etapas del ciclo de vida de la gestión de incidentes, todas tienen en común la separación entre los aspectos a abordar antes de que ocurra un incidente, las acciones que es necesario realizar en la fase de respuesta pura y, finalmente, las tareas que corresponden a las lecciones aprendidas, a la revisión y mejora del proceso de gestión de incidentes y de la seguridad corporativa en su conjunto.

La existencia de estos informes ayudará a las organizaciones a potenciar su aprendizaje. Las lecciones aprendidas y algunas acciones que exceden la gestión pura de incidentes, por ejemplo el análisis forense, ayudará a la retroalimentación del ciclo de vida de un incidente, cerrándolo y garantizando una mejora continua de la gestión de incidentes en las organizaciones.

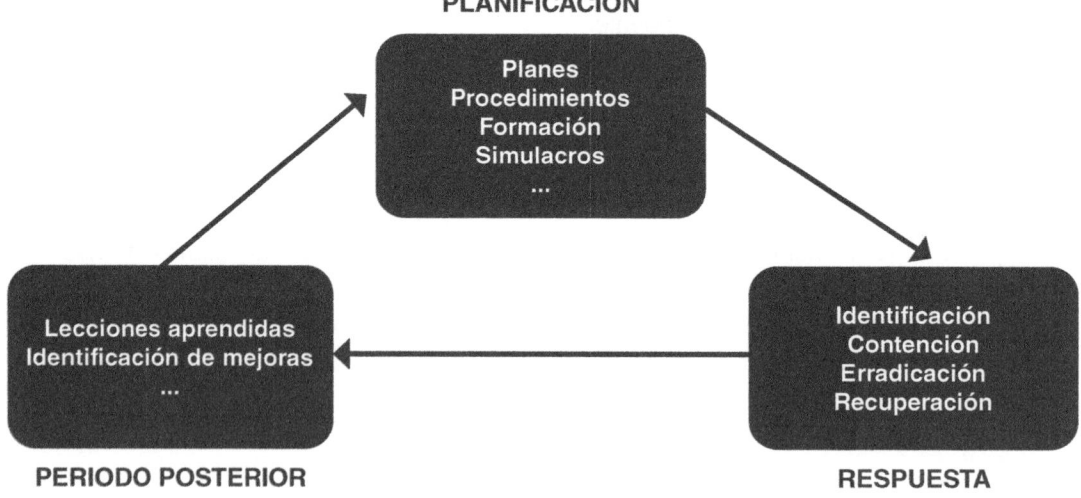

Imagen que representa la retroalimentación en el ciclo de la gestión de un incidente.

 *Con el desarrollo de este epígrafe hemos conseguido el establecimiento del proceso de cierre del incidente y los registros necesarios para documentar el histórico del incidente.*

 *Acude a los Contenidos Extra para consultar el Resumen y realizar la Autoevaluación.*

UNIDAD DIDÁCTICA 6

Análisis forense informático

Objetivos

- ▣ Listar las fases del análisis forense de los equipos informáticos, describiendo los objetivos de cada fase.

- ▣ Identificar y diferenciar los tipos de evidencias del análisis forense de sistemas, indicando sus características, métodos de recolección y análisis.

- ▣ Desarrollar guías para la recogida de evidencias electrónicas.

- ▣ Desarrollar guías para el análisis de evidencias electrónicas.

- ▣ Listar las herramientas de análisis forense, sus características e identificar su adecuación a cada tipo de incidente.

Contenido

Introducción

1. **Conceptos generales y objetivos del análisis forense**

2. **Exposición del principio de Locard**

3. **Guía para la recogida de evidencias electrónicas**

4. **Guía para el análisis de las evidencias electrónicas recogidas, incluyendo el estudio de ficheros y directorios ocultos, información oculta del sistema y la recuperación de ficheros borrados**

5. **Informes**

6. **Guía para la selección de las herramientas de análisis forense**

 *Acude a los Contenidos Extra para ver el mapa conceptual de esta Unidad Didáctica, objeto de estudio fundamental para situarte según avances en los contenidos.*

Introducción

La presencia de las tecnologías de la información y las comunicaciones (*TIC*) está permitiendo que las Organizaciones sean más competitivas explotando la información como una de sus principales activos.

Esta realidad también la han entendido los delincuentes, que han aprovechado la universalidad e inmediatez que les permite Internet y la, cada vez más, velocidad de las redes de datos. Consecuencia del atractivo que supone para ellos la apropiación indebida de la información de las Organizaciones, los ataques de este tipo se llevan multiplicando durante los últimos años en lo que parece una escalada imparable.

Las Organizaciones tratan de responden con todo tipo de medidas preventivas para evitar estos ataques pero, llegado el temido momento de un ataque exitoso, han de estar preparadas para reconstruir todo el proceso y así recuperar los sistemas afectados –y por tanto, la vuelta a la actividad–, sin perjuicio de identificar al atacante y poder presentar las pruebas que le incriminen en un proceso judicial. Para conseguirlo ha sido necesaria la aplicación de técnicas criminalistas al ámbito de las tecnologías de la información, resultando en el análisis forense.

Será fundamental conocer sus fases, sus procedimientos, contar con equipos de trabajo lo mejor capacitados posibles y con las herramientas que permitan conseguir los citados objetivos sin olvidar el obligado compromiso de las Organizaciones para que los atacantes lo tengan un poco más difícil.

• Análisis forense informático

Hoy en día, los datos reflejan que el volumen de incidentes de seguridad es muy alto y las perspectivas no hacen pensar que este hecho vaya a mejorar. Entre todos ellos destacan el robo de información, fraude, *malware*, accesos no autorizados, uso inapropiado de recursos, propiedad intelectual, denegación de servicios e incluso extorsión.

Ante este escenario que, prácticamente, hace imposible evitar alguna incidencia de seguridad, las Organizaciones se preparan en la elaboración de técnicas preventivas mediante la aplicación de prácticas de seguridad informática.

Sin embargo, la informática forense no tiene como objetivo la parte preventiva sino que trata de aplicar técnicas científicas y analíticas especializadas a la infraestructura tecnológica para identificar, preservar, analizar y presentar datos que conduzcan a conocer cómo se produjo un determinado ataque y quién lo originó.

1. Conceptos generales y objetivos del análisis forense

El concepto de análisis forense hace referencia a un conjunto de procedimientos de recopilación y análisis de evidencias que se llevan a cabo con el objetivo de responder a un incidente relacionado con la seguridad de los sistemas de información y que, en determinadas ocasiones, podrían servir como pruebas ante los Tribunales de justicia con todas las garantías de validez.

Habitualmente, este procedimiento tratará de responder a las preguntas: ¿qué?, ¿dónde?, ¿cuándo?, ¿por qué?, ¿quién? y ¿cómo?

Como consecuencia del crecimiento de incidentes que incluyen la participación de sistemas de información, la utilización del análisis forense se ha extendido en distintos ámbitos:

❑ Persecución de delitos (fraude financiero, evasión de impuestos, robo de propiedad intelectual, pornografía infantil, etc.).

❑ Casos de discriminación o acoso.

❑ Investigación de seguros.

❑ Recuperación de información eliminada.

❑ Ciberterrorismo.

El procedimiento de análisis forense debe poseer las siguientes características:

❑ Ha de ser verificable. Es preciso poder comprobar la veracidad de las conclusiones extraídas a partir de la realización del análisis.

❑ Ha de ser reproducible. Se deben, en todo momento, poder reproducir las pruebas realizada durante el proceso.

❑ Debe estar documentado. Todo el proceso debe estar correctamente documentado, de forma comprensible y detallada.

❑ Ha de ser independiente. Las conclusiones obtenidas deben ser las mismas, sin importar quién realice el proceso así como la metodología utilizada.

Existen diversos modelos para realizar un análisis forense. Aunque las fases pueden variar de un modelo a otro, todos reflejan los mismos principios básicos y una metodología similar. Pueden diferir en la granularidad de alguna de sus fases y en la terminología utilizada en cada una de ellas. Las Organizaciones deberían elegir el modelo que más se aproxime a su realidad.

Un posible modelo contendría las siguientes fases:

❏ **Recogida**. La primera fase en el proceso consistirá en identificar, etiquetar, registrar y adquirir datos de todas las posibles fuentes de relevancia, respetando siempre su integridad. Esta fase ha de realizarse de forma rápida pues se corre siempre el riesgo de perder datos de carácter dinámico, por ejemplo, los correspondientes a conexiones de red o los datos contenidos en un dispositivo móvil si se agotara su batería.

❏ **Examen**. Se trata de examinar grandes cantidades de datos recogidos, utilizando medios manuales y automáticos para evaluar y extraer aquellos datos de relevancia, siempre respetando su integridad.

❏ **Análisis**. Consiste en analizar los datos del examen utilizando medios y técnicas legales que derivarán en la obtención de información de utilidad que contestarán las preguntas que se plantearon cuando se procedió a la recogida y al examen de las evidencias.

❏ **Informe**. La fase final consiste en informar del resultado del análisis. Puede incluir las acciones realizadas, explicando las herramientas y los procedimientos utilizados. Asimismo, en el informe se pueden proponer más acciones a realizar (por ejemplo, análisis forense de otras fuentes de datos, asegurar vulnerabilidades encontradas, mejorar los controles de seguridad que ya existen, etc.), así como proporcionar recomendaciones que mejoren las políticas, guías, procedimientos, herramientas y cualquier otro aspecto del proceso forense. La formalidad de los informes puede variar enormemente dependiendo de la situación.

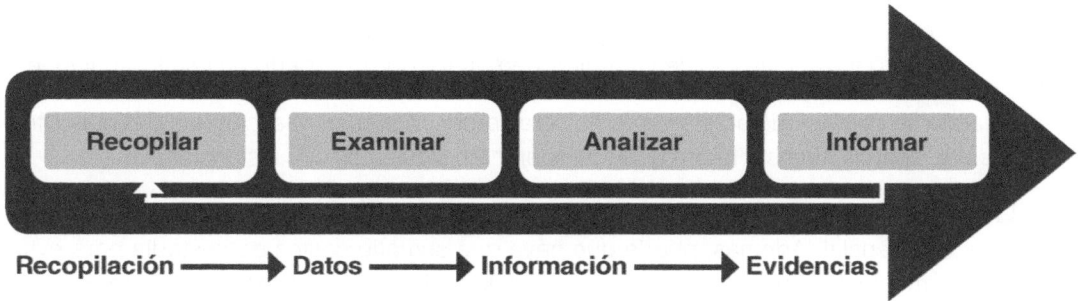

Imagen que muestra las fases de un modelo de análisis forense.

1.1. Componentes de un equipo forense

La situación ideal sería que cada Organización tuviera la capacidad de contar con un equipo que pudiera realizar análisis forenses. Sin esa capacidad, será muy difícil determinar qué eventos han sucedido en sus sistemas, redes o sobre la información de carácter sensible.

Aunque los componentes pueden variar en función de las Organizaciones, los principales usuarios de herramientas y técnicas forenses pueden dividirse en tres grupos:

❑ **Inspectores**. Son los encargados de investigar situaciones de comportamientos anómalos en una Organización. En ocasiones pueden ser componentes del departamento de Recursos Humanos o del departamento jurídico.

❑ **Profesionales *TIC*.** Este grupo incluye a los técnicos de soporte y a los administradores de red, de sistemas y de seguridad. Suelen utilizar un reducido número de técnicas y herramientas forenses específicas de su área de conocimiento para monitorización, solución de problemas, recuperación de datos, etc.

❑ **Equipos de respuesta a incidentes**. Este grupo especial debe responder a los incidentes de seguridad que ocurran en los sistemas de información de una Organización. Habitualmente, están capacitados para utilizar una gran cantidad de herramientas y técnicas forenses para responder a la tipología de ataques a la que se enfrenta una Organización: código malicioso, intrusiones, denegaciones de servicio, uso inapropiados de los sistemas, etc.

Muchas Organizaciones disponen de una combinación entre personal propio y externo para realizar tareas de análisis forense. Es muy habitual que las Organizaciones realicen con su personal las tareas más comunes y recurran a personal más especializado cuando necesiten realizar operativas más específicas, por ejemplo, recuperar la información de un disco duro dañado o de un dispositivo móvil. Estas tareas suelen requerir el uso de herramientas e incluso de instalaciones muy especializadas, así como de un conocimiento técnico que no todas las Organizaciones pueden permitirse. Asimismo, cuando es necesario un asesoramiento legal sobre cómo proceder ante un determinado incidente que pudiera conllevar acciones judiciales, las Organizaciones suelen acudir a personal externo experto en estas situaciones.

Cuando se decide qué actores, internos o externos, deberían gestionar las distintas situaciones en un análisis forense, habrá que considerar las siguientes circunstancias:

❑ El coste. Tanto software, hardware como equipamiento pueden suponer un alto coste potencial. Además, puede que haya que sumarle costes de custodia para evitar la manipulación de las evidencias recogidas. No puede olvidarse el coste del equipo de análisis, desde su salario al de su formación, que ha de ser permanente.

❑ El tiempo de respuesta. Es lógico pensar que el contar con personal propio supondrá que se podrá comenzar un proceso de análisis forense antes que si hay que recurrir a personal externo. Sin embargo, en Organizaciones con gran dispersión geográfica entre sus sedes, puede que sea más rápido contactar con personal externo cercano a sus sedes que hacer moverse al equipo forense entre las sedes de la Organización.

❏ Sensibilidad de los datos. Una Organización podría ser reacia a permitir que personal externo tuviese acceso a datos de especial sensibilidad. Por ejemplo, en un incidente que afectase a datos de carácter médico o financiero, una Organización podría estar obligada a salvaguardar la privacidad de esos datos.

Por otra parte, si el incidente implicara a un empleado de la Organización, podría ser preferible que se encargara de la investigación forense alguien externo a la Organización.

Los equipos de respuesta a incidentes que lleven a cabo tareas de análisis forense necesitan contar con un conocimiento razonable de los principios forenses, guías, herramientas, técnicas así como de las herramientas anti-forense que podrían ocultar o destruir datos. Será muy beneficioso que cuenten con experiencia en seguridad de la información, así como en los sistemas, protocolos de red y aplicaciones utilizadas en la Organización. Este conocimiento facilitará una respuesta más rápida y más efectiva al incidente. Además, deberán contar con un amplio conocimiento en administración de sistemas y redes que les permita decidir rápidamente qué equipo o qué técnico individual será el más adecuado para responder a una incidencia o análisis requeridos.

Los componentes de los equipos de respuesta a incidentes pueden desempeñar otras tareas. Por ejemplo, pueden ser citados como testigos o expertos para proporcionar testimonio técnico o corroborar el resultado de sus investigaciones en un caso. También pueden facilitar formación a los técnicos de soporte de una Organización así como a los administradores de sistemas o redes o a otros profesionales TIC.

En un equipo forense más de uno de sus miembros debería ser capaz de realizar tareas de análisis forense, de modo que una ausencia no impacte de forma severa en las capacidades del equipo. El apartado de la formación es crucial para estos profesionales. Tanto la interna, que permitirá el traspaso de conocimientos entre los miembros del equipo, como la asistencia a eventos técnicos que muestren nuevas técnicas o herramientas, se antoja esencial.

1.2. Interacción con otros equipos

No es realista contar con que una persona pueda conocer todas las técnicas y herramientas forenses que existen. Por tanto, es importante la posibilidad de contactar con otros equipos o con personas a título individual en la Organización para lograr una asistencia adicional. Por ejemplo, un incidente que involucre a un servidor de base de datos será mejor gestionado si el administrador de base de datos pudiera proporcionar información del entorno, responder a cuestiones técnicas y facilitar documentación y otro material de referencia sobre la base de datos. Es importante que la Organización pueda garantizar que su personal TIC comprenda su importante papel y su responsabilidad en los aspectos forenses. Debe proporcionarles una formación continua y prepararles para cooperar y asistir a aquéllos que requieran su presencia como máximos conocedores de su área de conocimiento.

Además de los profesionales TIC, se necesitará la participación de otros componentes de una Organización necesitarán participar en actividades forenses de carácter menos técnico. Algunos ejemplos pueden ser:

❑ **Gestores**. Los gestores serán responsables del apoyo a las capacidades forenses, de revisar y aprobar las políticas forenses así como de aprobar ciertas prácticas (por ejemplo, apagar durante una jornada un sistema crítico para la Organización para recoger datos de sus discos).

❑ **Asesores legales**. Los asesores deberían revisar cuidadosamente la política forense, las guías y los procedimientos. Proporcionarán asistencia adicional cuando se requiera la confirmación de que un procedimiento a emplear se ajusta a la legalidad.

❑ **Personal de Recursos Humanos**. El departamento de Recursos Humanos puede proporcionar asistencia gestionando las situaciones de incidentes que involucren a empleados.

❑ **Auditores**. Los auditores ayudarán a determinar el impacto económico de un incidente, incluyendo el coste de la actividad forense.

❑ **Personal de seguridad**. El personal de seguridad proporcionará acceso físico a las instalaciones y garantizará la seguridad física de las evidencias recogidas.

Pese a que todos estos equipos no jueguen un papel primordial en la investigación forense, los servicios que proporcionan son muy beneficiosos para el desarrollo del proceso.

1.3. Políticas, guías y procedimientos

❑ **Políticas**. Las Organizaciones deberían garantizar que sus políticas contuvieran directrices claras sobre el tratamiento de todas las prácticas forenses, por ejemplo la monitorización, las guías, los procedimientos así como la revisión de las propias políticas forenses.

Las políticas deberían permitir al personal autorizado la monitorización de sistemas y redes y llevar a cabo investigaciones bajo las circunstancias apropiadas. Además, conviene que existan políticas separadas para los componentes de los equipos de respuesta a incidentes y para el resto de roles que pueden tomar parte en un análisis forense. El personal debería, en todo caso, estar familiarizado con las políticas y comprenderlas.

Las políticas pueden necesitar revisiones periódicas, particularmente en Organizaciones que abarquen numerosas jurisdicciones, debido a cambios de normativas, así como a resoluciones judiciales.

La política forense debería ser consistente con otras políticas adoptadas en la Organización, incluidas las relacionadas con aspectos que regulen la privacidad.

Una política ha de dejar muy clara la distribución de roles y responsabilidades de todos los componentes que asistirán a la Organización en materia forense. Esto incluye la asignación de tareas, tanto de gestión de incidentes como rutinarias. Asimismo, la política incluirá a todos los equipos de la Organización que puedan participar en procesos forenses así como a los externos y la forma de contactar con ellos y entre ellos.

En algunas políticas también se reflejan las competencias jurisdiccionales en el momento de hacerse cargo de conflictos o incidentes.

❑ **Guías y procedimientos**. Una Organización debe crear y mantener guías y procedimientos de actuación en procesos forenses. Se basarán en las políticas ya existentes en la Organización, en los modelos de respuesta a incidentes y en los que utilicen otros equipos participantes en estas tareas. Aunque los análisis forenses sean realizados por personal externo, el personal de la Organización trabajará con ellos de algún modo, otorgando acceso físico o lógico a los sistemas, asegurando la escena del incidente antes de su llegada, etc. Es preciso que las dos partes trabajen conjuntamente y que el personal interno garantice que el externo comprenda y cumpla las guías y procedimientos establecidos por la Organización.

Las guías deberían incluir la metodología general a utilizar en el momento de investigar un incidente que precise de la utilización de técnicas forenses, puesto que resulta prácticamente imposible desarrollar procedimientos a medida para cada situación potencial. No obstante, conviene que las Organizaciones sí incluyan en sus procedimientos los pasos a adoptar en la realización de tareas rutinarias, por ejemplo copiar un disco, capturar y grabar información de carácter volátil, asegurar las evidencias físicas, etc. El objetivo de las guías y de los procedimientos es el de conseguir acciones forenses consistentes, efectivas y rigurosas, lo cual es particularmente importante para incidentes que impliquen acciones legales o disciplinarias dentro de la Organización.

La información está migrando de tal forma que casi todos los activos de una Organización se encuentran en formato digital. Tanto en el sector público como en el privado, ha crecido la importancia de demostrar la autenticidad, credibilidad y confiabilidad de los registros electrónicos.

Puesto que las evidencias electrónicas pueden ser manipuladas e, incluso, eliminadas, es responsabilidad de las Organizaciones garantizar su integridad. Este cumplimiento deberá ser reflejado en guías y procedimientos.

Las guías y procedimientos forenses han de ser consistentes con las políticas de la Organización y todas las leyes de aplicación. Por ello, las Organizaciones deberían contar con la participación de asesores legales en su desarrollo como una medida para garantizar su calidad. Los responsables de gestión también deberían involucrarse en el desarrollo de estas guías y procedimientos, particularmente garantizando que todos los puntos importantes se encuentren bien documentados y que el curso de las acciones está bien definido para, de este modo, procurar que la toma de decisiones pueda ser consistente.

Las guías y procedimientos deberían ayudar a que las evidencias puedan ser utilizadas en procesos de carácter legal. Para ello, podrán incluir información sobre la adquisición o manejo de evidencias de un modo apropiado, preservando la integridad de herramientas y equipamiento, manteniendo la cadena de custodia y almacenando las evidencias de modo seguro. Aunque no resulte posible almacenar cada evento o acción adoptada en la respuesta a un incidente, contar el registro del mayor número de eventos posibles garantizará que nada ha sido pasado por alto y permitirá explicar cómo fue gestionado dicho incidente. Esta documentación puede utilizarse tanto para la gestión como para la emisión de informes e, incluso, para testificar. Mantener un registro de las fechas y horas en la que el personal trabajó en un incidente y del tiempo empleado para su resolución puede también ayudar a calcular el coste de los daños.

Es también importante mantener las guías y los procedimientos una vez creados, de modo que continúen siendo rigurosos con la situación actual de la Organización. Los responsables de gestión determinarán la frecuencia de revisión de la documentación. Conviene recordar que las revisiones también se realizarán en cuanto se generen cambios en las políticas así como en el las propias guías y procedimientos. Siempre que se actualice una guía, la versión anterior debería archivarse para su posible utilización en procesos de carácter legal. Las revisiones deberían ser realizadas por los mismos equipos que participaron en su creación.

Aparte de la actualización de las guías, es muy recomendable que las Organizaciones establezcan ejercicios que ayuden a validar el rigor de dichas guías y de los procedimientos.

1.4. El análisis forense en el ciclo de vida de los sistemas

Las herramientas y técnicas de análisis forense están pensadas para un ámbito de investigaciones criminales y gestión de incidentes de seguridad en sistemas de información. No obstante, estas herramientas y técnicas también pueden ser utilizadas para:

❑ **Solución de problemas en la operativa de los sistemas**. Las herramientas forenses pueden ayudar a encontrar la ubicación física y virtual de un sistema con una configuración de red incorrecta, a resolver un problema funcional en una aplicación así como a registrar y revisar la configuración de una aplicación o del sistema operativo de un sistema de información.

❑ **Monitorización de *logs***. Son numerosas las herramientas y técnicas que pueden asistir en la monitorización, así como correlacionar la información a través de múltiples sistemas. Pueden ayudar, por ejemplo, en la gestión de los incidentes identificando violaciones de políticas y realización de auditorías.

❑ **Recuperación de datos**. Existen numerosas herramientas de uso forense que pueden ayudar a recuperar datos perdidos o eliminados en los sistemas, incluso a propósito.

❑ **Recogida de datos**. Muchas Organizaciones utilizan herramientas forenses para recoger datos en sistemas reutilizados en numerosas ocasiones o, incluso, retirados. Por ejemplo, si un empleado abandona una Organización, los datos guardados en el que fuera su equipo de trabajo pueden ser recogidos y almacenados por si fuesen de utilidad en el futuro, mientras su estación de trabajo puede reutilizarse para otro empleado.

❑ **Cumplimiento con la normativa**. Habitualmente, la normativa exigirá que una Organización proteja la información de carácter sensible y mantenga ciertos registros con el propósito de auditarlos. Cuando, además, se trata de información expuesta a terceros, las Organizaciones pueden ser requeridas para notificar el alcance de un incidente que hubiera afectado a dicha información. Las herramientas de uso forense pueden ayudar a las Organizaciones a mantener los requisitos normativos en este ámbito.

Muchos incidentes pueden ser gestionados de forma más eficiente si se han considerado aspectos forenses en el ciclo de vida de los sistemas. Alguno de estos aspectos podría ser:

❑ Realizar copias de respaldo de forma periódica y mantenerlas durante un período de tiempo específico.

❑ Habilitar la auditoría en estaciones de trabajo, servidores y dispositivos de red.

❑ Enviar los registros de auditoría a servidores de *logs* centralizados.

❑ Configurar la auditoría en las aplicaciones críticas, incluyendo todos los intentos de autenticación.

❑ Realizar comprobaciones de la integridad de los archivos.

❑ Mantener registros de las configuraciones de los sistemas y dispositivos de red.

❑ Establecer políticas de retención de datos que ayuden a realizar revisiones del histórico de la actividad en sistemas y actividad de red. Será necesario el cumplimiento de los requisitos para preservar datos durante una investigación o un proceso judicial y destruir aquellos datos que ya no sean necesarios para una Organización.

La mayoría de estas consideraciones puede existir en las políticas de una Organización, no siendo necesaria su presencia en una política específica de análisis forense.

1.5. Recomendaciones

Las recomendaciones clave en el instante de establecer y organizar una actividad forense son:

❑ Las Organizaciones deberían contar con la capacidad de realizar análisis forense en sistemas y redes. En el caso de no contar con esta capacidad, la Organización encontrará muchas dificultades para determinar qué sucesos han ocurrido en sus infraestructuras. Además, la gestión de incidentes desde una perspectiva forense, permitirá que la toma de decisiones cuente con todos los criterios para que sea lo más beneficiosa y apropiada para la Organización.

❑ Las Organizaciones deberían determinar quién se hace cargo de las investigaciones forenses. La mayoría de las Organizaciones cuentan con una combinación de personal propio y externo para realizar estas tareas. Es necesario decidir quién hace qué basándose en capacidades, coste, tiempo de respuesta y sensibilidad de los datos a tratar.

❑ Los equipos de respuesta a incidentes deben contar con capacidades forenses. Es conveniente que más de un miembro del equipo pueda realizar actividades forenses. Ejercicios de entrenamiento, cursos de formación y la asistencia a eventos técnicos pueden ayudar a la adquisición de habilidades y al conocimiento de nuevas técnicas y herramientas.

❑ Participación de más equipos en las tareas forenses. Profesionales TIC, miembros del equipo de gestión, asesores legales, personal de Recursos Humanos, auditores y miembros de seguridad pueden proporcionar una asistencia adicional cuando se produzca un incidente. Siempre será conveniente que reciban formación en técnicas y procesos forenses y que sean conocedores de las guías y procedimientos de ese ámbito para que su cooperación sea de mayor utilidad.

❑ Claridad en las consideraciones forenses. En un alto nivel, las políticas debería permitir al personal autorizado la monitorización de sistemas y redes. Es conveniente la existencia de políticas específicas para los equipos de respuesta a incidentes, así como que todo el personal que pueda, potencialmente, participar en la resolución de un incidente esté familiarizado y comprenda dichas políticas. Algunas consideraciones adicionales son:

← La política forense debería definir los roles y las responsabilidades de todo el personal que pueda asistir a la Organización en procesos forenses.

← Las guías, políticas y procedimientos de la Organización deberían explicar qué acciones forenses habría que llevar a cabo, o no, bajo determinadas circunstancias. Asimismo, deberían incluir la gestión de la información sensible que hubiese sido expuesta de forma involuntaria.

← La incorporación de las consideraciones forenses al ciclo de vida de los sistemas de información puede conducir a una gestión más eficiente de los incidentes. Dos ejemplos serían la habilitación de la auditoría en los sistemas y el establecimiento de políticas de retención de datos que ayudasen a la revisión del histórico de la actividad de sistemas y redes.

❏ Creación y mantenimiento de guías y procedimientos para realizar tareas de índole forense. Generalmente, las guías incluirán la metodología general para investigar un incidente utilizando técnicas forenses y procedimientos paso a paso que explicarán cómo realizar tareas rutinarias. Guías y procedimientos deben ayudar a que las evidencias puedan ser utilizadas en un proceso legal si fuesen requeridas. Puesto que los registros electrónicos pueden ser alterados, manipulados o, incluso, eliminados, las Organizaciones deben demostrar su integridad. Por último, las guías y procedimientos han de ser revisados periódicamente para mantener su vigencia y su rigor.

Con el desarrollo de este epígrafe hemos conseguido determinar los conceptos generales y objetivos del análisis forense.

2. Exposición del principio de Locard

Principio de Locard. *Siempre que dos objetos entran en contacto, transfieren parte del material que incorporan al otro objeto.*

Este principio, también conocido como Principio de intercambio de Locard, es utilizado principalmente en criminalística. Cuando se produce un hecho delictivo, en un porcentaje muy alto se intercambiarán indicios o evidencias entre la víctima y el autor del hecho.

Ha permitido obtener indicios relevantes en numerosos lugares, desde huellas en el barro, restos en neumáticos y calzado hasta huellas dactilares o restos en partes del cuerpo, como las uñas.

Fue desarrollado por Edmond Locard, pionero criminalista francés y fundador del Instituto de Criminalística de la Universidad de Lyon. Especulaba que no importaba dónde fuese un criminal o lo que hiciera pues mientras hubiera existido un contacto, el criminal dejaría todo tipo de evidencias, incluyendo ADN, huellas dactilares, pisadas, pelo, piel, células, sangre, fluidos corporales, restos de ropa, fibras, etc. Del mismo modo, los criminales, al abandonar la escena del crimen, también se llevarían evidencias que estuviesen presentes. Citando sus palabras: "Cada contacto deja un rastro".

Locard consideraba las evidencias como hechos que no pueden ni ser confundidos por la excitación del momento ni olvidar. Son testigos silenciosos que hablan cuando los humanos no saben. La evidencia física no puede ser errónea, no puede mentir, no puede ausentarse. Únicamente la incapacidad de los humanos para encontrarla, estudiarla y comprenderla podrá disminuir su valor.

Afirmaba que cuando sucede un crimen, el objetivo del investigador de la escena es el de reconocer, documentar y recoger evidencias, tanto de la escena como de cualquiera (cosa o persona) que haya podido estar en contacto con dicha escena. Resolver el crimen dependerá, por tanto, de la capacidad del investigador para reunir todas las evidencias y contar con una perspectiva global de lo que ha pasado.

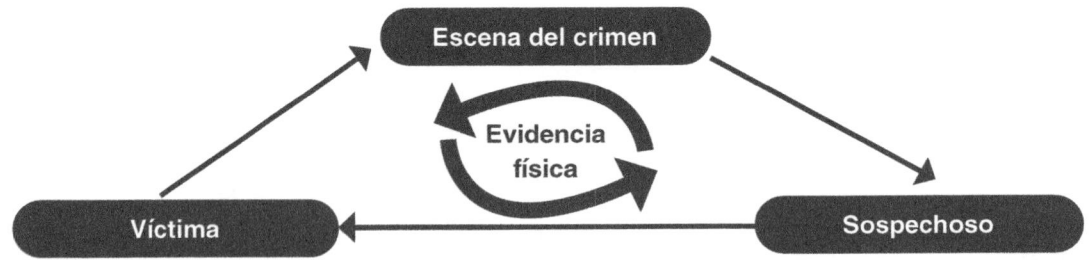

Imagen que muestra el Principio de Locard.

3. Guía para la recogida de evidencias electrónicas

Una evidencia puede ser definida como cualquier prueba que pueda ser presentada en un proceso legal, aunque no siempre sea así. Las características más habituales de las evidencias son:

❑ **Admisible**. Ha de contar con valor legal.

❑ **Auténtica**. Debe ser verídica y no haber sufrido manipulación alguna.

❑ **Completa**. Debe representar la prueba desde un punto de vista objetivo y técnico, sin valoraciones personales ni prejuicios.

❑ **Creíble**. Debe ser comprensible.

❑ **Confiable**. Las técnicas utilizadas para su obtención no deben generar duda alguna sobre su veracidad y autenticidad.

Existen directrices para la recopilación de evidencias y su almacenamiento. El **RFC 3227** desarrollado por la **IETF (Internet Engineering Task Force)** puede servir como estándar de facto para la recopilación de información en incidentes de seguridad.

Las indicaciones principales del **RFC 3227** respecto a la recogida de evidencias son:

❑ Capturar una imagen del sistema tan precisa como sea posible.

❑ Incluir notas con todo tipo de detalles incluyendo fechas, horas y zona horaria.

❑ Minimizar los cambios en la información que se esté recogiendo y eliminar los agentes externos que puedan contribuir a ello.

❑ En el caso de encontrarse ante la disyuntiva de elegir entre recogida y análisis, elegir primero recoger y luego analizar.

❑ Recoger las evidencias según su orden de volatilidad.

❑ Considerar los distintos tipos de recogida en función el tipo de dispositivo.

El orden de volatilidad hace referencia al período de tiempo en el que se encuentra accesible cierta información. Por ello, es conveniente recoger en primer lugar aquella información que vaya a estar disponible durante el menor período de tiempo, esto es, aquélla cuya volatilidad sea mayor.

Puede crearse la siguiente relación en orden de mayor a menor volatilidad:

❑ Registros y contenido de la caché.

❑ Tabla de enrutamiento, caché ARP, tabla de procesos, estadísticas del núcleo del sistema y memoria.

❑ Información temporal del sistema.

❑ Información del disco.

❑ *Logs* del sistema.

❑   Configuración física y topología de red.

❑   Documentos.

3.1. Evidencias volátiles y no volátiles

En los sistemas operativos existen tanto los datos volátiles como los no volátiles. Estos últimos se refieren a los datos que persisten en un sistema incluso si está apagado, por ejemplo un sistema de archivos almacenado en un disco. Los datos volátiles se refieren a aquellos datos que existen únicamente cuando el sistema está funcionando y que se pierden cuando se apagan. Un ejemplo serían las conexiones de red hacia y desde un sistema. Muchos tipos de datos, volátiles y no volátiles, pueden resultar de interés desde la perspectiva forense.

3.1.1. Evidencias volátiles

❑   **La memoria**. Los sistemas operativos se ejecutan en la memoria RAM de un sistema, por lo que, mientras que el sistema operativo se encuentra funcionando, los contenidos de la RAM cambiarán permanentemente. En un momento dado, la RAM podría contener diversos tipos de datos e información de interés para un análisis forense. Por ejemplo, es habitual que contenga los últimos datos accedidos así como los accedidos de forma frecuente, esto es, archivos de datos, comandos ejecutados recientemente, el algoritmo hash de las contraseñas, etc. Además, del mismo modo que los sistemas de archivo, la RAM puede contener datos residuales en varias partes:

♦   Espacio inutilizado (en inglés slack space). El espacio inutilizado en la memoria es mucho menos determinante que en el caso de los sistemas de archivo. Un sistema operativo habitualmente gestiona la memoria en unidades denominadas páginas o bloques y los asigna a las aplicaciones demandantes. Algunas veces, aunque una aplicación no solicite una unidad completa, se le asigna de todos modos. Por tanto, algunos datos residuales podrían residir en la unidad de la memoria asignada a una aplicación aunque no tendrían por qué estar siendo utilizados por dicha aplicación. Por razones de rendimiento y de eficiencia, algunos sistemas operativos varían el tamaño de las unidades que asignan, lo que resulta en espacios inutilizados más pequeños. Por ejemplo, si el tamaño de una unidad es de 32 kilobytes (kB) y el del fichero es únicamente de 7 kB, la unidad completa de 32 kB será asignada al fichero pero sólo 7 kB serán utilizadas. Esto provoca 25 kB de espacio inutilizado. Este espacio puede contener datos residuales, como partes de ficheros borrados.

♦   Espacio libre (en inglés *free space*). Las páginas de memoria son asignadas y desasignadas de un modo similar al de los clústeres de archivos. Cuando no se encuentran asignadas, las páginas de memoria son frecuentemente recogidas en un conjunto común de páginas disponibles para, de forma automática, liberar espacio. Este proceso automático es conocido como recogida de basura (en inglés *garbage collection*). Es frecuente la presencia de datos residuales en estas páginas reutilizables, por lo que en un análisis convendría recabarlos antes de la ejecución del proceso de limpieza.

 **Clúster.** *En este contexto, un clúster es conjunto contiguo de sectores que componen la unidad más pequeña de almacenamiento de información en un disco.*

❑ **Configuración de red**. Aunque muchos elementos de la gestión de redes, por ejemplo, los *drivers* de las tarjetas de red y la configuración, se encuentran almacenados en los sistemas de archivos, la esencia de una red es dinámica por naturaleza. Muchos sistemas cuentan con una dirección IP asignada dinámicamente por otro sistema, lo que significa que su dirección IP no forma parte de la configuración almacenada. Habitualmente, los sistemas cuentan con interfaces de red definidas, por ejemplo tarjetas físicas, inalámbricas, de redes privadas virtuales, etc. Puesto que los usuarios pueden ser capaces de modificar la configuración de las interfaces de red, los analistas deberían utilizar las configuraciones existentes y no la información registrada inicialmente sobre ellas siempre que sea posible.

❑ **Conexiones de red**. Los sistemas operativos facilitan la conexión entre sistemas. La mayoría proporciona una lista de conexiones entrantes y salientes, así como una lista de las más recientes. Para las entrantes, el sistema operativo indica, habitualmente, qué recursos se están utilizando, por ejemplo ficheros compartidos e impresoras. La mayoría de sistemas operativos también proporcionan una lista de puertos y direcciones IP de escucha para dicho sistema.

Proto	Dirección local	Dirección remota	Estado
TCP	0.0.0.0:22	0.0.0.0:0	LISTENING
TCP	0.0.0.0:135	0.0.0.0:0	LISTENING
TCP	0.0.0.0:445	0.0.0.0:0	LISTENING
TCP	0.0.0.0:912	0.0.0.0:0	LISTENING
TCP	0.0.0.0:2869	0.0.0.0:0	LISTENING
TCP	0.0.0.0:3389	0.0.0.0:0	LISTENING
TCP	127.0.0.1:1039	0.0.0.0:0	LISTENING
TCP	127.0.0.1:3211	127.0.0.1:3212	ESTABLISHED
TCP	127.0.0.1:3212	127.0.0.1:3211	ESTABLISHED
TCP	127.0.0.1:5152	0.0.0.0:0	LISTENING
TCP	127.0.0.1:5354	0.0.0.0:0	LISTENING
TCP	127.0.0.1:27015	0.0.0.0:0	LISTENING
TCP	192.168.2.15:139	0.0.0.0:0	LISTENING
TCP	192.168.72.1:139	0.0.0.0:0	LISTENING
TCP	192.168.126.1:139	0.0.0.0:0	LISTENING

Imagen que muestra una lista de conexiones activas

❑ **Procesos en ejecución**. Los procesos son programas que se están ejecutando en un sistema. Incluyen los servicios ofrecidos por el sistema operativo y las aplicaciones ejecutadas por el administrador y los usuarios. La mayoría de los sistemas operativos ofrecen métodos para visualizar una lista de los procesos en ejecución. La lista puede estudiarse para determinar qué servicios se encuentran activos en el sistema y los programas que los usuarios están ejecutando. Las listas de procesos pueden mostrar también qué opciones de un comando se han utilizado. La identificación de los procesos en ejecución son también de ayuda para identificar programas que deberían estar ejecutándose pero que han sido deshabilitados o, incluso, eliminados.

❑ **Archivos abiertos**. Los sistemas operativos pueden mantener una lista de ficheros abiertos que, típicamente, incluyen el usuario o el proceso que abrió cada archivo.

❑ **Sesiones abiertas**. Los sistemas operativos también disponen de información sobre los usuarios que han iniciado sesión, así como de la hora y la duración de cada sesión, intentos exitosos y fallidos, suplantaciones, etc. Sin embargo, la información sobre las sesiones podría estar disponible únicamente si la auditoría fue habilitada en el sistema. Los registros de sesión pueden ayudar a determinar los hábitos de uso de un sistema y confirmar si la cuenta de un usuario se encontraba activa cuando sucedió un incidente.

❑ **Hora del sistema operativo**. El sistema operativo mantiene la hora y la almacena junto con la información de la zona horaria. Esta información puede ser de utilidad cuando se construye una línea de tiempo de los acontecimientos o cuando se correlacionan eventos entre diferentes sistemas. Los analistas deberían ser conscientes de que la hora mostrada por el sistema puede diferir de la mostrada por la **BIOS** debido a configuraciones específicas de la zona horaria.

❑ **ARP Caché**. La tabla ARP almacena la relación directa entre la dirección física (MAC) y la dirección lógica (dirección IP) de los sistemas con los que se haya comunicado recientemente otro sistema. Esta información es de carácter temporal por lo que, en el caso de que no se mantenga la comunicación entre los sistemas, la entrada correspondiente será eliminada en un corto espacio de tiempo.

```
Interfaz: 192.168.2.15 --- 0x20004
  Dirección IP              Dirección física        Tipo
  192.168.2.46             78-d6-f0-94-8f-f1        dinámico
```

Imagen que muestra la ARP caché.

❑ Contenido de la caché **DNS** (**Domain Name System)**. El sistema de nombres de dominio permite asociar direcciones IP con nombres de dominio, mucho más fáciles de recordar y escribir en los navegadores para acceder a los sitios web, por ejemplo. En la caché DNS se puede visualizar dicha asociación con respecto a los dominios a los que se ha accedido desde un sistema.

```
www.google.es
---------------------------------------------------
Nombre de registro    . : www.google.es
Tipo de registro    . . : 1
Perιodo de vida . . . : 174
Longitud de datos . . : 4
Secciτn . . . . . . . : respuesta
Un registro (host). . : 173.194.45.183


Nombre de registro    . : www.google.es
Tipo de registro    . . : 1
Perιodo de vida . . . : 174
Longitud de datos . . : 4
Secciτn . . . . . . . : respuesta
Un registro (host). . : 173.194.45.184
```

Imagen que muestra la caché DNS.

La decisión sobre la recogida de datos volátiles ha de tomarse tan pronto como sea posible debido a la naturaleza de esos datos. Idealmente, esta decisión ya estará documentada de antemano en las guías y procedimientos de la gestión de incidentes y análisis forense. El apagado de un sistema o la desconexión de la red podría eliminar la oportunidad de recoger información de utilidad. Por ejemplo, si un usuario hubiese utilizado una herramienta para cifrar datos, la memoria RAM podría contener los algoritmos hash de las contraseñas y utilizarse para averiguar las contraseñas.

Por otra parte, la recogida de datos volátiles de un sistema operativo en ejecución representa algún riesgo. Por ejemplo, siempre existe la posibilidad de una alteración en los archivos del sistema, que sustituirían a los archivos volátiles que podrían resultar de interés para la investigación. Además, un intruso podría haber instalado algún **rootkit** diseñado para devolver información falsa, eliminar archivos o realizar otros actos de naturaleza maliciosa. Por tanto, la decisión de recoger datos volátiles debe ser cuidadosamente pensada, sopesando beneficios y riesgos.

Si se necesita una evidencia, los analistas deberían documentar con exactitud la información que muestra una pantalla antes de tocar el sistema. Si un sistema encendido se encuentra en hibernación o cuenta con una protección mediante contraseña, los analistas deberían decidir si alteran el estado del sistema para recoger los datos volátiles o proceden a apagarlos y, de este modo, evitar los esfuerzos necesarios para, por ejemplo, romper una contraseña si consideran que la importancia de los datos no volátiles no es demasiado alta.

Los distintos tipos de datos volátiles deberían ser recogidos con herramientas específicas. Por ejemplo, si se sospecha un intento de intrusión, podría ser útil recopilar la información de la configuración y de las conexiones de red, de los inicios de sesión y de los procesos en ejecución para determinar si alguien ha conseguido obtener acceso a un sistema. Si una investigación gestiona un robo de identidad, los contenidos de la RAM, la lista de procesos en ejecución, de archivos abiertos, información sobre configuración y de las conexiones de red podrían revelar números de tarjetas de crédito, programas utilizados para obtener o cifrar datos, algoritmos hash de las contraseñas y métodos que podrían utilizarse para obtener la información existente en una red.

Ante la duda, habitualmente es una buena práctica recoger tantos datos volátiles como sea posible ya que las oportunidades dependerán de cuándo se apague el sistema.

Posteriormente, será necesario un análisis para determinar qué información volátil debería examinarse. La utilización de herramientas (*toolkits*, scripts, etc.) puede ayudar a esta importante tarea. Podrán aprovecharse para redirigir la información recogida a dispositivos de almacenamiento para su análisis en detenimiento.

Puesto que los datos volátiles, por su naturaleza, tienen cierta propensión a cambiar a lo largo del tiempo, el orden y la línea de tiempo en la recogida de los datos son fundamentales. En la mayoría de los casos, los analistas recogerán en primer lugar datos de las conexiones de red y de los inicios de sesión. Esto es así porque las conexiones de red pueden desconectarse o caducar, por lo que la lista de usuarios conectados a un sistema podría variar en un momento dado. Los datos volátiles menos propensos a cambiar, como la información de la configuración de red, podrían recogerse más tarde. El orden recomendado en el que los datos volátiles deberían recogerse es el siguiente:

1. Conexiones de red.
2. Sesiones de inicio.
3. Contenido de la memoria.
4. Procesos en ejecución.
5. Archivos abiertos.
6. Configuración de red.
7. Hora del sistema operativo.

3.1.2. Evidencias no volátiles

La fuente principal de datos no volátiles en un sistema operativo es el sistema de archivos. Habitualmente, un sistema de archivos contiene la mayoría de la información recuperada durante un análisis forense típico. Los sistemas de archivos proporcionan almacenamiento para el sistema operativo en uno o más medios físicos. Cada sistema de archivos puede contener diferentes clases de archivos, cada uno de los cuales puede ser de valía en el caso de un análisis. Además, existen datos de naturaleza residual que pueden ser recuperados de espacio inutilizado en los sistemas de archivos.

Algunos tipos de datos que pueden ser recuperados de los sistemas de archivos pueden ser:

❑ **Archivos de configuración**. El sistema operativo puede utilizar archivos de configuración para almacenar configuraciones, tanto del propio sistema operativo como de las aplicaciones. Por ejemplo, los archivos de configuración podrían listar los servicios que deben iniciarse en el arranque de un sistema y especificar la ubicación de los logs y de los archivos temporales. Los usuarios también podrían contar con ficheros individuales de configuración del sistema operativo que contuviesen información específica y preferencias, como por ejemplo configuraciones de hardware (resolución de la pantalla, información de las impresoras, etc.). Existen archivos de configuración de particular interés:

◆ Usuarios y grupos. El sistema operativo mantiene un registro de las cuentas de usuario y grupos. La información de la cuenta puede incluir la membresía, el nombre de la cuenta, su descripción, permisos, estado de la cuenta (activa, deshabilitada, bloqueada, etc.) y la ruta al directorio local de la cuenta.

◆ Archivos de contraseña. El sistema operativo puede almacenar las funciones hash de las contraseñas en los archivos de datos. Existen herramientas que pueden utilizarse para convertir los hashes de las contraseñas en su texto en claro equivalente para ciertos sistemas operativos.

◆ Trabajos programados. El sistema operativo mantiene una lista de tareas programadas que se ejecutarán en un momento dado (por ejemplo, un escaneo antivirus cada hora). La información que puede obtenerse es amplia: nombre de la tarea, el programa utilizado para realizarla, comandos y argumentos necesarios para ejecutarla así como los datos relativos a fecha y hora de ejecución.

❑ **Master Boot Record (MBR).** Hace referencia al primer sector, el sector 0, de un dispositivo de almacenamiento de datos, por ejemplo un disco duro. Posee un tamaño de 512 bytes y almacena información relativa a cómo iniciar un sistema, qué tipo de particiones existen en el dispositivo, su tamaño, etc.

En ciertos incidentes, principalmente relacionados con malware, puede resultar de interés extraerlo para realizar un análisis posterior y determinar si está o no infectado.

❑ **Master File Table (MFT).** Es una tabla que almacena información relevante de todos los ficheros y carpetas de una unidad o disco. Contiene información como nombre, tamaño, fecha, hora o permisos de ficheros, incluso de aquéllos que hubiesen sido eliminados hasta el momento en que el espacio sea necesario y se reescriba.

❑ *Logs.* Estos archivos contienen información sobre todo tipo de eventos que suceden en los sistemas operativos. Dependiendo del sistema operativo, los logs pueden almacenarse en ficheros de texto, en archivos binarios o en bases de datos. Algunos sistemas operativos escriben entradas de logs para dos o más archivos separados. Los tipos de información típicamente encontrados en los logs de los sistemas operativos son los siguientes:

   ◆ Eventos de sistema. Son acciones operativas realizadas por los componentes del sistema operativo, como el apagado o de dicho sistema o el arranque de un servicio. Habitualmente, se registran más los eventos de error que los de éxito pero una Organización deberá valorar qué le interesa más. Casi todos los sistemas operativos permiten seleccionar qué eventos de sistema serán registrados. Los detalles registrados de cada evento pueden variar enormemente. Datos habituales son el código del evento, códigos de estado y nombre del usuario que lo generó.

   ◆ Registros de auditoría. Contienen información de eventos, tanto exitosos como fallidos de todo tipo: inicios de sesión, cambios de política de seguridad, etc. Los sistemas operativos suelen permiten a los administradores especificar qué tipo de eventos pueden auditarse. Asimismo, los administradores también pueden configurar los sistemas operativos parar registrar toda la tipología de eventos en algunas acciones del sistema.

   ◆ Eventos de aplicación. Son acciones operativas realizadas por las aplicaciones como, por ejemplo, inicio y cierre de las mismas, fallos y cambios en su configuración.

   ◆ Histórico de comandos. Algunos sistemas operativos cuentan con archivos de logs separados (habitualmente por usuario) que contienen un histórico de los comandos ejecutados por cada usuario.

   ◆ Archivos accedidos recientemente. Un sistema operativo podría registrar los archivos accedidos más recientemente y crear una lista para investigación posterior.

❑ **Archivos de aplicación.** Las aplicaciones pueden estar formadas por muchos tipos de archivos, incluyendo ejecutables, scripts, documentación, archivos de configuración, logs, archivos de históricos de comandos, gráficos, sonidos e iconos.

❑ **Archivos de datos**. Almacenan información para las aplicaciones. Ejemplos de datos habituales son archivos de texto, documentos de procesadores de texto, hojas de cálculo, bases de datos, archivos de audio y gráficos. Además, cuando un dato se imprime, la mayoría de los sistemas operativos crean uno o más archivos temporales de impresión que contienen la versión impresa de los datos.

❏ **Archivos de *swap*.** La mayoría de sistemas operativos utiliza archivos de swap junto con la RAM para proporcionar almacenamiento temporal para los datos utilizados por las aplicaciones. Los archivos de swap amplían la cantidad de memoria disponible permitiendo a las páginas o segmentos de datos su intercambio dentro y fuera de la RAM. Los ficheros de swap pueden contener una amplia información relativa a sistemas operativos y aplicaciones, como nombres de usuarios, funciones hash de las contraseñas e información de contacto.

❏ **Archivos de volcado.** Algunos sistemas operativos tienen la capacidad de almacenar automáticamente el contenido de la memoria durante la aparición de un error. Esa información podrá utilizarse cuando se investigue y se intente solucionar el error. El archivo que almacena esta información se conoce como archivo de volcado, en inglés dump file.

❏ **Archivos de hibernación.** Estos archivos se crean para preservar el estado de un sistema (habitualmente un dispositivo portátil) registrando la memoria y los archivos abiertos antes del apagado. Cuando el sistema arranca de nuevo, se restaura el estado anterior.

❏ **Archivos temporales.** Durante la instalación de un sistema operativo, de una aplicación o de sus actualizaciones, se generan frecuentemente archivos temporales. Aunque estos archivos suelen eliminarse al final del proceso de instalación, esto no siempre ocurre. Además, muchos archivos temporales se crean cuando las aplicaciones se encuentran en ejecución. Los archivos temporales contienen copias de otros ficheros del sistema, datos de aplicaciones, etc.

Aunque los sistemas de archivos son la fuente principal de datos no volátiles, es importante destacar el papel de la BIOS. Esta contiene mucha información relacionada con el hardware, como los dispositivos conectados (DVDs, discos, etc.), los tipos de conexión, la asignación de las peticiones de interrupciones (IRQs), componentes de la placa base (tipo de procesador, velocidad, tamaño de la memoria caché, información sobre la memoria, etc.), configuración de seguridad del sistema así como la configuración de las teclas de función. La BIOS también se comunica con los drivers de los dispositivos en RAID y muestra la información proporcionada por estos drivers. Por ejemplo, la BIOS ve un RAID hardware como un único driver mientras que ve un RAID software como múltiples drivers. Habitualmente, la BIOS permite a un usuario establecer una contraseña, que restringirá el acceso a usuarios no autorizados y puede evitar que un sistema se reinicie si la contraseña no es facilitada. La BIOS también almacena la fecha y hora de un sistema.

Es posible que los analistas puedan necesitar recoger datos de la BIOS, como la fecha, la hora, el tipo de procesador y su velocidad. Puesto que la BIOS contiene información relacionada con la configuración del hardware, es mucho más probable que esta información sea más utilizada cuando se trata de solventar una incidencia de aspectos puramente operativos.

Es habitual que los analistas que precisen de los datos de la BIOS, en primer lugar, recojan cualquier evidencia volátil y los sistemas de archivos. Posteriormente, reiniciarán el sistema y presionarán la tecla de función apropiada para visualizar los datos de la BIOS. En el caso de que estuviera protegida mediante una contraseña, el acceso no será tan sencillo. Pueden utilizarse varios métodos para saltarse esa protección, desde utilizar algún software que la adivine, mover el jumper apropiado en la placa base o, si es posible, quitar la batería CMOS (*Complementary Metal Oxide Semiconductor*). En función del tipo de sistema que se esté analizando, habrá que elegir aquel método menos dañino para dicho sistema.

La recogida de los datos no volátiles suele realizarse en una fase posterior a la de los volátiles. Los analistas deben decidir si apagar o no el sistema. Esta decisión afectará a la capacidad de realizar imágenes de los discos, a la de realizar copias de respaldo así como qué datos del sistema operativo podrán preservarse. Habitualmente, existen dos formas de llevar a cabo el apagado de un sistema:

1. **Apagado ordenado** (en inglés, *Graceful shutdown*). Casi todos los sistemas operativos ofrecen una opción de apagado. Esta operación provoca la limpieza de algunas actividades, como cerrar archivos abiertos, eliminar archivos temporales e, incluso, limpiar el archivo de swap antes de apagar el sistema. Un apagado ordenado también podrá causar la desaparición de material de carácter malicioso, por ejemplo, la de algunos rootkits residentes en memoria o la eliminación de la actividad maliciosa de algunos troyanos.

    El sistema operativo es apagado habitualmente con privilegios de usuario administrador.

2. **Desenchufando el sistema**. Esta operación, así como la de quitar las baterías en un equipo portátil, podrá preservar el archivo de swap, los archivos de datos temporales y otra información que podría ser alterada o eliminada durante un apagado ordenado. Sin embargo, un apagado repentino puede provocar corrupción de datos en los ficheros que se encontraran abiertos en ese momento. En el caso de dispositivos móviles —teléfonos o tabletas—, la extracción de la batería puede provocar la pérdida de todos los datos.

Algunas herramientas pueden realizar la recogida de datos mientras los sistemas se encuentren encendidos pero otras precisan que se encuentren apagados. En este último caso, los analistas deberán conocer las particularidades de cada sistema operativo y elegir un método de apagado basado en las características tanto del sistema como del tipo de datos que se intentan preservar.

Cuando exista el riesgo de corrupción de datos si se realiza un apagado desordenado, conviene plantearse un apagado ordenado, a menos que sea imprescindible la recogida del archivo de swap o de archivos de datos temporales.

Una vez apagado un sistema, todos los componentes conectados al mismo deberían inventariarse y etiquetarse (por ejemplo, periféricos y dispositivos de almacenamiento) si se necesitan como evidencias. Siempre que sea posible, este inventario debería incluir el número de serie, el modelo y la descripción de cada objeto. Además, la información sobre cómo está cada dispositivo conectado con el sistema y con el exterior debería documentarse y fotografiarse o grabarse. Esto ayudará a los analistas a recrear la configuración del sistema afectado. La utilización de material que evite que el equipo se dañe (brazaletes antiestáticos, sellado, acolchado, etc.) es recomendable. Los responsables del traslado de los sistemas contarán también con todo tipo de precauciones necesarias para evitar cualquier daño.

Además de los datos vistos anteriormente, existen otros objetos que pueden considerarse también como evidencias no volátiles y que podrían resultar de interés para un analista involucrado en la investigación de un incidente forense:

❑   **Usuario y grupos**. Los sistemas operativos mantienen una lista de usuarios y grupos que tienen acceso al sistema. En los sistemas UNIX/Linux, se pueden encontrar en el fichero /etc/passwd y /etc/groups respectivamente.

❑   **Contraseñas**. La mayoría de los sistemas operativos mantienen los algoritmos de hash de las contraseñas de los usuarios. Existen utilidades de terceros que, en los sistemas Windows, permitirán volcar dichos hashes desde la SAM (Security Account Manager) Database. En los sistemas UNIX/Linux los hashes se ubican habitualmente en los ficheros /etc/passwd y /etc/shadow.

❑   **Recursos compartidos en red** (en inglés *Network Shares*). Un sistema puede compartir recursos locales a través de una red. Existen comandos propios de cada sistema operativo y herramientas de terceros que permiten conocerlos.

❑   *Logs*. Los registros que no se almacenan en archivos de texto podrían necesitar la existencia de herramientas de extracción. En los sistemas Windows existen utilidades que permiten la extracción de información sobre los eventos exitosos o los fallidos y los almacenan en archivos con formato binario. La mayoría de las entradas de ficheros log en los sistemas operativos UNIX/Linux se ubican en la ruta /var/log. Otros son gestionados por el servicio syslog, por lo que no se necesitan herramientas adicionales para lograr más información. Simplemente bastaría con el uso de un buscador de fichero con extensión .log para encontrar la mayoría de ficheros de log.

3.2.   Etiquetado de evidencias

Conviene embalar las evidencias físicas en receptáculos apropiados según su naturaleza y el tipo de análisis al que serán tratadas posteriormente. Cada evidencia debería embalarse por separado pese a que pertenezcan al mismo incidente. Ejemplos típicos de embalajes serían bolsas, sobres, carpetas, cajas, etc. Al tratarse de evidencias -en su mayor parte- de carácter electrónico, habrá que prestar especial atención a la protección antiestática, por ejemplo mediante pulseras o brazaletes, para evitar el daño a algunos sistemas especialmente sensibles, que podrían, incluso, arruinar la información en contenida en ellos.

La identificación de las evidencias puede realizarse mediante su etiquetado. La información que podría contener sería la siguiente:

❑ Identificación de la Organización que realiza el análisis.

❑ Identificador del expediente del caso.

❑ Número de registro de la cadena de custodia.

❑ Tipo de incidente.

❑ Identificación del técnico que ha realizado la recogida de la evidencia.

❑ Descripción de la evidencia.

❑ Lugar de recogida de la evidencia.

❑ Observaciones.

Una vez identificada y etiquetada, la evidencia debería ser debidamente precintada, lo que garantizaría su integridad. Conviene la realización de pruebas que documenten el estado de las condiciones en las que fue recogida mediante la toma de fotografías o grabación de vídeo.

3.3. Cadena de custodia

Una cadena de custodia determina cómo se ha procedido con las evidencias y con su almacenamiento. Está formada por una serie de procedimientos y documentos relacionados con la recolección, copia, traslado, tratamiento, verificación y análisis de las evidencias. Se encarga de su preservación para evitar que la manipulación de estas pruebas pudiera llevar a error en los resultados del análisis o para invalidar su presentación como prueba en algún proceso judicial.

La cadena de custodia debe estar presente en todas las fases del análisis forense, desde la recogida de la evidencia hasta la emisión del informe final.

En un primer momento, se utilizarán métodos adecuados para la identificación, documentación, etiquetado y almacenamiento de las evidencias. Será necesario un proceso continuado que garantice la documentación sobre cada acción realizada sobre las evidencias encontradas.

Los sistemas informáticos son instrumentos de naturaleza frágil y son sensibles a temperatura, humedad, golpes, electricidad estática y fuentes magnéticas. Es fundamental adoptar precauciones adicionales para evitar romper la cadena de custodia en los siguientes apartados del ciclo:

❑ **Empaquetado**. En este aspecto se recomiendan las siguientes acciones:

◆ Garantizar que todas las evidencias han sido debidamente documentadas, etiquetadas e inventariadas antes de su empaquetado.

◆ Prestar especial atención a aquellas evidencias que, por su naturaleza, precisen de algún empaquetado más cuidadoso (por ejemplo, plástico burbuja o que deban ir colocadas en una posición determinada para evitar que se dañen, etc.).

◆ Empaquetar todos los soportes magnéticos en contenedores antiestáticos (papel o bolsas antiestáticas). Evitar utilizar materiales que produzcan dicha electricidad como la provocada por las bolsas de plástico estándar.

◆ Evitar acciones que puedan dañar a los dispositivos que contienen información: arañar los CD o DVD, desgarrar la cinta de las cintas de copias de seguridad, etc.

◆ Garantizar que todos los contenedores se encuentren etiquetados adecuadamente.

❑ **Transporte**. En este apartado se considerará el siguiente procedimiento:

◆ Mantener las evidencias electrónicas fuera de fuentes magnéticas. Transmisores de radio o imanes son ejemplos de artículos que pueden dañar una evidencia electrónica.

◆ Evitar almacenar las evidencias electrónicas en los vehículos durante un tiempo demasiado prologado. Condiciones como demasiado calor, frío o humedad pueden dañar las evidencias electrónicas.

◆ Garantizar que los sistemas y otros componentes que no sean empaquetados en contenedores sean asegurados de alguna forma para evitar choques y excesivas vibraciones durante el transporte. Por ejemplo, los sistemas podrían ubicarse en el suelo del vehículo y los monitores en los asientos con la pantalla hacia abajo y asegurados con los cinturones de seguridad.

◆ Mantener la cadena de custodia de todas las evidencias transportadas.

❑ **Almacenamiento**. El procedimiento sería el siguiente:

◆ Garantizar que las evidencias son inventariadas de acuerdo con las políticas de la Organización.

◆ Almacenar las evidencias en un área segura, alejada de temperaturas extremas y humedad. Protegerlas de fuentes magnéticas, polvo, humedad y de otras partículas o elementos contaminantes.

Es preciso ser consciente de que evidencias como fechas, horas y configuraciones de sistemas pueden perderse como consecuencia de un almacenamiento prolongado. Puesto que las baterías cuentan con un tiempo de vida limitado, podrían perderse datos si no se actuara sobre los dispositivos. Conviene avisar a los analistas si alguno de los dispositivos se encuentra en ese riesgo para actuar de inmediato.

3.4. Ficheros y directorios ocultos

Del mismo modo que los usuarios tienen la oportunidad de esconder algunos datos en los sistemas en una gran variedad de formas, así ocurre con los atacantes de un sistema.

Por ejemplo, pueden cifrar o proteger mediante una contraseña los datos que son importantes para ellos. Además, pueden ocultar los archivos y directorios en un dispositivo de almacenamiento o, incluso, dentro de otros archivos. También podrán esconder de forma deliberada archivos y directorios con evidencias criminales bajo un nombre inofensivo.

Por ello, en el momento de recoger las evidencias, será fundamental averiguar la localización de estos ficheros y directorios así como su tipo para considerar si puede tratarse de evidencias ocultas o si podrán descartarse al ser archivos y directorios inofensivos.

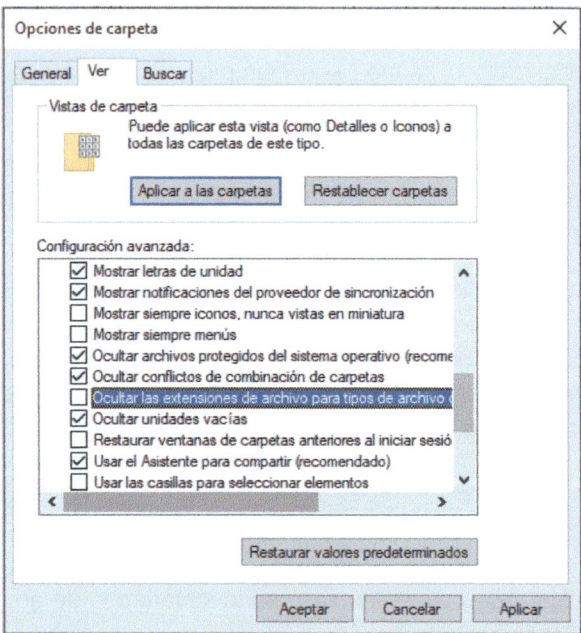

Imagen que muestra la configuración de los archivos ocultos en un sistema Microsoft Windows.

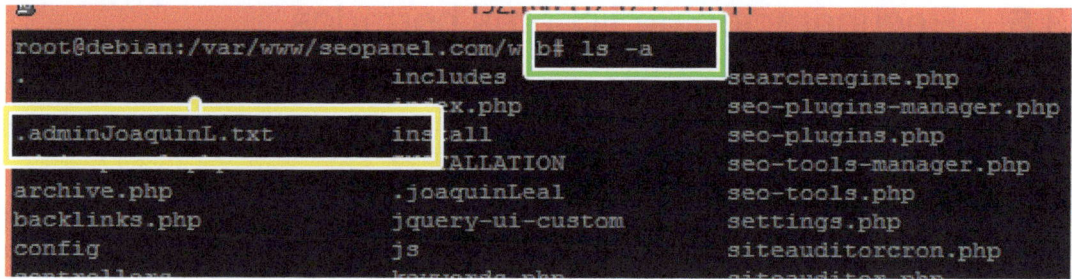

```
root@debian:/var/www/seopanel.com/web# ls -a
.                          includes              searchengine.php
                           index.php             seo-plugins-manager.php
.adminJoaquinL.txt         install               seo-plugins.php
                           INSTALLATION          seo-tools-manager.php
archive.php                .joaquinLeal          seo-tools.php
backlinks.php              jquery-ui-custom      settings.php
config                     js                    siteauditorcron.php
                           keywords.php          siteaudit.php
```

Imagen que muestra un comando de un sistema Linux para visualizar los archivos ocultos.

3.5. Información oculta del sistema

Algunas aplicaciones y sistemas operativos esconden sus archivos de configuración para evitar que los usuarios puedan, accidentalmente o no, modificarlos o destruirlos.

Además, en algunos sistemas operativos, ciertos directorios que han sido borrados podrán marcarse como ocultos. Los datos ocultos pueden contener información de interés, por ejemplo una partición oculta puede ubicar un sistema operativo separado y numerosos ficheros de datos. Los usuarios o atacantes pueden crear particiones ocultas modificando la tabla de particiones, lo que afectaría a la administración de discos y evitarían que las aplicaciones viesen que dicho área de datos existe.

Pueden encontrarse datos ocultos en el **Alternate Data Stream** (**ADS**) de los volúmenes **NTFS** (**NT File System**), al final de los espacios inutilizados *(slack space)* y en el espacio libre *(free space)* de la memoria, así como en el **Host Protected Area** (**HPA**) en algunos discos duros, que es el espacio de un disco que suele ser utilizado por los fabricantes de esos productos.

No únicamente habrá que centrarse en la localización de archivos y directorios ocultos sino que también habrá que buscar parámetros e información de los sistemas que podrían haberse mantenido ocultos por sus administradores con la idea de protegerlos de posibles atacantes y comprobar si han sido alterados. El análisis de estas alteraciones podría evidenciar la existencia de pruebas que incriminarían al atacante.

Es preciso considerar que la información oculta del sistema contiene detalles importantes de su uso, como puede ser el historial de páginas web visitadas, correos electrónicos enviados y recibidos, documentos creados, modificados, eliminados, etc.

 **Alternate Data Stream.** *Conjunto de datos asociados con un objeto del sistema de archivos en los sistemas operativos Microsoft Windows.*

3.6. Recuperación de ficheros borrados

Durante un incidente de seguridad pueden realizarse operaciones que provoquen la eliminación de ficheros de un sistema, bien porque ese era el deseo del atacante, bien porque quiso eliminar rastro de su presencia mediante esa técnica.

En cualquiera de los casos, puede resultar fundamental que del resultado de la aplicación de técnicas forenses se permita la recuperación, tanto para el restablecimiento del sistema como para la posible identificación del atacante y de su técnica de intrusión utilizada.

Pueden utilizarse métodos físicos para evitar la recuperación de datos, por ejemplo exponiendo los discos a una fuente magnética o, directamente, dañándolos y destruyéndolos mediante golpes. También es posible utilizar software que permitirá destruir la información que contienen los discos mediante técnicas de borrado (en inglés *wiping*), que consiste en asignar valores aleatorios o constantes (por ejemplo, todo ceros) y reescribir la información.

Ambos métodos harán muy difícil la recuperación de los datos. Será necesaria la utilización de expertos muy cualificados y con recursos muy especializados para intentar recuperar la información. En algunos casos, el coste de dicho intento hará imposible que los datos se recuperen; en otros casos, directamente, la recuperación no será posible.

Como ya se ha comentado anteriormente, los sistemas de archivo se utilizan para almacenar archivos en dispositivos. Sin embargo, los sistemas de archivo pueden mantener datos de ficheros ocultos y también versiones previas de algunos archivos existentes. También pueden contener datos de ficheros eliminados. Estos datos pueden proporcionar información muy importante en un análisis forense, por lo que conviene conocer qué tipos de datos pueden encontrarse en los sistemas de archivo para, posteriormente, decidir, si se realiza un análisis forense:

❑   **Ficheros borrados**. Cuando se elimina un fichero, habitualmente no significa que haya desaparecido del dispositivo. En lugar de ello, la información en la estructura de datos del directorio que apunta a la ubicación del fichero es marcada como borrada. Esto significa que el fichero está aún almacenado en el dispositivo pero que ya no puede ser presentado por el sistema operativo. Éste considera que el espacio que ocupa el archivo se trata de espacio libre, por lo que podría reescribirse todo o una parte a partir de ese momento.

❑   **Espacio inutilizado** *(slack space)*. Como también se comentó anteriormente, los sistemas de archivo utilizan unidades de asignación para almacenar ficheros. Incluso si un fichero necesita menos espacio que el tamaño de la unidad, una unidad entera será reservada para el fichero. Este espacio puede contener datos residuales como, por ejemplo, partes de ficheros borrados.

❏   **Espacio libre** *(free space)*. Es el área presente en los dispositivos que no está asignada a ninguna partición, incluyendo clústeres o bloques sin asignar. Con frecuencia incluye espacio en los dispositivos donde los archivos y, a veces, volúmenes enteros, pueden haber residido en un momento dado siendo, posteriormente, eliminados. Este espacio libre podría aún contener partes de datos.

Con el desarrollo de este epígrafe hemos conseguido una guía para la recogida de evidencias electrónicas: evidencias volátiles y no volátiles; etiquetado de eveidencias; cadena de custodia; ficheros y directorios ocultos; información oculta del sistema; recuperación de ficheros borrados.

4. Guía para el análisis de las evidencias electrónicas recogidas, incluyendo el estudio de ficheros y directorios ocultos, información oculta del sistema y la recuperación de ficheros borrados

El análisis consiste en tratar los datos del examen de las evidencias recogidas utilizando medios y técnicas legales que derivarán en la obtención de información de utilidad.

Una vez que la información relevante ha sido recogida, los analistas deberían estudiar y tratar los datos para elaborar una conclusión a partir de ellos. Los fundamentos del análisis forense establecen una aproximación metódica -basada en la disponibilidad de los datos- para alcanzar las conclusiones apropiadas o determinar que ninguna conclusión puede alcanzarse.

El análisis debe incluir la identificación de las personas, lugares, objetos y eventos, así como determinar la relación de todos los elementos para alcanzar una conclusión. Con frecuencia, este esfuerzo incluirá la correlación de datos entre múltiples fuentes. Por ejemplo, un log de un sistema de detección de intrusos (IDS) puede enlazar un evento con un sistema, cuya auditoría puede vincular el evento con una cuenta de usuario específica. El log del sistema IDS podría indicar las acciones llevadas a cabo por el usuario.

Las herramientas o sistemas gestores de eventos centralizados ayudan enormemente en esta tarea, automatizando la recogida y correlación de datos. Comparando las características de los sistemas con patrones conocidos se podrán identificar algunos tipos de cambios hechos en los sistemas.

4.1.   Establecimiento de la secuencia temporal del análisis

Existen numerosas herramientas que pueden ayudar en la tarea de analizar los datos extraídos. Los analistas han de ser conscientes del valor de utilizar la hora de los sistemas y la hora de los archivos. Conocer cuándo sucedió un incidente, cuándo se creó o modificó un archivo o cuándo se envió un correo electrónico pueden resultar críticos en un análisis forense. El establecimiento de una línea temporal puede depender de ese conocimiento. Aunque, a priori, parezca una tarea sencilla, con frecuencia es más complicada de lo que parece, pues no es extraño que exista una discordancia entre la configuración de la hora entre diversos sistemas. Por ello, conocer aspectos como la hora, la fecha y la configuración de la zona horaria en un sistema que vaya a ser analizado podrán ayudar a un analista a hacer su labor más sencilla.

Suele ser de ayuda la utilización de un procedimiento de sellado de tiempo *(timestamping)*. Además, el uso del protocolo *NTP (Network Time Protocol)* sincronizará la hora en un sistema con algún reloj de gran exactitud que será proporcionado por algunas Organizaciones. La sincronización garantiza que cada sistema mantenga un valor exacto valor en su configuración horaria.

Si se utilizan numerosas herramientas para completar el análisis, los analistas deberían entender el modo en que cada una de ellas extrae, modifica y muestra la hora de creación, acceso y modificación de los archivos. Por ejemplo, algunas herramientas modifican la hora del último acceso a un fichero o directorio si el sistema de archivos ha sido montado con permisos de escritura por el sistema operativo. Pueden utilizarse algunas herramientas para evitar operaciones de escritura pero éstas no podrán evitar que el propio sistema operativo guarde en la caché de la memoria algunos cambios. Un análisis de la memoria RAM podría devolver valores almacenados en caché en lugar de los valores actuales, devolviendo, por tanto, valores inexactos. El analista debería ser consciente de que el último acceso a ficheros y directorios podría ser distinto entre diferentes consultas, dependiendo de la herramienta utilizada para realizar dicha consulta. Debido a todos estos aspectos, los analistas deberán ser cuidadosos en la comprobación de las horas que figuran en los ficheros y directorios.

Los analistas pueden utilizar herramientas especiales que generen líneas de tiempo basadas en eventos. Estas herramientas son de especial interés para el análisis forense pues proporcionan una interfaz gráfica para visualizar y analizar distintas secuencias de eventos. Además, permiten a los analistas una agrupación de eventos, lo que posibilitará que cuenten con una vista global de todos los eventos.

4.2.   Análisis de ficheros

Pueden recomendarse las siguientes acciones para analizar datos de los ficheros:

❏ Los analistas deberían examinar una copia los ficheros, no los originales. Durante la fase de recogida, los analistas deberían realizar múltiples copias de los ficheros o sistemas de archivos deseados. Habitualmente, se suele realizar una copia maestra y una copia de trabajo. El analista puede trabajar con la copia de trabajo de los ficheros sin afectar a los archivos de la copia maestra. Se podrá realizar una imagen si se necesita alguna evidencia para continuar con algún proceso legal o para adoptar medidas disciplinarias o si se considera importante preservar la hora de los ficheros.

❏ Los analistas deberían preservar y verificar la integridad de los ficheros. La utilización de un bloqueador de la escritura durante la realización de las copias de respaldo y las imágenes evitará que un sistema escriba en sus dispositivos de almacenamiento. La integridad de los datos copiados debería verificarse calculando y comparando los resúmenes de mensaje *(Message Digests)*. En la medida de lo posible, las copias de respaldo y las imágenes deberían accederse en modo de solo lectura.

❏ Los analistas deberían basarse en las cabeceras de los ficheros, no en sus extensiones, para identificar los tipos de contenido. Puesto que los usuarios pueden asignar una extensión a un fichero, los analistas no deberían asumir que las extensiones se corresponden rigurosamente con el contenido real del fichero. Resulta más conveniente que los analistas verifiquen el contenido de las cabeceras para identificar el tipo de datos almacenados en un fichero. Es mucho menos habitual alterar las cabeceras que las extensiones de un fichero.

❏ Los analistas deberían contar con un conjunto de herramientas forenses para analizar los datos. Este conjunto de herramientas proporcionará la capacidad para realizar tanto revisiones rápidas de los datos como en profundidad. Las herramientas deberían poder ejecutarse desde un dispositivo removible (*CD, DVD*, etc.) o desde una estación de trabajo habilitada para análisis forense.

❏ Los analistas prestarán atención a los ficheros y directorios ocultos pues suelen ser un objetivo de los atacantes para que sus actividades pasen lo más inadvertidas posibles. En la fase de análisis, una vez localizados los ficheros y directorios ocultos, se debe decidir si se trata de evidencias ocultas o de archivos inofensivos.

❏ Los analistas deberán tratar los ficheros borrados y considerar su recuperación atendiendo a las necesidades de la Organización. En numerosas ocasiones un atacante elimina ficheros para borrar evidencias de su presencia en un sistema. En otros casos, el ataque pretendía precisamente la eliminación de ficheros para dañar ciertos aspectos del sistema. La utilización de herramientas forenses ayudará en esta labor pero conviene no olvidar que la Organización debería contar con copias de respaldo de su información. Los analistas decidirán cuál es la mejor opción contemplando todas las variables: sensibilidad de los datos, tiempo de respuesta, coste, etc.

4.3. Análisis de datos de sistema operativo

Para cumplir con la tarea de análisis de datos del sistema operativo pueden utilizarse diferentes herramientas y técnicas. Por ejemplo, son de gran ayuda los comprobadores de la integridad de los ficheros y los sistemas de detección de intrusos *(IDS)* que identifican actividad de carácter malicioso contra los sistemas operativos. Los primeros pueden utilizarse para calcular los resúmenes de mensaje *(Message Digests)* de los ficheros del sistema operativo y compararlos con bases de datos de resúmenes de mensajes conocidos para determinar si alguno de los ficheros ha podido ser comprometido. En el caso de los *IDSs,* podrían contener en sus *logs* información que indicase algún tipo de acción llevada a cabo contra algún sistema.

Otra problemática a la que un análisis debe enfrentarse es al examen de los ficheros *swap* y a los volcados de memoria *RAM,* que son grandes ficheros de datos en binario que contienen información no estructurada. Podrán utilizarse editores hexadecimales para abrir estos archivos y examinar su contenido. Sin embargo, en ficheros grandes, la posibilidad de localizar manualmente datos ininteligibles utilizando un editor hexadecimal puede consumir mucho tiempo. Las herramientas de filtrado pueden ayudar en la tarea de examinar tanto la *swap* como los ficheros de volcado de la *RAM* identificando patrones de texto y valores numéricos que podrían representar números de teléfono, nombres de personas, direcciones de correo electrónico, *URLs* y otro tipo de información de utilidad.

```
E:\>DumpIt.exe
   DumpIt - v1.3.2.20110401 - One click memory memory dumper
   Copyright (c) 2007 - 2011, Matthieu Suiche <http://www.msuiche.net>
   Copyright (c) 2010 - 2011, MoonSols <http://www.moonsols.com>


   Address space size:          3480813568 bytes (   3319 Mb)
   Free space size:             7085973504 bytes (   6757 Mb)

   * Destination = \??\E:\TOSHIBA-FORENSE-20131202-074633.raw

   --> Are you sure you want to continue? [y/n] y
   + Processing... Success.
```

Imagen que muestra un volcado de memoria realizado con la herramienta DumpIt..

Habitualmente, los analistas quieren conseguir información adicional sobre un programa concreto que se está ejecutando en un sistema, como el propósito del proceso y su fabricante. Después de conseguir una lista de los procesos que se están ejecutando en un sistema, los analistas podrán buscar, a partir de su nombre, la información adicional que deseen. No obstante, un atacante podría cambiar el nombre de los programas para esconder sus funciones o, incluso, crear un troyano con el nombre de un programa que pudiese engañar al usuario de un sistema en el momento de su ejecución. Para tratar de evitar esta posibilidad, será conveniente verificar la identidad de los archivos que se corresponden con los procesos calculando y comparando los resúmenes de los mensajes. Procesos similares pueden realizarse en archivos de librerías, por ejemplo los ficheros *DLLs* en los sistemas Microsoft Windows para determinar qué librerías se están cargando y cuál es su propósito.

Un análisis de todos los datos de un sistema operativo intentando conseguir información de utilidad puede ser una tarea larga y demandante de recursos pues en un sistema pueden coexistir varios sistemas de ficheros. Los analistas suelen comenzar por la identificación de unas pocas fuentes de datos para realizar una revisión inicial. Posteriormente, buscarán aquellas fuentes que cuenten con más probabilidades de contener información de utilidad. Además, en no pocos casos, los análisis precisarán de la búsqueda de evidencias en otro tipo de fuentes, como el tráfico de red o las aplicaciones.

Existen una serie de recomendaciones a aplicar en el análisis de los datos de un sistema operativo:

❑   El análisis debería realizarse de manera que preservara los datos volátiles del sistema operativo. El criterio para determinar si los datos volátiles han de preservarse debería ya estar claramente decidido antes de una intervención, de modo que los analistas puedan adoptar decisiones tan rápido como sea posible. Para determinar si el esfuerzo que requiere la toma de evidencias volátiles está justificado, habrá que valorar aspectos como el riesgo que el uso de esas técnicas suponen para un sistema (por ejemplo, alteración de datos.).

❑   El análisis de los datos volátiles del sistema operativo debería realizarse utilizando un conjunto de herramientas forenses *(toolkit)*. Su uso permitirá una recogida rigurosa y minimizará las perturbaciones para el sistema protegiendo, además, las herramientas ante los posibles cambios. Los analistas deben ser conocedores de las características de cada herramienta y de cómo pueden afectar o alterar al sistema durante el análisis.

❑   Los analistas elegirán el método apropiado de apagado para cada sistema. Dado que cada método de apagado de un sistema puede provocar diferentes tipos de datos llegando, a veces, a corromperlos, los analistas prestarán especial atención a esta decisión.

❑   Los analistas decidirán el tratamiento de la información oculta del sistema. No es una tarea fácil y requiere una gran inversión en recursos por lo que es importante sopesar todas opciones. Examinarán particiones ocultas por si los atacantes las estuvieran aprovechando o, directamente, las hubiesen creado ellos en su intento de pasar inadvertidos. También, como se ha citado anteriormente, es posible encontrar datos ocultos en el *ADS* de los volúmenes *NTFS*, al final de los espacios inutilizados y en el espacio libre de la memoria, así como en *HPA* de algunos discos. Asimismo, buscarán *rootkits* que un atacante pudiera haber instalado en el sistema con el objetivo de esconder procesos o de conseguir una escalada de privilegios en un sistema.

4.4. Análisis de datos de tráfico de red

En este tipo de análisis se tratará de reconstruir ataques basados en red así como usos inapropiados. Para ello, será necesario recoger el tráfico de las comunicaciones entre dos o más sistemas transportado a través de las redes, tanto cableadas como inalámbricas.

En un análisis del tráfico de red se tendrán en cuenta los siguientes pasos:

❑ **Identificación de un evento de interés**. Habitualmente esta situación se realiza de dos maneras:

◆ Alguien en la Organización (un componente del centro de atención a usuarios, un administrador de sistemas, un administrador de seguridad, etc.) recibe un aviso procedente, por ejemplo, de una alerta o de un usuario, de que existe un problema operativo o de seguridad. En ese momento, se solicita al analista que realice una investigación de la actividad.

◆ Durante una revisión de un evento de seguridad que forma parte de la actividad habitual del analista (revisión de un sistema *IDS*, de una monitorización de red, de un cortafuegos, etc.), se comprueba la existencia de una situación de interés que precisa de una investigación más profunda.

Cuando un evento ha sido identificado, el analista necesita conocer información básica sobre dicho evento. En la mayoría de los casos, el evento habrá sido detectado a través de una fuente de datos del tráfico de red, como un sistema *IDS* o un cortafuegos, de modo que el analista se dirigirá a esos sistemas para conseguir más información. Sin embargo, en otros casos, como en el del aviso de un usuario, podría no estar tan clara ni la fuente de datos ni los sistemas involucrados.

❑ **Examinar las fuentes de datos**. Un evento de interés podría ser advertido por varias fuentes de datos pero resultaría muy ineficiente o poco práctico realizar una búsqueda en cada una de ellas a título individual. Para un examen inicial, los analistas confían en unas pocas fuentes de datos principales, por ejemplo en la consola de un sistema *IDS* que muestra alertas de los sensores o en un sistema de correlación de eventos *(SEM, SIM o SIEM)* o en algún otro software que unifique varias fuentes de datos y los organice. No solo se trata de una solución eficiente sino que, en la mayoría de los casos, se conseguirá identificar eventos de interés a través de una alerta generada por alguno de estos fuentes de datos principales.

Para cada fuente de datos examinada, los analistas deberían considerar su grado de fidelidad. Generalmente, se confía más en las fuentes de datos originales que en fuentes que reciben los datos de otras fuentes, pues frecuentemente les llegan con alguna modificación. Además, los analistas validarán datos que, en ocasiones, se basan en interpretaciones, por ejemplo, algunas alertas generadas tanto en sistemas *IDS* como en sistemas de correlación. Ninguna herramienta que examine tráfico de red es completamente exacta; es muy habitual la existencia de falsos positivos y de falsos negativos. Por ello, es fundamental procesar los paquetes en el contexto de una conexión. La validación se debería basar en el análisis de datos adicionales (paquetes en crudo, en información de ayuda capturada por otras fuentes, etc.), en una revisión de la información disponible sobre la alerta (noticias de foros de seguridad, noticias emitidas por el fabricante del producto, etc.) y en la experiencia anterior con la herramienta en cuestión. En muchos casos, la experiencia de los analistas consigue que, tras un rápido examen de algunos datos, se pueda determinar si una alerta es un falso positivo y no se requiere una investigación más profunda.

Los analistas pueden necesitar el examen de fuentes secundarias de tráfico de red, como los *logs* de un cortafuegos y capturas de paquetes, así como los *logs* correspondientes a la auditoría de un sistema o de un software *antimalware*. Los motivos más comunes para contemplar estas posibilidades son:

◆ No se han encontrado datos en las fuentes primarias. En algunos casos, no existen evidencias de la actividad en las fuentes primarias. Por ejemplo, podría haber ocurrido un ataque entre dos sistemas dentro de un segmento de la red interna de la Organización que no estuviese monitorizado por dispositivos de seguridad de red. En estos casos, los analistas deberán recurrir a fuentes de datos alternativas para buscar rastros de evidencias.

◆ Los datos de las fuentes primarias son insuficientes o no válidos. Los analistas, después de revisar las fuentes primarias, advierten que los datos no son suficientes (o no son válidos) para llegar a alguna conclusión. Si es posible, a partir de esos pocos datos deberán acceder a fuentes alternativas para encontrar datos adicionales. El uso de protocolos, sellos de tiempo, números de puerto y otros datos comunes les ayudarán a concretar la búsqueda.

Si se necesitan datos adicionales pero no pueden ser localizados con la configuración actual, los analistas deberán solicitar la modificación de dicha configuración para conseguir una recogida mayor. La realización de capturas de tráfico en varios puntos de la red, una reconfiguración de los cortafuegos o sistemas *IDS* para recoger más información de una actividad concreta o la inclusión de una firma personalizada en los sistemas *IDS* son algunas técnicas que podrán ayudarles a contar con más datos que analizar para identificar los indicios de actividad sospechosa en el tráfico de red.

Es imprescindible un gran conocimiento del protocolo *TCP/IP* para ser capaz de analizar tráfico de red. Cada una de las cuatro capas que lo forman presenta información importante en el instante de realizar un análisis. La capa de hardware proporciona información sobre los componentes físicos, mientras que las otras tres se centran en aspectos lógicos.

El análisis forense del tráfico de red se basa en el estudio de todas las capas. Cuando comienza un análisis, habitualmente no se cuenta con mucha información; lo más probable es que únicamente se haya facilitado una dirección *IP* y puede que un protocolo y un puerto como toda información. Pese a que pueda parecer escasa, esta información puede ser suficiente para comenzar a buscar fuentes de datos comunes. En la mayoría de los casos, la capa de aplicación contiene información de interés sobre la actividad del usuario. Hay que tener en cuenta, además, que muchos de los ataques se originan por vulnerabilidades en las aplicaciones, incluidos los servicios. Los analistas necesitan la dirección *IP* para identificar los sistemas que podrían haber estado involucrados en la actividad.

Para eventos que sucedan en una red, un analista podría hacer corresponder una dirección *IP* con la dirección *MAC* de una tarjeta de red *(NIC)* concreta. De este modo se lograría la identificación de un sistema de interés para la investigación. La combinación de un número de protocolo *IP* y un número de puerto puede facilitarle al analista una idea sobre qué aplicación es probable que se esté utilizando.

Cuando se ha identificado un evento de interés, los analistas evalúan, extraen y analizan el tráfico de red con el objetivo de determinar qué ha sucedido y cuál ha sido el impacto en los sistemas de la Organización. El proceso puede ser tan sencillo como realizar una revisión de las entradas registradas en los *logs* de una única fuente de datos para comprobar si se trata de una amenaza, de un ataque real o se trata de una falsa alarma, o tan complejo como para requerir el examen de muchísimas fuentes de datos, correlacionarlos, analizar todas las fuentes de datos y determinar si el evento era relevante. En cualquiera de las dos situaciones, puede tratarse de una tarea que consuma muchos recursos.

Pese a que, actualmente, existen numerosas herramientas y sistemas de gestión de eventos que hacen más fácil estas tareas de recogida y presentación de datos de tráfico de red, tienen capacidades de análisis limitadas y pueden ser bien aprovechadas únicamente si se cuenta con mucha experiencia en su uso. Además del uso de estas herramientas, los analistas deben contar con un amplio conocimiento de protocolos de red y de aplicaciones, de productos de seguridad y de redes, así como de amenazas a redes y métodos de ataque más comunes. Es muy importante que los analistas tengan conocimiento de aspectos del entorno de la Organización, como la infraestructura, el direccionamiento **IP** utilizado en algunos activos críticos (cortafuegos, servidores de acceso público, etc.) y las aplicaciones y sistemas operativos empleados. Un conocimiento más amplio del uso habitual de los sistemas y de los patrones de utilización de los recursos de red a lo largo de la Organización permitirá un trabajo más fácil y rápido. Asimismo, deberán conocer las características de las fuentes de datos del tráfico de red, así como contar con acceso al material de apoyo, por ejemplo la documentación sobre las firmas de los sistemas de detección de intrusos. Un conocimiento de las características y del valor de cada fuente de datos permitirá ubicar rápidamente los datos relevantes.

4.4.1. El valor de las fuentes de datos de tráfico de red

Existen diferentes fuentes de datos de tráfico de red en una Organización. Puesto que la información recogida por estas fuentes varía, también las fuentes pueden contar con más o menos valor para los analistas en el momento de decidir por cuál decantarse. Las fuentes de datos más comunes a las que se suele acudir para analizar el tráfico de una red son:

❑ **Sistemas IDS.** Habitualmente, los datos que contiene un sistema *IDS* constituyen el punto de partida de un análisis de tráfico de red. No se limitan a identificar tráfico malicioso en todas las capas *TCP/IP* sino que también registran campos con datos (y veces, datos en crudo) que podrán ser de utilidad en el instante de validar eventos o de correlacionarlos con otras fuentes. Sin embargo, como ya se ha comentado, estos sistemas son propensos a emitir falsos positivos y negativos, por lo que sus alertas han de ser validadas.

❑ **Software de correlación de eventos**. Puede ser extremadamente útil para análisis forense pues, automáticamente, correlaciona eventos entre varias fuentes de datos, extrae información relevante y la presenta al analista. Sin embargo, puesto que toda su potencia reside en recoger datos de múltiples fuentes, su valor dependerá de la calidad y fiabilidad de dichas fuentes. Por supuesto, también dependerá de la potencia del sistema para normalizar los datos y correlacionar los eventos.

❑ **Cortafuegos, enrutadores, servidores proxy y servidores de acceso remoto.** Tratados de forma individual, el valor de los datos capturados por estos dispositivos no pasa de un interés medio para un analista. Sin embargo, su valor es muy alto cuando se correlaciona con datos procedentes de otras fuentes. Por ejemplo, si un sistema ha sido comprometido y un sensor de un dispositivo *IDS* detectó el ataque, una consulta a los *logs* de un cortafuegos podría confirmar, a través de la dirección *IP* del atacante, que el ataque entró en la red de la Organización y podría identificar qué otros sistemas pudieran haber sido comprometidos.

❑ **Servidores DHCP**. Típicamente, son configurados para registrar cada dirección *IP* que asignan, junto con la dirección *MAC* asociada y un sello de tiempo *(timestamp)*. Esta información puede resultar útil a los analistas en el momento de identificar qué sistema realizó una actividad concretar utilizando una *IP* asignada por un servidor *DHCP*. Sin embargo, los analistas han de prestar atención a una práctica muy habitual de los atacantes, el *spoofing*, que consiste en falsificar direcciones *IP* o direcciones *MAC*.

❑ *Sniffers.* Puede que, entre todas las fuentes de datos de tráfico de red, los *sniffers* sean quienes más información recojan. Sin embargo, también recopilarán muchísima información de carácter benigno y además, no suelen proporcionar información sobre qué paquetes presentan actividad maliciosa. En la mayoría de los casos, los *sniffers* se utilizan como generadores de información adicional, una vez que otros dispositivos han identificado alguna actividad maliciosa.

❏ **Monitor de red.** Este software ayuda a identificar desviaciones de flujo de tráfico habitual. Permite documentar el impacto de ataques sobre el ancho de banda y la disponibilidad de la red, así como proporcionar información sobre objetivos de ataque aparentes. El flujo de tráfico puede ser de ayuda en el análisis de actividad maliciosa identificada por otras fuentes. Por ejemplo, podría indicar si un patrón de comunicación determinado sucedió en días o semanas precedentes.

❏ **Registros de los proveedores de acceso a Internet (ISPs).** Esta información puede resultar de gran valor cuando se intenta trazar un ataque desde su origen, particularmente cuando el atacante utiliza direcciones *IP* falsificadas.

4.4.2. Recomendaciones

Pueden recomendarse las siguientes acciones para utilizar datos del tráfico de red:

❏ Las Organizaciones deberían establecer políticas relativas a la privacidad y a la información sensible. El uso de herramientas y técnicas forenses podría revelar información de esa categoría, tanto a los analistas como a otros componentes de equipos que intervengan en la gestión de un análisis forense. Además, un almacenamiento prolongado de las evidencias podría violar las políticas de retención de datos de la Organización. Las políticas deberían recoger la operativa de la monitorización de las redes, así como los mecanismos de advertencia a usuarios y administradores de que los sistemas que utilizan o administran podrían ser monitorizados.

❏ Uno de los aspectos más desafiantes del análisis forense del tráfico de red es la duración de la disponibilidad de los datos, que habitualmente no es muy amplia. En muchos casos, el tráfico de red no puede registrarse o se ha perdido. Los analistas deberían pensar en el proceso de análisis como una aproximación metódica que provoca conclusiones basadas en la disponibilidad de los datos así como asunciones concernientes a los datos que han desaparecido, que se basarán en el conocimiento técnico y en la experiencia.

❏ Las Organizaciones deberían interesarse no únicamente en analizar eventos de naturaleza real sino también entender las causas de falsas alarmas. Los analistas se encuentran en una buena posición para identificar las causas de muchos falsos positivos, por lo que conviene aprovechar sus conocimientos técnicos y su experiencia para corregir configuraciones en los sistemas detectores de intrusos que permitan un mayor rigor en la generación de alarmas.

❏ Las Organizaciones deberían proporcionar almacenamiento adecuado para los *logs* que registran la actividad de la red. Es muy conveniente una planificación del espacio que se asignará para almacenar información de tráfico de red, así como el período de retención que se le concederá para realizar el análisis.

❑ Las Organizaciones deberían configurar las fuentes de datos para mejorar la recogida de información. La experiencia acumulada mejorará las capacidades forenses de una Organización. Una revisión periódica de la configuración de las fuentes de datos es muy importante para optimizar la captura de información relevante.

❑ Los analistas deberían contar con alta capacidad técnica y estar permanentemente formados. Puesto que las herramientas, pese a ser numerosas, cuentan con características limitadas, es vital que la capacitación técnica de los analistas así como su experiencia y su nivel de entrenamiento sean más que notables en protocolos de red, productos de seguridad de redes, amenazas más comunes presentes en redes y métodos de ataque.

❑ Los analistas deberían considerar la fidelidad del valor de las fuentes de datos. Deberían validar cualquier dato inusual o inesperado que esté basado en la interpretación, como por ejemplo los procedentes de los sistemas *IDS* o de correlación de eventos.

❑ Los analistas deberán localizar, validar y analizar los suficientes datos como para reconstruir un evento, comprender su significado y determinar las características de su impacto. Se ha comprobado que la tarea de identificar a un atacante es altamente demandante de recursos y no resuelve la problemática de corregir aspectos operativos o vulnerabilidades. Es importante la identificación sobre todo si existe una investigación criminal pero deberían sopesarse otros aspectos, como el de tratar de detener el ataque y recuperar los sistemas y datos afectados. Si, aun así, la identificación del atacante es importante para la Organización, conviene la asesoría legal necesaria cuando se desarrollen técnicas que busquen dicha identificación.

4.5. Análisis de datos de aplicaciones

El análisis de los datos de una aplicación consiste en investigar en partes específicas de dichos datos (por ejemplo, en los sistemas de archivo, datos volátiles del sistema operativo y tráfico de red).

El análisis puede resultar más dificultoso si la aplicación estuviera personalizada, por ejemplo una aplicación desarrollada por un usuario. En este caso, el analista con casi total probabilidad desconocería la aplicación y le costaría analizar sus datos.

Otra posible fuente de problema en el análisis de los datos de una aplicación se encuentra en el uso de controles de utilización, por ejemplo el cifrado o las contraseñas. Muchas aplicaciones utilizan estos controles para evitar accesos no autorizados a información sensible.

En algunos casos, los analistas unen datos de aplicaciones procedentes de varias fuentes de datos, lo que puede convertirse en un largo proceso manual. El análisis detallado de eventos relacionados con las aplicaciones puede requerir una capacitación y un conocimiento de cada una de las posibles fuentes, lo que no siempre es sencillo. El analista debe revisar los resultados del análisis de cada fuente y establecer cómo la información se relaciona. Las herramientas de correlación de eventos pueden ser de gran ayuda, pues también son capaces de trabajar a nivel de aplicación.

4.5.1. Recomendaciones

Pueden recomendarse las siguientes acciones para utilizar datos de las aplicaciones:

❏ Los analistas deberían considerar todas las posibles fuentes de datos de las aplicaciones. Las aplicaciones pueden utilizarse a través de varios mecanismos, desde programas clientes instalados en los sistemas hasta interfaces web. En cada caso, los analistas deberán identificar todos los componentes de la aplicación, decidir cuál puede representar un mayor interés, encontrar la ubicación de cada componente y recoger el dato.

❏ Los analistas centralizarán los datos de las aplicaciones desde varias fuentes. Los analistas deberían revisar los resultados del análisis de las fuentes individuales y determinar como la información puede relacionarse para llevar a cabo un análisis más detallado de los eventos y poder realizar una reconstrucción.

 *Con el desarrollo de este epígrafe hemos conseguido el establecimiento de la guía para el análisis de las evidencias recogidas, incluyendo el estudio de ficheros y directorios ocultos, información oculta del sistema y la recuperación de ficheros borrados.*

5. Informes

La fase final es la de la elaboración del informe de análisis forense. Consiste en la preparación y presentación de la información procedente de la fase de análisis.

Un informe típico contendrá la siguiente información:

❏ Identificación del redactor del informe.

❏ Identificación del caso que se analiza.

❏ Identificación del investigador o analista.

❏ Fecha del informe.

❑ Lista descriptiva de los objetos que forman parte de la investigación con todas sus características, números de serie, marcas, modelos, etc.

❑ Pasos adoptados durante la investigación incluyendo la línea de tiempo, así como las técnicas utilizadas en cada uno de ellos.

❑ Resultados y conclusiones.

Además de la información más o menos genérica, es preciso considerar la inclusión de otras particularidades en el informe:

❑ Explicaciones alternativas. Cuando la información concerniente a un incidente es incompleta, puede que no sea posible llegar a conocer la explicación de lo que ha ocurrido. Cuando una situación tenga dos o más explicaciones plausible, cada una contará con su espacio en el informe del proceso. Los analistas utilizarán una aproximación metódica para incluir o no cada posible explicación.

❑ Conocimiento de la audiencia que recibirá el informe. El público objetivo que será destinatario del informe influirá en la redacción y el nivel de detalle del mismo. Por ejemplo, un informe de un incidente que pueda tener repercusiones legales precisará muy altos niveles de información, así como copias de las evidencias recopiladas. Un administrador de sistemas podría necesitar que se le facilitara el informe del tráfico de red así como detalladas estadísticas de su utilización. Por último, en algunos casos bastaría con un informe que documentara de modo genérico qué ha sucedido y qué sugerencias se proponen para evitar que suceda de nuevo.

❑ Información de utilidad para otros procesos. El informe también puede incluir información obtenida de los datos que puede permitir a los analistas una investigación más en profundidad a partir de nuevas fuentes de información. Además, durante la investigación de un evento podrían encontrarse evidencias -en principio no relacionadas con él- pero que podrían forman parte en algún momento de otro ataque. Por ejemplo, puede encontrarse durante una investigación de eliminación de ficheros por **malware** la existencia de una puerta trasera (**backdoor**) dejada por un atacante.

6. Guía para la selección de las herramientas de análisis forense

Los equipos de respuesta a incidentes, los profesionales TIC (administradores de redes y sistemas) y otros equipos o empleados a título individual en una Organización podrán emplear herramientas de análisis forense por una gran variedad de motivos. Aunque estas técnicas puedan resultar beneficiosas, también pueden conducir a un uso erróneo -de forma accidental o a propósito-, provocar acceso no autorizado a información y alterar o destruir información, incluidas las mismas evidencias de un incidente de seguridad. Además, el uso de ciertas herramientas de análisis forense puede no estar justificado en algunas situaciones. Por ejemplo, el tratamiento de un incidente menor seguramente no justificaría la inversión de cientos de horas en recogida y análisis de los datos.

Para garantizar que las herramientas se utilizan apropiada y razonablemente, una Organización debería contar con guías y procedimientos que reflejaran, de una manera clara, qué acciones forenses podrían y no podrían realizarse bajo determinadas circunstancias. Por ejemplo, un administrador de red debería poder monitorizar el tráfico de red como parte rutinaria de su trabajo para resolver problemas operativos pero no debería leer el correo de los usuarios a menos que estuviese expresamente autorizado para ello. Un componente del centro de atención a usuarios podría contar con el permiso de monitorizar una estación de trabajo que está ocasionando problemas pero no debería contar con el permiso general de monitorizar todas las estaciones de trabajo de una Organización.

Las guías, políticas y procedimientos deberían claramente especificar las acciones permitidas y las prohibidas para cada rol en una Organización, tanto en las circunstancias normales como en las especiales, por ejemplo, en un análisis forense.

Además, deberían incluir la forma de proceder cuando los analistas se enfrenten a herramientas y técnicas anti-forense, cuyo objetivo es complicar el análisis de los datos cuando no destruirlos para evitar su análisis.

No obstante lo anterior, conviene destacar que existen usos positivos de técnicas anti-forense, por ejemplo la eliminación de datos en aquellos sistemas que estaban siendo utilizados por empleados que abandonaron la Organización o, incluso, si los propios sistemas dejaron de prestar su uso y la Organización quiere deshacerse de ellos con toda la seguridad de que no contienen datos sensibles.

En todo caso, y del mismo modo que con las herramientas de análisis forense, las Organizaciones deberán precisar quién cuenta con la autorización necesaria para utilizar estas herramientas y bajo qué circunstancias.

Puesto que las herramientas forenses pueden almacenar información de naturaleza sensible, en preciso incluir en las guías, políticas y procedimientos las necesarias salvaguardas para dicha información. Es preciso gestionar con cuidado situaciones habituales en análisis forense, como la visualización de contraseñas de usuarios o información confidencial, como por ejemplo informes médicos u otros datos personales.

6.1.   Operativa de las herramientas de análisis forense

En el momento de analizar datos de naturaleza volátil del sistema operativo, todas las herramientas forenses que puedan utilizarse deberían ubicarse en un dispositivo removible (habitualmente un *live CD* o un *live DVD* o una memoria USB) desde el cual puedan ejecutarse. De este modo, los analistas podrán recoger los datos del sistema operativo impactando lo menos posible sobre dicho sistema. Además, únicamente deberían utilizarse herramientas forenses y no comandos propios de los sistemas pues es muy común que los atacantes modifiquen estos comandos para lograr, si se ejecutan, ciertas actividades de carácter malicioso, por ejemplo la eliminación de datos de un disco o un resultado erróneo al visualizar cierta información. En todo caso, el uso de las herramientas de análisis forense no garantiza la exactitud de los datos recuperados. Si el sistema ha sido completamente comprometido, es posible que el atacante haya instalado *rootkits* y todo tipo de utilidades maliciosas que habrán alterado el propio núcleo del sistema.

Cuando se crea una colección de herramientas forenses, deberían utilizarse archivos binarios vinculados de forma estática. Puesto que un fichero ejecutable contendrá todas las librerías y funciones a las que hace referencia, ya no será necesario proporcionar de forma separada las librerías de vínculo dinámico (DLLs) así como otros ficheros de apoyo. Esta característica elimina la necesidad de colocar las versiones más apropiadas de DLLs en el dispositivo donde se encuentran las herramientas forenses. El analista debería conocer cómo afecta o altera el uso de cada herramienta al sistema antes de analizar los datos volátiles. Los resúmenes de mensaje *(Message Digests)* de cada herramienta a utilizar serán calculados y almacenados de forma segura para verificar la integridad de los ficheros. Además, los comandos que fueron utilizados en cada herramienta serán rigurosamente documentados. Puede resultar de utilidad ubicar un script en el dispositivo que contenga las herramientas forenses cuya misión será capturar los comandos que se ejecuten, a qué hora y cuál fue el resultado de su ejecución.

Es necesario proteger al dispositivo que contiene las herramientas ante posibles cambios. Conviene la utilización de los CD o DVD que no permitan su reescritura (CD-R o DVD-R), puesto que, en el caso de permitirla, las utilidades podrían verse alteradas.

Debido a esta protección, los resultados producidos por las herramientas no podrán ubicarse en el dispositivo que contiene las herramientas. Los analistas deberán redirigir dichos resultados a otros dispositivos, por ejemplo a una memoria USB, a un disco externo o, incluso, a un sistema remoto.

6.2. Tipos de herramientas

Los analistas deberían contar con un conjunto de herramientas que les permita realizar exámenes y análisis de datos, así como la recogida de evidencias.

Este tipo de herramientas de análisis forense suele clasificarse en las siguientes categorías:

❑ Herramientas de disco y de captura de datos.

❑   Visores de archivos.

❑   Herramientas de análisis de archivos.

❑   Herramientas de análisis de registro.

❑   Herramientas de análisis de correo electrónico.

❑   Herramientas de análisis de dispositivos móviles.

❑   Herramientas de análisis de tráfico de red.

❑   Bases de datos forenses.

Es común la existencia agrupada de varias de estas herramientas. A este conjunto se le suele denominar toolkit forense. En general, suelen contener las siguientes funcionalidades:

❑   Creación de imágenes de discos.

❑   Visores de ficheros, que evitarán la necesidad de instalar la aplicación completa para visualizar cierto tipo de ficheros.

❑   Descompresores. Es preciso un cuidado adicional al utilizar este tipo de herramientas pues los ficheros comprimidos pueden contener información maliciosa.

❑   Acceso a los metadatos de los archivos. Los metadatos proporcionan detalles sobre un fichero. En el caso de un fichero gráfico, por ejemplo, sus metadatos proporcionarán información sobre la fecha de creación, derechos de copia *(copyright)*, descripción, identidad del creador, etc. Si el gráfico fue generado a partir de una cámara digital, los metadatos añadirán la información del modelo de cámara utilizada, flash y otros aspectos de su configuración. En el caso de un documento creado con un procesador de textos, los metadatos informarán sobre su autor, la Organización, el propietario del software, comentarios, etc.

Además de este conjunto de utilidades, conviene no olvidar aquellas otras herramientas que pueden ser de mucha utilidad durante el análisis forense de un incidente de seguridad:

❑   Cámaras fotográficas.

❑   Equipos portátiles.

❑   Cinta, marcadores, etiquetas autoadhesivas, etc.

❑   Cableado.

❑   Destornilladores y otras herramientas de ensamblaje y desempaquetado.

❑   Bolsas antiestáticas, plástico burbuja antiestático, cajas de varios tamaños, etc.

Existen numerosas soluciones *toolkit*. Puede que una de las más reconocidas sea *SIFT (Sans Investigative Forensic Toolkit)* del conocido *SANS Institute*.

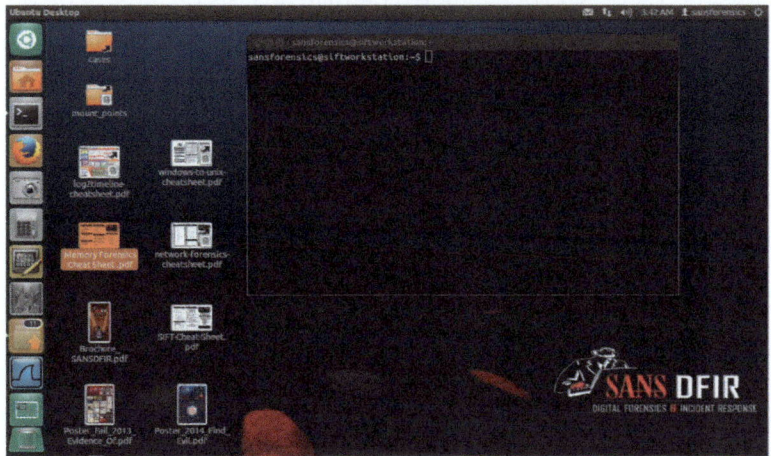

Imagen del toolkit SIFT.

Consiste en un *live CD* basado en *Ubuntu* que incluye un conjunto de herramientas que permitirá una investigación forense de un incidente en profundidad. Contiene herramientas que permiten la generación de una línea de tiempo a partir de los logs del sistema analizado.

Otro de los *toolkits* más conocidos es *CAINE (Computer Aided INvestigative Environment)*. Ofrece un entorno completo de investigación que está organizado de manera modular a través de una interfaz gráfica. Se trata de una herramienta de código abierto.

Imagen de la consola de la herramienta CAINE.

Por último, se comentará la herramienta *DEFT (Digital Evidence and Forensic Toolkit)*. Se trata de otra completa recopilación de herramientas de análisis forense. No se enfoca únicamente al análisis de discos sino que también permite análisis de redes y de dispositivos móviles y cuenta con un módulo de informes. Está basada en un *live CD* en *Ubuntu*.

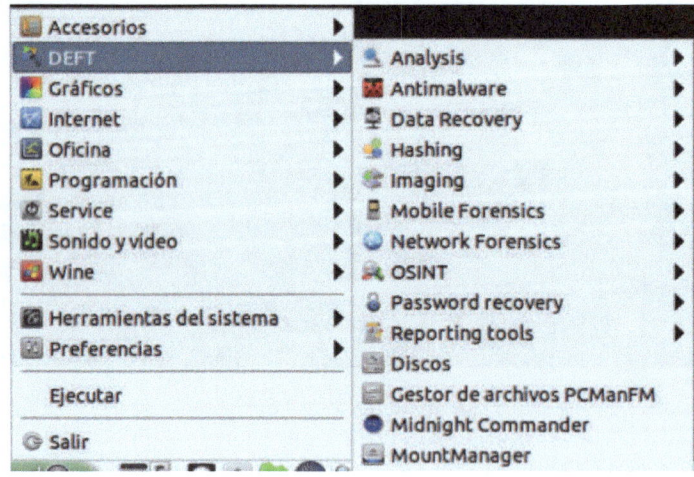

Imagen que muestra el menú de herramientas contenidas en DEFT.

Además de los toolkit forenses, son muy habituales las siguientes herramientas:

❑ **Herramientas de análisis forense de red** (en inglés *Network Forensic Analysis Tools, NFAT)*. Se centran fundamentalmente en la recogida, examen y análisis del tráfico de red. Proporcionan un conjunto de posibilidades para los analistas como la de realizar tareas como sniffers de paquetes, analizadores de protocolos y software de correlación de eventos, todo ello en un único producto. Ofrecen funcionalidades adiciones que facilitan la labor de los analistas:

    ♦ Reconstrucción de eventos recreando el tráfico de red en el interior de la herramienta.

    ♦ Visualización del flujo de tráfico y las relaciones entre sistemas. Algunas herramientas muestran direcciones IP, nombres de dominio u otros datos de ubicaciones físicas que permiten elaborar un mapa geográfico de la actividad de red.

    ♦ Construcción de perfiles de actividad habitual para identificar desviaciones.

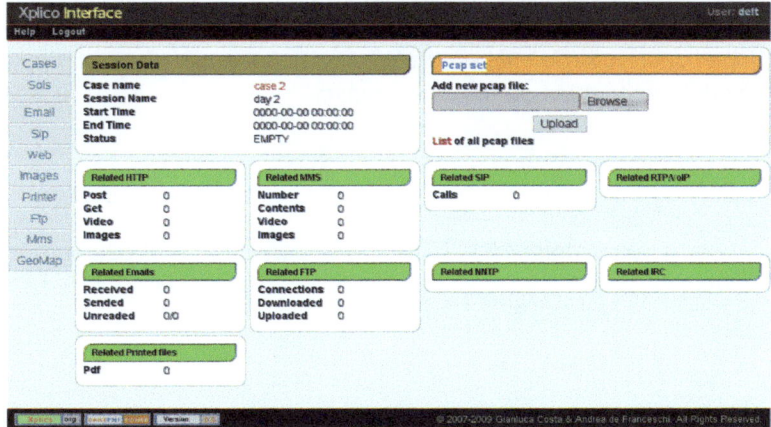

Imagen de la consola de la herramienta NFAT de la empresa Xplico.

❑ **EnCase**. Es una de las plataforma de análisis forense más conocidas en el mercado. Posibilita que los analistas recojan datos de múltiples fuentes manteniendo la integridad de las evidencias en formatos que aceptan los tribunales de justicia. Permite la elaboración de amplios informes a medida que avanza la investigación.

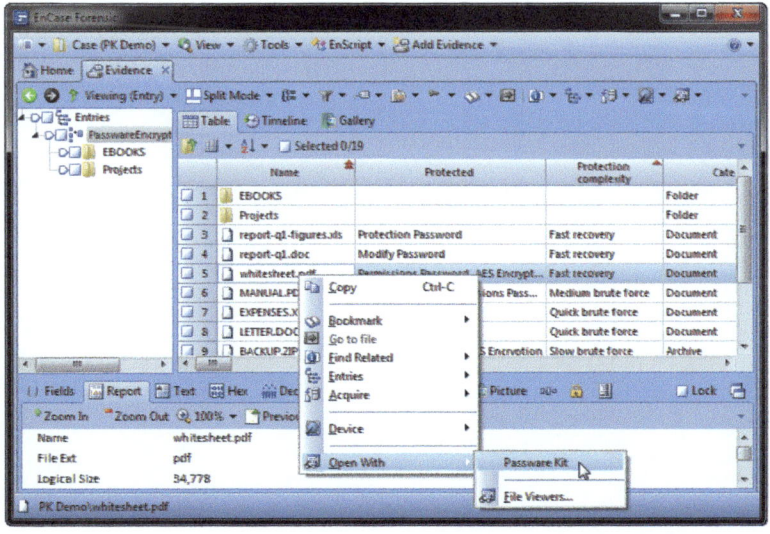

Imagen que muestra una consola de la herramienta EnCase.

 *Con el desarrollo de este epígrafe hemos conseguido la guía para la selección de las herramientas de análisis forense.*

 *Acude a los Contenidos Extra para consultar el Resumen y realizar la Autoevaluación*